中国农业大学图书馆“图书情报学”研究丛书

高校与学科发展中的人才与科研

赵 勇 李晨英 张红伟 等著

中国农业大学出版社
·北京·

内容简介

大量汇聚和培养顶尖人才是世界一流大学的重要特征，也是当今国内科研和教学单位竞争战略的主要措施之一。本书重点介绍了高校与学科发展中的人才和科研领域的热点问题研究成果，对我国高等院校的人才培养和科研管理具有一定的参考价值。

图书在版编目（CIP）数据

高校与学科发展中的人才与科研 / 赵勇等著．—北京：中国农业大学出版社，2019.10

（中国农业大学图书馆“图书情报学”研究丛书）

ISBN 978-7-5655-2278-9

Ⅰ. ①高… Ⅱ. ①赵… Ⅲ. ①高等学校 – 人才培养 – 研究 – 中国 ②高等学校 – 科研管理 – 研究 – 中国 Ⅳ. ①G649.2 ② G644

中国版本图书馆 CIP 数据核字（2019）第 209379 号

书　名 高校与学科发展中的人才与科研

作　者 赵　勇　李晨英　张红伟　等著

策划编辑 潘晓丽　　**责任编辑** 潘晓丽

封面设计 郑　川

出版发行 中国农业大学出版社

社　址 北京市海淀区学清路甲 38 号　　**邮政编码** 100083

电　话 发行部 010-62733489, 1190　　读者服务部 010-62732336

编辑部 010-62732617, 2618　　出　版　部 010-62733440

网　址 http://www.caupress.cn　　**E-mail** cbsszs@cau.edu.cn

经　销 新华书店

印　刷 涿州市星河印刷有限公司

版　次 2019 年 10 月第 1 版　　2019 年 10 月第 1 次印刷

规　格 787×1 092　　16 开本　　25.75 印张　　365 千字

定　价 98.00 元

总序

传统意义上的图书馆一直担负着文献收集、保存、传播的功能，图书馆也因此成为人们查找和阅读文献的场所。从最早的 2 500 年前美索不达米亚的亚述巴尼拔图书馆，到 20 世纪 80 年代的图书馆，图书馆的主要变化表现为文献数量的不断增多、文献种类的不断丰富、馆舍空间的不断扩大、馆员队伍的不断壮大。图书介质虽然经历了泥版、羊皮版、竹简版到纸质版的革命，但自东汉蔡伦发明纸后的近 2 000 年中基本上没有变化，即纸质图书一统天下。但随着人类普及使用计算机后，世界的方方面面都在以前所未有的速度发生着日新月异的变化，同样也打破了图书馆千古不变的状态。进入 20 世纪 80 年代后，源自摄影的微缩胶片成为保存和阅读文献的一种新手段，但很快又被电子数字化形式保存和阅读文献的手段所取代。数字化文献资源后来居上，日益挑战纸质文献，大有成为未来图书馆文献主要形式的趋势，世界上已经出现了多家完全是数字化文献资源的无书图书馆，例如美国德雷塞尔大学（Drexel University）的无书图书馆和得克萨斯州贝尔县（Bexar County）的无书公共图书馆。数字化文献资源打破了图书馆原有的文献积累模式，一家藏量丰富的图书馆以往需要数十年乃至数百上千年时间才能积累起丰富的文献，今天可能几天就能买到上百万种的电子文献，甚至包括纸质市场上已经绝卖的文献。20 世纪 90 年代起，互联网和搜索引擎逐渐普及到了世界的各个角落，当数字化与互联网喜结良缘后，对于包括图书馆在内的各行各业都意味着一场革命，无论是主动参与还是被迫卷入，都将经历这场科技革命带来的洗礼。图书馆面临着转型发展，不能进入转型发展的图书馆必将逐步沦落；而实现转型发展的图书馆才能把丰富、高效、温馨的优质服务提供给用户。

目前高校图书馆面临着多方面的发展挑战，首先是以IT技术和信息通信技术为标志的第五次科技革命带来了生活和工作的可分散性和多样化，这些变化特征要求图书馆服务突破时间和空间限制，方兴未艾的数字化和网络化技术为此提供了可行性，图书馆开始向数字图书馆和移动图书馆发展，使得图书馆突破了时空限制，时时刻刻在用户身边。这方面的变化发展主要还是技术手段层面的，即由传统技术手段的图书馆向现代化电子技术手段的图书馆发展，由此当然也引发了适应新技术手段的管理模式变化，如操作流程简便化、主动推送服务、借还书提醒服务、手机端文献查询等。我国大多数高校图书馆已经处于这一技术进步及其管理优化的过程中。

总序中外农业工程学科发展比较研究其次是以网络搜索引擎为代表的社会公开信息网站对图书馆的挑战，越来越多的读者从谷歌、百度、新浪、雅虎等网站上搜寻和阅读文献，以前人们认为这些网络公开资源主要是非学术性的，学术性的资源还是需要依靠高校图书馆，但随着网络搜索技术的发展和全球信息资源的爆炸式累积，网络搜索引擎日益显示出巨大的优势，原有的认识和局限性正在逐渐被破除。绝大多数高校图书馆资金的有限性和资源种类的狭窄性导致的文献局限问题使得读者越来越多地转向社会网络资源网站，因为高校图书馆永远无法提供广泛多样的信息，而互联网却是一个开放的、包罗万象的无限信息空间。教育部2012年高校图书馆经费统计显示，532家提供统计数据的高校图书馆中，有207家的年经费在200万元以下，扣除行政管理和硬件维修等非文献资源开支后，又有多少经费可以用于文献资源购置？面对谷歌这样的巨鳄，高校图书馆应当做出怎样的适应性变化来完成自己的使命？资源丰富、实力强大、效率快捷的网络搜索引擎网站对高校图书馆作用的挑战意味着：高校图书馆再也不能局限于简单的文献收藏、保存和传播功能作用，甚至不能局限于文献资源中心这一传统优势的功能作用，必须拓展功能，图书馆转型发展的过程实际上也是一个拓展功能作用的过程。高校图书馆不仅应当依然具有文献资源中心和学习中心的功能，而且还应当成为高校的学术会议中心，成为文化展览中心，成为师生创意信息交流中心；不仅是一个文化活动中心，而且还应当是一个休闲和人际交往的活动中心，很多高校图书馆附设的咖啡屋已经成为师生最爱去的校园场所之一。这也就是说，传统图书馆一直以安静为基本特征，但现代图书馆不仅是一个仍然能找到安静的个人学习场所，同时还是一个能找到互动活力的学习场所和人际交流场所。近几年我国很多新建的高校图书馆在空间布局上都考虑了这些新的功能需求，尤其是高校图书馆中面对面的温馨人际氛围是社会网站不具备的，这也是图书馆受人喜欢的重要原因之一。高校图书馆应当利用自己的优势拓展教育、咨询、科研等功能，很多高校图书馆提供的科技查新、信息素质教育、学习共享、学科咨询等服务正是这些方面功能拓展的具体体现。有条件的高校图书馆应当进一步发挥自己所具有的图情研究优势，进行学科发展状况分析和科研动向研究，向校院领导和广大师生提供深层次的学科发展和科研动向分析结果，作为他们进行学校管理决策和学术决策的有效参考信息。

第三种发展挑战来自师生对图书馆服务的需求变化。过去高校师生对传统图书馆的要求基本上是能够借到所需要的图书文献就行了，并且高校图书馆几乎是师生基本的文献信息来源。但今天学术信息来源已经大大拓展，甚至很多文献信息首先是通过网络学术搜索或从开放资源网站获取；过去人们称图书馆是知识的宝库，今天更多的知识却是来自互联网。过去高校图书馆是学生除教室以外的主要学习场所，但随着居住条件的改善以及住所的分散化趋向，咖啡馆等阅读环境舒适的社会场所的普及，图书馆作为学习场所的作用明显降低。尽管人们依然普遍把图书馆视作学术宝藏的知识殿堂，但进入图书馆的读者却在不断减少，因为新一代师生的信息利用方式和工作方式已经有别于传统方式。在这些变化中，师生对图书馆简单服务的需求已经大大降低，而对图书馆高层次服务的需求却不断增强，特别是需要图书馆提供经过二次甚至多次加工后的信息和文献服务、提供满足读者个性化需求的信息和文献服务，这就要求图书馆能相应提升服务层次和水平。学术研究型图书馆过去只是少数实力雄厚的高校图书馆的选择，但今天将成为大多数高校图书馆的必然选择，因为简单的书刊文献服务已经到处可获。应对这种需求挑战已经大大超越了物质层面的技术和手段，而是要求图书馆馆员具有更高的综合素质和业务能力，这意味着高校图书馆馆员要从以往简单型管理服务的馆员转变为研究型学科服务的馆员，知识创造也成了时代赋予图书馆的新功能。

高校图书馆顺应这场革命性的转型发展需要很多的条件，比如观念、制度、资金、技术，等等，但其中图书馆馆员素质是一个极其关键的因素，没有一流的馆员，就难以提供一流的服务。如何提高现有馆员的综合素质和业务能力是很多图书馆在改善服务质量、拓宽服务范围、提升服务水平的过程中所面临的瓶颈之一。中国农业大学图书馆一直把培养和提高馆员综合素质和业务能力作为重点工作之一，采取了多种方式方法来提高馆员的素质和能力，以“请进来”的方式让专家们向馆员展示学术高台或研究前沿；以“走出去”的方式拓宽馆员的业务视野，带着自己的问题向兄弟院校图书馆学习业务长处和先进经验；以设立研究课题的方式鼓励馆员针对自身岗位工作中的问题展开调查研究，研以致用来帮助自己提高服务质量和帮助图书馆领导班子提高决策水平，同时增强自己的研究能力和提高研究水平。任何一位伟人都是从无知婴童起步成长的，任何一名科学家都是从莘莘学子开始成长的，从以往简单型管理服务的馆员转变到研究型学科服务的馆员，同样需要一个循序渐进、逐步提高的过程。本丛书中的作者全是中国农业大学图书馆馆员，本丛书中的研究成果都是他们立足自身岗位工作的思考结晶，他们都在各自的基础上迈出了成长的步伐，他们的研究成果不仅对于中国农业大学图书馆提高服务质量和科学管理水平是重要的，而且对于很多遇到同类问题并在思考的图书馆馆员也是有参考价值的。我相信，在学习进取型的状态中，他们的后续研究会提供更好的研究成果，他们的综合素质和服务质量也会在潜移默化中得到提升。

何秀荣

中国农业大学图书馆馆长

二〇一七年春节于绿苑

前言

本书是“中国农业大学图书馆‘图书情报学’研究丛书”之一，主要从人才和科研两个维度展开。

第一部分为人才篇。一方面，我国对海外人才正日益显示出强有力的“人才磁铁”效应，越来越多的海外杰出青年开始选择回国服务；另一方面，高校“筑巢引凤”的争夺也日趋激烈。但引进人才在回国后的学术发展表现如何？什么因素导致引进人才表现出学术发展差异？这类疑问的答案不仅是高校领导及相关部门希望得到的，也是社会很愿意看到的。因此，在这部分里，我们选取了人才引进、人才竞争、人才跨界合作和人才评价相关的文章。

第二部分为科研篇。科研评价一直是科研管理部门的重要工作内容之一，也是科研管理部门较头疼的工作之一。科研项目经费管理也是近年来社会和高校关注的热点之一，高校与科研单位的科研经费像行政经费那般管理是不合适的，其结果不是伤害科研就是在经费使用上“逼良为娼”。科研人员作为科研经费的直接使用者，如何对科研经费进行有效管理值得探讨。在迅速发展的中国，随着学术竞争和人才竞争的加剧，与成果挂钩的名利追求导致科研诚信问题尤为严重，特别是随着众多国际刊物对中国论文的大规模撤稿，科研诚信问题严重败坏了中国学术界的国际声誉。只有对科研诚信问题的背景了解透彻，才能更好地对其进行治理。因此，在这部分里，对高校的科研投入产出比、科研经费管理及科研诚信等相关内容进行了解读，以便读者从科研的角度进一步了解高校与学科发展中的内容和存在的问题。

人才和科研是高校建设与学科发展过程中的两个核心要素，希望本书选取的研究文章能够给高校管理者和研究者提供一些借鉴和参考。我们今后还将在“高校与学科发展”的研究道路上继续前行，与时俱进，研究和解决高校人才和科研中出现的问题，争取为高校管理者和研究者提供更具参考和借鉴意义的研究文章。

赵 勇

2019 年 6 月

目录

第一部分 人才篇

第二部分 科研篇

第一部分

人 才 篇

我国卓越高校智库的人才结构、聚焦主题与传播渠道[①]

赵　勇　崔晓彤　高思嘉
（中国农业大学图书馆情报研究中心）

摘要：[目的/意义] 对高校智库研究人员的履历和成果信息进行调研分析，揭示高校智库在人才队伍、研究特色和影响力方面的具体表现，了解高校智库在政府决策支持和社会舆论引导中发挥的作用，对如何提升高校智库的影响力和话语权提供借鉴与参考，以促进研究型大学更好地服务于国家和社会发展。**[方法/过程]** 利用网络调研法搜集6所高校智库研究人员的履历和成果信息，通过文献管理方法对获取信息进行组织和整理，借助社会网络分析、文献计量学方法和统计学方法开展信息的归纳与分析。**[结果/结论]** 国内卓越高校智库拥有高层次教育背景和多元化任职经历的研究人员，其研究主题聚焦国家发展重要战略性和政策指向性问题。同时，通过多种途径在全球范围内构建自身的影响力和话语权。

关键词： 卓越高校智库；智库人才；人才结构；聚焦主题；传播渠道

智库是国家“软实力”的重要载体之一，也是国家治理体系和治理能力现代化的重要体现，在政府决策和舆论引导中发挥着非常独特的作用。尤其是伴随着全球变局下中国经济转型的不断深入，以“资政启民”为任的智库日益凸显其在现代国家治理体系中的价值[1]。高校智库立足知识生产领域，凭借大学人才资源集中、学科门类齐全、基础研究力量雄厚及对外学术交流

---

① 本文发表在《情报杂志》2017年第四期。

广泛等天然优势，正在成为我国智库建设中的有生力量。近年来，中共中央先后审议通过了《关于加强中国特色新型智库建设的意见》和《国家高端智库建设试点工作方案》，此前教育部也印发了《中国特色新型高校智库建设推进计划》，在一系列的智库新政语境下，建设具有全球视野和扎根本土的中国特色高校智库也成为许多研究型大学的战略选择。因此，深度调研当前国内卓越高校智库的建设情况，尤其是在人才队伍、研究特色和影响力方面的具体表现，将有助于客观地了解我国高校智库的发展动向，从而对如何提升高校智库的影响力和话语权提供借鉴与参考。

针对高校智库建设，学者们分别从国外知名高校智库的经验介绍[2-4]、新形势下国内高校智库的现实困境[5-6]与发展路径[7-8]等方面开展了定性研究，部分学者则重点关注了智库影响力的定量分析[9-10]。本文以国内卓越高校智库研究人员的履历和成果信息为分析对象，采用统计描述和社会网络分析方法，展现卓越高校智库人才的教育背景与阅历结构；借助文献计量学方法和归纳法，分析智库成果的主题类别和传播渠道。在此基础上，通过相关分析，探究人才结构对卓越高校智库成果的影响，为推进中国特色新型高校智库建设提供客观依据，促进研究型大学更好地服务国家和社会发展。

1　数据与方法

1.1　数据来源

本文以美国宾夕法尼亚大学公布的《2015 年全球智库报告》[11]中上榜高校智库为标准，选出 6 家国内卓越高校智库（表 1）。通过对 6 家高校智库官方网站的调研，搜集高校智库研究人员的个人履历和研究成果信息。本文选择专业从事智库研究工作的机构负责人、高校教师和研究者作为研究对象，不包含行政管理人员，累计调研学者数量 203 人。

表 1 我国卓越高校智库的基本情况

全球排名[①]	智库名称	成立年份	机构性质	学者数量[②]/人
11	北京大学国际战略研究院	2013	独立研究机构	10
14	清华卡内基全球政策中心	2010	独立研究机构	29
16	清华布鲁金斯公共政策研究中心	2006	挂靠清华公共管理学院	5
29	中国人民大学重阳金融研究院	2013	独立研究机构	101
50	清华大学国情研究中心	2000	与中国科学院合办挂靠清华公共管理学院	9
81	北京大学国家发展研究院	2008	独立研究机构	49

①资料来源：美国宾夕法尼亚大学《2015 年全球智库报告》中的高校智库排名。②以高校智库官方网站公布的研究人员信息为统计范围，调研时间为 2016 年 9 月 1 日。

1.2 数据整理

本文采用文献管理方法，对获取的 203 名高校智库研究人员的履历和成果信息进行组织和整理。首先，建立高校智库研究人员的信息列表，设计字段包括：智库名称、专家姓名、性别、国籍、最高学历、毕业高校、是否具有海外经历、研究领域、曾任职机构、成果题名、成果主题及成果传播形式等。其次，对曾任职机构和成果传播形式进行分类。其中，曾任职机构包括：大学、政府部门、商业组织（公司、银行等）、媒体（新闻记者、专栏作家等）、其他非营利性组织（NGO、智库、国际组织等）；成果传播形式包括：报纸、期刊、图书、报告、项目、会议、视频、网络及其他。最后，鉴于 6 家高校智库成立时间存在差异，本文以 2013 年以来产出的智库成果为统计口径，依据成果题名和内容，同时参考高校智库官网（如人大重阳、清华卡内基等）对成果信息标记的关键词，人工标注成果的主题词。

1.3 分析方法

本文采用社会网络分析法，揭示研究人员所在高校智库与曾任职机构之间形成的网络关系结构。社会网络分析的单位是行动者（个体、群体和组织等）间的关系，并将这种关系看作为资源流动的渠道，通过定量方法描述社会网络结构，进而解释网络模式对结构中行动者行为的作用[12]。社会网络分析中的隶属网（2模网络）描述了行动者和诸多事件之间的关系[13]，可以解释个人如何通过隶属机构形成社会结构，以及社会结构如何通过制度安排限制和形塑个体行动者的行为[14]。高校智库研究人员与其曾任职机构之间形成了典型的隶属关系网络，通过分析这些网络结构，可以展现高校智库组织在提高研究水平和政策影响力上的潜在社会资源。

此外，本文借用文献计量学方法识别智库成果的高频主题，结合对智库人才研究领域的分析，进而发现各高校智库在聚焦主题上的特征。另外，从社会空间上来看，智库被认为是一个介于政治、知识、经济和媒体之间的新兴领域[15]。也有学者从社会结构范式的角度将智库影响力区分为决策（核心）影响力、精英（中心）影响力和大众（边缘）影响力 3 个结构层次[16]。本文拟通过对智库成果传播形式的分析，揭示高校智库在资政、学术和媒体 3 个领域提升影响力和话语权的途径。最后，本文将分别提取人才结构要素中的性别、国籍、学历、海外经历和曾任职经历作为自变量，将每位研究人员智库成果的研究主题数量和传播渠道类型数量作为因变量，利用统计学的相关分析来考察人才结构对高校智库成果的研究主题广度及其传播渠道宽度所产生的影响。

2　卓越高校智库的定位与人才结构

高校智库的有序发展需要根据其服务宗旨和机构特点进行科学的功能定位与顶层设计。研究型大学在学科优势、研究专长和师资特色等方面存在明显不同，也决定了高校智库的组织形式和人才结构具有多样性与差异性。

2.1 卓越高校智库的定位

根据表2显示，战略研究、政策建言、人才培养、舆论引导和公共外交等是6家卓越高校智库的核心功能定位。在具体特色上，北京大学国际战略研究院突出对中国国际战略决策的智力支持，清华卡内基全球政策中心聚焦于亚太地区的全球性议题，清华布鲁金斯公共政策研究中心将中美关系置于重要位置，中国人民大学重阳金融研究院重点发挥其在金融领域的专长，清华大学国情研究中心强调对最高决策层的资政能力，北京大学国家发展研究院则关注于社会科学综合研究和人才培养。

表2 我国卓越高校智库的定位

智库名称	智库定位
北京大学国际战略研究院	旨在促进世界政治、国际安全与国家战略等领域的学术研究和政策研究。致力于为中国的国际战略决策提供智力支持，为相关学科的教学服务，并引导公众全面、准确及理性地认识国家安全与国际战略问题
清华卡内基全球政策中心	旨在就全球性挑战寻求建设性的解决方案，重点围绕亚太地区复杂的经济、安全及政治发展议题，为政策制定者提供清晰准确的时政分析
清华布鲁金斯公共政策研究中心	致力于创建中国的一流智库，在围绕中国经济社会变革及维系良好的中美关系的诸多重要领域提供独立、高质量及有影响力的政策研究，为中美双方学者和政策制定者提供一个国际化的交流平台，加强双方的对话与合作
中国人民大学重阳金融研究院	旨在立足人大，放眼世界，把脉金融，观览全局，钻研学术，注重现实，建言国家，服务大众
清华大学国情研究中心	为党中央和国务院决策的“大学外脑”“学术智库”，核心目标是成为中国一流决策思想库和世界一流的当代中国研究基地，打造为中国名牌大学中最具竞争力、最具影响力和最具实力的当代中国研究机构
北京大学国家发展研究院	致力于推进中国社会科学的综合研究，尝试组织跨学科的研究，培养综合性的国家发展高级人才，以综合性的知识集结服务于我国改革发展和全球新秩序的建设，服务于社会科学的发现与探索。以国家发展为中心议题，立足于中国改革发展与现代化的实践，前瞻性地提出重大的战略、制度、政策和基础理论问题，持续关注全球格局的演变，参与改革发展与建设国际新秩序的高层对话

资料来源：6家高校智库的官方网站。

2.2 卓越高校智库的人才结构

从基本特征上看，在 6 家高校智库中，男性研究人员（84.7%）的比例明显高于女性（15.3%），其中清华大学国情研究中心 9 名研究人员均为男性。国际学者的参与是高校智库全球化视野的一个重要体现。调研发现，203 名智库研究人员来自 22 个国家，外籍研究人员的比例为 25.1%，其中美国研究人员最多，有 18 人。从 6 家高校智库的比较上看，中国人民大学重阳金融研究院聘请的外籍研究人员数量最多，有 36 人，其次是清华卡内基全球政策中心有 14 名外籍研究人员，而北京大学国际战略研究院、清华大学国情研究中心和北京大学国家发展研究院并没有聘任外籍研究人员。

从教育背景上分析，71.3% 的智库研究人员具有博士学位，6.4% 的研究人员具有博士后研究经历。其中，清华大学国情研究中心的研究人员全部具有博士学位，北京大学国家发展研究院博士学位研究人员比例达到 98.0%，北京大学国际战略研究院和清华卡内基全球政策中心博士学位研究人员比例都在 70% 以上，而清华布鲁金斯公共政策研究中心和中国人民大学重阳金融研究院博士学位研究人员比例相对较低，分别是 42.9% 和 41.6%。从教育经历上看，过半数的中方研究人员具有海外留学经历，其中北京大学国家发展研究院有 93.9% 的中方研究人员是在国外知名大学获得的博士学位。在学科分布上，清华布鲁金斯公共政策研究中心、中国人民大学重阳金融研究院和北京大学国家发展研究院研究人员均以经济学背景为主，北京大学国际战略研究院和清华卡内基全球政策中心研究人员多拥有政治学或法学学位，而清华大学国情研究中心研究人员多具有经济学和管理学的学科背景。

从阅历结构上观察，不同高校智库的研究人员在曾任职机构数量和类型上存在明显的差异。图 1 展示了研究人员所在高校智库与曾任职机构之间的关联关系，并通过多维尺度法来确定各节点的具体位置，距离接近的节点的关联序也高，表明节点之间具有较为相似的任职经历。分析结果表明，6 家高校智库均有研究人员曾就职于政府、大学或其他非营利性组织，但具有媒体或商业组织工作经历的研究人员相对较少。政府曾任职经历置于网络的核心位置，也表明了学者与政要角色转换在高校智库建设上起到了重要作用。不同之处在于，中国人民大学重阳金融研究院占据了更多的媒体和商业组织资源；清华大学国情研究中心和北京大学国际战略研究院的研究人员多是具有大学任职经历；北京大学国家发展研究院的部分研究人员曾在政府、大学或其他非营利性机构工作；清华卡内基全球政策中心研究人员的经历更为多样化，均有一定比例的研究人员供职过 5 种类型机构；清华布鲁金斯公共政策研究中心研究人员具有更多在其他非营利性组织的工作经验。

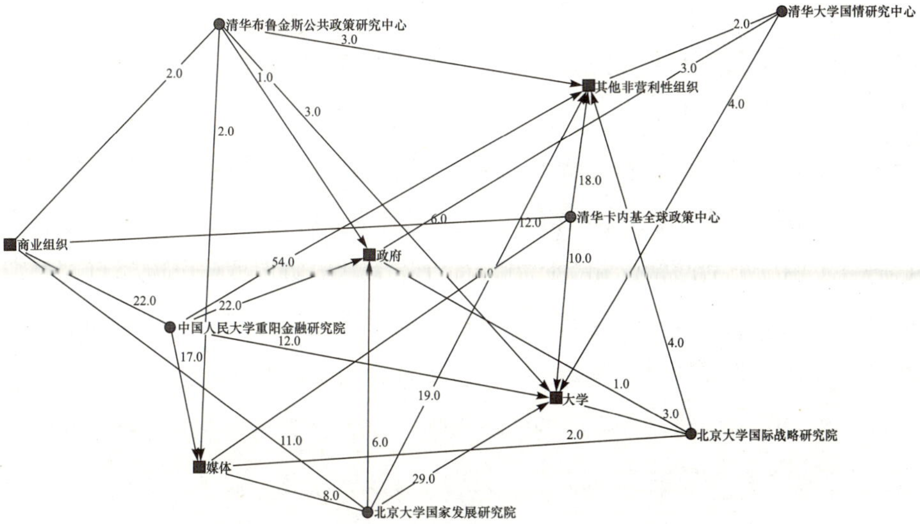

图 1　研究人员所在高校智库与曾任职机构的二模图分析结果

注：节点连线数值代表曾任职机构的研究人员数量。网络可视化工具选择 UCINET 的 NetDraw。网络布局算法选择多维尺度法（MultiDimensional Scaling，MDS）。

3　卓越高校智库的聚焦主题

“聚焦国家急需，确定主攻方向”是国家对新型高校智库建设的要求，也是高校智库品牌化、特色化发展的必然选择。本文将从高校智库人才的研究领域和2013年以来发表智库成果的高频主题词两个维度来揭示卓越高校智库聚焦主题的特点。

3.1 卓越高校智库人才的研究领域

从高校智库人才的研究领域上看，北京大学国际战略研究院10名学者的主要研究领域是国际政治与外交，具体包括美国外交、中美日关系、东亚安全和伊斯兰问题。清华卡内基全球政策中心有55.2%的学者关注了中国外交政策相关研究，其余学者的研究领域主要是气候、能源和国际商务。清华布鲁金斯公共政策研究中心的5名学者重点关注了气候变化、环境政策和公共财政领域的问题。中国人民大学重阳金融学院有43.6%的学者集中在国际关系和国际金融相关领域，涉及了“一带一路”、G20、中美关系、中日关系、金融市场和金融体系改革等研究主题。同时，其在绿色金融领域的研究颇具特色。国情研究是清华大学国情研究中心的优势和特色研究领域，9名学者重点研究了中国公共政策的相关问题。而北京大学国家发展研究院学者则更多地聚焦于中国经济的发展问题，涉及了宏观经济、制度经济、劳动经济和农业经济等多个研究领域。此外，高校智库负责人是本机构发展的掌舵者和领路人，作为国内卓越高校智库的领军人物（表3），其研究领域也可以在一定程度上反映本机构的主攻方向。

表3 卓越高校智库的主要负责人情况

智库名称	负责人	教育背景	任职经历	研究领域
北京大学国际战略研究院	王缉思	北京大学硕士	大学	美国外交，中美关系，国际政治理论
清华卡内基全球政策中心	Paul Haenle	哈佛大学硕士	政府	中国外交关系，国际安全挑战，国际经济与贸易
清华布鲁金斯公共政策研究中心	齐晔	纽约州立大学博士	大学	资源环境政策与管理，全球气候变化，生物多样性，可持续发展理论、方法与政策

续表 3

智库名称	负责人	教育背景	任职经历	研究领域
中国人民大学重阳金融研究院	王文	北京大学博士	媒体、大学	国际关系，宏观经济
清华大学国情研究中心	胡鞍钢	中国科学院博士	大学	国情研究与公共政策
北京大学国家发展研究院	姚洋	威斯康星大学博士	大学	中国经济发展和制度转型

3.2 卓越高校智库成果的主题分析

根据卓越高校智库与智库成果高频主题词的关联分析结果（图 2）显示，近年来 6 家高校智库的研究主题均聚焦了国家发展重要战略性和政策指向性问题，同时也形成了本机构特色研究主题。具体来看，北京大学国际战略研究院的研究关注了国际国内形势发展变化和外交工作的实际需求。清华卡内

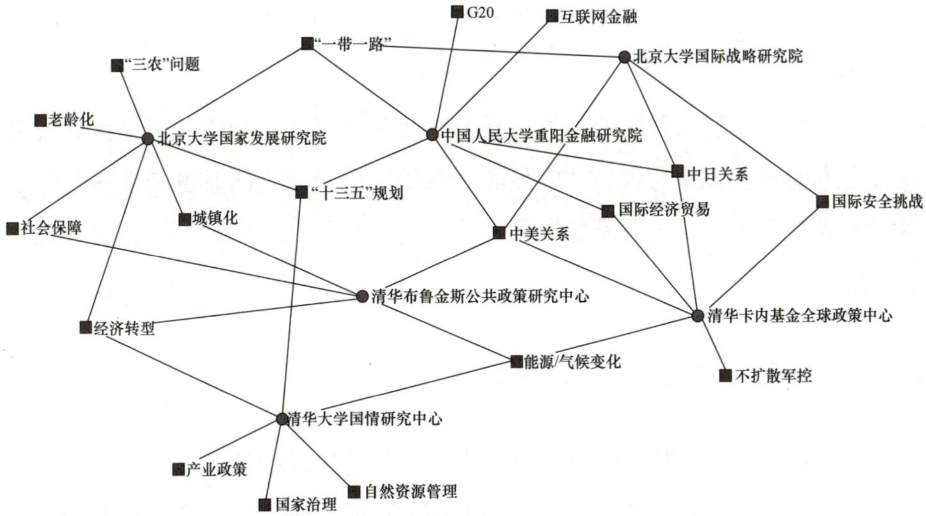

图 2　卓越高校智库与智库成果主题词的关联分析结果

注：主题节点为卓越高校智库成果的高频词（频次大于 20）。网络可视化工具选择 UCINET 的 NetDraw。网络布局算法选择多维尺度法（MultiDimensional Scaling，MDS）。

基全球中心和清华布鲁金斯公共政策研究中心作为两家中外合办的高校智库，其研究分别侧重于国际和国内两个方向，清华卡内基全球中心多集中于国际背景下的中国外交、经贸和军事研究，而清华布鲁金斯公共政策研究中心则重视日益发展的中国，围绕能源需求、城乡发展和社会福利等问题开展研究。中美、中日等国际关系问题是北京大学国际战略研究院与清华卡内基全球中心共同关注的高频主题。

中国人民大学重阳金融研究院、清华大学国情研究中心和北京大学国家发展研究院均将“一带一路”“十三五”规划等国家大政方针作为本机构关注的热点和重点议题。不同的是，中国人民大学重阳金融研究院的研究选题侧重于全球视野下的金融问题。清华大学国情研究中心重点研究了中国在经济、政治和资源领域面临的挑战与战略对策。北京大学国家发展研究院则长期关注了中国经济和社会转型时期出现的城镇化、老龄化和“三农”问题等。

4　卓越高校智库的传播渠道

高校智库话语权和影响力的获得与其成果传播密切相关，多样化的成果发布渠道增强了智库与政府、学界和大众的广泛交流，同时也是更多群体了解智库成果目标和思想精髓的所在，最终达到引导社会舆论，谏言政府决策的目的。

4.1　卓越高校智库的资政方式

资政能力是高校智库的核心影响力，也是智库影响高层决策的最直接方式。通过对 6 家卓越高校智库的调研发现，它们均建立了与政府决策机构的正规或非正规的沟通渠道，向上输送智库成果。从具体方式上看，清华大学国情研究中心以内参《国情报告》为核心向中央领导层谏言献策，中心负责人胡鞍钢教授撰写的报告多次得到党中央、国务院领导批示。中国人民大学重阳金融研究院则利用政府咨询报告、内部参考等形式，对政府决策提供建设性的意见、建议与参考。此外，还有部分高校智库学者被聘为国务院参事，可以直接向国务院领导提供决策参考，如北京大学国家发展研究院的林毅夫教授、中国人民大学重阳金融研究院何茂春高级研究员等。可见，具有国家“智囊”身份的精英人才是卓越高校智库直接谏言高层决策的关键力量。

除直接向决策层报送智库成果外，在《人民日报》《光明日报》等官方重要报刊上发表评论文章、承担国家部委委托重大课题研究项目也都是卓越高校智库间接扩大其资政影响的重要渠道。同时，部分高校智库还会通过打造品牌峰会，邀请国内外政府现任或前任政要参加，来拓展其资政影响力，如北京大学国际战略研究院的“北阁对话”年会等。

4.2 卓越高校智库的学术途径

高校智库的研究人员通过在期刊发表论文、出版专著和召开研讨会等学术形式，与智库学者或其他社会精英分享自己的研究成果，也是高校智库活动的重要组成部分，体现了高校智库在学界的中心影响力。同样，部分卓越高校智库也形成了自己独具特色的学术传播途径。如北京大学国家发展研究院创办了《经济学季刊》、China Economic Journal 等学术权威刊物，同时定期举办“中国经济展望论坛”“CCER/CMRC 中国经济观察”等研讨会，紧扣中国经济转型期出现的城镇化、老龄化等社会复杂问题，将经济学研究与智库研究工作密切地融合起来。清华布鲁金斯公共政策研究中心和清华大学国情研究中心主要依托清华大学公共管理学院的学术资源优势，以科研项目的形式开展学术研究活动，同时通过校内授课积极培育高校智库的后备人才队伍。清华卡内基全球政策中心则制定了“青年大使计划”，通过开展全球实习生项目、中美互信企划等活动，为青年研究人员提供了在世界一流大学和研究机构的学习交流机会。

4.3 卓越高校智库的社会渠道

赢得普通大众的理解和支持是智库影响政策的重要方式之一，卓越高校智库经常通过报刊、电视、网站、微博和手机报等媒体路径对研究成果进行广泛传播，从而一方面提升本机构国内外媒体的知名度，另一方面争取公众认可度，为政策主张赢取社会支持。其中，中国人民大学重阳金融研究院拥有丰富的媒体资源，其研究人员经常会通过媒体访谈、人大重阳微博、人大重阳微信等快捷传播方式来宣传最新的研究成果。除借助媒体力量外，部分卓越高校智库也在打造自身品牌的出版物，如北京大学国际战略研究院出版的《中国国际战略评论》(中英文),《国际战略研究简报》《智库热点新闻追踪》《海外智库观点概览》，清华卡内基全球政策中心的"中国观 • 观中国"系列文章。此外，卓越高校智库也在秉承"开放包容，兼收并蓄"的理念积极开展国际交流合作，将国际著名专家学者汇聚门下，不断提升机构在国际社会上的影响力。

5 人才结构对卓越高校智库成果的影响

为了考察人才结构对卓越高校智库成果的影响，本文确定了 2 个智库成果变量和 5 个人才结构变量。在智库成果方面，研究主题数量代表了研究人员关注的主题广度，而传播渠道类型数量则代表了研究人员传播智库成果的渠道宽度。根据表 4 显示，平均每位卓越高校智库研究人员关注 2.63 个研究主题，拥有 3.12 个成果传播渠道，智库成果变量的标准差较大，说明研究人员间存在较大差异。在人才结构方面，性别、国籍和学历变量分布不均衡，其中具有博士学位的男性中方研究人员在卓越高校智库中所占的比例较高。从经历上看，152 名中方研究人员中具有海外经历的相对较多，而在曾任职机构数量上，平均每位高校智库研究人员曾在近 2 种机构任过职。在 7 个变量描述性统计结果的基础上，本文采用 Spearman 相关系数对人才结构要素与高校智库成果之间的相关性进行了分析。Spearman 相关系数属于非参数统计方法，适用于定序变量或不满足正态分布假设的等间隔数据。

表 4　变量的描述性统计

变量	样本	均值	最大值	最小值	标准差	方差	偏度	峰度
性别（0=女；1=男）	203	0.85	1	0	0.361	0.130	–1.945	1.802
国籍（0=外国国籍；1=中国国籍）	203	0.75	1	0	0.435	0.189	–1.156	–0.671
学历（1=学士；2=硕士；3=博士）	203	2.79	3	1	0.476	0.227	–2.276	4.544
中方人员的海外经历（0=没有；1=具有）	152	0.55	1	0	0.498	0.248	–0.218	–1.974
曾任职机构类型数量	203	1.95	5	0	0.945	0.893	0.855	0.210
研究主题数量	203	2.63	8	1	1.427	2.036	0.487	0.927
传播渠道类型数量	203	3.12	8	1	2.220	4.930	0.065	–1.074

根据表 5 的相关分析结果显示，首先，性别和学历对高校智库成果并没有产生显著影响，表明卓越高校智库在人才选择上没有呈现性别或学历倾向，体现了其“不限性别、不唯学历和广纳英才”的选才原则。其次，国籍和海外经历对研究人员的主题广度和传播渠道宽度有显著影响，从卓越高校智库官方网站公布的信息来看，中方研究人员（尤其是具有海外经历的）关注的研究主题更多元、成果传播渠道更多样。高校智库主要面向国家和社会的重大现实问题，中方研究人员对本国问题更为熟悉，所以涉及主题领域相对广泛，而外籍研究人员的研究主题较为聚焦，多集中在国际关系领域。最后，曾任职机构类型数量对高校智库成果的传播渠道宽度具有显著影响，而对研究主题广度没有显著影响，表明卓越高校智库的研究人员通过职业迁移形成的社会网络资源有利于其研究成果的多渠道传播，同时在职业变迁过程中仍聚焦了相对稳定的研究主题方向。

表 5　人才结构要素与卓越高校智库成果的相关分析

人才结构要素	研究主题广度	传播渠道宽度
性别	0.094	0.032
国籍	**0.312****	**0.274****
学历	0.137	0.025
海外经历	**0.224****	**0.251****
曾任职机构类型数量	0.009	0.205**

** 表示在置信度（双测）为 0.01 时，相关性是显著的。

6　结论与启示

高校聚集了我国 80% 以上的社会科学研究力量，拥有庞大的人才队伍、齐全的学科门类和深厚的学术积累，具备建设高端智库的良好条件和独特优势。通过对 6 家国内卓越高校智库研究人员的履历和成果信息分析，结果表明：①卓越高校智库研究人员多获得博士硕士学位，具有海外留学经历。经济学、管理学、政治学和法学是智库人才的主要学科背景。部分学者具有在大学、政府、商业组织和其他非营利性组织的任职经历，不同高校智库研究人员的曾任职经历网络存在差异和特色化发展现象。②卓越高校智库的研究主题均聚焦了国家发展重要战略性和政策指向性问题。高校智库负责人的研究领域在一定程度上反映了本机构的主攻方向。不同高校智库依靠其所在大学的学科优势、研究专长和师资特色，形成了具有各自特色的研究优势。③卓越高校智库均建立了与政府决策机构的正规或非正规的沟通渠道。报送内参报告、担任国务院参事是高校智库直接影响决策的重要渠道。同时部分卓越高校智库通过打造品牌峰会来拓展其对政府决策的间接影响力。④学术影响力是高校智库影响力的重要组成部分，也是研究成果质量的根本保障。卓越高校智库依托国内知名大学的学术资源和学科地位，建立了一系列成果传播的学术途径，同时还通过授课和培训等活动不断培养高校智库人才的后备力量。⑤卓越高校智库与媒体保持良性互动关系，传统媒体和网络新媒体都成为高校智库向大众群体传播的重要渠道。此外，打造自身品牌出版物和国际交流合作也是高校智库提升社会影响力的关键措施。⑥卓越高校智库坚持了“不限性别、不唯学历和广纳英才”的选才原则，研究人员的丰富职业经历对智库成果的多渠道传播具有积极作用。

总之，卓越高校智库影响力的产生离不开国内知名大学已有的学术土壤、文化环境和人才优势，国内其他高校在智库建设的探索道路上，应立足于自身的基础和条件，面向国家和社会的重大需求，形成一流学科与新型智库建设的合力，通过凝练学科特色、培养智库型人才、吸纳校外智力资源和借助媒体宣传渠道等多元化途径，秉持“多元包容、择善而行”的基本态度来完成中国特色新型高校智库的历史使命。

参考文献

[1] 朱敏 . 中国经济转型期智库研究——以人才培养管理创新为例 [J]. 新经济研究 , 2016(2)：103-113.

[2] 赵勇 , 高思嘉 . 内外兼修：美国高校智库的发展特点及其话语权提升之策 [J]. 智库理论与实践 , 2016(2)：42-49.

[3] 曹健 , 孙会清 , 秦荣环 , 等 . 国外高校智库成果调查分析与启示 [J]. 情报杂志 , 2016, 35(8)：59-64.

[4] 杜静元 . 高校智库建设的国际经验与启示 [J]. 管理观察 , 2015(6)：88-92.

[5] 朱旭峰 , 韩万渠 . 中国特色新型智库的兴起、困境与探索 [J]. 高等教育评论 , 2015(1)：32-44.

[6] 韩万渠 . 中国高校智库的组织变迁、发展困境与对策研究 [J]. 高教探索 , 2016(5)：21-26.

[7] 舒刚 . 大数据视域下高校智库建设的现实困境与路径转型 [J]. 中国高教研究 , 2016(8)：27-31.

[8] 聂立清，李涵．中国特色新型高校智库建设发展路径 [J]. 中国高等教育，2015(9)：31-33.

[9] 李凌．中国智库影响力的实证研究与政策建议 [J]. 社会科学，2014(4)：4-21.

[10] 陈升，孟漫．智库影响力及其影响机理研究 [J]. 科学学研究，2015(9)：1305-1312.

[11] James G McGann. 2015 Global Go To Think Tank Index Report[R]. Scholarly Commons, 2016.

[12] 张文宏．社会网络分析的范式特征 [J]. 江海学刊，2007(5)：100-105.

[13] 刘军．整体网分析讲义——UCINET 软件使用指南 [M]. 上海：格致出版社，2009：222.

[14] Ronald L Breiger. The Duality of Persons and Groups [J]. Social Foreces, 1974, 53(2): 181-190.

[15] Tom Medvetz. Think Tanks as an Emergent Field[R]. Social Science Research Council, 2008.

[16] 朱旭峰．中国思想库：政策过程中的影响力研究 [M]. 北京：清华大学出版社，2009：78.

高校海外高端青年人才引进后的学术影响力差异及影响因素分析

赵　勇　崔晓彤
（中国农业大学图书馆情报研究中心）

摘要：近年来，中国对海外科技人才的吸引力正在显示出强大的“人才磁铁”效应，大量海外杰出青年人才开始选择回国服务，各大高校的“筑巢引凤”争夺也更加激烈。探究青年引进人才的学术表现和职业发展规律具有重要意义。本研究从科技人力资本视角出发，基于192位“青年千人计划”入选者的筛选样本调查，采用论文影响和合作程度双重表征来反映海外高端青年人才引进后的学术影响力，实证研究发现：①高校的科研基础条件明显影响入选者引进后的论文质量；②博士阶段的教育背景差异不是入选者回国后学术产出质量差异的原因；③校友身份对入选者的国内科研合作网络构建具有显著影响；④具有海外博士学位的入选者与国内科研力量的聚合力有待加强；⑤影响校内合作程度的因素较为复杂，难以通过引进高校的层次或区域变量来反映入选者在合作上的差异。本研究对海外高端青年人才的引进政策及后期学术培养具有一定的启示。

关键词：高校人才引进；“青年千人计划”；学术影响力；影响因素；负二项回归

经过数十年的高速发展，中国的经济实力得到了极大的提升，与此同时，中国政府持续加大科研基础设施投入，不断改善学术生态环境，广泛聚集科技人才精英，以期通过增强科研实力来推动和实现经济社会的可持续发展。在此背景下，中国对海外科技人才的吸引力正在显示出强大的“人才磁铁”

效应，长期困扰的“人才外流”已经开始演变成“人才回流”。据统计，截至2016年底，中国留学回国人员总数达265.11万人，其中2016年回国43.25万人，党的十八大以来，5年回国人数占到70%[1]。高层次海外科技人才普遍接受过良好的学术训练，拥有丰富的科研教学经历，对于新兴国家而言，海外科技人才回流不仅带来更多的人力资本，有助于迅速提升本国的科研水平和学术实力[2-3]，同时也带回了社会资本和国际交流的合作机会，可以积极促进本国参与和融入全球科技创新网络[4-5]。因此，大量吸引和汇聚海外高端科技人才也成为国内高校实施人才强校战略，创建世界一流大学和一流学科的重要举措，尤其是对于具有潜力的海外高端青年人才，各大高校的“筑巢引凤”争夺更加激烈。

2011年中央启动了“青年千人计划”项目，旨在面向自然科学和工程技术领域，引进一批有潜力的海外优秀青年人才，为今后国家科技和产业的跨越式发展提供智力支撑[6]。“青年千人计划”项目入选者被认为是所从事科研领域同龄人中的拔尖人才，具有成为领域学术或技术带头人的发展潜力。因此，探究“青年千人计划”引进人才的学术表现和职业发展规律，对其他青年学者的个人科研生涯规划，以及科研主管部门的人才政策制定都具有重要意义。

“青年千人计划”人才获得了国家优厚的生活补助和科研经费支持，拥有良好的科研条件和职业发展机遇，但同时也面临一系列挑战与困难。首先，海外青年引进人才刚进入科研职业生涯的初期，需要延续其在国外的研究工作，维系已有的科研合作关系；回国后，还需要尽快融入本土科研体系之中，拓展新的科研协作网络。其次，海外青年引进人才被寄予成为领域带头人的希望，需要在短期内发挥领军作用，做出突出的科研贡献。最后，引进高校的人才政策和科研基础条件存在差异，也会影响海外青年引进人才回国后的学术发展效果。因此，本研究选择以“青年千人计划”人才引进后的学术影响力差异为问题切入点，一方面希望更加清晰地了解高校青年引进人才回国后的学术表现及影响因素；另一方面以期在对海外高端青年人才的引进政策及后期学术培养上获得启示。

1 相关研究

个体和制度是影响高校科研生产力的两大决定性因素[7-8]。在个体性因素方面，部分学者早期关注了科学家的年龄[9]、性别[10]及家庭背景[11]等基本人口学特征对科研产出的影响。Bozeman 等曾提出用于科研评价的科技人力资本模型[12]，认为科技人力资本包含个体人力资本禀赋，以及科研人员的显性和隐性知识积累。此外，科技人力资本还包含科研人员在知识创造过程中形成的社会资本。Jonkers 和 Tijssen 将科技人力资本模型应用于中国海归学者国际迁移与其科研合作和产出的关系研究[13]，之后该模型也成为许多学者研究学术迁移对科研产出影响的主要方法[14-15]。也有学者重点关注了科研人员的前期学术训练在后期科研表现中的作用，如 Enders 和 Bess 认为博士阶段和科研职业初期阶段的学术训练对研究人员未来的学术发展具有重要作用[16-17]，Corley 和 Horta 等学者研究发现具有博士后研究经历的学术人员的科研产出力更强[18-19]。在社会关系方面，陈代还等探讨了海归科学家的国内外二元关系网络对其科研产出数量和质量的影响，结果发现国际合作网络对海归科学家的科研产出具有显著影响，国内关系纽带对海归科学家产出的作用呈倒“U”形曲线[5]。Feng 等发现具有校友身份的海外引进长江学者的机构内合作较少，但发表论文的期刊影响因子较高，建议通过加强构建海归学者的本土学术网络来提高学术影响力[20]。白新文等则分析了中国科学院“百人计划”项目，从主动性人格、归国适应、学术网络和所获得的组织支持 4 个方面综合探讨了影响高层次青年人才成长效能的个体层面因素[21]。

在制度性因素方面，良好的科研环境和雄厚的科研基础条件是科研产出的有力保障。早期学者们重点关注了机构规模与科研产出之间的关系，有观点认为，大型研究机构拥有更多的资源，可以吸引高水平的学者，同时也有利于促进机构内研究团队之间的交流与合作[22]，但 Kyvik 对挪威 4 所高校的人文科学、社会科学、自然科学、医学和技术科学等 5 个学科领域的实证研究发现，除自然科学外，机构规模在其他学科领域内与科研产出并没有表现出相关性[23]。另外，随着各国科研资助力度的不断加大，项目经费资助和科研评价活动对科研产出的影响也成为学者们的研究热点。Takanori 等发现日本“21 世纪卓越基地计划”项目对受资助论文数量和质量的影响存在学科差异[24]。Anderson 等则揭示出新西兰政府开展的高校绩效科研基金（PBRF）评价体系并未改善经济学领域整体的科研质量，而只是提高了人均科研产出数量[25]。此外，Rushton 等还论证了图书馆文献资源量、研究生数量及高校财政收入水平等因素与机构学术影响力存在密切关系[26]。

现有相关文献为本研究的设计提供了丰富的理论视角和方法路径，但目前鲜见有研究从个体和制度两个层面综合剖析科研人员学术产出的影响因素，尤其是对于中国海外高端青年引进人才的“70 后”和“80 后”群体，该方向的研究仍显不足。因此，本研究将从科技人力资本的研究视角出发，以“青年千人计划”项目入选者的履历和论文信息为数据基础，综合探究影响海外高端青年人才引进后学术影响力的个体性因素和制度性因素。

2 数据与方法

2.1 数据来源

本研究选择 2011 年 10 月第 1 批（143 人）和 2012 年 1 月第 2 批（218 人）“青年千人计划”的入选者为调研对象。分析数据集合的建立过程如下：

首先，收集高校引进“青年千人计划”人才的履历信息。根据官方公示信息确定国内高校引进的青年人才，累计 284 人（两个批次分别为 115 人和 169 人）。进而在人才引进高校的官方网页、千人计划网（http://1000plan.org）和百度百科上分别搜集“青年千人计划”人才的履历信息，累计获得含有教育经历和科研成果信息的履历 192 份。

其次，检索高校引进“青年千人计划”人才的论文信息。在 Elsevier 的

Scopus 数据库中，以人才姓名为信息检索点，分别查找 192 位青年引进人才在 2012—2016 年间发表的期刊论文，文献类型选择为 Article 和 Review。在对作者论文信息进行细致清洗与识别后，累计获得论文 4 194 篇。作者论文数据的具体识别方法包括：①将检索结果中的作者信息与国际公认作者唯一身份标识符 ORCID 对应。②在标准作者信息的基础上，比对各条文献记录中的作者姓名、发文单位、研究方向与领域、合作的作者姓名与单位和引用与被引文献来源等 5 个参数。③根据各参数的相似度值结果，合并高度一致的作者文献数据。④参考履历信息中的科研论文成果，最终确定“青年千人计划”人才的论文数据。

最后，将“青年千人计划”入选者的教育经历、海外职业轨迹等履历信息与科研论文数量、载文期刊质量和被引频次等论文信息相整合，最终建立 192 位高校海外高端青年引进人才的分析数据集合。

2.2 变量测量

（1）因变量

作者的学术影响力产生于科学交流过程中，从论文发表角度来看，主要是通过作者之间的引用关系和合作关系来反映这一交流过程 [27]，因此，本研究选择从青年引进人才的论文影响和合作程度两个方面对其学术影响力进行双重测度。

本研究将论文产出数量、载文期刊质量和论文引用影响作为表征“青年千人计划”人才论文影响的代理变量。其中，论文产出数是 2012—2016 年间 Scopus 数据库中收录的青年引进人才发表的期刊论文数量。SNIP（Source Normalized Impact per Paper）是三年引文窗中某一来源出版物中的每篇论文的平均被引次数与该学科领域的“引文潜力”之间的比值，其中“引文潜力”是指一篇文章估计在指定的学科领域中所达到的平均被引次数。它不用考虑期刊分类，依据作者引用其他论文的频次、引用影响的成熟速度和数据库在领域内的文献覆盖率，就可以对不同学科领域的期刊进行直接比较[28]。FWCI（Field-Weighted Citation Impact）是学科标准化后的论文影响力。当FWCI≥1时，代表被考察青年引进人才的论文质量达到或超过了世界平均水平[29]。

“青年千人计划”人才合作程度的代理变量主要包括：国际合作论文数、国内合作论文数和校内合作论文数。其中，国际合作论文数是作者地址中至少含有一个国外机构的合著论文数量。国内合作论文数是作者地址中至少含有一个国内机构（非人才引进高校）的合著论文数量。校内合作论文数是作者地址中除引进人才外，至少含有一个本高校科研人员的合著论文数量。

（2）预测变量

在个体性因素方面，本研究根据Bozeman等提出的科技人力资本模型[12]，从海外青年引进人才履历信息中提取校友关系和博士学位颁发地，作为其科技人力资本的代理变量。其中，校友关系（二分变量）指引进高校是否为“青年千人计划”入选者的母校。博士学位颁发地（二分变量）指青年引进人才是否在国外获得博士学位。

在制度性因素方面，本研究选择引进高校层次和引进高校区位作为科研基础条件的代理变量。其中，引进高校层次（二分变量）指引进高校是否为首批入选“985”工程重点建设的9所高校（C9）。引进高校区位（二分变量）指引进高校所在位置是否为北京或上海。

（3）控制变量

前期研究已经验证科研人员的个体特征对科研产出存在影响，包括年龄[9]、性别[10]等。同时，已有研究表明，不同学科之间的论文产出数量、载文期刊影响力和论文合著情况存在明显差异[30]。因此，本研究将青年引进人才的年龄、性别和所属学科设置为控制变量，不作为重点考察。

2.3 分析方法

由于论文产出数量、载文期刊质量及合作论文数量等因变量均为离散的非负整数，所以本研究选择采用计数模型。目前，学界常用的非线性面板计数模型主要有泊松回归和负二项回归，都是通过最大似然估计对计数变量的均值进行回归。考虑到本研究中因变量的方差都远大于均值，因此，采用负二项回归模型进行学术影响力差异的影响因素分析。本研究的各变量数据分别通过履历分析和文献计量方法获得，负二项回归分析利用 STATA 软件完成。

3 结果分析

3.1 描述性统计

在调研样本中，高校引进的男性“青年千人计划”人才有 177 人，占 92.2%，引进人才入校时的平均年龄为 36.0 岁，引进人才主要来自工程与材料科学（48 人，占 25.0%）、数理科学（35 人，占 18.2%）、化学（29 人，占 15.1%）、信息科学（27 人，占 14.1%）、生命科学（34 人，占 17.7%）、环境与地球科学（19 人，占 9.9%）等 6 个学科领域。

表 1 显示，在调研的 192 人中，38% 的海外青年人才选择回到母校工作，71.4% 的青年引进人才是在国外获得博士学位。C9 高校引进的青年人才占 60.9%。37.5% 的引进人才入职在北京或上海的高校。

表 1　高校“青年千人计划”引进人才调研样本的基本情况（N=192）

项目	校友关系		博士学位		高校层次		高校区位	
	校友	非校友	国外	国内	C9	非 C9	北上	非北上
人数	73	119	137	55	117	75	72	120
占比	38.0%	62.0%	71.4%	28.6%	60.9%	39.1%	37.5%	62.5%

从“青年千人计划”引进人才的学术影响力来观察（表 2），青年引

进人才整体上表现了较强的科研实力，回国后的5年间平均产出21.84篇科技论文，载文期刊影响力（SNIP）为1.70，学科标准化后的论文影响力（FWCI=2.14）明显超过世界平均水平。在合作论文数量上，青年引进人才呈现出“校内合作＞国际合作＞国内合作”的格局。从科技人力资本视角来看，海外高端青年引进人才的本土学术网络关系的同质性很强，校内关系占据主要位置，形成了以同事、师生关系为主的纽带型社会网络（Bonding Social Networks），而与国内其他机构间的合作相对较少，也说明以业缘关系为主的桥接型社会网络（Bridging Social Networks）还有待培育[31]。同时，青年引进人才回国后延续了与国外学术网络的沟通联系。

表2　学术影响力相关变量的描述统计与均值比较

项目	描述统计		均值比较							
	Mean	SD	校友关系		博士学位		高校层次		高校区位	
			校友	非校友	国外	国内	C9	非C9	北上	非北上
论文总数	21.84	18.05	23.00	21.13	22.53	24.60	20.94	23.25	18.96	23.58
SNIP	1.70	0.66	1.79	1.64	1.73	1.61	1.85	1.46	1.75	1.67
FWCI	2.14	1.77	2.21	2.11	2.16	2.11	2.42	1.71	2.24	2.09
国际合作	10.63	10.51	12.26	9.63	11.78	10.17	10.93	10.16	11.16	9.75
国内合作	8.68	10.01	9.62	8.11	6.96	12.96	8.66	8.72	8.79	8.50
校内合作	16.44	15.98	17.89	15.16	14.65	20.89	15.62	17.72	14.38	17.68

从均值比较分析上看，拥有校友身份的青年引进人才在6个因变量指标上的表现均好于非校友身份引进人才。相对国内获得博士学位的引进人才，具有海外博士学位的引进人才平均发表论文数量较低，同时在论文质量上也未表现出较大的差异性。在合作关系上，获得国内博士学位的引进人才，在国内合作和校内合作上的表现好于海外博士学位人才，而在国际合作发表论文数量上相对较低，但两个群体的差异性较小。C9高校引进人才在论文质量整体上明显优于非C9高校引进人才，但发表论文数量相对较低。C9与非C9高校引进人才在国际合作和国内合作上表现相当，但非C9高校引进人才的

校内合作论文数量整体较高。北京和上海高校引进人才发表论文数量明显低于其他地区高校的引进人才，但在论文质量上表现出一定的竞争优势。此外，相对于其他地区高校的引进人才，北京和上海高校引进人才发表的国际合作论文数量更多，校内合作论文数量较少，而国内合作论文数量差异很小。

3.2 论文影响差异的影响因素分析

根据表3所示，校友关系、博士学位颁发地、引进高校层次和引进高校区位对论文产出的数量没有产生显著的影响，但论文产出数量呈现明显的学科差异。引进高校的层次对SNIP和FWCI两个论文质量变量具有显著影响，说明C9高校的优越科研基础条件，对海外青年引进人才回国后的学术发展起到了积极的促进作用。同时，引进高校区位对论文质量存在影响，但相关系数相对较低，也表明区域不平衡发展对高等教育资源分配造成了一定的影响，但随着经济社会的可持续发展，这种由于区域差异造成的影响会逐步消减。

表3 论文影响的负二项回归分析结果（*N*=192）

项目	论文数量		SNIP		FWCI	
年龄（控制变量）	0.06	（0.32）	0.06	（0.49）	0.30^{*}	（1.80）
性别（控制变量）	0.01	（0.60）	0.02^{*}	（1.79）	0.04^{**}	（2.13）
学科（控制变量）						
工程与材料科学	0.60^{***}	（3.84）	0.14	（1.62）	0.25	（1.37）
信息科学	0.69^{***}	（3.68）	0.12	（1.08）	0.09	（0.34）
生命科学	-0.37^{**}	（−2.31）	−0.04	（−0.38）	-0.40^{**}	（−2.04）
环境与地球科学	0.08	（0.43）	-0.24^{**}	（−2.18）	-0.51^{**}	（−2.47）
化学	0.51^{***}	（3.10）	0.10	（1.09）	0.15	（1.10）
校友关系（预测变量）	0.13	（1.21）	0.18^{*}	（2.01）	0.19^{*}	（2.08）
博士学位（预测变量）	−0.18	（−1.46）	0.01	（0.09）	0.06	（0.58）
高校层次（预测变量）	−0.06	（0.58）	0.23^{***}	（4.82）	0.37^{***}	（3.43）
高校区位（预测变量）	−0.12	（1.08）	0.02^{*}	（0.16）	0.04^{**}	（1.30）

续表 3

项目	论文数量	SNIP	FWCI
Wald Chi^2	86.16	49.53	39.41
Prob＞Chi^2	0.000	0.000	0.000
Prob≥$Chibar^2$	0.000	0.000	0.000

注：$^{*}P<0.1$，$^{**}P<0.05$，$^{***}P<0.01$。因虚拟变量陷阱，“数理科学”成为排除变量。括号内数字为标准误差。

校友身份对论文质量也产生了影响，表明以同事或师生关系为主的纽带型社会网络，在海外青年人才回国后的学术成长过程中起到了一定的作用。此外，青年引进人才的博士学位颁发地对论文质量没有显著影响，也说明“青年千人计划”评选更加重视申请人在海外的科研工作经历，要求申报时在海外知名高校、科研机构或知名企业研发机构有正式教学或科研职位，并且许多国内获得博士学位的青年人才多具有海外博士后研究经历，因此，“青年千人计划”人才并未因为博士阶段的教育背景不同造成回国后在学术发展上产生差异。

3.3 合作程度差异的影响因素分析

根据表 4 所示，校友关系对 3 种类型合作的程度均产生了影响，尤其是对国内合作和校内合作的影响显著性较高，说明校友身份在本土学术网络构建中具有重要性。Feng 等发现海外长江学者回国后的校内合作倾向性较低[21]，这与本研究发现不一致，也表明同样具有校友身份的条件下，相对已成名的海外长江学者，刚进入职业生涯初期的海外青年引进人才，在回国后的学术发展过程中更容易嵌入到本土学术网络中。

博士学位颁发地对国际合作有一定的影响，但相关系数较低，而其对国内合作和校内合作的影响显著性较高。负值相关系数也说明，具有国外博士学位的青年引进人才，在国内学术网络中的合作程度不足，其与校内和其他国内机构科研力量的聚合力有待加强。

表 4 合作程度的负二项回归分析结果（N=192）

项目	国际合作		国内合作		校内合作	
年龄（控制变量）	0.12	（0.48）	0.07	（0.27）	−0.24	（−1.04）
性别（控制变量）	0.01	（0.48）	0.01	（0.36）	0.02	（0.70）
学科（控制变量）						
工程与材料科学	0.35*	（1.77）	0.46**	（2.15）	0.77***	（4.04）
信息科学	0.46*	（1.66）	0.45	（1.44）	0.78***	（3.33）
生命科学	−0.45**	（−2.20）	−0.59**	（−2.54）	−0.39*	（−1.91）
环境与地球科学	0.11	（0.53）	−0.10	（−0.44）	−0.06	（−0.27）
化学	−0.21	（−0.90）	0.38*	（1.77）	0.68***	（3.48）
校友关系（预测变量）	0.30*	（2.04）	0.24**	（1.51）	0.23**	（1.92）
博士学位（预测变量）	0.27*	（1.71）	−0.68***	（−4.77）	−0.42***	（−3.30）
高校层次（预测变量）	0.13*	（0.84）	0.15*	（0.94）	0.07	（0.49）
高校区位（预测变量）	0.06*	（0.42）	0.05*	（0.31）	−0.11	（−0.86）
Wald Chi^2	35.28		54.22		81.44	
Prob＞Chi^2	0.000		0.000		0.000	
Prob≥$Chibar^2$	0.000		0.000		0.000	

注：*P<0.1，**P<0.05，***P<0.01。因虚拟变量陷阱，“数理科学”成为排除变量。括号内数字为标准误差。

引进高校层次和区位对国际合作和国内合作的影响具有一定的显著性，也表明了高校的科研基础条件及所在地区的国际化程度在青年引进人才校外科研合作中起到了积极作用。但本研究并未发现高校层次或区位上的差异性对青年引进人才的校内合作产生影响，也说明校内合作程度受其他更复杂的因素影响，如机构内部的科研文化氛围等，很难通过本研究设置的制度性因素代理变量来反映。

4 结论与启示

本研究构建了 192 位“青年千人计划”人才履历和论文的整合数据集合，

在科技人力资本理论的指导下，从校友关系、博士论文颁发地、引进高校层次和引进高校区位等4个方面，探讨影响高校海外高端青年人才引进后学术影响力差异的个体性因素和制度性因素。实证研究结果发现：

在论文影响差异的影响因素中，第一，本研究设置的4个预测变量对论文产出数量没有影响，论文产出数量呈现明显的学科差异。第二，引进高校层次和区位对论文质量产生影响，说明科研基础条件对海外引进人才回国后的学术发展起到重要作用。第三，校友身份对论文质量产生了影响，说明同事或师生关系的纽带型社会网络对青年引进人才的学术成长起到一定作用。第四，博士学位颁发地对论文质量没有显著影响，青年引进人才具有丰富的海外科研工作经历，博士阶段的教育背景不同，未造成回国后学术产出质量上出现差异。

在合作程度差异的影响因素中，第一，校友关系对国内合作和校内合作的影响显著性较高，体现了校友身份在青年引进人才国内科研合作网络构建中的重要性。第二，博士学位颁发地对国内合作和校内合作存在显著的负向影响，说明具有海外博士学位的青年引进人才与国内科研力量的聚合力有待加强。第三，引进高校层次和区位对国际合作和国内合作产生一定影响，表明高校的科研基础条件和国际化程度对青年引进人才的校外合作具有积极作用。第四，校内合作程度的影响因素较为复杂，本研究设置的制度性因素代理变量未能反映青年引进人才在校内合作上的差异。

在近年来海外科技人才回流的大背景下，本研究对国内高校海外高端青年人才引进政策和培养计划的制定、实施与优化也具有一定的启示。首先，国内高校应更加重视培育良好的科研文化氛围。美国教育心理学教授Creswell认为，当机构内所有教职人员在学生培养和科学研究中以成为优秀科研人员为职业目标时，就可以形成良性的科研文化氛围，维系持续的内外学术交流，吸引高水平的科研力量加入[32]。因此，加快高校“去行政化”进程，摆正高校内部行政与学术的关系，逐渐实施与国际接轨的科研管理模式是培养和留住青年引进人才的关键。其次，国内高校应积极促进青年引进人才与校内外已有科研力量的聚合。在科研实践中，鼓励知识关联与学科交叉，引导青年引进人才找准研究的切入点，做到科研在传承中创新。再次，国内高校应重视校友关系在海外青年人才引进中的重要性，在招聘海外高层次人才期间，可以重点关注已经与国内建立良好合作关系的青年人才。最后，更为重要的是建立既符合人才成长发展规律、又尊重学科差异的科学评价制度，引进对的人，用对引进的人，使人才适得其所、尽其所能、专其所长。

本研究也存在一些不足之处，一是表征个体性和体制性因素的代理变量还不够丰富，需引入更多其他变量，加强佐证本研究的相关结论。二是对于青年引进人才合作程度影响因素的研究需要引入质性研究方法，通过定性与定量相结合的方法全面揭示青年引进人才科研合作的特征。三是本研究缺少对“青年千人计划”人才领军作用的考察，没有探讨青年引进人才在创新团队建设上的具体表现。未来研究可以从以上方面加以改进。

参考文献

[1] 赵兵 . 新中国成立以来最大规模“海归潮”形成 [N]. 人民日报 , 2017-4-11.

[2] Jonkers K., Tijssen R. Chinese researchers returning home: impacts ofinternational mobility on research collaboration and scientific productivity [J]. Scientometrics, 2008, 77(2)：309-333.

[3] Woolley R., Turpin T., Marceau J., Hill, S. Mobility matters: research trainingand network building in science [J]. Comparative Technology Transfer and Society, 2008, 6 (3)：159-184.

[4] 鲁晓 . 海归科学家的社会资本对职业晋升影响的实证研究 [J]. 科学与社会 , 2014, 4(2): 49-62.

[5] 陈代还 , 段异兵 , 潘紫燕 . 二元关系网络对海归科学家产出的影响 [J]. 中国科技论坛 , 2015(9)：147-149.

[6] 中央人才工作协调小组 . 关于实施海外高层次人才引进计划的意见 [Z], 2008-12-23.

[7] Dundar H., , Darrell R. Lewis. Determinants of research productivity in higher education.

Research in Higher Education [J]. 1998, 39(6): 607-631.
[8] Toutkoushian R. K., , Karen W. Measuring the research performance of postsecondary institutions [A]. In University ranking: Theoretical basis, methodology and impacts onglobal higher education [M], eds. J. C. Shin, R. K. Toutkoushian, and U. Teichler. Dordrecht: Springer, 2011.
[9] Levin S. G., , Stephan P. E. Age and research productivity of academic scientists [J]. Research in Higher Education, 1989, 30(5): 531-549.
[10] Sax L. J., Hagedorn L. S., Arredondo M., et al. Faculty Research Productivity: Exploring the Role of Gender and Family-Related Factors [J]. Research in Higher Education, 2002, 43(4): 423-446.
[11] Tien F. F., Blackburn R. T. Faculty rank system, research motivation, and faculty research productivity [J]. Journal of Higher Education, 1996, 67(1): 2-22.
[12] Bozeman B., Dietz J., Gaughan, M. Scientific and human capital, an alternative model for research evaluation [J]. International Journal of Technology Management, 2001, 22, 636-655.
[13] Jonkers K., Tijssen R. Chinese researchers returning home: impacts of international mobility on research collaboration and scientific productivity [J]. Scientometrics, 2008, 77, 309-333.
[14] Baruffaldi S. H., Landoni P. Return mobility and scientific productivity of researchers working abroad: The role of home country linkages [J]. Research Policy, 2012, 41(9): 1655-1665.
[15] Jonkers K., Cruz-Castro L. Research upon return: The effect of international mobility on scientificties, production and impact [J]. Research Policy, 2013, 42(8): 1366-1377.
[16] Enders, Jurgen. Border crossings: Research training, knowledge dissemination and the transformation of academic work [J]. Higher Education, 2005, 49(1/2): 119-133.
[17] Bess, James L. Anticipatory socialization of graduate students [J]. Research in Higher Education, 1978, 8(4): 289-317.
[18] Corley, Elizabeth A., Meghna Sabharwal. Foreign-born academic scientists and engineers: producing more and getting less than their US-born peers? [J]. Research in Higher Education, 2007, 48(8): 909-940.
[19] Horta, Hugo. Holding a post-doctoral position before becoming a faculty member: does it bring benefits for the scholarly enterprise? [J]. Higher Education, 2009, 58(5): 689-721.
[20] Li F., Miao Y., Yang C. How do alumni faculty behave in research collaboration? An analysis of Chang Jiang Scholars in China [J]. Research Policy, 2015, 44(2): 438-450.

[21] 白新文，黄真浩．高层次青年人才成长效能的影响因素 [J]. 科研管理，2015(12): 138-145.

[22] Stankiewicz R. The size and age of Swedish academic research groups and their scientific performance [A], in Andrews, F. M. (ed.). Scientific Productivity. The Effectiveness of Research Groups in Six Countries [M]. Cambridge/Paris: Cambridge University Press/UNESCO, 1979.

[23] Kyvik S. Are big university departments better than small ones? [J]. Higher Education, 1995, 30(3): 295-304.

[24] Takanori, Ida, Naomi Fukuzawa. Effects of large-scale research funding programs: a Japanese case study [J]. Scientometrics, 2013, 94(3): 1253-1273.

[25] Anderson D. L., Tressler J. The New Zealand performance-based research fund and its impact on publication activity in economics [J]. Research Evaluation, 2014, 23(1): 1-11.

[26] Rushton J. P., , Meltzer S. Research productivity, university revenue, and scholarly impact (citations) of 169 British, Canadian, and United States universities [J]. Scientometrics, 1981, 3: 275 -303.

[27] 杜建，张玢，唐小利．基于作者引用与合作关系的学术影响力测度研究进展 [J]. 图书情报工作，2013, 57(8): 135-140.

[28] Moed H. F. Measuring contextual citation impact of scientific journals [J]. Journal of Informetrics, 2009, 4(3): 265-277.

[29] Andrew P., Judith K. Article Downloads: An alternative indicator of national research impact and cross-sector knowledge exchange [EB/OL]. https://www.researchtrends.com, 2014.

[30] Bozeman B., Corley E. Scientists' collaboration strategies: implications for scientific and technical human capital [J]. Research Policy, 2004, 33 (4): 599-616.

[31] Tom Healy. In Each Other's Shadow: What has been the impact of human and social capital on life satisfaction in Ireland? PhD thesis. National University of Ireland, 2005.

[32] Creswell J. W. Measuring Faculty Research Performance. New Directions for Institutional Research [M]. San Francisco: Jossey-Bass, 2002.

跨越边界：高被引科学家的跨界合作特征研究

——以2016年汤森路透评选的全球农业科学领域高被引科学家为例

赵　勇　李　冬　高思嘉

（中国农业大学图书馆情报研究中心）

摘要：跨界合作已经成为当今社会经济发展的新常态，科学家的跨界合作也逐步演变成为科学研究实践的重要形式之一。本研究采用文献计量学方法，对128名农业科学高被引科学家发表的学术论文进行了量化分析，从国际科技合作、跨学科合作和产学研合作3个维度揭示了高被引科学家的跨界合作特征。研究发现：①高校是农业科学高被引科学家的主要来源机构；②71.9%农业科学高被引科学家在国际合作中表现活跃；③高被引科学家跨学科合作发文较为普遍，相邻学科成为跨学科合作发文的主要领域，而远缘学科的跨学科合作发文量相对较少；④开放的机构组织结构建设是跨界合作研究的重要制度保障；⑤高校高被引科学家的产学研合作程度低于政府公共机构和企业的高被引科学家。政府主导的公共机构在高被引科学家的科研合作网络中起到了一定的桥接作用。以雀巢公司为代表的跨国公司，在农业科学领域成为高被引科学家的产学研合作的重要伙伴。最后，本研究对跨界人才培养、学科组织结构建设、产学研三螺旋合作和跨界合作行为研究方法进行了讨论。

关键词：高被引科学家；跨界合作；国际科技合作；跨学科合作；产学研合作；文献计量

1 引言

在“互联网 +”的时代背景下，各个行业的界限都变得越来越模糊，异业合作，资源共享，渠道融合等多种形式的跨界合作已经成为当今社会经济发展的新常态[1]。同样，在科学技术领域，科学家的跨界合作也逐步演变成为科学研究实践的重要形式之一，为科技的发展与创新注入了新的生机和活力。已有研究表明，跨越区域边界的国际科技合作聚集了全球科技创新资源和要素，为本地区自主创新能力的提升提供了强力支持[2-4]；突破学科疆域的跨学科合作促进了不同学科领域知识的融合，为人类科学技术的进步做出了重要贡献[5,6]；打破部门界限的产学研合作实现了科技与产业的无缝对接，为科学技术成果的转化开辟了有效途径[7,8]。因此，鼓励和支持科学家开展跨界合作研究的相关话语，也频繁出现在不同语言的政策文本中，成为世界各国制定科技创新政策的重要着力点。

高被引科学家代表着国家和地区最具影响力的科研群体，占据了知识创造和科技创新的前沿，是广大科研从业者的榜样与标杆，对其人员流动[9,10]、合作网络[11,12]和学术年龄[13]等学术特征的研究也一直是学界关注的热点。2016 年 1 月，汤森路透集团对 2003—2013 年间发表的 12 万余篇学术论文（Article 或 Review）进行了评估，并发布了《2015 年全球最具影响力的科研精英》报告，评选出 2 980 名（3 126 人次）来自全球的“高被引科学家（HCR，Highly Cited Researchers）”，覆盖了农业科学、材料科学、工程学、化学和数学等 21 个学科领域。本研究主要采用文献计量学方法，以 128 名农业科学高被引科学家发表的学术论文为研究对象，通过对其论文合著关系的量化分析，揭示高被引科学家跨界合作研究的基本特征，以期为跨界科学家的教育培养和科研创新团队的组织建设提供一些有益的参考和启示。

2 相关概念

边界的修辞意义是由空间性的隐喻，如区域、疆域和领域而指涉出来的，隐喻成空间可以让人注意到范畴和分类所凸显出的差异。美国科学社会学家 Gieryn（1983）在讨论科学家如何在科学与非科学之间建构边界时曾提出了边界作业（Boundary Work）这一重要概念，即科学家选择性地赋予科学体制（即其从业者、方法、知识存量、价值和工作的组织）一些特性，以建构一条将一些知识活动区别为“非科学”的社会边界[14]。Donald（1990）在探讨边界作业与科学之间的关系时，将边界作业的概念应用于学科互涉研究（Interdisciplinary Research），认为边界作业具有普遍性，出现在所有知识领域[15]。

在考察知识领域内学科互涉行为时，国外学界重点关注了与学科边界相关的 3 个概念，即多学科性（Multidisciplinarity）、学科互涉性（Interdisciplinarity）和跨界学科性（Transdisciplinarity）。Rosenfield（1992）认为多学科性是指不同学科领域的学者从本学科视角出发，分别研究某一个具体的问题；学科互涉性是指不同学科领域的学者紧密合作，共享信息，但学者们仍固守本学科的研究范式和方法论；跨界学科性则是指不同学科领域的学者共同制定一个共享的概念框架，融合或拓展学科原有的概念、理论和方法，用于解决某一具体研究问题[16]。也有学者将学科交叉性（Cross-disciplinarity）作为多学科性、学科互涉性和跨界学科性这 3 个概念的统称或通用术语[17]。

国内学界较为认同的是将学科互涉性研究（Interdisciplinary Research）或跨界学科性（Transdisciplinary Research）研究统称为跨学科研究[18]，指不同的单一学科的学者就某一问题在研究设计、组织和实施的各个层面上（概念，方法，研究结果，成果应用和转化等）进行紧密的合作研究，其特征在于各个不同学科的研究者从始至终持续地、紧密地进行相互交流和协调，形成整体性的融合性的跨学科合作研究。所研究的问题往往不易被划分为相互独立的子问题，因而必须进行全方位的合作研究。另外一种融合程度较低的跨学科研究是指不同的学科分别研究某一个问题的某一侧面，得出各自的研究结果之后再按照加法的原则形成总体结果。这种跨学科研究也被称作多学科研究（Multidisciplinary Research），其特征是研究问题可以被拆分为相互分离的不同部分，供不同学科的研究者分别按照自己的概念、理论和方法单独进行研究。

Stokols（2006）则在 Lewin（1946）的行为研究（Action Research）概念基础上，从边界的类型出发，构建了跨界学科行为研究科学（Science of Transdisciplinary Action Research）的概念框架[19]（图 1）。该框架主要包括了 3 个维度，每个维度都涉及从微观到宏观的不同层面：一是组织范畴维度，包括同机构内部合作、不同机构间合作和跨部门机构间合作；二是地理位置维度，涉及本地合作，社区合作，地区间合作，国家间合作；三是分析范围维度，包括生物层面的分析，心理层面的分析，社会 / 环境层面的分析，社区 / 政策层面的分析，这种知识性分析从分子或细胞层面，扩展至社区和政策视野，学界和行业领域的优势被广泛地汇聚在一起，形成跨界学科行为研究。

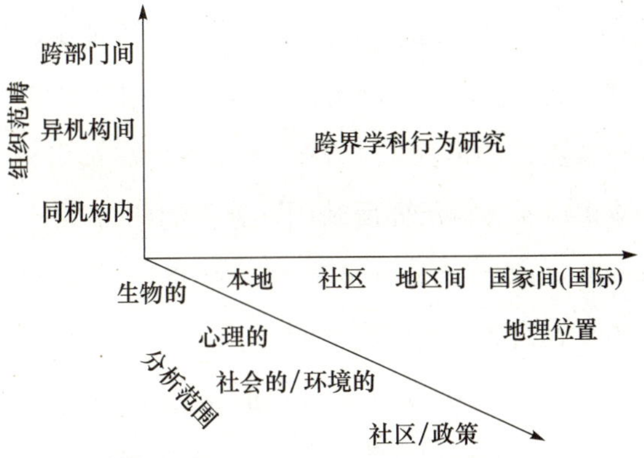

图 1　跨界学科行为研究的概念框架

本研究参考了跨界学科行为研究的概念框架，结合文献计量学研究方法的优势，提出从国际科技合作、跨学科合作和产学研合作 3 个维度对高被引科学家的合作关系进行量化分析，以此揭示其跨界合作的基本特征。

3 方法与数据

3.1 分析方法

3.1.1 国际科技合作

本研究借鉴了 Wang 等（2014）提出的国际合作活动指数（International Collaboration Activity Index，ICAI）[20] 对高被引科学家的国际科技合作情况进行测度。ICAI 包括了五个分指标，即合作国家平均数量（ANCCP）、论文合作率（PCR）、合作主导指数（CLI）、国际合作范围（ICR）和发表论文率（PPR）。

$$\mathrm{ICAI} = \mathrm{ANCCP} \times \mathrm{PCR} \times \mathrm{CLI} \times \mathrm{ICR} \times \mathrm{PPR}$$
$$= \frac{\sum_{n=2}^{N}(n-1)P_n^{RP}}{\sum_{n=1}^{N}P_n} \times \frac{\sum_{n=2}^{N}P_n}{\sum_{n=1}^{N}P_n} \times \frac{\sum_{n=2}^{N}P_n^{RP}}{\sum_{n=2}^{N}P_n} \times \mathrm{TN} \times \frac{\sum_{n=1}^{N}P_n}{\mathrm{TP}}$$

合作国家平均数量（Average Number of Collaborating Countries per Paper, ANCCP），即高被引作者作为通信作者时，与不同数量国家的合作发文量占其总发文量的比例。其中，P_n 为高被引科学家发表论文数量，n 为国家 / 地区数量，N 为合作国家数量的最大值（$N \geqslant n$），P_n^{RP} 为高被引科学家作为通信作者的发文数量。该指标从微观层面反映国际合作的相对广度。

论文合作率（Paper Collaboration Ratio，PCR），即高被引科学家的国际合作论文数量占其发表论文总数量的比例。

合作主导指数（Collaborative Leadership Index，CLI），即高被引科学家作为通信作者发表的国际合作论文数量占其发表国际合作论文总数量的比例。

国际合作范围（International Collaboration Range，ICR），即高被引科学家论文合作国家的绝对数量。TN 为高被引科学家合作的国家数量。该指标从宏观层面反映国际合作的绝对广度。

发表论文率（Publishing Paper Ratio, PPR），即某高被引科学家发表的论文数量占全部高被引科学家发表论文数量的比例。TP 为全部高被引科学家发表论文数量。

3.1.2 跨学科合作

Pierce（1999）认为跨学科的信息转移模式主要有：借用（Borrowing），即研究者借用其他学科的理论和方法，并把它们引入自己所研究的学科文献；论文合作（Collaboration），即研究者与其他学科的研究者合作并在自己所研究的学科领域发表论文；跨界研究（Boundary Crossing），即研究者发表论文在其他学科文献上，输出理论和方法到其他学科领域[21]。因此，本研究以汤森路透 ESI（Essential Science Indicators）学科分类体系为标准，将农业科学高被引科学家发表在其他学科领域的学术论文作为探究其跨学科合作特征的研究素材，主要分析高被引科学家的跨学科学术论文的产出量、学科分布，以及在其他学科领域同时被评选为高被引科学家的学者基本情况。

3.1.3 产学研合作

为了测度“大学—企业—政府”三者之间的协同效应，发现跨组织边界协同创新的机制，科学计量学家 Leydesdorff（2003）以三维互信息为基础，推演出测算“大学—企业—政府”之间动态关系的 TH 算法[22]。在信息论中，Shannon（1948）把熵定义为离散随机事件出现的概率，事件的不确定性越大，熵值越大[23]。反之，一个系统越是有序，熵值越小。在一个变量的情况下，熵的计算公式为：

$$H = -\sum_{j} P_j \log_2 P_j$$

H 为熵即信息量的平均值，P_j 为第 j 个信息出现的概率。相应地，二维分布数据集的熵可以表示为：

$$H = -\sum_{j}\sum_{j} P_{ij} \log_2 P_{ij}$$

P_{ij} 为事件 i 和 j 的联合概率分布，二维互信息可表示为：$T_{ij}=H_j+H_j-H_{ij}$。

假如用 u、j、g 分别表示大学、企业和政府公共机构发表的论文数量，则三维互信息表示为：$T_{uig}=H_u+H_i-H_g-H_{ui}-H_{ug}-H_{ig}+H_{uig}$。

本研究将可测变量的不确定性由互信息 T 来确定，将互信息作为一个动态指标来衡量各主体间的紧密程度。McGill（1954）则指出三维互信息为系统的自组织性度量，且负相关，用以解释关系网络因缺乏中心协调而出现的自组织性[24]。当 T_{uig} 的值为负数时，表明三维关系在其所组成的系统中发挥了自组织作用，T_{uig} 值越小，整个系统的自组织水平越高，则表明大学、企业和政府三者之间的产学研合作关系越紧密。

此外，根据 Burt（1992）提出的“结构洞”理论，网络中起到桥接作用的节点具有强的资源优势[25]。因此，为了发现处于资源优势地位的机构，本研究采用社会网络分析方法，绘制农业科学高被引科学家所属机构的产学研合作网络，同时按照中间中心度值（Betweenness Centrality）大小对网络节点进行了排序。

3.2 数据获取

3.2.1 数据检索

本研究以汤森路透《2015 年全球最具影响力的科研精英》报告中评选的 128 名农业科学高被引科学家的发表论文为检索对象。根据报告中提供的高被引科学家信息，在 Web of Science 的 SCI/SSCI 核心集中，分别检索 128 名科学家于 2003—2013 年发表的学术论文，文献类型选择为 Article 和 Review。为了保证查全率，本研究以高被引科学家的姓氏及名字首字母缩写的方式进行数据检索，经去重后，累计获得 33 760 条数据。

3.2.2 数据清洗

文献数据库中普遍存在作者人名歧义的现象。其中，当检索以拼音名字为作者姓名的中国、韩国等非英语国家学者的论文时，出现人名歧义的现象较多。为了解决人名歧义问题，汤森路透、爱思维尔等大型数据库服务商引入了 Research ID、Author ID 体系，作为作者学术身份的唯一标识符。学者们也提出了许多针对文献作者姓名自动消歧的方法[26-28]。

本研究依据汤森路透《2015 年全球最具影响力的科研精英》报告中提供的高被引科学家的姓名、机构名称、Research ID（仅提供了 64 位科学家的 Research ID）信息，对获取的 33 760 篇论文进行数据清洗。对未提供 Research ID 信息的科学家，本研究采用了 Han 等（2005）提出的 K-way 谱聚类算法[28]来识别高被引科学家的学术论文，即将每条文献信息看作一个特征向量，选择合著者姓名、机构名称和出版物名称这 3 个特征，每个特征对应特征向量中的一个项，每个特征的权重采用 TF-IDF 算法计算，同时采用 Cosine 相似度算法形成相似矩阵，通过 K-way 谱聚类算法进行聚类。最终识别出 128 位高被引科学家的 12 050 篇学术论文，形成本研究的目标数据集。

3.3 数据整理

3.3.1 地址区域划分

本研究依据作者地址中的国别信息，来确定国际合作论文数据集。主要是将学术论文元数据中的作者地址字段进行拆分，提取国家名称信息。将含有 2 个及以上国别名称的论文抽取为国际合作论文，累计抽取国际合作论文 5 324 篇。

3.3.2 学科类别映射

本研究选择以汤森路透的 ESI（Essential Science Indictors）学科分类体系为标准。ESI 学科分类主要包括了 22 个学科大类，按照学科分类与期刊名称的映射关系①，对 12 050 篇学术论文进行学科属性映射，覆盖了 11 547 篇论

① http://ipscience-help.thomsonreuters.com/incitesLiveESI/ESIGroup/overviewESI/esiJournalsList.html.

文。其余的 503 篇论文则根据其元数据中的 Web of Science 学科分类，通过人工判断映射至 ESI 学科分类体系。

3.3.3 作者机构分类

参考 Leydesdorff（2003）提出的依据地址认知词划分机构类型的方法，本研究采取了以下数据整理过程：①抽取了 12 050 条论文数据中的机构地址，去重后累计 27 951 个地址信息；②将地址中包含“UNIV OR COLL”的划归到大学（U）的范围，地址中包含“GMBH OR CORP OR GRP OR SA OR AG OR INC OR LIM OR LTD”划归到企业（I）的行列，地址中包含“GOVT OR MINIST OR ACAD OR NASA OR NIH OR USDA OR ARS OR INRA OR CSIC OR CNRS OR EUROPEAN OR US OR BUNDES OR NACL OR NAZL”划归到政府（G）范畴。累计标注 11 516 条论文数据，占总论文数量的 95.6%。标记 20 905 个地址信息，占全部地址数量的 74.8%；③根据相同邮编，人工判别补充未标记地址的 UIG 类别属性，累计补充 234 条论文数据，1 497 个地址信息。最终，作者机构分类覆盖 11 750 篇论文，占总论文数量的 97.5%。标记 22 402 个机构地址的 UIG 类别属性，占总地址数量的 80.1%。

4 结果分析

4.1 整体概况

通过对汤森路透《2015 年全球最具影响力的科研精英》报告公布的高被引科学家的基本信息分析，可以发现，128 名农业科学领域的高被引科学家来自 26 个国家 / 地区的 85 家机构（表 1）。从机构类型上看，来自高校的高被引科学家有 95 人，占 74.2%；仅有一位高被引科学家就职于企业（美国的 Dover Sciences 公司）；其余 32 位高被引科学家来自政府主导的公共机构，如美国农业部（12 人），西班牙国家研究委员会（4 人），法国农业科学研究院（2 人）等。

表 1　农业科学高被引科学家的国家和机构分布（数量≥3 人）

国家	高被引科学家数量	机构	高被引科学家数量
美国	40	美国农业部	12
英国	18	英国南安普敦大学	6
德国	11	美国康奈尔大学	5
加拿大	7	美国哈佛大学	4
澳大利亚	7	西班牙国家研究委员会	4
西班牙	5	加拿大英属哥伦比亚大学	3
意大利	5	荷兰瓦赫宁根大学	3
法国	5		
比利时	4		
土耳其	3		
荷兰	3		
中国（含香港和台湾地区）	3		

基于对高被引科学家的学术论文发表情况的分析发现，2003—2013 年每名农业科学高被引科学家平均发表 SCI/SSCI 收录论文数量为 94.1 篇。欧美发达国家高被引科学家的学术论文产出表现尤为突出（表 2）。其中，来自美国哈佛大学的两位高被引科学家在学术论文数量和质量上处于绝对优势地位。

表 2　被引频次 Top10 的农业科学高被引科学家相关信息

姓名	国别	机构	被引频次	论文量	篇均被引频次	高被引论文量
Frank B. Hu	美国	哈佛大学	51 071	551	92.7	70
Walter C. Willett	美国	哈佛大学	48 721	635	79.7	62
David Julian McClements	美国	马萨诸塞州大学	14 908	342	43.6	33

续表 2

姓名	国别	机构	被引频次	论文量	篇均被引频次	高被引论文量
Rattan Lal	美国	俄亥俄州立大学	12 621	274	46.1	11
Bruno Vellas	法国	图卢兹大学医院中心	12 595	315	40.0	11
Barry M. Popkin	美国	北卡罗来纳大学	12 192	172	70.9	18
Philip C. Galder	英国	南安普敦大学	11 503	203	56.7	18
Mike E. Goddard	澳大利亚	墨尔本大学	11 336	124	91.4	18
Guoyao Wu	美国	德州农工大学	11 329	204	55.5	13
R. Paul Ross	爱尔兰	农业与食品发展部	10 509	274	38.4	12

4.2　高被引科学家的国际科技合作

2003—2013 年，农业科学高被引科学家的国际合作论文数量为 5 324 篇，占总论文数量的 44.2%。据图 2 显示，高被引科学家的国际合作论文产出量及占比均呈现逐年增长态势。其中，2012 年和 2013 年高被引科学家的国际合作论文比例均超过了 50%，这表明高被引科学家通过国际合作方式开展学术研究的趋势较为明显。

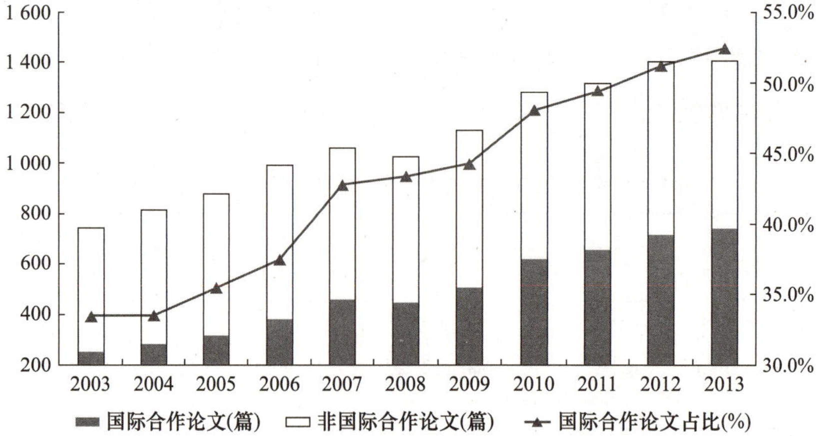

图 2　农业学科高被引科学家的国际合作论文发表趋势

ICAI 指数可以从多个维度综合地反映高被引科学家的国际合作参与度，表 3 展示了国际合作较为活跃的农业科学高被引科学家的相关信息。研究结果表明，欧美发达国家的高被引科学家更加积极主动地参与国际合作，通过不断拓展国际科技合作空间，有效利用全球科技资源的来提升自身的科研实力。同时，中国和泰国的两位高被引科学家在国际科技合作中参与度较高，也说明发展中国家也在不断谋求和加强国际科技合作，以此逐步弥补本国科技资源的不足。

表 3　国际合作活动指数（ICAI）Top10 的农业科学高被引科学家相关信息

作者	国家	机构	ICAI	ANCCP	PCR	CLI	ICR	PPR
Rajeev K. Varshney	澳大利亚	西澳大利亚大学	0.192	1.148	0.822	0.550	33	0.011
Soottawat Benjakul	泰国	宋卡王子大学	0.084	0.384	0.549	0.604	22	0.030
Pete Smith	英国	阿伯丁大学	0.051	0.574	0.822	0.151	51	0.014
Gary Williamson	英国	利兹大学	0.033	0.379	0.729	0.392	26	0.012
David L. Jones	英国	邦戈大学	0.026	0.249	0.732	0.244	33	0.018
Maurizio Battino	意大利	马尔凯理工大学	0.025	0.506	0.662	0.471	25	0.006
Johannes Lehmann	美国	康奈尔大学	0.023	0.318	0.783	0.257	33	0.011
Alan Crozier	英国	格拉斯哥大学	0.017	0.411	0.695	0.470	16	0.008
Steven J. Lehotay	美国	美国农业部	0.017	0.582	0.636	0.657	15	0.005
Yulong Yin	中国	中国科学院	0.015	0.399	0.626	0.549	8	0.014

另外，基于 5 个国际合作活动测度分指标（ANCCP、PCR、CLI、ICR 和 PPR），本研究利用层次聚类分析法对 128 名农业科学高被引科学家群体进行了类图的划分。据表 4 显示，第 1 类团的 31 名科学家的国际合作活跃度较高，占群体总量的 24.2%，尤其是在国际合作的主导力上（CLI）明显处于优势。第 2 类团包含了 61 名科学家，占群体总量的 47.7%，虽然这些科学家的合作国家数量（ICR）较多，但其在国际合作主导力（CLI）和学术论文发表率（PPR）上均落后于第 1 类团的科学家。第 3 类团包括了 36 名科学家，占

群体总量的 28.1%，其在 5 项国际合作活动指标的平均值上都明显低于其他 2 个类团的科学家，处于国际合作相对不活跃状态。

表 4 农业科学高被引科学家的国际合作活动指数聚类结果

类别	科学家数量	ICAI 均值	ANCCP 均值	PCR 均值	CLI 均值	ICR 均值	PPR 均值
1	31	0.016	0.262	0.427	0.496	14.5	0.013
2	61	0.004	0.121	0.549	0.156	21.1	0.009
3	36	0.001	0.037	0.209	0.141	9.4	0.005

层次聚类方法选择：采用离差平方和聚类法（Ward 法），度量标准选择平方欧式距离（Squared Euclidean distance），同时利用 Z 值（Z Score）标准化消除各个指标的量纲影响。

4.3 高被引科学家的跨学科合作

2003—2013 年，农业科学高被引科学家合作发表论文 9 006 篇，占总论文数量的 74.7%。其中，农业科学单学科合作论文 3 691 篇，占总论文数量的 30.6%；跨学科合作论文 5 315 篇，占总论文数量的 44.1%（图 3）。农业科学 128 位高被引科学家中仅有 3 人只在农业科学单一学科领域发表了学术论文，也表明跨学科合作发文在高被引科学家群体较为普遍。

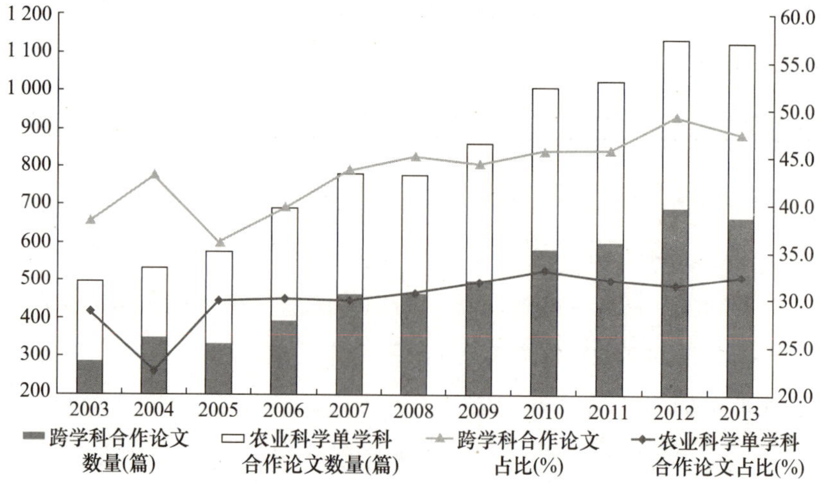

图 3 高被引科学家在农业科学单学科和跨学科的合作论文发表趋势

据表 5 显示，农业科学高被引科学家的跨学科合作发文主要集中在生物学与生物化学，植物与动物科学、化学等相邻学科领域，而在远缘学科领域合作发表论文的高被引科学家数量较少，如材料科学、经济与商业、空间科学等学科。

表 5　从事跨学科合作研究的农业科学高被引科学家概况

学科领域	科学家数量（人）	科学家占比（%）	发文量（篇）	发文量占比（%）
生物学与生物化学	80	62.50	744	8.26
植物与动物科学	66	51.56	565	6.27
化学	55	42.97	313	3.47
临床医学	55	42.97	1 358	15.07
环境科学与生态学	50	39.06	650	7.21
药理学与病毒学	46	35.94	221	2.45
分子生物学与遗传学	42	32.81	252	2.80
微生物学	28	21.88	163	1.81
地球科学	26	20.31	249	2.76
社会科学总论	26	20.31	278	3.09
神经系统学与行为学	19	14.84	157	1.74
工程学	17	13.28	54	0.60
计算机科学	15	11.72	23	0.26
精神病学与心理学	12	9.38	35	0.39
免疫学	11	8.59	22	0.24
物理学	8	6.25	8	0.09
材料科学	7	5.47	12	0.13
经济与商业	3	2.34	24	0.27
空间科学	3	2.34	3	0.03
数学	1	0.78	1	0.01

注：（1）科学家数量：指农业科学领域的高被引科学家在其他某一学科领域发表论文的高被引科学家数量；

（2）科学家占比：在农业科学领域之外的某一学科领域发表论文的高被引科学家数量占 128 位高被引科学家总量的比例；

（3）发文量：指农业科学领域高被引科学家在其他某一学科领域发表论文的数量；

（4）本学科领域合作论文占合作论文总数量的比例。

此外，根据统计发现，有 5 位农业科学高被引科学家同时被评选为其他学科领域的高被引科学家，分别是：美国哈佛大学的 Frank B. Hu 教授（农业科学、临床医学、分子生物学与遗传学、社会科学总论）、Walter C. Willett 教授（农业科学、临床医学、社会科学总论）、Andrew D. Richardson 教授（农业科学、环境科学与生态学），美国加州大学伯克利分校的 Dennis D. Baldocchi 教授（农业科学、环境科学与生态学），美国北卡罗来纳大学的 Barry M. Popkin 教授（农业科学、社会科学总论）。可见，作为全球公认的世界一流大学，美国哈佛大学在跨学科合作研究上也展现了绝对优势。

以农业科学高被引科学家、哈佛大学的 Frank B. Hu（胡丙长）教授为例，其本人还担任了本校能量与癌症跨学科研究中心（TREC）的主任。TREC 中心由美国国家癌症研究中心（NCI）资助设立，专注于饮食与癌症发病率之间的关系研究，中心聚合了多个学科领域的专家学者，包括哈佛医学院、哈佛大学附属妇女医院、波士顿儿童医院和哈佛癌症中心等部门。可以看出，哈佛大学在科研机构组织建设上已经打破了传统的学科界限，将重大现实问题作为导向，聚合校内外多个学科的研究力量，以 TREC 中心为载体，取得了从自然科学到社会科学的一系列丰硕的科学研究成果。

4.4 高被引科学家的产学研合作

2003—2013 年，农业科学高被引科学家的产学研合作程度随时间变化呈现出波动性增长趋势（图 4）。从科学家所属机构类型来看，在 UIG 指数（逆指标）的均值上，高校（–54.17）高于政府（–84.17）和企业（–198.24），表明高校高被引科学家的产学研合作程度低于其他两种类型机构的高被引科学家。这与机构的使命存在差异有一定关系，通常高校更加倾向于基础性的科研工作，而政府和企业在科技成果转化方面投入较多。当然，随着高校对科技成果转化的不断重视，可以预见，未来就高校学者在产学研合作上会逐步缩小与政府和企业研究人员之间的差距。

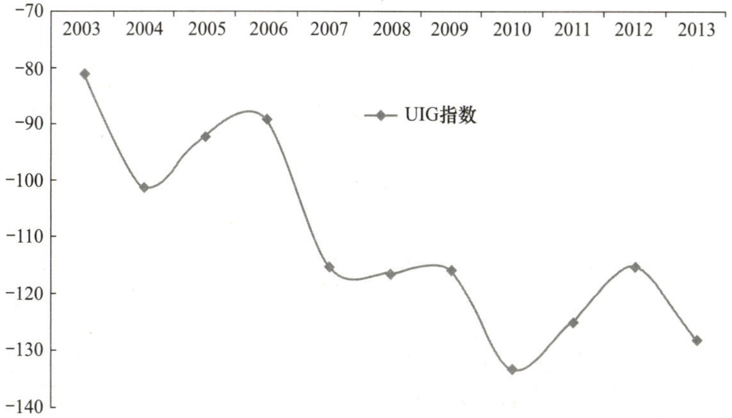

图 4　农业科学高被引科学家产学研合作的 UIG 指数变化

表 6 显示了在农业科学领域产学研合作程度位居前 10 位的高被引科学家，研究发现，这些高被引科学家的主要产学研合作机构多数来于本国。一些世界知名的跨国企业，如美国 Mars 公司、辉瑞公司等，成为部分高被引科学家产学研合作的重要伙伴。此外，以美国农业部为核心的美国政府机构在农业科学高被引科学家的产学研合作中起到了关键性的作用。

表 6　UIG 指数 Top10 的农业科学高被引科学家相关信息

科学家姓名	机构（类别）	UIG 指数	产学研合作机构*（类别）
BoxinOu	美国 Dover Sciences 公司（I）	−198.24	新加坡国立大学（U） 美国农业部（G）
Gary R. Beecher	美国农业部（G）	−194.32	美国塔夫茨大学（U） 美国 Mars 公司（I）
Bruno Vellas	法国图卢兹大学医疗中心（U）	−179.37	美国辉瑞公司（I） 法国卫生医学研究所（G）
Liwei Gu	美国佛罗里达大学（U）	−172.04	美国 Ocean Spray Cranberries 公司（I） 美国农业部（G）
Joanne M. Holden	美国 Beltsville 中心（G）	−162.83	美国弗吉尼亚理工大学（U） 美国 Mars 公司（I）
Susan E. Gebhardt	美国农业部（G）	−153.38	美国塔夫茨大学（U） 美国 Heartland Assays 公司（I）

续表 6

科学家姓名	机构（类别）	UIG 指数	产学研合作机构*（类别）
Rajeev K. Varshney	西澳大利亚大学（U）	−153.26	澳洲 Divers Arrays Technol Pty 公司（I） 美国农业部（G）
Xianli Wu	美国农业部（G）	−146.54	美国阿肯色大学医学院（U） 美国 AIBMR Life Sci 公司（I）
Yulong Yin	中国科学院（G）	−141.20	美国德州农工大学（U） 中国 Guangzhou Tanke 公司（I）
Steven CWofsy	美国哈佛大学（U）	−140.77	美国 Aerodyne Res 公司（I） 美国国家海洋和大气管理局（G）

* 仅展示与高被引科学家所属机构类型不同、且合著频次最多的机构。

另外，通过对高被引科学家的科研合作网络分析（图 5）发现，大多数高校处于网络的核心位置，中间中心度平均值为 0.671，表明高校之间的合作仍

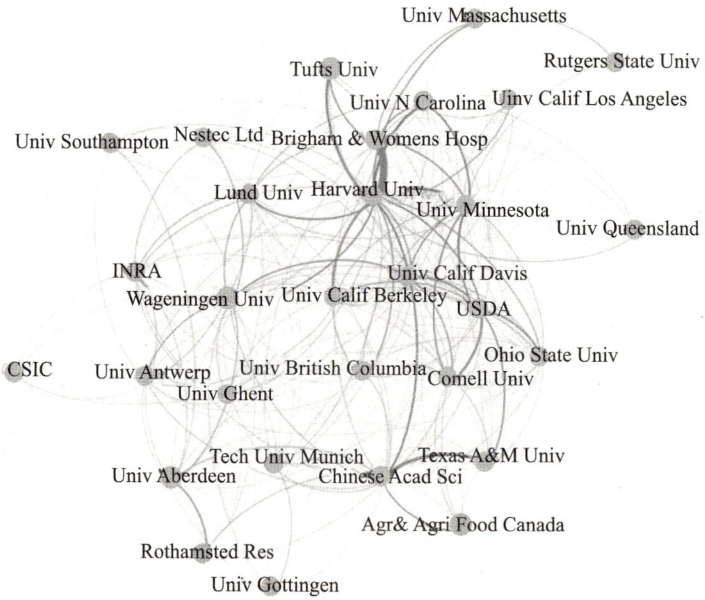

图 5　农业科学高被引科学家所属机构的科研合作网络

网络设置参数及算法：选择论文发文量大于 100 篇、论文合著数量大于 20 篇的机构作为节点。中间中心度值作为节点染色深浅度的取值，合著论文数量作为节点间连线粗细的取值。利用 Force Atlas 算法进行网络布局。标签颜色代表机构的 UIG 类别属性，黑色代表大学（U）、红色代表企业（I）、蓝色代表政府公共机构（G）。

是高被引科学家最主要的科研实践形式。但部分政府主导的公共机构出现在科研合作网络的边缘位置，并具有一定的桥接能力（网络中 6 个政府公共机构的中间中心度平均值为 0.655），与一些高校建立了产学研合作关系。此外，瑞士的雀巢公司（中间中心度值 0.539）在科研合作网络中也占得一席之地，其与 34 位农业科学高被引科学家存在合著关系，累计发表了 135 篇学术论文，也展现雀巢公司在农业科学高被引科学家产学研合作关系中的重要位置。

5 结论与启示

5.1 结论

本研究采用文献计量学方法，对 128 名农业科学高被引科学家发表的学术论文进行了量化分析，在对相关概念梳理的基础上，提出从国际科技合作、跨学科合作和产学研合作 3 个维度出发来揭示高被引科学家的跨界合作特征。研究发现：①高校是农业科学高被引科学家的主要来源机构，欧美发达国家的高被引科学家在学术论文产出上的表现突出；②农业科学高被引科学家的国际合作论文产出量呈现逐年增长趋势，71.9% 的农业科学高被引科学家在国际合作中表现活跃；③高被引科学家跨学科合作发文较为普遍，学科距离对高被引科学家跨学科合作发文有一定影响，相邻学科成为跨学科合作发文的主要领域，而远缘学科的跨学科合作发文量相对较少；④哈佛大学等世界一流大学加强了开放的机构组织结构建设，其以重大现实问题为导向，淡化了学科界限，将学科性要素进行了重组与整合，产出了一系列丰硕的科研成果；⑤农业科学高被引科学家的产学研合作程度在逐年提高，高校高被引科学家的产学研合作程度低于政府公共机构和企业的高被引科学家。在学术论文合著网络中，高校之间的合作仍是高被引科学家最主要的科研实践形式。但政府主导的公共机构也起到了一定的桥接作用，与部分高校建立了产学研合作关系。以雀巢公司为代表的世界知名跨国公司在农业科学高被引科学家的产学研合作关系中也占据了重要位置。

5.2 启示

（1）跨学科教育和专业教育的“共生”与“补充”

在跨界人才培养方面，应对现有的学科专业设置与管理体制进行改革，打破学科专业壁垒，淡化专业的实体性色彩。同时，加强基础知识教育，拓宽学科口径，实现专业教育与通识教育并用。通过实施跨学科教育，改变单一学科人才培养目标为多学科人才培养目标，在学科组织方式、课程设置等方面体现其跨学科性，可以实现多学科知识的组合、整合乃至融合，培养学生独特的知识结构，与众不同的思维方式，解决复杂问题的综合能力。

（2）大学的组织结构再造，化“学科隔阂”为“跨界协同”

大学组织机构“不仅仅表现为行政上的层级关系，它在本质上也反映了知识内在结构的逻辑关系”[29]。大学知识创新的特性决定了对其组织创新的要求。对学科组织结构的再造与优化是跨界人才教育和跨界合作研究活动有效实施的关键。世界一流大学的学科组织结构建设经验是，在保留院系结构的同时，吸收了跨学科、跨专业要素，将院系结构与跨学科研究组织统一在一起；兼顾学科导向与问题导向，形成由纵横两套系统（学科系统与问题系统）交叉组合而成的复合组织结构[30]。当前，我国高校正处在积极创建世界一流大学和一流学科的进程中，应以此为契机，优化学科组织结构，突破单一学科知识的园囿，凸显科技资源的集聚效应。同时，也应避免学术共同体间的隔离，缓和学科间的排斥，加强不同学科之间的交流与合作。努力培养和造就多学科专业人员组成的科研创新团队，营造内外开放的学术文化氛围。

（3）大学与外部组织的战略合作与联动，“三重螺旋”动员异质性资源

不断变化的学科边界和相对不同的知识需求是后工业时期的特点。大学的知识创新应突破大学单个实体，更加注重与政府、企业等外部组织的战略

性合作、联动与创新，促进异质资源在大学、政府和企业之间的跨组织整合与流动，形成充分发挥三方互动作用的循环机制[31]。当前，我国进入“大众创业、万众创新”的新时期，大学也应敢于突破传统高校的管理模式，密切关注社会的需求来协同、整合校内外各种异质性资源，有效促进科技成果落地和转化，更好地发挥大学的社会服务职能。

（4）研究跨界合作行为的方法路径，质性和量化研究的“分野”与“整合”

从研究跨界合作行为的方法路径上看，基于文献计量学的实证研究依托于大量的文献数据，使用丰富的量化指标，借助多种软件绘制精美的图表以展现研究成果。但这种量化研究也存在一定的局限性，如数据源单一、信息量有限，难以反映跨界合作行为的全部意义之所在。而访谈，生活史与叙事分析，案例研究等质性研究，通过对跨界科学家团队进行深入的整体性探究，从第一手资料中形成结论和理论；利用与跨界科学家的互动，可以对其行为获得解释性理解。因此，将量化研究与质性研究相结合可以更好地揭示科学家跨界合作的行为逻辑和内在特征。

参考文献

[1] 曹磊，陈灿，郭勤贵，等．互联网+：跨界与融合 [M]. 北京：机械工业出版社，2015.

[2] Sarwar R., Hassan S. U. A bibliometric assessment of scientific productivity and international collaboration of Islamic World in science and technology areas [J]. Scientometrics, 2015, 105 (2): 1059-1077.

[3] Pislyakov V., Shukshina E. Measuring Excellence in Russia: Highly Cited Papers, Leading Institutions, Patterns of National and International Collaboration [J]. Journal of the Association for Information Science and Technology, 2014, 65(11): 2321-2330.

[4] Kumar S., Rohani V. A, Ratnavelu, K. International research collaborations of ASEAN Nations in economics, 1979—2010[J]. Scientometrics, 2014, 101 (1): 847-867.

[5] Derry S. J., Schunn C. D., Gernsbacher M. A. Interdisciplinary collaboration: An emerging

cognitive science: Psychology Press. 2014.

[6] Schummer J. Multidisciplinarity, interdisciplinarity, and patterns of research collaboration in nanoscience and nanotechnology[J]. Scientometrics, 2004, 59(3): 425-465.

[7] Etzkowitz H. Innovation in innovation: the Triple Helix of university-industry-government relations [J]. Social Science Information Sur Les Sciences Sociales, 2003, 42(3): 293-337.

[8] Ivanova I. A., Leydesdorff, L. Rotational symmetry and the transformation of innovation systems in a Triple Helix of university-industry-government relations [J]. Technological Forecasting and Social Change, 2014, 86: 143-156.

[9] Ali S., Carden G., Culling B., et al. Elite Scientists and the Global Brain Drain [R]. Romania: UNESCO-CEPES, 2009: 119-166.

[10] 邓侨侨 . 机构迁移 : 高被引科学家名校集聚的特征与原因分析 [J]. 科学学与科学技术关系 , 2014, 35 (8): 135-143.

[11] Bauer J., Leydesdorff L., Bornmann L. Highly-cited papers in Library and Information Science (LIS): Authors, institutions, and network structures [J]. Journal of Association for Information Science and Technology, 2015, DOI: 10.1002/asi. 23568.

[12] 刘俊婉 . 科学合作对高被引科学家论文产出力的影响分析 [J]. 情报科学 , 2014, 32 (12): 77-81.

[13] 缪亚军 , 戚巍 , 钟琪 . 科学家学术年龄特征研究——基于学术生产力与影响力的二维视角 [J]. 科学学研究 , 2013, 31(8): 1141-1150.

[14] Gieryn T. Boundary-work and the demarcation of science from non-science: Strains and interests in professional ideologies of scientists [J]. American Sociological Review, 1983, 48 (6): 781-795.

[15] Donald F. Boundary Work and Science: The Relation between Power and Knowledge. In Theories of Science in Society, ed. Susan Cozzens and Thomas Gieryn, 98-119. Bloomington: Indianan University Press, 1990.

[16] Rosenfield P. L. The potential of transdisciplinary research for sustaining and extending linkages between the health and social sciences [J]. Social Science and Medicine, 1992, 35: 1343-1357.

[17] Klein J. T. The rhetoric of interdisciplinary [A]. The Sage Handbook of Rhetorical Studies, 2008.

[18] 全国哲学社会科学规划办公室 . 跨学科研究系列调查报告 [R]. http://www. npopss-cn. gov. cn/GB/220182/227704/15318581. Html, 2011-8-3.

[19] Stokols D. Toward a science of transdisciplinary action research [J]. American Journal of Community Psychology, 2006, 38 (1): 63-77.

[20] Wang X. F., Huang M., Wang M. H., et al. International Collaboration Activity Index: Case study of dye-sensitized solar cells [J]. Journal of Informetrics, 2014, 8(4): 854-862.

[21] Leydesdorff L. The mutual information of university-industry-government relations: An indicator of the triple helix dynamics [J]. Scientometrics, 2003, 58(2): 445-467.

[22] Pierce S. J. Boundary Crossing in Research Literatures as a Means of Interdisciplinary Information Transfer [J]. Journal of the American Society for Information Science, 1999, 50(3): 271-279.

[23] Shannon C. E. A Mathematical Theory of Communication [J]. Bell System Technical Journal, 1948, 27(1): 27-30.

[24] McGill, W. J. Multivariate Information Transmission [J]. Psychometrika, 1954, 19(2): 97-116.

[25] Burt R. Structural Holes: The Social Structure of Competition [M]. Cambridge, MA: Harvard University Press, 1992.

[26] Han H., Giles C. L., Zha H., et al. Two Supervised Learning Approaches for Name Disambiguation in Author Citations [C]. In: Proceedings of the 4th ACM/IEEE Joint Conference on Digital Libraries. New York: ACM, 2004: 296-305.

[27] Treeratpituk P., Giles C. L. Disambiguating Authors in Academic Publications Using Random Forests [C]. In: Proceedings of the 9th ACM/IEEE Joint Conference on Digital Libraries. New York: ACM, 2009: 39-48.

[28] Han H., Zha H., Giles C. L., et al. Name Disambiguating in Author Citations Using a K-way Spectral Clustering Method [C]. In: Proceedings of the 5th ACM/IEEE Joint Conference on Digital Libraries. New York: ACM, 2005: 334-343.

[29] 阎光才 . 识读大学 : 组织文化的视角 [M]. 北京 : 教育科学出版社 , 2002.

[30] 段丹 . 基于矩阵结构的大学学科组织结构创新研究 [D]. 杭州 : 浙江大学 , 2003.

[31] 托尼比彻 , 保罗特罗勒尔 . 学术部落及其领导 [M]. 唐跃勤 , 等译 . 北京 : 北京大学出版社 , 2008.

美国高端智库的政策专家储备及其人才吸引机制研究*

——以兰德公司为例

韩佳燕[1]　赵　勇[1]　赵筱媛[2]

（1 中国农业大学图书馆情报研究中心；2 中国科学技术信息研究所）

摘要：[**目的/意义**]对兰德公司现职政策专家的履历和人才吸引机制进行调研分析，揭示其科技人才储备特征和人才发展办法，为我国加强中国特色新型智库建设，引进和培养高层次人才提供参考与借鉴。[**方法/过程**]以美国兰德公司的政策专家履历、年度报告、帕蒂兰德研究生院院长报告以及官方网站的其他公开信息为研究素材，运用共现分析法和社会网络分析法对兰德公司现职政策专家的人才特征进行定量分析，并通过内容分析法洞察其在人才吸纳和培养方面的具体机制和举措。[**结果/结论**]兰德公司的政策专家储备多元平衡，来自士政商多种渠道，且大多具有多学科背景，注重定量研究。兰德公司的人才吸引机制由科学的选用、奖励、评价和培养机制共同构成。我国智库应注重灵活聘用人才并满足人才的多层次需要。

关键词：美国高端智库；兰德公司；政策专家；智库人才；人才吸引机制

---

* 本文发表在《情报杂志》2019 年第 8 期。

0 引言

智库是沟通学界、政府与社会三者之间的重要“桥梁”[1]，它需要汲取学界的丰硕研究成果，聚焦政府亟需解决的现实问题，从理论上予以解答，并用准确的政策话语表述，从而发挥支撑政府决策和回应社会关切的双重作用。因此，吸纳和培育将学术研究和政策研究融会贯通的智库型人才成为各家高端智库提升竞争力的核心，也是当前我国加强中国特色新型智库建设的政策着力点。

半个世纪以来，美国兰德公司一直是全球十大顶尖智库之一。它以权威的问题分析与卓越的决策咨询，影响和左右着美国的政治、经济、军事和外交等一系列重大事务决策，是美国现代智慧的“大脑集中营”“思想库”[2]。根据 2017 年宾夕法尼亚大学发布的《全球智库报告》显示，兰德公司在 12 个领域的全球智库排行中上榜，其中在防务和国家安全、教育政策、国内卫生政策、科学技术、社会政策、能源和资源政策、全球卫生政策及国际经济等 8 个领域名列全球智库的前十位。

目前，兰德公司拥有 1 875 名员工，来自 53 个国家 / 地区，53% 的研究人员拥有一个或多个博士学位，38% 有一个或多个硕士学位[3]。兰德公司按照学科专业将研究人员划分到四大学部，即行为与政策科学部，国防和政治科学部，经济学、社会学和统计学部以及工程和应用科学部。同时，在业务层面又根据研究项目或应用领域划分不同的研究单元。这种“矩阵式”的管理架构将行政事务和研究工作有效区分，将人力资源、财务管理和项目管理有效协调，将基础研究和应用研究有效互补[4]，造就了兰德公司“跨学科、跨领域”的研究特色。此外，兰德公司于 1970 年成立了帕蒂兰德研究生院，专门培养公共政策研究和决策咨询领域的高层次人才，也为本机构提供了大量的青年人才储备。

本文以美国兰德公司的政策专家履历、年度报告（Annual Report）、帕蒂兰德研究生院院长报告（Dean’s Report）以及官方网站的其他公开信息为研究素材，深入调研兰德公司现职政策专家的人才特征，洞察其在人才吸纳和培养方面的具体机制和举措，有助于客观了解美国高端智库的人才优势，准确掌握其人才管理的先进经验，为完善我国智库的人才吸引机制，集聚海内外顶尖智库人才提供借鉴和启示。

1 相关研究回顾

20世纪60年代后期，国外学者开始从制度史的视角对兰德公司的组织结构和功能开展研究[5]。之后，学者们重点聚焦了兰德公司在美国核战略制定中发挥的作用[6-7]。随着“冷战”的结束，国外学者将关注点逐渐转向兰德公司在军事以外领域的研究特征，如社会福利研究[8]，以及兰德公司在政策研究中的理论应用[9]和方法创新[10]。在对兰德公司的人才研究方面，学者James Digby较为系统地梳理了早期兰德公司的人员特征和具体贡献[11]。学者Nicholas Resche发现早期兰德公司的研究人员不仅有物理学、工程学、经济学和数学领域的专家，还有社会科学家和逻辑学家，并且后者对兰德公司的贡献也十分明显[12]。此外，他还将兰德公司与美国硅谷高科技公司和贝尔实验室的组织模式进行了比较，总结出兰德公司注重人员互动和交叉研究的组织特色[13]。还有国外学者关注了帕蒂兰德研究生院的人员构成以及人才培养方式，从学生选拔、教师来源和课程体系设置等方面进行了实证分析[14]。

国内学者对兰德公司的人才研究主要涉及以下3个方面：一是从整体视角出发，把兰德公司的人才管理作为其成功经验的一个要点，对兰德公司的人员结构进行定性介绍，更侧重于从总体上对兰德公司的发展历程和成功经验进行总结[15-16]；二是从个体视角出发，针对兰德公司的人才状况进行专门研究，如兰德公司人力资源管理方式研究[17]，帕蒂兰德研究生院人才培养机制研究[18]等；三是从比较视角出发，对比兰德公司与我国科技情报机构的发展模式，分析我国科技情报机构在人员配置、工作分配和人才潜能挖掘等方面存在的问题[19]。

综观已有研究成果可以发现，从研究内容上看，国内外学者从不同视角对兰德公司的组织模式和人才状况开展了诸多研究，但鲜有研究基于履历等公开信息，从人才个体层面出发大规模调研兰德公司现职政策专家的人才特征，探究其人才吸引机制。从研究方法上看，目前关于兰德公司的人才研究多以定性研究为主。有学者曾尝试采用文献计量、社会网络分析等研究方法对一些中外知名智库的研究成果和人员任职经历进行定量分析[20-22]，这为本文对兰德公司人才特征的研究提供了一定的方法借鉴。

履历是由个人提供的关于自己经历的简要说明，所有履历都包含职位、成果、教育经历和工作经历等内容，且大部分人的履历信息可以在任职机构官网或个人主页免费获取。履历的个体性、客观性、全面性、真实性和易获取性使其能够成为了解人才的可靠信息源，其内容结构的相似性也便于统计个体信息，从而归纳得出群体的总体人才特征[23]。因此，本文以兰德公司现职政策专家的履历信息为研究对象，深度调研其专家的人员结构、教育经历、研究专长和工作经历等特征。同时利用兰德公司年度报告、帕蒂兰德研究生院院长报告以及兰德官网的其他一手公开信息作为对履历信息的有效补充，以此分析人才获奖情况，探究人才吸引机制，在此基础上提出完善我国智库人才吸引机制的建议。

2 研究设计

2.1 数据来源

本文以兰德公司的政策专家库（https://www.rand.org/about/people.html）为数据源，搜集兰德公司现职政策专家（Policy Experts）的个人履历，累计获取了858人的履历信息，信息搜集时间为2018年6月18日至25日。此外，本文还搜集了2013—2017年兰德公司的年度报告，帕蒂兰德研究生院院长报告，以及官方网站的其他公开信息，作为兰德公司人才吸引机制研究的补充资料。

2.2 数据整理

首先，作者对政策专家的履历信息进行了人工整理，建立了政策专家信息列表，设计调研字段包含：专家姓名、性别、职称级别、管理职务、帕蒂兰德研究生院任职、兰德公司的研究主题划分（Topic）、兰德公司的学科划分（Discipline）、最高学位、毕业院校（博士、硕士、学士）、专家的学科专业、荣誉和奖励、工作经历等。

其次，为了便于统计分析，作者对非结构性信息（荣誉和奖励、工作经历信息）进行了分类结构化处理。其中，荣誉和奖励划分为三大类，一是兰德公司设立的荣誉和奖励，包括总裁奖（President’s Awards）、总裁首选奖（President's Choice Award）、聚光灯奖（Spotlight Awards）、奖章（Medal Awards）和奖金（Merit Bonus Award）；二是帕蒂兰德研究生院设立的荣誉和奖励，包括论文奖（Dissertation Awards）、首席讲师（Faculty Chair）等；三是其他荣誉和奖励。工作经历划分为五大类：大学、政府部门、商业组织（银行、公司等）、媒体（新闻记者、编辑等）及非营利组织（NGO、智库、国际组织等）。

2.3 分析方法

本文采用了文献计量学中的共现分析方法，对兰德公司政策专家履历信息中的研究主题、学科背景进行定量分析，通过VOSviewer和Pajek软件对分析结果进行可视化展示。另外，本文采用了社会网络分析方法中寻路网络算法，对政策专家的学科网络进行优化，以揭示兰德公司政策专家的多学科知识背景。此外通过社会网络分析，勾勒兰德公司的高级政策专家与其曾任职机构之间的隶属关系网络，揭示兰德公司政策专家的任职经历，从而为我国智库在挖掘潜在社会资源的做法方面提供启示和借鉴。

3 美国兰德公司的政策专家特征

3.1 人员结构均衡，部门划分重学科经验

兰德公司现职政策专家的性别分布较为均衡，其中男性专家有478人（占55.7%）、女性专家有380人（占44.3%）。从人员结构特征上看，兰德公司的全职政策专家分为三个级别，包括助理（158人，占18.4%）、中级（216人，占25.2%）和高级（364人，占42.4%）。此外，政策专家中还有高层管理人员65人（占7.6%）、兼职人员55人（占6.4%）。兰德公司将858名政策专家划分至四大学部，归属于16个学科领域（表1），其中274名政策专家具有两个及以上学科领域的研究经验。国防和政治科学部是兰德公司的传统研究优势领域，集中了51.2%的政策专家。

表1 兰德公司政策专家的研究部门划分

研究部门	涵盖学科（政策专家数量）
国防和政治科学部	政治科学与国际关系（188人）、公共政策（161人）、历史与军事与战略研究（90人）
经济学、社会学和统计学部	经济学（140人）、统计和数学（93人）、社会学和人口学（38人）
工程和应用科学部	工程和计算机科学（92人）、物理科学（86人）、管理科学（48人）、运筹学（38人）
行为与政策科学部	心理学（86人）、公共卫生，流行病学和卫生服务研究（69人）、教育学（33人）、法律与犯罪学（16人）、医学（17人）、人类学（17人）

3.2 求学经历丰富，学科背景多元

从学位等级上看，858 名兰德公司政策专家中，拥有博士学位的有 527 人（占 61.4%），其中有博士后经历的专家有 14 人（占 1.6%）；硕士学位的有 310 人（占 36.1%）；学士学位的有 21 人（占 2.4%）。表 2 显示，兰德公司政策专家的毕业高校多集中于美国本土的一流大学，其中在加州大学洛杉矶分校和哈佛大学获得学位的政策专家相对较多。同时，681 名政策专家（占 79.4%）有过两个及以上高校的求学经历。此外，兰德公司现职政策专家中有 25 人毕业于帕蒂兰德研究生院，并获得过博士学位。兰德公司一半的助理政策专家（79 人）是帕蒂兰德研究生院的在读博士研究生。帕蒂兰德研究生院已经成为兰德公司青年政策专家培养的重要基地。

表 2　兰德公司政策专家的毕业高校（前 10 位）

毕业高校	高校排名*	培养专家人数	博士学位	硕士学位	学士学位
加州大学洛杉矶分校	21	76	38	55	41
哈佛大学	2	68	34	39	22
加州大学伯克利分校	21	49	20	29	21
约翰霍普金斯大学	11	45	16	35	14
斯坦福大学	5	44	20	27	16
乔治城大学	20	38	2	27	13
密歇根大学	28	35	11	19	16
卡内基梅隆大学	25	30	18	20	11
芝加哥大学	3	30	13	18	13
哥伦比亚大学	5	30	12	24	9

* 排名数据来源：2018 年 USnews 美国高校排行榜。

从学科背景上看，兰德公司在经济学（148 人）、政治学（115 人）、数学（70 人）、心理学（68 人）和公共政策（55 人）等 5 个领域的政策专家数量较多。另外，有 649 名政策专家具有多学科背景，占 75.6%。图 1 显示，通过

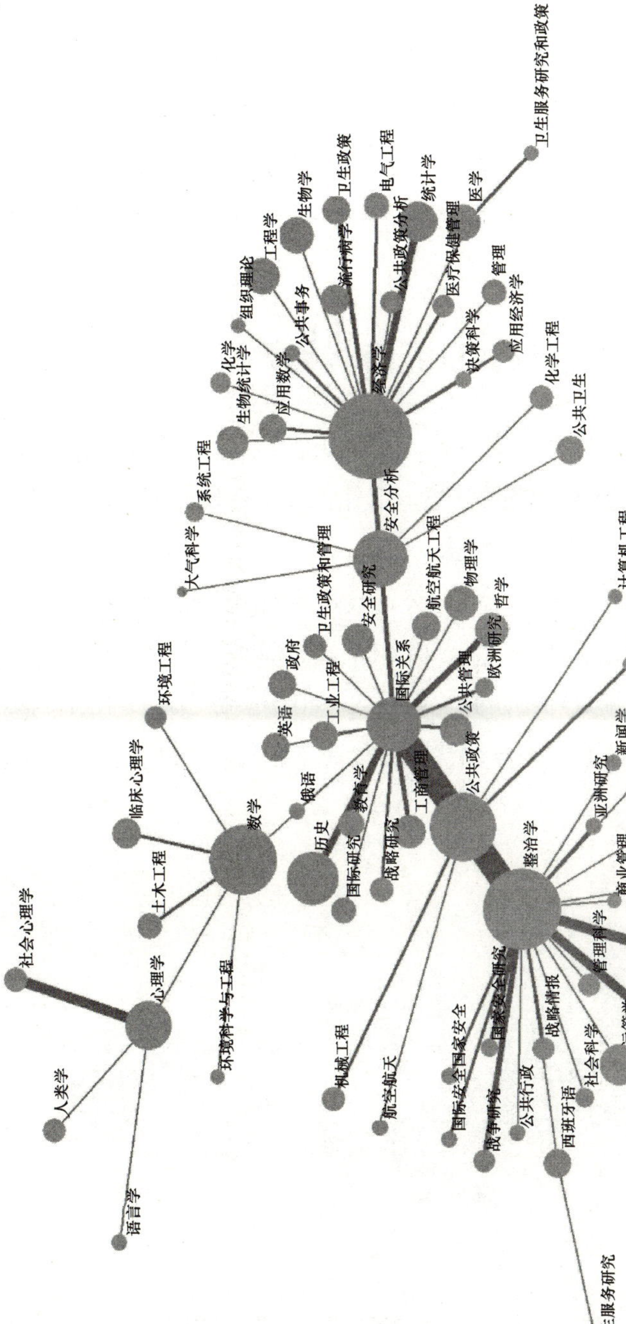

图1　兰德公司政策专家的多学科背景

网络优化算法：MST Pathfinder；节点选择：学科的专家数≥10人；可视化软件：Pajek。

优化兰德公司政策专家教育经历中的学科共现网络，可以发现，国际关系专业处于网络的核心位置，其与政治学、经济学、数学、公共政策和政策分析等专业都存在较强的共现关系，这也是兰德公司政策专家多学科专业背景的主要表现。另外，部分政策专家还具有从工程与自然科学到社会科学的跨学科专业学习经历，如生物学与经济学，航空航天与公共政策，化学工程与政策分析等。

3.3 研究主题广而深，研究策略重数据

兰德公司政策专家的研究专长主要体现在其研究主题的范围和内容上。从主题范围上看，818 位政策专家擅长 2 个及以上的研究主题，占 95.3%。平均每位专家关注了 5.9 个研究主题。

从主题内容上看（图 2），兰德公司政策专家的研究主题可以聚合为 5 个领域，一是军事领域，主题包括：军事战略、军事装备和采购、军事规划、反恐怖主义、军事预算和国防开支等；二是卫生医疗领域，主题包括：保健质量、心理健康与疾病、卫生经济学、健康不平等、公共卫生、军事健康和

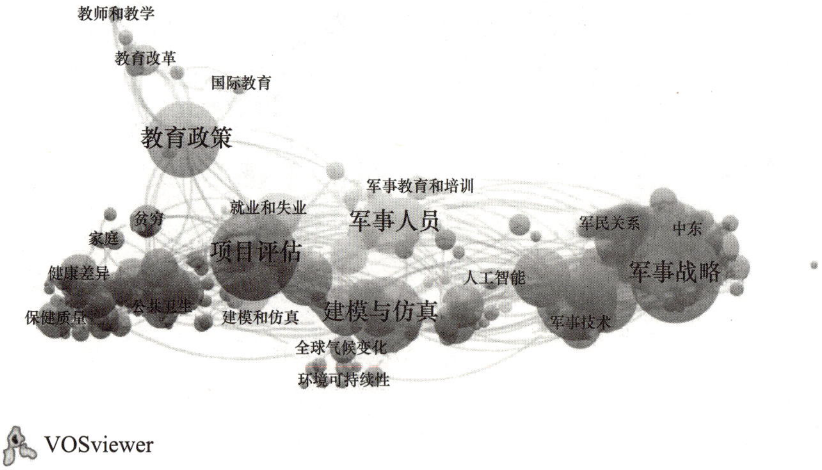

图 2　兰德公司政策专家的研究主题聚类分布

数据标准化方法：Association strength；节点选择：主题的专家数≥10 人；可视化软件：VOSviewer。

保健等；三是教育领域，主题包括：教育政策、教育改革、教育项目评估、幼儿教育和教育技术等；四是技术与能源资源领域，主题包括：科学、技术和创新政策、新兴技术、网络和数据科学、全球气候变化、人工智能及能源等；五是人力资本领域，主题包括：军事人员、劳动力市场、劳动力管理和人力资本投资等。

此外，兰德公司政策专家的研究主题中还包括了许多方法类主题，如建模与仿真，数据库和数据收集，分析和处理，计量经济模型，经济分析方法论，统计分析方法和回归分析等。这表明，在大数据时代，兰德公司政策专家特别重视数据挖掘与统计分析，更多地应用数据来发声，以定量研究争取更高的社会认可度，为政策主张赢取更广泛的公众支持。

从学部和学科角度来看（表 3），各领域专家都形成了具有自身学科特色的研究主题，同时，部分研究主题还呈现出明显的“跨部门、跨学科”研究特征，如“科学、技术和创新政策”主题横跨了兰德公司的多个学部，汇聚了公共政策、物理科学、工程和计算机科学以及管理科学等多个学科的专家。可见，兰德公司政策专家既有专业的定向、专门的聚焦点，同时还有具有广博的学科视野、多元的学科背景，能够以跨学科的力量透彻地剖解专业性、战略性和前瞻性议题。

表 3　不同学部政策专家聚焦的研究主题（前 5 位）

学部	学科	研究主题［专家人数］
国防和政治科学部	政治科学与国际关系	军事战略［39］中东［28］反恐怖主义［28］安全合作［25］国际外交［24］
	公共政策研究	政治科学与国际关系［38］项目评估［20］科学，技术和创新政策［18］教育政策［16］新兴技术［13］
	历史与军事与战略研究	军事战略［25］军事规划［19］军事装备和采购［18］军事事务［15］反恐怖主义［14］
经济学、社会学和统计学部	经济学	劳动力市场［28］计量经济模型［27］卫生经济学［27］经济分析方法论［26］经济发展［18］

续表 3

学部	学科	研究主题［专家人数］
经济学、社会学和统计学部	统计和数学	统计分析方法学［19］建模与仿真［18］调查研究方法［15］运筹学［12］军事物流［11］
	社会学和人口学	调查研究方法［10］教育改革［7］项目评估［7］军事人员［5］军事健康和保健［5］教育政策［5］
工程和应用科学部	工程和计算机科学	军事装备和采购［18］建模与仿真［17］军事技术［16］军事规划［14］网络和数据科学［13］
	物理科学	科学，技术和创新政策［16］项目评估［16］新兴技术［14］建模与仿真［14］全球气候变化［11］军事装备和采购［11］
	管理科学	军事人员［9］军事装备和采购［7］军事战略［6］科学，技术和创新政策［6］军事物流［6］
	运筹学	建模与仿真［15］军事物流［9］军事人员［7］军事技术［5］人工智能［5］
行为与政策科学部	心理学	心理健康与疾病［23］项目评估［15］军事人员［11］教育政策［9］心理健康治疗［9］军事健康和保健［9］
	公共卫生，流行病学和卫生服务研究	保健质量［17］公共卫生［15］心理健康与疾病［15］健康不平等［12］保健服务［12］
	教育学	教育政策［20］教育改革［12］项目评估［8］教育项目评估［7］贫穷［5］
	法律与犯罪学	执法［8］刑事司法［5］军民关系［3］计划评估［3］威胁评估［3］
	医学	保健质量［7］健康不平等［4］卫生保健质量测量［4］心理健康与疾病［3］循证医学实践［3］
	人类学	心理健康与疾病［4］决策［3］公共卫生［3］健康的社会决定因素［3］健康不平等［3］

3.4 多行精英汇聚，身份转换自如

“旋转门”式的人才交流机制是美国智库成熟、发达的关键因素[23]。从

工作经历上看，在 858 名兰德公司政策专家中，曾在政府部门（345 人，占 40.2%）和大学（280 人，占 32.6%）任职的专家较多，在商业组织（145 人，占 16.9%）和非营利组织（144 人，占 16.8%）次之，而在媒体（37 人，占 4.3%）有过任职经历的专家数量较少。另外，有 237 名政策专家在两种或以上不同类型行业任过职，占 27.6%。可见，兰德公司大量吸纳学界、政界、商界和新闻界的精英，成为高层次人才的蓄水池和引力场。此外，有 157 名政策专家在帕蒂兰德研究生院从事教学和管理工作，其中 78.3% 专家拥有不同类型行业的任职经历。这反映出兰德公司尊重人才的兴趣专长，并不把研究人才拘泥于传统的研究事务，鼓励政策专家追求其他职务，积极致力于为人才提供向外发展的平台。

4 美国兰德公司的人才吸引机制

4.1 多渠道的人才选用机制

兰德公司注重利用“士、政、商”3 种渠道广纳人才贤士。“士”包括刚毕业的硕士和博士、大学的专家以及其他智库的专家，“政”则主要来自政府卸任的官员，“商”是指企业界的精英。对于拥有相异经历背景的各类人才，美国智库灵活采用不同的选拔任用机制。首先，对于初入社会的高校毕业生，设置实习生制度来选苗培优。兰德公司设立了专门从事实习生招募、培养和管理工作的管理部门，每年度选择一些优秀的博士来公司实习，遴选出其中实习表现优异的人，作为兰德公司未来的研究人员储备 [24]。其次，对于有过任职经历的成熟精英，通过“旋转门”机制，广泛吸纳各界智囊进入智库工作 [25]。经由“旋转门”，广涉政治实务、洞察政治时事和政治触觉敏锐的政府官员加入智库学者团，不仅有助于缩短决策时间，提高决策效率，还能够有效提升智库在政策领域的权威性和公信度。商界、学界和新闻界精英的加入，也扩大了智库成果的传播范围。

4.2 多层次的人才奖励机制

为激发智库人员的工作热情，兰德公司根据不同职业阶段人员的多层次人本主义需要制定了相应的激励措施，包括物质激励、环境激励、晋升激励和荣誉激励。物质激励指为员工提供具有竞争力的薪资和福利待遇；环境激励主要是改善研究人员的研究条件，如环境优化、设备支持和人手帮助等；晋升激励则根据考核结果给予优异人才以职务晋升；荣誉激励则主要帮助研究人员推介研究成果，促进产品应用和提高人员知名度[24]。对于有杰出贡献的人员，兰德公司设立各种奖项进行表彰。最具代表性的如兰德总裁奖（President's Awards），为给兰德社区做出杰出贡献的兰德员工提供研究时间，并支持其开展与职业发展或探索性研究相关的活动；聚光灯奖（Spotlight Awards）表彰特殊的支持兰特项目和运营的一次性贡献；奖章（Medal Awards）则赞扬和奖励重要的贡献者，并宣扬杰出贡献的例证模范[26]。除此之外，还有兰德研究生院设立的论文奖（Dissertation Awards），每年学校依据学生学位论文的水平为其提供奖金，金额从 5 000 元到 5 万元不等[27]。首席讲师荣誉（Faculty Chair）则每年使兰德杰出的研究人员和教职员都能在学校居住，使他们能够从事独立研究工作，并为学生提供导师指导[28]。

在 858 位兰德公司政策专家中，有 271 位（占 31.6%）有过获奖经历（一次或多次），其中获得过兰德总裁奖（President's Awards）的专家有 24 人（占 2.8%），获得过总裁首选奖（President's Choice Award）的专家有 9 人（占 1%），获得过聚光灯奖（Spotlight Awards）的专家有 19 人（占 2.2%），获得过奖章（Medal Awards）的专家有 51 人（占 5.9%），获得过奖金（Merit Bonus Award）的专家有 27 人（占 3.1%），获得过论文奖（Dissertation Awards）的专家有 10 人（占 1.2%）。

4.3 客观明确的人才评价机制

兰德公司主要根据“兰德高质量研究标准”或“兰德优秀研究标准”，对政策专家的工作进行年度考核，考核结果是薪酬水平制定和晋升与否的依据[24]。植根于对高质量和客观性的孜孜以求，又因事关研究及相关评审团体和用户的切身利益，兰德公司对高质量研究的评价标准做出了详细规定[29]。首先要求研究旨在解决实际问题，全面界定问题，明确研究目的；其次要求研究假设必须明确并论证其合理性，研究方法选择得当并解释其适切性。在研究实施过程中，要求态度严谨，体现出技术实力和创造力；要求研究分析所使用的数据和信息准确可查；要求基于过往研究做大量的研究分析，阐明与过往研究的不同之处。在研究成果的展现方面，要求启示建议必须合乎逻辑并切实可行，对于存在颇多变数或不确定性的情况，要说明所陈述内容准确性的置信水平。优秀研究标准还要求必须全面综合、创新并拥有持久的使用价值[30]。

为了保证研究质量，兰德公司的每一份报告、文章、数据库和简报，在公开发表前都经过审慎的同行评审。兰德公司还定期安排外部和内部人士对其研究产品进行整体评审。通过人才评价，兰德公司使“高质量研究”的核心价值标准在员工心中根深蒂固，塑造了内部纪律严明、全员一致向心的兰德面貌。

4.4 全方位的人才培养机制

兰德公司的人才培养政策的受众广泛，既包括正式研究人员以及研究院在读学生，也包括外部优秀合作伙伴。人才发展方式多样，包括开展研究计划、提供培训课程和社交网络构建等[31]。

从硬件条件来看，兰德公司利用完善的研究设施为人才科研提供便利，其中包括最先进的计算机设备和软件，全国备受赞誉的图书馆，获取和维护研究数据库的广泛数据设施，以及计算，统计分析和书面及口头介绍方面的特殊咨询和培训服务[32]。从软件条件来看，兰德公司注重为正式员工创造鼓励创新的研发氛围，帮助员工发展人际社交网络，促进其职位晋升以及开拓广泛的职业道路，如研究人员也可出于爱好从事研究院的教学工作或从事管理岗位[33]。对于下一代潜在科研人才，兰德公司使用课程教学、项目实习和专业领域体验相结合的培养计划，并从师资队伍的数量和质量两方面为学生培养提供双重保障[34]。

5 结论与启示

本文对兰德公司的政策专家人才特征及其人才吸引机制进行了研究分析，结果发现：①兰德公司的政策专家储备以多样性与平衡性为原则，注重从多种渠道广泛吸纳优秀人才。②兰德公司政策专家的毕业高校多集中于美国本土的一流大学，帕蒂兰德研究生院已经成为兰德公司青年政策专家培养的重要基地。③兰德公司政策专家既有专业的定向、专门的聚焦点，同时还有具有广博的学科视野、多元的学科背景，能够以跨学科的力量透彻地剖解专业性、战略性和前瞻性议题。④在大数据时代，兰德公司政策专家特别重视数据挖掘与统计分析，更多地应用数据来发声，以定量研究争取更高的社会认可度，为政策主张赢取更广泛的公众支持。⑤通过“旋转门”机制，吸纳政界、商界、学界和新闻界精英进入智库工作，将具有丰富的政治阅历、了解政治现实的政府官员成为智库学者，既有助于产生有实际价值的研究成果，又能够提升智库在政策领域的公信度。⑥兰德公司在人才选用、奖励、评价和培养方面形成了卓有成效的机制，成为提升智库影响力的重要保障。

我们可得到如下启示：①高端智库需要吸纳多元学科知识结构的人才，要加强与卓越高校的合作交流，汇聚一流大学的优秀研究力量。各智库可实施与国内顶尖高校的联合定向培养计划，或者将部分智库专家转化为优秀师资力量。②高端智库要加强决策咨询理论和方法研究，要以优秀的研究框架和工具为基础，完善决策咨询理论和方法，提高智库的可持续发展能力与影响力。在鼓励专家把研究主题聚焦热点、关注时事的同时，也不能忽视基础方法论的研究。③在高端智库建设上，必须积极探索创新人才吸引机制，坚持“小核心、大外围”原则开展专家队伍建设，凝聚一批中青年骨干研究人员，广泛吸纳学会专家、专业机构、学者、专家和高校骨干充实智库事业。④高端智库应建立一套精细化到可执行层面的工作考核标准和行为尺度准则，在树立智库核心价值观、扩大智库影响的同时，也可以为人才考核提供客观依据。对于杰出人才的表彰，可以根据一次重大贡献或持续贡献等不同情况设置不同奖项。除了物质奖励外，还可以考虑“隐形奖励”，如授予其荣誉称号，向媒体宣传，为其提供便利的研究条件等，以持续激发人员的科研热情，不断促进高质量成果产出。⑤高端智库必须放宽人才培养视野，不仅要做到硬件设施提供和软件技能教学“软硬兼施”，做好对在职人员的内部培养，还应注重利用社会网络资源，通过合作项目为人才提供和优秀同行交流的机会，这无疑是一种低成本而高效率的培养方法。

参考文献

[1] Tom Medvetz. Think tanks as an emergent field [R]. Social Science Research Council, 2008.

[2] 张志新 . 美国兰德公司的人才战略 [J]. 国际资料信息 , 2010(10): 40-43.

[3] RAND at a glance [EB/OL]. http://www. rand. org/about/glance. html, 2018-06-06.

[4] 王铮 . 美国兰德公司的运营特点与发展态势 [J]. 智库理论与实践 , 2016, 1(1): 81-89.

[5] Bruce L. R. Smith. The RAND corporation: Case study of a nonprofit advisory corporation [M]. Cambridge, MA: Harvard University Press, 1966.

[6] Fred M. Kaplan. The wizards of armageddon [M]. California: Stanford University Press, 1983.

[7] Gregg Herken. Counsels of war [M]. Oxford: Oxford University Press, 1987.

[8] David R. Jardini. Out of the blue yonder: The RAND corporation’s diversification into

social welfare research, 1946—1968 [D]. Carnegie Mellon University, 1996.
[9] Mirowski P. Machine dreams: Economics becomes a cyborg science [M]. Cambridge: Cambridge University Press, 2002.
[10] James Allen Smith. The idea brokers: Think tanks and the rise of the new policy elite [M]. New York: The Free Press, 1991.
[11] Digby J. Early RAND: Personalities and projects as recalled in the alumni bulletin [R]. RAND Paper P-8055, RAND Corporation, Santa Monica, CA, 2001.
[12] Rescher, Nicholas. Logicians at RAND [A]. In studies in 20th century philosophy [M]. Frankfurt: ONTOS, 2005.
[13] Rescher, Nicholas. Early RAND as a talent incubator: An extraordinary experiment [J]. Independent Review, 2018, 22 (3): 417-427.
[14] Jim Warren. The RAND graduate institute [J]. Educational Researcher, 1975, 11(4): 68-72.
[15] 闫俊，郭正玉．美国兰德公司 70 年发展启示 [J]. 航空兵器，2017(06): 13-17.
[16] 庞娅莉．全球超级智库之一：美国兰德公司 [J]. 国际太空，2016(11): 59-65.
[17] 王继承，冯巍．合格的政策分析家是怎样炼成的——兰德公司的人力资源管理 [J]. 中国发展观察，2012 (9) : 22-27.
[18] 宋鹭，梁坤．兰德研究生院的运行机制及其对中国智库建设的启示 [J]. 智库理论与实践，2017, 2(5) : 50-58.
[19] 程莉，吴广印，王鑫．科技情报机构的发展模式研究——基于兰德公司与国内情报院所的对比分析 [J]. 情报杂志，2014 (5) : 13-18.
[20] 张新培，赵文华．谁在为著名高校智库工作——基于人员任职经历的结构化网络分析 [J]. 清华大学教育研究，2014, 35(6): 59-65.
[21] 赵蓉英，郭凤娇，邱均平．美国兰德公司发展及对中国智库建设的启示 [J]. 重庆大学学报 (社会科学版), 2016, 22(2): 125-131.
[22] 赵勇，崔晓彤，高思嘉．我国卓越高校智库的人才结构、聚焦主题与传播渠道 [J]. 情报杂志，2017, 36(4): 54-60.
[23] 卫垌圻，鲁晶晶，谭宗颖．应用科研履历数据的情报研究进展 [J]. 图书情报工作，2015, 59(07): 140-146.
[24] 王辉，彭倩．美国智库人才创新机制及其启示 [J]. 决策探索，2018, 1(上): 69-70.
[25] 王莉丽．美国智库的“旋转门”机制 [J]. 国际问题研究，2010(2): 13-18.
[26] 兰德研究生院 2015 年年度院长报告 [R]. 美国：兰德公司，2015.
[27] Awards available from PARDEE RAND [EB/OL]. https://www.prgs.edu/admissions/funding-your-phd/dissertation-awards. html, 2018-06-23.
[28] The RAND blog[EB/OL]. https://www.rand.org/blog/2015/11/harold-and-colene-brown-endow-faculty-chair-at-pardee.html, 2018-06-23.

[29] RAND's standards for high-quality research and analysis [EB/OL]. https://www.rand.org/about/standards/standards_high. html, 2018-06-23.
[30] Hallmarks of outstanding research and analysis [EB/OL]. https://www.rand.org/about/standards/standards_outstanding. html, 2018-06-23.
[31] Internships and fellowships [EB/OL]. https://www.rand.org/about/edu_op.html, 2018-06-23.
[32] Methods centers at PARDEE RAND [EB/OL]. https://www.prgs.edu/research/methods-centers.html, 2018-06-23.
[33] RAND college recruiting [EB/OL]. https://www.rand.org/jobs/recruiting.html, 2018-06-23.
[34] Academics and degree program [EB/OL]. https://www.prgs.edu/degree-program.html, 2018-06-23.

从诺贝尔奖得主看杰出人才成长

贾　慧　陈奎孚

（中国农业大学理学院）

摘要：国力的重要标志是科技创新能力，而诺贝尔奖是公认的和最具权威的自然科学最高荣誉奖，代表着基础科学研究的最高水平。探索诺贝尔奖获得者成长的共性对杰出人才的培养有一定的借鉴意义。本项目对575位诺贝尔奖获奖者（1901—2014年物理学、化学、生理或医学奖获得者）的家庭、生活背景、是否为独生子女、兄妹排行以及学习经历等数据进行了梳理和挖掘。统计表明：大学教育、家庭学术性背景和家境等对杰出人才的成长有重要的贡献；是否为独生子女和兄妹排行的影响并没有想象中那么大的差异；人才收割对美国绝对获奖人数有贡献，但近七成的获奖者仍是在美国本土接受的基础教育。

关键词：诺贝尔奖；家庭背景；学习经历；杰出人才的成长；人才收割

1　调查背景及意义

诺贝尔奖自从1901年设立颁发以来，成为许许多多优秀科学家的奋斗目标，也因此成就了众多影响人类历史的科学发现和成果。获得诺贝尔奖的数量已成了一个国家知识创新能力和科技发达的象征，当今世界众所周知的科技强国——美国便拥有最多诺贝尔奖获奖者。对比之下，我国在诺贝尔物理学奖、化学奖与生物或生理学奖（下文统称为科学类奖）上还依旧是白卷。探寻获奖者的家庭和教育的共性对杰出人才的培养有一定借鉴意义。

关于诺贝尔奖获奖者的花絮式介绍的散文和随笔很多，但是对历年来获奖者进行系统统计意义上的研究甚少，特别是下述这些重要角度并未见文献提及。①美国获奖的霸主地位是人才收割所致，还是其基础教育有独特优势？②家庭学术背景和家境是否对获奖率有影响？③传统文化中有人的性格受兄妹排行影响的说法，而目前的计生政策导致兄妹排行的前提不存在了，那么独生子女、兄妹排行是否在诺奖中有偏向？

本项目将用 1901—2014 年的全部科学奖获得者（总计 575 位）的数据对上述问题作系统性地回答。

2 调查方案设计

2.1 资料来源

对诺贝尔奖获奖者的资料调查，首先要获得诺贝尔奖获奖者的可信资料。考虑到资料的可靠性，选择诺贝尔奖的官方网站（http://www.nobelprize.org/，网站为英文）作为主要信息来源，辅之以部分人的自传。如仍有信息不充分者，再辅以图书、期刊和网站的资料。我们对感兴趣的信息进行翻译和梳理。最终我们完成 1901—2014 年期间的科学类获奖者全部 575 位的资料。

2.2 调查内容

诺贝尔奖获奖者的资料涉及内容广泛，本项目试图探讨成才的家庭环境和学习经历，我们重点整理了获奖者的家庭子女数目、兄妹排行情况、家庭组成、家庭背景以及学习经历等方面的信息。

此外，考虑到美国是拥有最多诺贝尔奖获奖者的国家，又为移民大国。其诺奖的霸主地位是否与移民的输血性贡献有关，还是其本土教育在诺奖方面就有优势，这个问题的答案对我国人才引进战略有一定的参考意义。为此，对美国获奖者做了更为细致的统计，重点在其获奖者受教育的经历（美国本土教育、非美国人但从小在美国接受教育、在外国接受教育后移民美国）。

2.3 信息采集表

信息采集项目如表 1 所示，包含获奖者姓名、获得奖项类别、获奖年份、生卒年份、国籍、家庭子女个数及兄妹排行、家庭组成、相关家庭背景和备注。其中 X 代表资料中未提及的内容（如家庭子女个数及其在子女中的排行。列中 5—X 表示家中有 5 个孩子，但其在之中排第几资料未提及）。在备注列中，记录着诺贝尔奖获奖者的获奖原因及其求学经历。家庭背景列涉及了诺贝尔奖获奖者家庭中亲人的姓名，亲人相关的可能对其成才有影响的资料。

表 1　数据采集信息表样例

姓名	威廉·康拉德·伦琴	雅各布斯·亨里克斯·范托夫
获得奖项类别	物理学奖	化学奖
获奖年份	1901	1901
生卒	1845.03—1923.02	1852.08—1911.03
国别	德国	荷兰
家庭子女个数及其在中排行	1—1	1—1
家庭组成	父母、自己	父母、自己
相关家庭背景	父亲是一个毛纺厂小企业主，母亲是一个心地非常善良的荷兰人。他是独生子。他的小学、中学是在荷兰读完的	父亲是医学博士，经常在放学以后偷偷地溜进学校实验室，做化学实验
备注（与所研究课题关联）	17 岁就读于荷兰乌屈克市技术学校，20 岁进入瑞士苏黎世工业大学，之后先后获得了“机械工程师”称号和哲学博士。后来因工作仔细认真被当时著名物理学家孔德邀做助手，自此从事物理研究工作。因一次偶然的实验机会发现了 X 射线	他从小聪明过人。中学时期，对化学实验有浓厚兴趣。以优异的成绩毕业于德尔夫特高等工艺学校。1872 年，范托夫在莱顿大学毕业，前往巴黎医学院的武兹实验室。创立化学动力学和渗透压定律

3 调查结果

3.1 家庭背景的分布

成才与家庭背景有一定的关系。一方面不同的家庭背景对子女有不同的期许；另一方面不同家庭背景能提供成才所需的教育成本也有差异，此外，良好的家庭背景能提供良好的早期教育环境和成年后的社会关系。为此，我们首先将家庭分成学术型和非学术型两类。本报告的学术型家庭需满足两个条件：①父母接受过大学或者以上教育；②父母从事职业为科学研究相关行业，或是在音乐、美术等方面有突出成就。对非学术型家庭又细分为务农、宗教人士、经商、工程师、医生、地主或贵族等，按不同职业分类统计。分类结果如图 1 和图 2 所示。575 位获奖者中有明确学术家庭背景的占 36%。

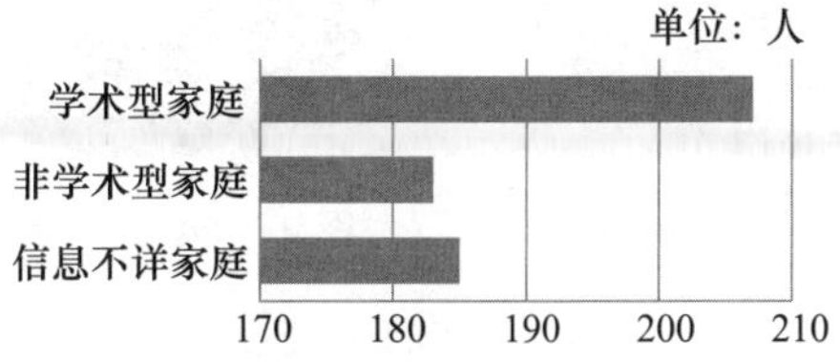

图 1　家庭类型分布

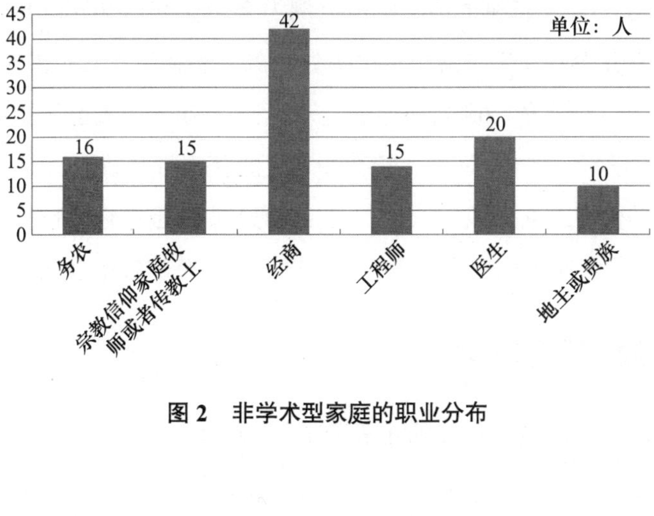

图 2　非学术型家庭的职业分布

如果对没有明确家庭背景信息的获奖者按照 50% 为学术家庭计算的话，则超过 50% 获奖者的家庭为学术背景。而没有学术背景的家庭中，又以经商、医生等中产富裕家庭为主。

3.2 独生子女的比例

我们利用诺贝尔奖获奖者资料，对获奖者是否为独生子女和兄妹排行情况做了统计，如图 3 和图 4 所示。

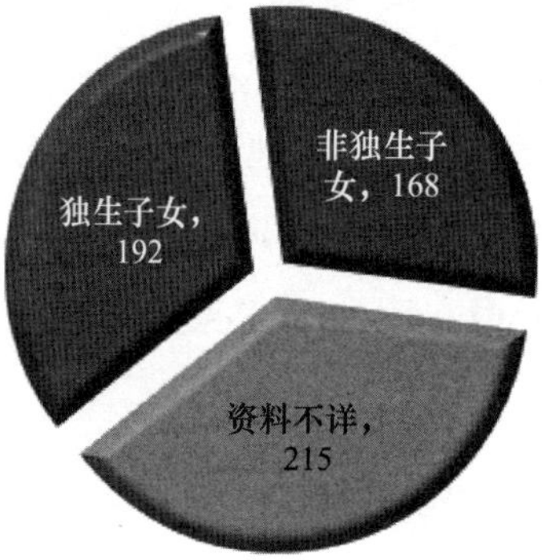

图 3　独生子女情况

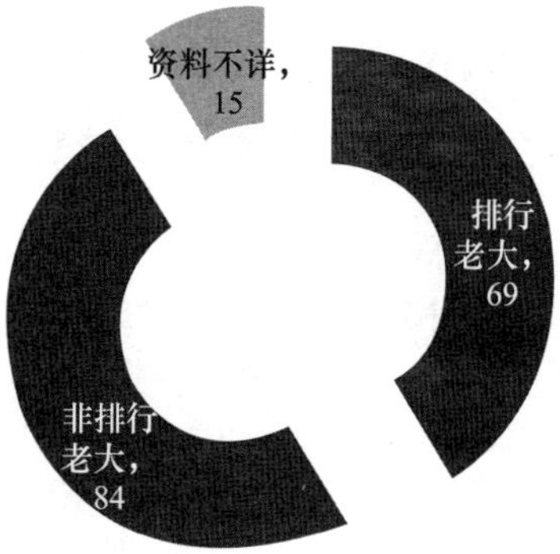

图 4　非独生子女中排行情况

在我们调查的 575 名获奖者中，独生子女个数为 192 人，非独生子女个数为 168 人，资料中并未涉及是否为独生子女信息的个数为 215 人。独生子女所占比例为 33%，非独生子女所占比例为 29%。在已知家庭孩子个数情况的 360 名获奖者中，独生子女所占比例为 53%，非独生子女所占比例为 47%。

针对非独生子女的 168 名获奖者，对其是否排行老大也做了统计。其中排行老大的获奖者个数为 69 人，排行非老大的获奖者个数为 84 人，资料中未介绍兄姐妹排行情况的个数为 15 人。在已知兄妹排行情况的 153 名获奖者中，排行老大的获奖者所占比例为 45%，非排行老大的获奖者所占比例为 55%。

3.3 美国获奖者统计

对美国诺贝尔奖获奖者的统计结果如图 5 所示。

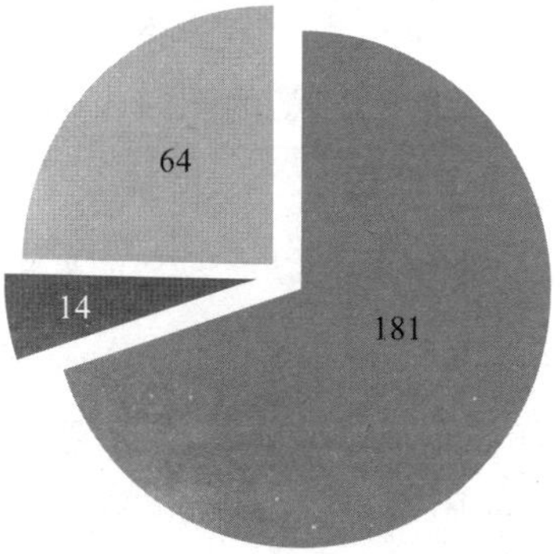

图 5　美国诺贝尔获奖情况

在我们调查的 262 名美国诺贝尔奖获奖者中，属于出生在美国本土之后一直在美国接受教育的诺贝尔奖获奖者有 181 人，占全部人数的 69%；非美国本土人，但从小在美国接受教育的诺贝尔获奖者有 14 人，占全部人数的 5%；在外国接受教育后移民美国的诺贝尔获奖者有 64 人，占全部人数的 24%。

4　讨论

4.1　家庭学术背景对杰出人才成长有重要贡献

图 1 是 575 位获奖者按家庭是否为学术型的分类情况。从图中我们可以看到，在已知家庭职业信息的诺贝尔奖得主的家庭中，超过 50% 具有学术背景。学术型的家庭占社会家庭的总比例很小，因为大学教授、研究员和艺术家在社会上总是少数群体，而大部分家庭所从事都是与学术（或艺术）无关的工作，所以图 1 的数据充分表明，家庭的学术背景对杰出人才的成长有至关重要的影响。

首行，家庭的影响有多个层次，第一个层次就是家庭期许。对人类教育而言，杰出人才虽不符合“龙生龙、凤生凤”的生物遗传规律，但是“老鼠的儿子会打洞”的行为学现象肯定有一定道理。有学术背景的父母，由于自己的期许、周围生存环境的攀比，以及较为熟悉的圈内规则，相对地会期望子女也在学术圈中发展。

其次，学术型的父母接受过大学本科或者以上教育，从事教育、研究工作，或是对人生有着不同于常人的追求或偏爱如对音乐、美术的热爱。孩子从小在这种环境中成长，父母从事的职业从小对子女就有吸引力。父母思维的深度和广度在与孩子长时间的接触中一点点渗入一个孩子的成长过程，对其思维及以后的成就有着不可估量的作用，特别是有学术能力的父母，往往从小就能给孩子提供十分良好的教育环境。

再次，杰出人才的发现需要伯乐，而父母在学术圈，与伯乐接触的机会就更多一些。在查阅资料过程中，我们注意到不少获奖者其实都是有一定家族背景的，他们或生在世代学术之家，或父母都是从事研究工作的专家，因此他们出生以来就受到家庭环境的熏陶，比一般的孩子学习到的更多，相关的条件也更加便捷。简单举一两例：1903 年荣获诺贝尔物理学奖的科学家皮埃尔·居里，其父亲为医学博士，因为学校的常规教育和训练不利于他的智力发展，居里大夫便采取断然措施，先是留他在家里由他自己亲自精心培养，然后把他托付给一位学识渊博的家庭教师去教导，这种旨在造就人才的自由教育方式对皮埃尔·居里的成长有显著成效。又例如著名的科学家马克斯·普朗克，他的曾祖父、祖父、父亲和叔叔都是从事不同领域教学研究的教授。另外，居里夫人认为子女该接受更好的教育，于是她和几位著名科学家分科目共同承担对他们子女的教育工作，因此居里夫人的女儿也获得了诺贝尔奖。

4.2 家境对杰出人才成长影响显著

学术型家庭一般为中产阶级，较为富裕，能够为子女培养提供充足经济支持。即使对非学术家庭，从图 2 可以看出，人数最多的是经商者，其次是医生、农民、牧师及传教士、工程师、地主或贵族等，这也表明他们的家庭都是较为稳定而且趋向于富有的，父母有能力为孩子提供稳定的生活环境和相对优越的读书条件，这一点在杰出人才的培养中占有不可小觑的分量。根据美国社会学家赖特·米尔斯*1951 年出版的《白领：美国中产阶级》中的数据，美国高产阶级和专业中产阶级（受过高度教育者、有薪水的专业人士和管理者）仅占美国家庭的 15%～20%。* 但图 2 表明中产家庭对诺奖的贡献率远远超过这一比例。

在整理所有获奖者的信息后，我们的整体感受是，在获奖者中，虽然也偶尔可见励志的前辈，他们家庭清贫但自己不甘平庸，从小便比别的孩子付出更多，后来获得诺贝尔奖，但这样的例子毕竟是少数。

总之，杰出人才需要时间的积累和财富的积累。

4.3 大学环境对杰出人才成长至关重要

我们统计了 1901—2014 年诺贝尔自然科学类奖 575 位得主的大学信息和相关机构信息，发现诺贝尔奖得主几乎全部毕业于著名的大学，或在著名的大学工作。正如目前流行的说法“一根草绳丢在大街上是垃圾，绑在大白菜上可以卖白菜的价格，绑在大闸蟹上就是大闸蟹的价格”。

出现这种现象有多重因素。第一，著名的大学能够吸引更优秀的学生来求学，吸引更优秀员工来工作，在这方面，著名大学有先天的优势。第二，著名大学作为学者聚集体，更容易站到科学的前沿，同时也有更好的硬件工作环境。第三，在著名学者氛围中，同侪竞争压力大。第四，著名大学学者有良好圈内关系，以及良好的师生传承关系。第五，也是极其重要的一点，就是著名大学学者往往都是著名学术期刊的主编或编委。这使得自己或自己学生的创新观点容易发表出来，而相同的观点若来自名气不大的学校或学者，

---

* http://en.wikipedia.org/wiki/Charles_Wright_Mills，2014/12/23.

* http://en.wikipedia.org/wiki/American_middle_class，2014/12/23.

则需经过重重评审，有的甚至被当成异端邪说被拒绝发表。所以一个大学多办几个有国际影响的学术期刊也非常重要。

4.4 天资和兴趣

天资是一个人与生俱来的，它铸就了一个人成才的开始。可能我们从小被灌输的是勤能补拙的教诲。的确，后天的勤奋能弥补前天的某些不足，但在资料的查阅过程中，我们发现，天分真地是不得不提出来的，绝大多数诺贝尔奖获奖者，在童年时就已经显露出不同常人的智慧与独特的思维方式，并完成了常人很难完成的学业进度，且都进入著名的大学就读。如居里夫人玛丽从小就是一个好奇心极强的孩子，并且记忆力超人。在她刚刚四岁时，就爱凑在念书的哥哥姐姐旁边好奇地观看。七岁的二姐布罗妮雅觉得妹妹很好玩，就用纸板剪的字母拼成字教妹妹读写，没想到，小玛丽学得还真快，她不仅学会了字母和拼读，而且很快就能阅读姐姐的课本了。不得不说，这些获奖者先天所具有的智慧为他们能够成才提供了基础，毕竟诺贝尔奖不是一般人能够获得的，不仅要有持之以恒的研究信念，更要求研究者有足够的先天智慧。

兴趣对成才至关重要。兴趣可以说决定了一个人对一件事的热情，有热情才有做下去的动力，像诺贝尔奖这样需要进行大量研究工作的奖项，如果没有对某方面的兴趣支持，何谈坚持研究到取得成果呢。在调查的众多诺贝尔奖获奖者资料中，对其是否有兄弟姐妹的描述少之又少，而大部分都会提及的就是获奖者在小时候对某方面兴趣异常，比如居里夫人，有一次，她的一个朋友领她来到博物馆的实验室，在这里，实验室使她着了迷。以后只要有时间，她就来实验室，沉醉在各种物理和化学的实验中。她对实验的特殊爱好和基本的实验技巧，就是在这里培养起来的。又如劳伦斯在当地上小学时，他就喜欢捣弄电气、矿石收音机，并自制电报机。中学时，他是一个无线电迷，热衷于无线通信和电路实验。那些获奖者大多都是这样，因为从小对某方面的兴趣以至后来继续从事对相关方面的研究，在他们看来，从事对自己感兴趣的东西的研究是快乐的。

成长中的启迪与兴趣的作用类似，可能获奖者在一开始没有明确自己的兴趣或者人生方向，但却因为成长过程中的一件事情改变了自己的人生轨迹。明确自己的人生方向之后就犹如找到了前进的指明灯，坚定不移地进行自己选择的事业。

4.5 独生子女和排行的影响

中国一胎化计划生育政策已经施行了30多年了，短期和近期的效应是积极的，至于长期的影响目前已引起舆论、公众和学界各方的关注。中期效应的一个话题就是性格问题。由于缺少与兄弟姐妹的竞争和合作，普遍认为现在的学生往往欠缺韧性和合作性。传统说法中“老大性格”“老二性格”“老幺性格”目前失去了形成环境。但是图3和图4表明，是否有兄弟姐妹，以及是否为独生子女，对杰出人才成长的影响没有想象中大。

传统文化中老大性格是厚道、负责任、善于交流和情绪稳定等，因此有领袖的气质。对于中间出生的孩子来讲，他们既没有受到父母像对老大那样的重视，也没有得到对老幺的宠爱。他们往往要处理上下的人际关系，因而可能具有较强的交往和适应能力。而最小的孩子，往往得到父母更多的宠爱和哥姐的帮助，智力开发得比较早。由于经常受到保护，老幺会表现出淘气或乖巧的特点，但老幺往往缺乏毅力，习惯于求助别人。独生子女像老大也像老幺。

调查前我们设想，独生子女的家庭的孩子相比有兄弟姐妹的家庭的孩子可能容易缺乏合作沟通、敢于担当等良好的品质，因此我们也是根据这种设想出发进行的一系列相关的调查。但是调查结果却没有像我们想象中的那样，在调查的已知是否独生子女情况的360名获奖者中，独生子女所占比例为53%，非独生子女所占比例为47%。这个数据乍一看似乎是否为独生子女两类情况是不分伯仲。但是在欧美等西方国家人群独生子女的比例并非 50%。比如 3 个家庭分别有 1 个、2 个和 3 个孩子，平均有 2 个孩子（这是非常保守的估计，因为在欧美国家的家庭大多超过两个孩子，更详细数据有待进一步查找）。按照上述假定，独生子女的人群比例只有 1/6=16.7%，这个比例远远低于独生子女所占诺奖的比例 53%。

按照类似的假设，老大的人群比例为（1+1+1）/（1+2+3）=50%，这与排行老大的获奖者所占比例为 45% 比较接近。因此排行差异对诺贝奖比例影响不是很明显。

排行为什么没有我们想象的差异那么大？在查阅资料过程中我们发现，在这杰出的 575 个科学家中，每个人的经历都是不可复制的，在读他们每个人的自传时，我们能清晰地感受到文字的对面，是一个个博学而语重心长的人们，在用亲切的语言向来自世界各地的读者讲述自己平凡的而又极不平凡的一生。成就都不是一蹴而就的，这些杰出的人们并不是仅仅凭借非凡的天资便轻松登上科学巅峰的，每个人都有着丰富的经历，并在浮沉中不迷失自我，始终知道自己所爱是什么，这才创造出一个又一个的奇迹，推动着人类科学一步步地向前发展。所以是否为独生子女并不是一个人成就多少的决定性因素，一个人的学识和经历才是成就多少的决定性因素。至少从对西方国家获奖者的调查结果看，由于家庭或者学校的教育，他们在学到知识的同时，在合作与担当等良好品质方面并未缺失。

4.6 输血性的贡献

美国是科技第一强国，拥有最多的著名大学，比如在 2015 年的 USnews 的世界大学排行榜中，美国在前 10 名中占了 8 席，前 50 名中占了 31 席，因此美国拥有绝对人数最多诺奖获得者也是理所当然的。本次统计也证实了这一点，在 575 位获奖者中，有 262 位拥有美国国籍（来自 52 所大学或研究机构），占总数的 46%。

美国又是移民大国，有成熟的移民政策。美国如此高比例诺奖获得者，究竟是源于美国基础教育优良，还是美国高等教育的人才收割策略呢？从图5可以看出262名美国诺贝尔奖获奖者中，属于出生在美国本土接受美国基础教育的占获奖人数的69%；而在其他国家接受基础教育而以美国国籍获奖的24%。这说明美国的基础教育确有其独特的先进之处。

移民策略对美国的科技也肯定有重要贡献，这表现在移民的获奖率远高于本土获奖率。美国获得诺贝尔奖的262人中，有64人是移民并在美国以外的地区接受基础教育，14人是移民但从小就在美国接受教育，与2000年的美国移民总数560万*（5 600万获得绿卡的移民人口，入籍率*按10%算）相比，美国移民的诺贝尔奖获得率为1.14×10^{-5}，而美国本土教育诺贝尔奖获率只有7.07×10^{-7}，前者远高于后者。美国移民的获奖率远高于本土获奖率（算法：2000年美国共有居民人口2.81 421 906亿人，2000年美国在国外出生的美国居民和美国第一代移民总人数达5 600万人，是有史以来最高纪录。但5 600万获得绿卡的移民人口，入籍率按10%算。281 421 906−5 600 000=275 821 906本土获奖率$195/275\ 821\ 906=7.07\times10^{-7}$移民获奖率$64/5\ 600\ 000=1.14\times10^{-5}$）。

正如前文所述，杰出人才的成长环境需要累积。即使一代移民没有获奖，但是优质的移民政策和环境所吸引的优秀人才，会为杰出人才成长积累所需的家庭和社会环境。

调查还发现，美国的诺贝尔奖获得人数是从1960年以后才呈增多态势，而之前的获奖者绝大多数是外来移民，有的就是一直都在原来国家接受相关教育和进行科研，由于某些情况被迫移居，结果到了美国之后就获得了诺贝尔奖，可以说美国在第二次世界大战这段时期拢获了大量杰出人才，这也使

---

* 数据来源于人民网：《美国移民总人数达5 600万　占总人口两成》http://news.sina.com.cn/w/2002-02-12/0249474460.html（2014/11/15）。

* 数据来源于中国新闻网：《只拿绿卡不当美国人　美国洛杉矶县入籍率仅为7%》http://www.chinanews.com/hr/2014/01-28/5793811.shtml（2014/11/29）。

得美国的科技发展能够如此之快，科技的发展让美国在科技各方面条件优越，也就有实力培养和发展越多的杰出人才，造成美国的诺贝尔获奖者数目如此之多。此外不得不说的就是美国名校众多，对于教育的重视程度极高，教育过程中重视实验，几乎每个大学都建有完备的实验设施，并且获奖者都积极投身过实验室工作。在良好的实验设施环境下进行实验，才能更有利于科研的进行。

总之，通过输血，有可能提高诺奖破零概率，但是一个国家科技的长期发展和取得科技的大国地位，恐怕还需要几代人的努力。

5 启示

从本研究对科学类诺贝尔奖获得者的统计结果来看，我们有如下几点启示。这几点启示对自主招生、人才发现和培养、人才引进等有一定的参考意义。

（1）家庭的学术背景对杰出人才的成长很重要。其中原因有多重，除了学术型的家庭对子女期许相对较高外，学术型的家庭更能够为子女提供良好的早期教育和圈内关系。

（2）家境对杰出人才成长影响显著。最直接的原因就是能够为子女培养提供充足的经济支持。特别是在美国法制下，子女没有赡养老人义务，所以想让自身就贫困的父母挤出资源来培养下一代的困难程度要比国内父母大得多。杰出人才需要时间的积累和财富的积累。

（3）大学环境对杰出人才成长至关重要。影响是多重的，包括：著名大学在吸引优质生源和师资方面有先天的优势；容易靠近科学的前沿和良好的工作环境；同侪竞争；良好的圈内关系；创新观点发表的畅通渠道。特别是最后一条，一个大学办几个有国际影响的学术期刊投入也许不是很大，但对学校和国家长期的科技实力非常重要。

（4）人才收割对美国的科技强国确实有贡献，但是出生在美国本土接受美国基础教育的占获奖人数的70%，这是否说明美国的基础教育确有其独特的先进之处呢？通过人才收割，有可能提高诺奖破零概率，但是科技的长期发展和取得科技的大国地位，恐怕还需要几代人的努力。

（5）天资和兴趣很重要。但仅凭一两次笔试很难对它们进行甄别，如何系统地、全面地评估天资和真正的兴趣是开放性课题，需要更多智慧、人力和时间的投入。

（6）独生子女对杰出人才成长的负面影响在本次研究中没有表现出来。也有可能是在普遍为非独生子女的社会情况下，父母对独生子女的投入更集中。感觉上应该与国内情况有不同。

参考文献

[1] 美 800 万绿卡移民年入籍率不足一成　三大原因阻碍 [EB/OL]. http://www.chinanews.com/hr/2014/01-28/5793811.shtml, 2014-11-29.

[2] Immigration to the United States[EB/OL]. http://en.wikipedia.org/wiki/Immigration_to_the_United_States, 2014-11-7.

[3] 只拿绿卡不当美国人　美国洛杉矶县入籍率仅为 7%[EB/OL]. http://goabroad.sohu.com/20140324/n397092688.shtml, 2014-11-29.

[4] 各国生育率列表 [EB/OL]. http://en.wikipedia.org/wiki/Fertility_rate, 2014-11-6.

[5] 诺贝尔奖官方网站 http://www.nobelprize.org/, 2014/7/25-2014/12/17.

[6] 美国移民总人数达 5 600 万　占总人口两成 [EB/OL]. http://news.sina.com.cn/w/2002-02-12/0249474460.html, 2014-11-6.

[7] Family structure in the United States[EB/OL]. http://en.wikipedia.org/wiki/American_family#Children, 2014-12-23.

[8] C. Wright Mills［EB/OL］. http://en.wikipedia.org/wiki/Charles_Wright_Mills, 2014-12-23.

[9] American middle class[EB/OL]. http://en.wikipedia.org/wiki/American_middle_class, 2014-12-23.

“双一流”建设背景下的高校人才争夺战

张红伟[1]　杨家福[2]

（1 中国农业大学图书馆情报研究中心，2 中国农业大学人事处）

摘要： 当前，我国空前重视人才建设，积极推进人才强国战略，大学的“双一流”建设使大学在高层次人才的争夺战中更加趋于“白热化”。本研究通过调研55所大学高层次人才的招聘信息，发现我国各类高校都加入了激烈的人才争夺战，人才价码层层上涨，甚至高达千万元；为了吸引到优秀人才，处于地域和层次劣势的高校开出的人才价码会更高；人才按“帽子”大小、层次高低论价码；对引进人才以学术为唯一要求，甚至可以说是以论文和“头衔”论英雄，而缺少对教学、道德素养和管理能力方面的要求。通过进一步分析，我们认为，随着经济发达省市重金支持本省市高校争创“双一流”，人才价码可能继续推高，高校之间的区域发展不平衡也可能进一步加剧；“只有培养出一流人才的高校，才能够成为世界一流大学”，因此，在人才引进中，大学要加强对教学、道德素养等方面的要求；当前大学间的人才竞争很容易导致人才引进的恶性竞争，造成学术生态的破坏，真正有利于大学人才引进的体制机制建设仍然任重而道远。

关键词： 双一流建设；高校；人才

1　引言

人才是社会发展的第一资源。随着我国各项建设的快速发展，人才重视程度越来越高，尤其是高层次人才。国家积极推进人才强国战略。《国家中长期教育改革和发展规划纲要（2010—2020年）》中明确提出要“吸引更多世界一流的专家学者来华从事教学、科研和管理工作，有计划地引进海外高端人才和学术团队”[1]；“十三五”规划纲要中指出要实施“创新人才推进计划”“青年英才开发计划”和“‘千人计划’‘万人计划’提升工程”等6项重大人才工程[2]；2016年发布的中共中央《关于深化人才发展体制机制改革的意见》中则突出强调要深化人才发展体制机制改革[3]。可见，政府从全面谋划到出台具体措施，再到布局体制机制的深层次改革，对我国的人才建设做了较为完备的安排。

对于大学而言，它既是人才培养的重镇，也是高层次人才激烈争夺的战场。“所谓大学者，非谓有大楼之谓也，有大师之谓也”，历来优质人才都是大学竞争的稀缺资源。当年蔡元培邀鲁迅、梁漱溟和陈独秀等执教北大，早以成为大学招贤纳士的佳话。当前，在我国空前重视人才建设，积极推进人才强国战略，努力实现由人力资源大国向人力资源强国转变的大背景下，国家继“211”工程和“985”工程后又积极推进了大学的“双一流”建设，这使大学在高层次人才的争夺战中更加趋于“白热化”。本研究希望通过调研大学高层次人才的招聘信息，了解我国大学高层次人才招聘的基本情况，分析凝练特征，并尝试对隐藏于背后的深层次问题进行分析讨论，希望为高校正确认识当前的人才争夺战提供有益参考。

2 样本和方法

据教育部2015年统计资料显示，我国本科院校有1 219所（含独立学院275所），具有研究生培养资质的普通高校有575所[4]。为了较为全面地了解我国大学招聘高层次人才的基本情况，本研究试图通过高校的官方网站和一些其他网站尽可能多地收集含不同地区、不同办学层次、不同类型和不同管理归属大学高层次人才的招聘信息。最终收集了 55 所大学的高层次人才招聘信息 674 条。

本研究首先采用内容分析法，记录了 55 所高校发布的 674 条各类人才招聘信息中的人才称号、年薪、科研启动费、住房补贴与安家费，以及是否有“教学、道德和管理能力要求”等主要招聘条件和待遇，然后补充了高校主管部门、所在区域、层次和专业类型等高校特征属性。55 所高校的样本特征见表 1。

表 1　55 所高校的主管部门、所在地域、层次以及专业类型等特征分布

高校所在区域	教育部属高校		非教育部直属高校		专业类型					合计
	“985”	“211”，非“985”	“985”	“211”，非“985”	综合类	理工类	农林类	师范类	医药类	
华东地区	4	6	1	5	5	8	1	1	1	16
华南地区	2	0	0	4	4	1	0	1	0	6
华中地区	2	2	0	2	3	0	1	2	0	6
华北地区	3	3	2	2	2	6	1	0	1	10
东北地区	3	2	1	2	1	4	2	1	0	8
西北地区	2	2	1	1	2	2	1	1	0	6
西南地区	2	1	0	0	2	1	0	0	0	3
合计	18	16	5	16	19	22	6	6	2	55

3 内容分析

3.1 各类高校都加入了激烈的人才争夺战，人才价码高达千万

紧跟国家的人才强国战略，很多大学也都提出了“人才强校”战略，纷纷招揽天下英才。在所获取的55所高校的高层次人才招聘信息中，既有“985”高校，也有“211”高校；既有中央部属高校，也有地方高校；既有综合类高校，也有理工、农林、师范和医药等专业类高校；既有地处东部沿海经济发达城市的高校，也有地处西部经济欠发达地区的高校；既有地处北上广深等一线城市的高校，也有地处成都、南京等非一线城市的高校。它们都无一例外地加入到了这场激烈的人才争夺战中，可以看出当前高校的人才争夺战不是某一地区或某类高校的独立事件，而是全国高校的共同战争。

有38所（占比69%）高校在招聘人才时给出了数字化的薪酬标准，有17所（占比31%）高校没有给出数字化的薪酬标准，而是通过“一人一议”“提供具有竞争力的薪酬”等表述来体现自己给出的人才价码。综观各高校的招聘信息可以看出，为了能够吸引到高层次人才，各高校都提供了非常可观的年薪。以“长江学者”为例，虽然各校提供年薪的方式不一样，有的是给出薪酬区间，有的是在工资基础上给出增量薪酬，还有的是直接给出税前薪酬。无论是哪一种，最少的也达到了年薪40万元的标准，而最多的则高达120万元。另外，为了增加吸引力，各高校除了给出高薪之外，在科研启动费，安家费以及解决配偶工作和子女教育等其他方面也都给出了非常优越的条件，如北京交通大学为“长江学者”提供300万～500万元的科研启动费，并提供120米^{2}住房，还解决本人及家属的进京户口；中国药科大学更是给出800万～1 200万元的科研启动经费，150万～300万元的住房及生活补贴。如果把各种待遇折合计算，高校开出的人才价码可达千万元，相对于高校里普通教师的待遇而言，绝对是一个天文数字（表2）。人才价码随着

时间变迁不断推高，如 2003 年四川某高校为长江特聘教授提供的待遇为每年 1.2 万～8 万元岗位津贴，1 万～8 万元安家补贴费 [5]；2010 年四川大学招聘长江学者特聘教授给出的待遇是每年享受 10 万元人民币的岗位津贴，提供 20 万～30 万元的购房及安家补助 [6]；2016 年四川大学招聘长江学者特聘教授给出的待遇是 35 万～50 万元年薪，提供 35 万～80 万元安家费。十几年间，无论是岗位津贴还是安家费，都翻了几番。

表 2　部分高校招聘“长江学者”的人才价码

学校名称	年薪	科研启动费	住房补贴及安家费
北京交通大学	增量薪酬 20 万元	300 万～500 万元	提供 120 平方米住房或租补 9 000 元 / 月
华北电力大学	60 万～80 万元	200 万～300 万元	30 万元
南开大学	70 万～120 万元	50 万～800 万元	60 万～300 万元
中国药科大学	60 万～80 万元	800 万～1 200 万元	150 万～300 万元
哈尔滨工程大学	40 万～120 万元	不低于 300 万元	150 万～200 万元购房补贴，30 万～50 万元安家费
东北农业大学	教授二级岗位薪酬	自然科学类 300 万元 人文社科类 50 万元	50 万元
郑州大学	40 万～80 万元	30 万～300 万元	50 万～200 万元
中南大学	60 万元	400 万～600 万元	100 万元（税后）
海南大学	50 万元	1 000 万元	一次性购房补贴 100 万元，50 万元安家费

3.2　处于地域和层次劣势的高校开出的人才价码相对更高

众所周知，处于不同区域和不同办学层次的高校发展的平台不同。一般而言，“985”高校比“211”高校，教育部直属高校比地方高校在办学声望、办学资源和生源资源等各个方面都有一定的优势；地处北京、上海、广州和深圳等一线城市的高校要比地处成都、武汉等非一线城市的高校要有优势；地处杭州、青岛等东部较发达城市的高校要比地处陕西杨凌、乌鲁木齐等西部欠发达城市的高校要有优势。这些都是影响高校能否吸引到优秀人才的影响因素，而高层次人才最终选择到哪所高校就职往往是多种因素权衡考量的结果。以“千人计划”为例，“千人计划”是高校普遍引进的高层次人才，在所获得的 55 所高校招聘信息中，有 45 所（占比 82%）高校招聘“千人计划”人才。经过分区域、分层次及分所属对其进行年薪最大值、最小值的统计（表 3、表 4），发现地区间的区分并不是很明显，分层次、分所属的情况也类似。这主要是由于很多高校给出的年薪都是价码区间，并不能确定具体的价码值，也不能统计出平均数、中位数和众数等数值，所以相互之间的区分度受到一定程度的影响。

表 3 “千人计划”人才年薪按高校所处区域的分布情况

地区	千人计划长期项目（万元）		青年千人（万元）	
	最大值	最小值	最大值	最小值
东北	120	40	40	35
华北	120	50	70	35
华东	100	50	60	30
华南	120	50	50	50
华中	100	30	100	25
西北	100	60	60	30
西南	—	—	50	30

注：1. 由于有的高校给出的是薪酬区间，有的高校是具体的单值，所以最大值选取的是区间值和单值中的最大值，最小值选取的是区间值和单值中的最小值。

2. “—”表示没有相关数据。

表 4 “千人计划”人才年薪按高校层次和主管部门的分布情况

类别	千人计划长期项目（万元）		青年千人（万元）	
	最大值	最小值	最大值	最小值
教育部直属	120	30	70	30
#“985”高校	120	50	70	30
“211”高校	120	30	70	30

续表 4

类别	千人计划长期项目（万元）		青年千人（万元）	
	最大值	最小值	最大值	最小值
非教育部直属	120	40	80	30
#“985”高校	100	60	60	35
“211”高校	120	40	80	30
全部“985”高校	120	50	70	30
全部“211”高校	120	30	70	30

注：由于有的高校给出的是薪酬区间，有的是具体的单值，最大值选取的是单值最高，或者区间值中最大值中最大的，最小值选取的是单值最小或者区间值中最小值最小的。

但是，当我们进入细微之处观察具体高校给出的人才价码信息就会发现，为了吸引到高层次人才，那些学校层次相对较低或者没有地域优势的学校开出的人才价码还是相对要高一些。比如，同处于西南地区的“211”高校西南大学在招聘“青年千人”开出的价码就比“985”高校的四川大学和电子科技大学的要高，西南大学给出的年薪和科研启动费都是三所高校的上限，而且安家购房补贴高达 200 万元，远远高于其他两校（表 5）。又如，同处于陕西省的“985”高校，西北农林科技大学由于地处杨凌区就比处于西安市的西北工业大学和西安电子科技大学在招聘“青年千人”开出的价码要高，不仅年薪最高可达 60 万元，而且住房和安家费也是 4 校中条件最好的（表 6）。更能说明问题的是，北京、上海等地的“985”高校，优秀博士想要获得一个普通教职都很难，更别提什么待遇了，但是地处偏远地区的新疆大学对优秀博士毕业生开出的价码是学校将视情况提供 20 万元住房补贴、一定的科研启动经费和每年 5 万～12 万元的津贴。足见为了吸引到优秀人才，处于地域劣势和层次劣势的高校开出的价码会更高。当然，一些地处优势区域的“985”高校为了能够吸引到更多的优秀人才，也开出了很高的价码。

表5 西南地区三所高校"青年千人"的人才价码

区域	层次	年薪	科研启动经费	住房补贴
西南大学	"211"	50万元	科研资助经费500万元	安家购房补贴200万元
四川大学	"985"	35万～50万元	国家提供100万～300万元科研经费 学校额外提供科研启动经费50万～500万元	购房及安家补贴35万～80万元
电子科技大学	"985"	不少于40万元	国家提供科研经费100万～300万元，学校额外提供科研经费100万～300万元	安家费及购房补贴80万元

表6 陕西省4所高校"青年千人"的人才价码

学校	所在地	年薪	科研启动经费	住房补贴与安家费
西北农林科技大学	杨凌区	30万～60万元	国家提供100万～300万元 学校提供100万～300万元	提供不少于170平方米住房1套，安家费40万元
西北工业大学	西安市	40万～50万元	国家提供100万～300万元 学校提供200万～300万元	校区135平方米新房一套，或友谊校区三室一厅住房一套，或校内周转公寓及60万元安家费（购买学校友谊校区周边区域150平方米商品房的首付）
陕西师范大学	西安市	同类高校中具有竞争力的薪酬	国家提供100万～300万元 学校按需提供足额科研启动费	不低于160平方米的校内集资住房，不低于房价40%的购房补贴；安家费5万元
西安电子科技大学	西安市	不低于35万元	国家提供100万～300万元 学校配套不少于200万元	可购买引进人才预留房（三室两厅） 一次性安家费40万元

3.3 人才按"帽子"大小、层次高低论价码

为了加快推进人才建设，国家出台了一系列的人才支持计划，如"国家

杰出青年科学基金”“优秀青年科学基金”“万人计划（又称‘国家特支计划’）”“长江学者奖励计划”等，主要是通过大学申报，专家评审，最后入选等程序，在一定程度上保证了入选人才的水平和实力。有人把这些人才支持计划戏称为“帽子工程”。由于当下缺少对人才精准的评价手段和工具，所以各高校都简单地把“帽子”人才作为其高层次人才引进的不二人选。在获取招聘信息的55所高校中，有45所（占比82%）高校引进“千人计划”人才，37所（占比67%）高校引进“长江学者奖励计划”人才，各校积极争抢的人才对象还有“万人计划”“国家杰出青年基金”“国家优秀青年基金”“百千万人才工程”“百人计划”等获得者，还有院士、教学名师、国家奖获得者和一些地方人才计划（如龙江学者、珠江学者、闽江学者和黄山学者等），以及“973”“863”等重点科研项目首席或负责人、海外知名高校副教授、教授等。总之，“帽子”人才是各校争抢的主要对象（表7）。

表7 引进不同人才类型的高校数量及占比情况

人才类型	招聘学校数量（所）	占比
千人计划	45	82%
长江学者奖励计划	37	67%
万人计划	20	36%
国家杰出青年基金	20	36%
国家优秀青年基金	16	29%
教学名师	15	27%
院士	12	22%
地方人才计划	7	13%
百千万人才工程	6	11%
国家奖获得者	3	5%
百人计划	2	4%
其他	35	64%

各高校也基本形成了按“帽子”大小、层次高低论人才价码的游戏规则。

院士、“长江”、杰青和优青等都按身份标价，动辄百万年薪，还有洋房小楼。一些高校直接对人才类型划分了层次，按不同类型人才所属的层次给出人才价码。如中国石油大学（华东）和湖南师范大学就直接把不同的人才类型分成了三个层次，按不同的层次提供具体的价码标准。虽然两所高校在具体等级中涵盖的人才类型有所不同，但是按“帽子”大小和层次高低论人才价码的游戏规则体现得淋漓尽致（表 8）。结合其他高校的情况，基本上是“两院”院士为最高等级，年薪百万元以上，100 多平方米的住房，金额巨量的科研启动经费，还配备有科研助手和团队，“江湖地位”可见一斑；其次是“千人计划”入选者，“国家杰出青年科学基金”项目获得者，“长江学者”特聘教授等，也是从几十万元到上百万元的年薪，同样是超大的住房和可观的安家费，以及几百万元至超千万元的科研启动经费等；再次是青年人才项目，如“青年千人计划”入选者，“国家自然科学基金优秀青年科学基金”项目获得者，虽然和上面两个等级的待遇不可同日而语，但也是几十万的年薪，百十平米的住房，上百万的科研启动经费已经是让普通“青椒”们望尘莫及了。

表 8　中国石油大学（华东）和湖南师范大学人才类型的不同层次及其价码情况

人才层次	中国石油大学（华东）		湖南师范大学	
	人才类别	待遇	人才类别	待遇
第一层次	● 两院院士 ● 人文社科资深学者	（1）聘任教授一级岗位；配备科研助手和梯队。 （2）安家费和购房补贴 300 万元；安排配偶或子女工作。 （3）根据工作需要配套科研启动经费。	● “万人计划”杰出人才、领军人才 ● “千人计划”专家 ● “长江学者” ● “百千万人才工程”国家级人选 ● 国家杰出青年基金项目获得者 ● 在海外高水平大学担任教授或相应职位的人员	（1）聘期内提供 60 万～100 万元的年薪。（2）提供 160 平方米住房的安家费和购房补贴。（3）聘期内提供科研经费，具体数额面议；提供科研实验场地、办公设备，配备学术助手；配偶工作安排和子女就学等问题，按照国家相关政策协商解决

续表 8

人才层次	中国石油大学（华东）		湖南师范大学	
	人才类别	待遇	人才类别	待遇
第二层次	● “千人计划”入选者 ● “长江学者”特聘教授 ● 国家杰出青年基金获得者 ● 国家奖一等奖前三名、二等奖第一名获得者 ● “973 计划”项目首席科学家 ● 海外知名高校终身教授；以第一作者身份在 Science 或 Nature 上发表过论文的专家学者	（1）聘任教授二级岗位 配备科研助手和梯队 （2）安家费和购房补贴共 200 万元；安排配偶工作。 （3）科研启动费理工科 300 万～800 万元；文科 100 万～300 万元。	● “万人计划”青年拔尖人才 ● “千人计划”青年人才 ● “长江学者”青年学者项目人选 ● 国家自然科学基金优秀青年基金项目获得者 ● 湖南省“芙蓉学者” ● 湖南省“百人计划”人选 ● 在海外高水平大学担任副教授或相应职位的人员	（1）聘期内提供 40 万～60 万元的年薪。（2）提供 140 平方米住房的安家费和购房补贴（以合同签订前一个月长沙市岳麓区商品住房均价为标准）。（3）聘期内提供科研经费，具体数额面议；提供科研实验场地、办公设备，配备学术助手；配偶工作安排和子女就学等问题，按照国家相关政策协商解决
第三层次	● “青年千人计划”入选者 ● “新世纪百千万人才工程”国家级人选 ● 国家级重大项目主持者	（1）聘任教授三级或二级岗位；配备学术梯队。 （2）安家费和购房补贴共 100 万元；安排配偶工作。	● 国内中青年拔尖人才 ● 在海外高水平大学担任助理教授或相应职位的人员	（1）聘期内提供 30 万～40 万元的年薪。（2）提供 120 平方米住房的安家费和购房补贴。（3）聘期内提供科研经费，具体数额面议；提供科研实验场地、办公设备，配备学术助手；配偶工作安排和子女就学等问题，按照国家相关政策协商解决

续表 8

人才层次	中国石油大学（华东）		湖南师范大学	
	人才类别	待遇	人才类别	待遇
第三层次	● 政府类省部级一等奖首位获得者 ● 在相关学科领域取得突出业绩、有一定学术影响，可担任学科带头人的专家学者	（3）科研启动费理工科 100 万～300 万元，文科 30 万～50 万元。		

3.4 对引进人才的要求多体现在学术上，缺少对教学、道德素养和管理能力的要求

调研发现，各高校在引进人才上看重的是学术要求。所有的高校对引进人才都提出了比较具体的科研要求，如要求引进人才提供近几年发表的科研成果，或者 5 篇代表性学术成果，在国际会议发表演讲的情况，以及科研获奖情况等证明材料。但对引进人才在教学、道德和管理能力方面的要求却相对欠缺，有 42 所（占比 76%）高校没有对招聘的高层次人才提出教学方面的要求。同样，超过 80% 的高校在对高层次人才招聘中没有提出道德和管理能力方面的要求（表 9）。即使是在教学方面提出要求的高校，也往往只是要求引进的高层次人才在教学科研一线工作，或者强调能够胜任相关的核心课程，而很少要求提供具体证明材料。个别学校甚至鼓励新进青年教师潜心研究工作，不考核教学，保证工资及岗位津贴等薪酬待遇。这充分表明，高校只重视高层次引进人才的学术要求，而对其教学水平、道德素养和管理能力则重视不够。

表 9　高层次人才招聘中教学、道德和管理能力要求情况

内容	教学要求		道德要求		管理能力要求	
	有	无	有	无	有	无
学校数量（所）	17	42	12	46	10	48
占比	31%	76%	22%	84%	18%	87%

注：部分高校对一部分人才提出了教学、道德和管理能力上的要求，而对另一部分人才则没有提出，在统计时分别都进行了统计，所以学校数量总数比 55 所高。

4　结论和讨论

当前，大学间的人才争夺战进行得如火如荼，可能还会走向疯狂，但是 21 世纪初期在人才引进方面所表现出来的如重硬件轻软件、重科研轻教学和重引进轻使用等问题[7]仍然没有从根本上得到解决，新的问题更需要我们审慎判断和认真思考。

4.1　人才价码可能继续推高，高校之间的发展不平衡也可能进一步加剧

当前，一提到人才引进就自然会让人联想到百万年薪、花园洋房和高额科研经费，攀比意味浓厚[8]。在国家推进大学的“双一流”建设之际，很多地方省市也推出了各自的双一流建设方案。尤其是一些经济强省更是出重金支持省内高校争创双一流。例如广东省，作为经济大省，其在发挥市场机制作用、抢占人才高地等方面有得天独厚、不可比拟的区位优势。2016 年 3 月 21 日，广东省教育厅公示的 2016 年高水平大学建设资金安排方案显示，2016 年广东省就投入近 20 亿元建设高水平大学，几个高水平大学整体建设共获得约 16.1 亿元的投入，每所高校直接补助和财政奖励均超过 3 亿元，还有 7 所高水平大学重点学科建设项目总计获得 3.78 亿元的投入[9]。这将致使这些高

校加大引进人才的力度，推高人才价码。而如新疆、甘肃等经济欠发达省市，他们对省内高校的经费支持就显得微不足道，这必然导致经济欠发达省市的高校在新的人才竞争中将进一步处于劣势，很可能不但不能引进高层次人才，还可能面临已有人才的严重外流，继续着“孔雀东南飞”的尴尬境遇。如果经济欠发达省市的高校也被迫加入人才争夺战，在人才价码逐步推高的情况下，无疑将加重学校的负担，他们一旦在人才争夺中投入大量资源，那么势必要减少在教学和基础建设等方面的其他支出，从而影响到教育质量。总之，这场人才争夺战将很可能进一步加剧高校区域发展之间的不平衡。同时，人才价码推高后还可能加剧校内教师待遇不平衡问题！某高校就存在给“帽子人才”发放特殊津贴，出现了资深教授待遇不如青年人才的不合理现象。

4.2 适度强化对引进人才教学、道德素养等方面的要求

当今大学，得人才者得天下，更确切地说应该是得“帽子”者得天下，这可能和当今的评价导向有关。无论是国际认可的四大排名，还是我国新近展开的第四轮学科评估，其评价指标都和“帽子”人才本身所带有的高水平文章、重大科研项目等科研水平有着紧密的联系。Usnews 与 QS 评价指标中学术能力占 40%，学校引文占 20%；THE 排名中，教学与科研占 30%，学校引文占 32%；ARWU 更是采用国际可比的科研成果和学术表现作为评价指标；我国新近开展的第四轮学科评估中科学研究水平是 4 个一级指标之一，而且师资队伍与资源一级指标中的重点实验室、基地和中心，以及社会服务与学科声誉一级指标中的学科声誉，其实质也是对学术水平的评价。综观这些评价，科学研究都占有很大的比重，高校一旦引进了院士、杰青等“帽子”人才，其所带来的学术声望、高水平文章和重点项目等对提升排名发挥重要作用。这样一来，高校只重视引进人才的学术水平，而忽视教学等其他方面的能力要求也就可想而知了。

但是，培养人才是大学安身立命之本。美国著名教育家欧内斯特·博

耶（Ernest L. Boyer，1928—1995），一直呼吁要改变“唯科研是从”的局面，“使教学取得同研究一样平等的地位”，强调教师队伍要具备教学、科研等多样化的能力[10]。近期，习近平在全国高校思想政治工作会议上的重要讲话中也指出：“只有培养出一流人才的高校，才能够成为世界一流大学。”因此，大学在创建世界一流的过程中，引进的高层次人才不仅应该具备良好的研究能力，还应该具有一定的教学能力，良好的道德素养等。高校可以在引进人才时让竞聘者提供较为详细的相关材料，如在教学方面可以让竞聘者提供在国外任教的情况，包括开设课程、学生评教结果等证明材料，或者面试时让其进行 45 分钟的课程讲解等。“学高为师，身正为范”。大学对高层次人才的引进应该坚持德才兼备的价值导向[11]，努力改变当前重研究轻教学、道德素养的现状。

4.3 大学人才引进的体制机制建设任重而道远

当前，大学高层次人才的引进还主要是对所谓的“帽子人才”的争抢。但是，无论是院士，还是“长江学者”“杰青”“优青”等人才的数量都是非常有限的，高校互相之间的挖墙脚，无非就是使“帽子人才”从一所高校迁移到另一所高校。引入人才的高校撒钱换来了欢欣鼓舞，而流失人才的高校则无可奈何的颜面顿失，真是“几家欢喜几家愁”。但实际的结果是，食物总量没有增加，每个碗内的食物分配有了变化，但这么一变，食物的价格却上涨了很多。这样的人才流动对于某个高校的发展可能是有好处的，但是对于我国高校的整体发展可能并无多大裨益。高校以“帽子”论人才，正引发“45 岁焦虑”[12]；片面追求引进“即插即用”型人才不仅容易导致人才引进的恶性竞争，也不利于人才成长和科技创新，甚至造成学术生态的破坏[13]；不断攀升的人才价码虽然在一定程度上解决了引进人才的后顾之忧，但是与此同时也激励了功利化的倾向，使人才缺乏理想追求和科学精神，今天引进的人才说不定明天又被人加价挖走了。校园的宁静被打破了，似乎原来在校的不是人才，加价跳槽才是人才，教学和科研的心现在要用于寻找买家了。另外，当前“重使用，轻培养”的引进人才行为在各高校还普遍存在[14]，在为人才创造有利于发展的环境和评价等方面还做得不够[15]，从全球高等教育竞争立场也不难发现，大学吸引人的地方不仅在于好的办学条件，更为重要的是能使学术赖以生存下去的文化环境、创新土壤[16]。因此，就目前而言，实现《关于深化人才发展体制机制改革的意见》中所憧憬的“到 2020 年，在人才发展体制机制的重要领域和关键环节上取得突破性进展，人才管理体制更加科学高效，人才评价、流动、激励机制更加完善，全社会识才爱才敬才用才的氛围更加浓厚，形成与社会主义市场经济体制相适应、人人皆可成才、人人尽展其才的政策法律体系和社会环境”的发展目标仍然任重而道远。

参考文献

[1] 中共中央、国务院 . 国家中长期教育改革和发展规划纲要 (2010—2020 年) [EB/OL]. [2010-07-29][2016-11-29]http://www.moe.edu.cn/publicfiles/business/htmlfiles/moe/moe_838/201008/93704.html.

[2] 中共中央、国务院 . 中华人民共和国国民经济和社会发展第十三个五年规划纲要 [EB/OL]. [2016-03-18][2016-11-30].http://sh.xinhuanet.com/2016-03/18/c_135200400_2.htm.

[3] 新华社 . 中共中央印发《关于深化人才发展体制机制改革的意见》[EB/OL]. [2016-03-22] [2016-11-29]. http://politics.people.com.cn/n1/2016/0322/c1001-28216166.html.

[4] 中华人民共和国教育部 . 各级各类学校数、教职工、专任教师情况 [EB/OL]. [2016-12-6]. http://www.moe.edu.cn/s78/A03/moe_560/jytjsj_2015/2015_qg/201610/t20161012_284511.html.

[5] 黄修权 . 论高校引才与人才价码 [J]. 安徽工业大学学报 (社会科学版), 2003, 03: 112-117.

[6] 四川大学人事处 . 四川大学 2010 年度长江学者特聘 (讲座) 教授招聘启事 [EB/OL]. [2010-5-14]. [2016-12-6]. http://www.scu.edu.cn/news/cdxw/webinfo/2010/05/1272525343275148.htm.

[7] 谢崇高 . 对当前高校人才引进的思考 [J]. 高教论坛 , 2005, 01: 129-131.

[8] 陈宝泉 . 大学用什么吸引高端人才 [N]. 中国教育报 , 2012-05-02 (003).
[9] 广东省教育厅 . 关于 2016 年高水平大学建设资金安排方案的公示 [EB/OL]. [2016-03-21] [2016-12-6]. http://zwgk.gd.gov.cn/006940116/201603/t20160321_648485.html.
[10] 里瑟琦智库 .【经典导读】欧内斯特·博耶:《学术水平反思》[EB/OL]. [2015-05-23] [2016-1-3]. http://www.idmresearch.com/news/html/?1098.html.
[11] 祖丽莉 . 高校应建立科学的高端人才引进绩效评价机制 [N]. 光明日报 , 2015-04-15 (007).
[12] 樊丽萍 . 高校以“帽子”论人才，正引发“45 岁焦虑”？ [N]. 文汇报 , 2016-08-26 (006).
[13] 罗旭 . 人才竞争有序化才能激励创新——中科院化学所党委书记王笃金谈科技人才队伍建设 [N]. 光明日报 , 2015-10-20 (16).
[14] 姜艳 . 高校引进人才的后续发展与管理——以杭州部分高校为例 [J]. 浙江理工大学学报 , 2015, 04: 162-166.
[15] 陈玉婷 , 刘建瑛 . 地方高校引进海外高层次人才的若干思考 [J]. 黑龙江高教研究 , 2016, 09: 78-80.
[16] 张立迁 . 高校人才引进莫为“帽子”遮望眼 [N]. 中国教育报 , 2016-08-19 (002).

长江学者与“双一流”：得人才，得一流

杨家福

（中国农业大学人事处）

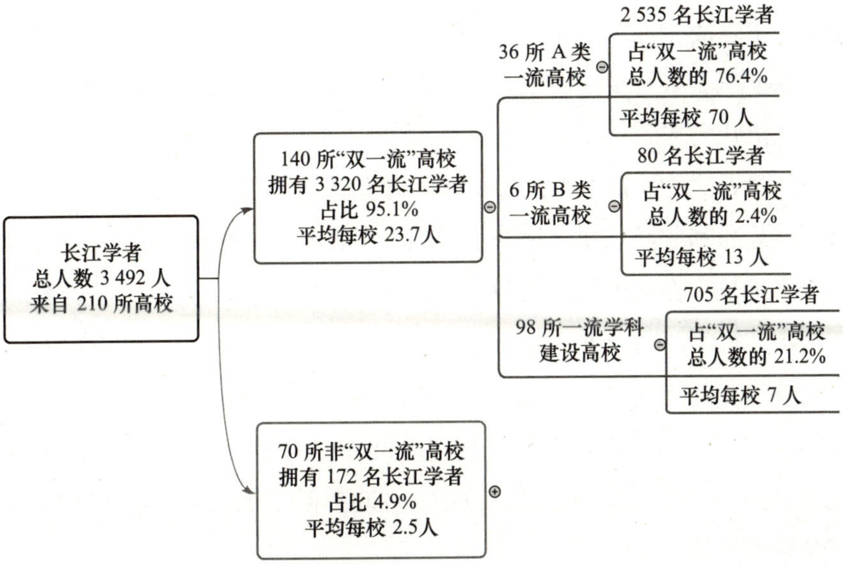

0　背景与说明

2017 年 9 月 21 日，教育部正式对外公布了世界一流大学和一流学科（简称“双一流”）建设高校及建设学科名单。根据《“双一流”建设高校名单》，确定了 36 所 A 类一流大学建设高校，6 所 B 类一流大学建设高校和 95 所一流学科建设高校。同时，《“双一流”建设学科名单》为每所大学确定了一流

学科建设名单，共有 108 门学科，465 次入选“双一流”学科建设名单。学科建设是“双一流”建设的核心。

学科建设包括学科定位、学科队伍、人才培养和平台基地建设等内容，但最核心的是学科队伍建设。《统筹推进世界一流大学和一流学科建设总体方案》明确五项建设任务，排在第一位的就是“建设一流师资队伍”，核心内容就是引进和培育高层次人才。

目前，高校领域广泛认可的高层次人才项目包括中国科学院和中国工程院两院院士评选、教育部长江学者奖励计划（含青年学者）、国家杰出青年科学基金、中组部“千人计划”（含青年千人）、“万人计划”青年拔尖人才和优秀青年科学基金等几类。本文选择教育部长江学者奖励计划为代表，分析各校人才队伍状况。

长江学者奖励计划由教育部和李嘉诚基金会于 1998 年共同筹资设立，旨在吸引、培养和奖励杰出人才，加速高校中青年学科带头人队伍建设，提升高校学术地位，振兴中国高等教育。长江学者奖励计划包括特聘教授和讲座教授两类，每年评选约 150 名特聘教授，50 名讲座教授；2015 年开始增设青年学者项目，每年评选 200 人左右。2011 年，教育部实施新的“长江学者奖励计划”。至今，长江学者奖励计划共组织 16 次评选，共有来自 210 所高校，3 492 名高层人才当选长江学者，其中，特聘教授 2 152 名，讲座教授 898 名，青年学者 442 名。

选择长江学者奖励计划代表高校高层次人才，基于以下 4 点考虑。

其一，长江学者奖励计划以学术水平为主要遴选标准，是国家教育主管部门教育部专门组织的高层次人才评选，且经历近 20 年时间的检验，标准严，规格高，持续时间长，得到高校和全社会认可，形成了极强的品牌信誉。

其二，长江学者奖励计划是专门面向高等教育领域的高层次人才项目，且评选学科领域涵盖了理工农医、管理学、艺术学和人文社科绝大部分学科领域。其他两院院士评选、杰出青年科学基金和“千人计划”等人才项目评选学科领域相对较窄，主要为理工农医等自然科学领域，另有少量社会科学领域，且评选范围不止面向高校，也包括科研机构、企业等。

其三，长江学者奖励计划与其他各类人才有较多交叉，能够代表大部分高层次人才。从近几年高校领域当选院士看，大部分曾入选过长江学者。而当选长江学者的自然科学领域高层次人才，一般也同时入选了杰出青年科学基金。青年长江学者与“万人计划”青年拔尖人才、优秀青年科学基金也有较多交叉。仅以长江学者奖励计划即能代表大部分高层次人才，也避免了采用多个人才项目可能导致的重复统计问题。

其四，根据我们的初步统计，近 20 年来，长江学者流动人数为 160 人左右，流动率仅为 5% 左右，流动比例并不高。因此本文采用教育部发布的当选长江学者的推荐高校作为基础信息，进行高校拥有长江学者数量的统计，而不是现在实有长江学者人数。另外，本研究考察的高校拥有一流学科数量与长江学者数量的关系，是从高校整体角度来看的，未对长江学者进行学科属性认定，即某些高校中的长江学者数量可能含有未入选一流学科的其他学科中的长江学者人数。

1 “双一流”高校入选长江学者概况

1.1 “双一流”高校拥有 95.0% 的长江学者

历年共有来自 210 所高校的 3 492 名教师入选长江学者；140 所“双一流”高校 3 320 名教师入选长江学者，占长江学者总人数的 95.0%。36 所 A 类一流大学共有 2 535 名教师入选长江学者，平均每校 70 人；6 所 B 类一流大学共有 80 名教师入选长江学者，平均每校 13 人；98 所一流学科建设高校共有 705 名教师入选长江学者，平均每校 7 人（表 1）。

表 1　不同类别“双一流”高校拥有长江学者情况

入选类型	学校数	学科数	特聘教授	讲座教授	青年学者	长江学者总数	平均每校长江学者数
A 类一流大学	36	318	1 576	650	309	2 535	70
B 类一流大学	6	12	52	23	5	80	13
一流学科	98	135	421	186	98	705	7
总体	140	465	2 049	859	412	3 320	24

1.2　“双一流”高校入选学科和长江学者排行榜：北大、清华“双星”闪耀

详细考察“双一流”高校入选学科数量和长江学者数量发现，北大、清华“双星”闪耀。北大共入选 41 个一流学科，入选 255 名长江学者，均位居高校第一；清华共入选 34 个一流学科，入选 254 名长江学者，均位居高校第二，与北大伯仲之间（表 2）。

表 2　“双一流”高校拥有长江学者数量统计

入选学科数排名	学校	入选类型	入选学科数	特聘教授	讲座教授	青年学者	长江学者总数
1	北京大学	A 类	41	164	63	28	255
2	清华大学	A 类	34	160	58	36	254
3	浙江大学	A 类	18	84	32	20	136
4	复旦大学	A 类	17	92	41	15	148
5	上海交通大学	A 类	17	85	39	17	141
6	南京大学	A 类	15	94	25	11	130
7	中国人民大学	A 类	14	42	11	11	64
8	中山大学	A 类	11	45	18	15	78
9	东南大学	A 类	11	33	11	10	54
10	北京师范大学	A 类	11	42	3	7	52

续表 2

入选学科数排名	学校	入选类型	入选学科数	特聘教授	讲座教授	青年学者	长江学者总数
11	中国科学技术大学	A 类	11	28	12	10	50
12	武汉大学	A 类	10	55	24	13	92
13	中国农业大学	A 类	9	26	7	5	38
14	华中科技大学	A 类	8	54	41	10	105
15	西安交通大学	A 类	8	37	39	6	82
16	北京航空航天大学	A 类	7	49	11	7	67
17	哈尔滨工业大学	A 类	7	42	16	6	64
18	同济大学	A 类	7	26	10	8	44
19	四川大学	A 类	6	41	16	7	64
20	东北师范大学	一流学科	6	7	4	5	16
21	南开大学	A 类	5	40	16	10	66
22	吉林大学	A 类	5	42	13	8	63
23	厦门大学	A 类	5	19	15	4	38
24	华中农业大学	一流学科	5	14	8	5	27
25	国防科技大学	A 类	5	9	2	1	12
26	天津大学	A 类	4	31	13	5	49
27	中南大学	A 类	4	29	17	2	48
28	华南理工大学	A 类	4	18	5	3	26
29	兰州大学	A 类	4	15	8	3	26
30	北京协和医学院	一流学科	4	19	3	1	23
31	北京科技大学	一流学科	4	12	4	2	18
32	华东师范大学	A 类	3	19	11	6	36
33	北京理工大学	A 类	3	22	5	3	30
34	重庆大学	A 类	3	18	5	4	27
35	华东理工大学	一流学科	3	18	2	2	22
36	新疆大学	B 类	3	4			4
37	北京中医药大学	一流学科	3	3			3

续表 2

入选学科数排名	学校	入选类型	入选学科数	特聘教授	讲座教授	青年学者	长江学者总数
38	郑州大学	B 类	3	2	1		3
39	大连理工大学	A 类	2	31	14	7	52
40	山东大学	A 类	2	30	16	3	49
41	电子科技大学	A 类	2	23	15	3	41
42	西北工业大学	A 类	2	19	10	1	30
43	湖南大学	B 类	2	15	11	3	29
44	西安电子科技大学	一流学科	2	13	9	3	25
45	中国海洋大学	A 类	2	10	7	3	20
46	中国科学院大学	一流学科	2	8		5	13
47	中国地质大学（武汉）	一流学科	2	6	5	2	13
48	江南大学	一流学科	2	5	5	3	13
49	中国石油大学（北京）	一流学科	2	10	1	1	12
50	中国矿业大学	一流学科	2	9	3		12
51	华中师范大学	一流学科	2	6	3	2	11
52	南京农业大学	一流学科	2	5	1	5	11
53	河海大学	一流学科	2	9	1		10
54	北京邮电大学	一流学科	2	5	2	3	10
55	中国地质大学（北京）	一流学科	2	3	2	2	7
56	东北林业大学	一流学科	2	5		1	6
57	北京林业大学	一流学科	2	3	2		5
58	中国矿业大学（北京）	一流学科	2	4			4
59	云南大学	B 类	2	3	1		4
60	中国石油大学（华东）	一流学科	2	2	1	1	4
61	中国传媒大学	一流学科	2	2	2		4
62	中央美术学院	一流学科	2	1			1
63	上海中医药大学	一流学科	2	1			1
64	第四军医大学	一流学科	1	23	3	3	29

续表 2

入选学科数排名	学校	入选类型	入选学科数	特聘教授	讲座教授	青年学者	长江学者总数
65	东北大学	B 类	1	20	7		27
66	西南交通大学	一流学科	1	12	8		20
67	南京航空航天大学	一流学科	1	10	4	3	17
68	西北大学	一流学科	1	11	2	3	16
69	北京交通大学	一流学科	1	10	3	3	16
70	北京化工大学	一流学科	1	11	2	2	15
71	第二军医大学	一流学科	1	7	2	6	15
72	上海财经大学	一流学科	1	7	5	3	15
73	武汉理工大学	一流学科	1	7	5	2	14
74	西南大学	一流学科	1	7	6	1	14
75	西北农林科技大学	B 类	1	8	3	2	13
76	南京理工大学	一流学科	1	7	3	3	13
77	西南财经大学	一流学科	1	3	9	1	13
78	北京工业大学	一流学科	1	11		1	12
79	合肥工业大学	一流学科	1	1	9	2	12
80	陕西师范大学	一流学科	1	6	5		11
81	天津医科大学	一流学科	1	5	4	2	11
82	东华大学	一流学科	1	5	5	1	11
83	上海大学	一流学科	1	6	1	3	10
84	哈尔滨工程大学	一流学科	1	3	5	1	9
85	苏州大学	一流学科	1	5		3	8
86	暨南大学	一流学科	1	4	3	1	8
87	湖南师范大学	一流学科	1	4	2	1	7
88	中央财经大学	一流学科	1	2	4	1	7
89	大连海事大学	一流学科	1	2	5		7
90	长安大学	一流学科	1	2	5		7
91	首都师范大学	一流学科	1	6			6

续表 2

入选学科数排名	学校	入选类型	入选学科数	特聘教授	讲座教授	青年学者	长江学者总数
92	南京师范大学	一流学科	1	5		1	6
93	华南师范大学	一流学科	1	4	1	1	6
94	华北电力大学	一流学科	1	4	2		6
95	中国药科大学	一流学科	1	4	2		6
96	对外经济贸易大学	一流学科	1	3	2	1	6
97	福州大学	一流学科	1	5			5
98	西藏大学	一流学科	1	5			5
99	广西大学	一流学科	1	4	1		5
100	石河子大学	一流学科	1	4	1		5
101	中南财经政法大学	一流学科	1		3	2	5
102	中央民族大学	A 类	1	2	1	1	4
103	中国政法大学	一流学科	1	2	1	1	4
104	北京外国语大学	一流学科	1		3	1	4
105	辽宁大学	一流学科	1	3			3
106	西南石油大学	一流学科	1	3			3
107	青海大学	一流学科	1	3			3
108	贵州大学	一流学科	1	2	1		3
109	南京邮电大学	一流学科	1	1	1	1	3
110	四川农业大学	一流学科	1	1	1	1	3
111	太原理工大学	一流学科	1	1	2		3
112	上海外国语大学	一流学科	1	1	2		3
113	内蒙古大学	一流学科	1	2			2
114	东北农业大学	一流学科	1	2			2
115	上海体育学院	一流学科	1	2			2
116	南昌大学	一流学科	1	2			2
117	广州中医药大学	一流学科	1		2		2
118	天津中医药大学	一流学科	1	1			1

续表 2

入选学科数排名	学校	入选类型	入选学科数	特聘教授	讲座教授	青年学者	长江学者总数
119	河北工业大学	一流学科	1	1			1
120	上海音乐学院	一流学科	1	1			1
121	南京林业大学	一流学科	1	1			1
122	南京信息工程大学	一流学科	1	1			1
123	中国美术学院	一流学科	1	1			1
124	安徽大学	一流学科	1	1			1
125	河南大学	一流学科	1	1			1
126	海南大学	一流学科	1	1			1
127	成都理工大学	一流学科	1	1			1
128	宁夏大学	一流学科	1	1			1
129	中央音乐学院	一流学科	1		1		1
130	天津工业大学	一流学科	1		1		1
131	延边大学	一流学科	1		1		1
132	外交学院	一流学科	1				
133	中国人民公安大学	一流学科	1				
134	北京体育大学	一流学科	1				
135	中国音乐学院	一流学科	1				
136	中央戏剧学院	一流学科	1				
137	上海海洋大学	一流学科	1				
138	南京中医药大学	一流学科	1				
139	成都中医药大学	一流学科	1				
140	宁波大学	一流学科	1				

注：表中首先以入选学科数排序，然后按入选长江学者总人数排序，如果总人数相同，依次比较特聘教授、青年学者和讲座教授。

浙江大学、复旦大学、上海交通大学和南京大学等华东四校入选学科排名第 3～6 名，入选一流学科均在 15 个以上，当选长江学者均在 130 人以上。

中国人民大学、中山大学、东南大学、北京师范大学、中国科学技术大学和武汉大学等6校入选学科排名第7～12名，入选一流学科均在10个以上，拥有长江学者均在50人以上。

入选学科排名前20的高校，中国农业大学、同济大学和东北师范大学入选学科均在6个以上，但是长江学者数低于50人，其中东北师范大学仅16人。

大连理工大学、山东大学和电子科技大学三所高校长江学者入选人数均超过40人，但仅有2个学科入选一流学科建设名单。

华南农业大学和第三军医大学均有10人入选长江学者，首都医科大学和山西大学各有8人和7人当选长江学者。但上述四校均未入选双一流，略显遗憾。

2 “双一流”高校拥有长江学者数量分布

2.1 前10%高校拥有50.7%的长江学者

将140所高校按拥有长江学者人数降序排列，再将高校按10个百分位划段，发现前10%的高校拥有50.7%长江学者，超过50%；前20%的高校产生了71.1%的长江学者。排名后50%的高校当选长江学者占比不足10%。考察入选学科数量与拥有长江学者数量的关系发现，入选一流学科数占比与拥有的长江学者数量占比分布态势基本一致（表3，图1）。

表3 140所高校拥有一流学科和长江学者人数分段统计

分段	高校数	学科数	学科数占比	特聘教授	讲座教授	青年学者	长江学者总数	比例	累计比例
前10%	14	212	45.6%	1 043	434	205	1 682	50.7%	50.7%
10%～20%	14	82	17.6%	420	173	85	678	20.4%	71.1%
20%～30%	14	37	8.0%	236	91	34	361	10.9%	82.0%
30%～40%	14	25	5.4%	116	50	42	208	6.3%	88.2%

续表 3

分段	高校数	学科数	学科数占比	特聘教授	讲座教授	青年学者	长江学者总数	比例	累计比例
40%～50%	14	24	5.2%	91	48	22	161	4.8%	93.1%
50%～60%	14	16	3.4%	55	30	15	100	3.0%	96.1%
60%～70%	14	21	4.5%	45	16	5	66	2.0%	98.1%
70%～80%	14	18	3.9%	26	12	4	42	1.3%	99.3%
80%～90%	14	16	3.4%	15	2	0	17	0.5%	99.8%
90%～100%	14	14	3.0%	2	3	0	5	0.2%	100.0%
总计	140	465	100%	2 049	859	412	3 320		

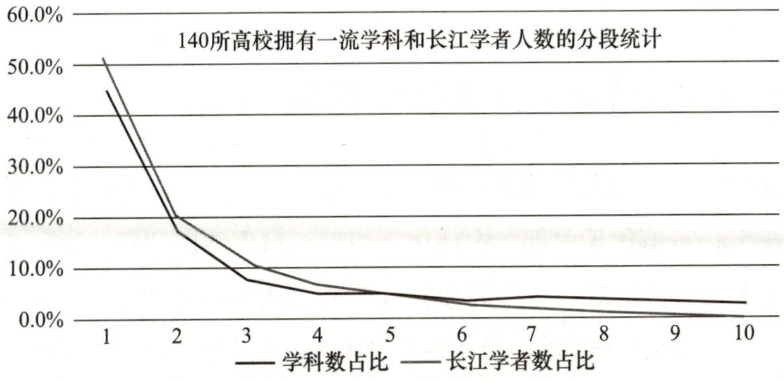

图 1 “双一流”高校拥有一流学科数量与长江学者人数占比分布

2.2 “双一流”高校拥有的 95.2% 长江学者隶属于部门高校

部门高校（隶属于教育部、工信部等各部委）在“双一流”建设中占主体地位，其人才优势更加突出。部门高校入选数量为 93 所，占入选高校的 66.4%，入选学科数 412 个，占入选学科的 88.6%；入选长江学者人数 3 162 名，占 95.2%。地方高校入选数量、学科数比例超过基于学术水平评价的长江学者人数分布比例（表 4），体现了“双一流”建设向地方高校倾斜以及全国总体布局的战略考量。

表 4　不同隶属关系“双一流”高校拥有长江学者数量分布

隶属关系	学校		学科		长江学者				
	数量	占比	数量	占比	特聘教授	讲座教授	青年学者	总人数	总人数占比
部门高校	93	66.4%	412	88.6%	1 931	836	395	3 162	95.2%
地方高校	47	33.6%	53	11.4%	118	23	17	158	4.8%
总体	140	100.0%	465	100.0%	2 049	859	412	3 320	100.0%

3　“双一流”高校拥有长江学者的区域分布

3.1　东部优于中部，中部优于西部

按照东、中、西部的划分来看入选“双一流”高校拥有的长江学者数量发现（表 5），东部优于中部，中部优于西部。东部地区“双一流”高校拥有的长江学者人数占“双一流”高校长江学者总人数的 68.3%，高于学校数量占比 62.1%，但略低于学科数量占比 71.2%。东部地区入选“双一流”的学科数量比例较长江学者人数比例高 2.9%，说明东部入选“双一流”学科数量较长江学者人数是相对占优的。中部地区入选“双一流”的学校数、学科数和拥有长江学者人数占比分别为 17.9%、17.8% 和 18.0%，基本一致，也就是中部人才数、学校数与学科数是基本匹配的。西部地区入选“双一流”高校拥

表 5　东中西部“双一流”高校拥有长江学者数量分布

东中西部	学校数	学校数占比	学科数	学科数占比	长江学者人数	长江学者人数占比
东部	87	62.1%	331	71.2%	2 267	68.3%
中部	25	17.9%	83	17.8%	596	18.0%
西部	28	20.0%	51	11.0%	457	13.8%
总计	140	100.0%	465	100.0%	3 320	100.0%

有的长江学者人数占比为 13.8%，但其学科占比为 11.0%，其入选“双一流”学科数量与拥有的长江学者人数相比处于相对劣势，这可能跟长江学者评选向西部倾斜有关。

3.2 七大地区拥有的一流高校、学科以及长江学者数占比基本一致

按照华北、华东、华中、西北、东北、西南和华南七大区域统计入选高校拥有的长江学者人数发现，七大地区入选“双一流”高校的数量占比与其入选学科数量、拥有长江学者数量占比基本一致（表 6、图 2）；华北和华东两大地区整体优势显著。

表 6　七大地区拥有“双一流”高校、学科以及长江学者数量占比分布

七大地区	学校数	学校数占比	学科数	学科数占比	长江学者总人数	长江学者数占比
华北	42	30.0%	177	38.1%	1 075	32.4%
华东	41	**29.3%**	146	**31.4%**	1 052	**31.7%**
华中	13	9.3%	45	9.7%	367	11.1%
西北	13	9.3%	27	5.8%	252	7.6%
东北	11	7.6%	28	6.0%	250	7.5%
西南	13	9.3%	22	4.7%	198	6.0%
华南	7	5.0%	20	4.3%	126	3.8%
总体	140	100.0%	465	100.0%	3 320	100.0%

3.3 位居北京的“双一流”高校拥有最多的长江学者，远高于其他省市

按省份统计“双一流”高校拥有的长江学者人数发现，北京入选“双一流”高校的学科数量占比和拥有长江学者人数占比均超过 25%，遥遥领先于其他省市，位居首位，显然是北大、清华为北京市的长江学者队伍建设发挥了

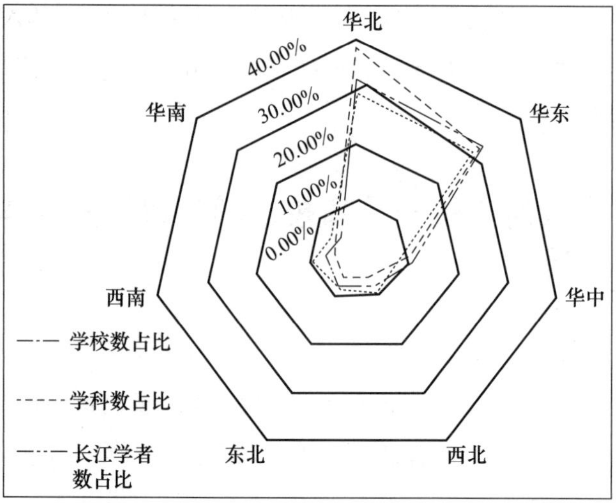

图 2　七大地区拥有“双一流”高校、学科以及长江学者数量占比分布

巨大作用。位居其次的上海市“双一流”高校拥有的长江学者人数占比不及北京市的一半。

上海、湖北、陕西、四川以及天津、辽宁、山东等 9 个省市拥有一流学科数占比低于长江学者数占比；北京、江苏、浙江、广东等 22 个省市的学科数占比都高于长江学者人数占比（表 7）。

表 7　31 个省市“双一流”高校拥有长江学者数量分布

序号	省（直辖市、自治区）	学校数	学科数	特聘教授	讲座教授	青年学者	长江学者总数	学科占比	长江学者占比
1	北京	34	162	626	193	122	941	34.8%	28.3%
2	**上海**	**14**	**57**	**270**	**118**	**61**	**449**	**12.3%**	**13.5%**
3	江苏	15	43	189	56	40	285	9.2%	8.6%
4	**湖北**	**7**	**29**	**142**	**89**	**36**	**267**	**6.2%**	**8.0%**
5	**陕西**	**8**	**17**	**119**	**76**	**18**	**213**	**3.7%**	**6.4%**
6	**四川**	**8**	**14**	**84**	**49**	**12**	**145**	**3.0%**	**4.4%**
7	浙江	3	20	85	32	20	137	4.3%	4.1%
8	**天津**	**5**	**12**	**77**	**34**	**17**	**128**	**2.6%**	**3.9%**

续表 7

序号	省（直辖市、自治区）	学校数	学科数	特聘教授	讲座教授	青年学者	长江学者总数	学科占比	长江学者占比
9	广东	5	18	71	29	20	120	3.9%	3.6%
10	**湖南**	**4**	**12**	**57**	**32**	**7**	**96**	**2.6%**	**2.9%**
11	**辽宁**	**4**	**5**	**56**	**26**	**7**	**89**	**1.1%**	**2.7%**
12	黑龙江	4	11	52	21	8	81	2.4%	2.4%
13	吉林	3	12	49	18	13	80	2.6%	2.4%
14	**山东**	**3**	**6**	**42**	**24**	**7**	**73**	**1.3%**	**2.2%**
15	安徽	3	13	30	21	12	63	2.8%	1.9%
16	福建	2	6	24	15	4	43	1.3%	1.3%
17	**重庆**	**2**	**4**	**25**	**11**	**5**	**41**	**0.9%**	**1.2%**
18	甘肃	1	4	15	8	3	26	0.9%	0.8%
19	新疆	2	4	8	1	0	9	0.9%	0.3%
20	西藏	1	1	5	0	0	5	0.2%	0.2%
21	广西	1	1	4	1	0	5	0.2%	0.2%
22	河南	2	4	3	1	0	4	0.9%	0.1%
23	云南	1	2	3	1	0	4	0.4%	0.1%
24	青海	1	1	3	0	0	3	0.2%	0.1%
25	贵州	1	1	2	1	0	3	0.2%	0.1%
26	山西	1	1	1	2	0	3	0.2%	0.1%
27	江西	1	1	2	0	0	2	0.2%	0.1%
28	内蒙古	1	1	2	0	0	2	0.2%	0.1%
29	海南	1	1	1	0	0	1	0.2%	0.0%
30	河北	1	1	1	0	0	1	0.2%	0.0%
31	宁夏	1	1	1	0	0	1	0.2%	0.0%
	总体	140	465	2 049	859	412	3 320	100.0%	100.0%

注：（1）排序先按长江学者人数排列，人数相同情况下再按学科数排列；
（2）河北工业大学隶属于河北省，但在天津办学，此处按河北省统计。

3.4 武汉、南京和西安的“双一流”高校拥有的长江学者人数占据省会城市前三甲

按“双一流”高校所处城市统计，入选“双一流”的 140 所高校分布于 42 个城市。由于城市等级不同，4 个直辖市的“双一流”高校拥有长江学者人数占比高达（47.0%）；26 个省会城市所占比例为 47.7%；其他 4 个计划单列市和 8 个地级市仅占 5.3%（表 8）。这四类城市中，直辖市拥有的一流学科数占比高于长江学者人数占比 3.8 个百分点，而省会城市则是一流学科数占比低于长江学者人数占比 3.4 个百分点。

表 8　各类城市拥有“双一流”高校的长江学者数量分布

城市类型	学校数	学科数	特聘教授	讲座教授	青年学者	长江学者总体	学科占比	长江学者占比
直辖市	**56**	**236**	**999**	**356**	**205**	**1 560**	**50.8%**	**47.0%**
省会城市	**70**	**206**	**953**	**447**	**183**	**1 583**	**44.3%**	**47.7%**
计划单列市	**6**	**13**	**64**	**42**	**15**	**121**	**2.8%**	**3.6%**
地级市	**8**	**10**	**33**	**14**	**9**	**56**	**2.2%**	**1.7%**
总计	**140**	**465**	**2 049**	**859**	**412**	**3 320**	**100.0%**	**100.0%**

除了北京、上海两个直辖市位于前两位外，武汉市和南京市拥有的“双一流”学科数占比和长江学者占比均超过 5%。排除北京、上海和天津 3 个直辖市，武汉、南京、西安、成都、杭州、广州、长沙、哈尔滨和长春等前 10 位省会城市拥有的长江学者人数占“双一流”高校总人数的 45% 以上（表 9）。

表 9　“双一流”高校所在城市拥有长江学者数量分布

序号	城市	学校数	学科数	特聘教授	讲座教授	青年学者	长江学者总数	学科占比	长江学者占比
1	北京市	34	162	626	193	122	941	34.8%	28.3%
2	上海市	14	57	270	118	61	449	12.3%	13.5%
3	**武汉市**	**7**	**29**	**142**	**89**	**36**	**267**	**6.2%**	**8.0%**

续表 9

序号	城市	学校数	学科数	特聘教授	讲座教授	青年学者	长江学者总数	学科占比	长江学者占比
4	**南京市**	**12**	**38**	**170**	**48**	**34**	**252**	**8.2%**	**7.6%**
5	**西安市**	**7**	**16**	**111**	**73**	**16**	**200**	**3.4%**	**6.0%**
6	**成都市**	**7**	**13**	**83**	**48**	**11**	**142**	**2.8%**	**4.3%**
7	**杭州市**	**2**	**19**	**85**	**32**	**20**	**137**	**4.1%**	**4.1%**
8	天津市	6	13	78	34	17	129	2.8%	3.9%
9	**广州市**	**5**	**18**	**71**	**29**	**20**	**120**	**3.9%**	**3.6%**
10	**长沙市**	**4**	**12**	**57**	**32**	**7**	**96**	**2.6%**	**2.9%**
11	**哈尔滨市**	**4**	**11**	**52**	**21**	**8**	**81**	**2.4%**	**2.4%**
12	**长春市**	**2**	**11**	**49**	**17**	**13**	**79**	**2.4%**	**2.4%**
13	合肥市	3	13	30	21	12	63	2.8%	1.9%
14	大连市	2	3	33	19	7	59	0.6%	1.8%
15	济南市	1	2	30	16	3	49	0.4%	1.5%
16	重庆市	2	4	25	11	5	41	0.9%	1.2%
17	厦门市	1	5	19	15	4	38	1.1%	1.1%
18	沈阳市	2	2	23	7	0	30	0.4%	0.9%
19	兰州市	1	4	15	8	3	26	0.9%	0.8%
20	青岛市	2	4	12	8	4	24	0.9%	0.7%
21	无锡市	1	2	5	5	3	13	0.4%	0.4%
22	咸阳市	1	1	8	3	2	13	0.2%	0.4%
23	徐州市	1	2	9	3	0	12	0.4%	0.4%
24	苏州市	1	1	5	0	3	8	0.2%	0.2%
25	福州市	1	1	5	0	0	5	0.2%	0.2%
26	拉萨市	1	1	5	0	0	5	0.2%	0.2%
27	南宁市	1	1	4	1	0	5	0.2%	0.2%
28	石河子市	1	1	4	1	0	5	0.2%	0.2%
29	乌鲁木齐市	1	3	4	0	0	4	0.6%	0.1%
30	昆明市	1	2	3	1	0	4	0.4%	0.1%

续表 9

序号	城市	学校数	学科数	特聘教授	讲座教授	青年学者	长江学者总数	学科占比	长江学者占比
31	郑州市	1	3	2	1	0	3	0.6%	0.1%
32	西宁市	1	1	3	0	0	3	0.2%	0.1%
33	贵阳市	1	1	2	1	0	3	0.2%	0.1%
34	雅安市	1	1	1	1	1	3	0.2%	0.1%
35	太原市	1	1	1	2	0	3	0.2%	0.1%
36	呼和浩特市	1	1	2	0	0	2	0.2%	0.1%
37	南昌市	1	1	2	0	0	2	0.2%	0.1%
38	海口市	1	1	1	0	0	1	0.2%	0.0%
39	开封市	1	1	1	0	0	1	0.2%	0.0%
40	银川市	1	1	1	0	0	1	0.2%	0.0%
41	延吉市	1	1	0	1	0	1	0.2%	0.0%
42	宁波市	1	1	0	0	0	0	0.2%	0.0%
	总体	140	465	2 049	859	412	3 320	100.0%	100.0%

注：1. 排序先按长江学者人数排列，人数相同情况下再按学科数排列；
2. 河北工业大学隶属于河北省，但在天津办学，此处按天津市统计。

4 “双一流”高校入选学科数与长江学者相关度

“双一流”高校入选一流学科数与学校拥有的长江学者人数是否有关系，有多大关系，得人才是否能得“双一流”？影响一个学校入选“一流学科”数的因素可能包括学校隶属关系、学校类型、学校区位、学校经费投入、科研平台及产出、学生培养等多种因素，但无疑教师是最关键的因素之一。学校取得各项标志性成果都是由教师完成的，而长江学者等人才指标是评价教师队伍质量的重要指标之一，因此本文尝试仅采用长江学者人数单一变量作为预测指标，应用回归方程计算自变量 X（拥有长江学者人数）与因变量 Y

（入选一流学科数）的关系，来回答这个问题。

首先计算 140 所“双一流”高校入选一流学科数与入选长江学者人数之间的相关关系，两者相关系数（Multiple *R*）为 0.94，拟合优度（*R* Square）为 0.89（表 10）。拟合优度指回归平方和在总平方和中所占的比重，即回归方程所能解释的因变量变异性的百分比，由于只使用了高校拥有的长江学者人数，也就是说这一指标能解释 89% 的一流学科数变异。可见，长江学者人数能解释绝大部分的入选一流学科数变异（表 11）。

表 10　回归统计

Multiple *R*	0.94
***R* Square**	0.89
Adjusted *R* Square	0.89
标准误差	1.81
观测值	140

表 11　方差分析

	d*f*	*SS*	*MS*	*F*	Significance *F*
回归分析	**1**	**3 638.46**	**3 638.46**	**1 115.61**	**0.00**
残差	**138**	**450.08**	**3.26**		
总计	**139**	**4 088.54**			

回归结果如表 12 所示：$Y=0.13X+0.32$。

回归系数在显著性水平 $P<0.01$ 的情况下显著。

表 12　回归结果

	Coefficients	标准误差	*t* Stat	*P*-value	Lower 95%	Upper 95%
截距	0.32	0.18	1.79	0.08	−0.03	0.67
X	0.13	0.00	33.40	0.00	0.12	0.13

应用以上回归方程，计算得到各高校预测入选一流学科数，与实际入选学科数比较结果（图 3）。华中科大、大连理工、山东大学和南开大学等 58 所（41.4%）高校实际入选学科数低于预测学科数；中国地质大学（武汉）、江南大学和福州大学等 8 所（5.7%）学校基本持平；北京大学、中国人民大学、中国科学技术大学、北京师范大学和中国农业大学等 74 所（52.9%）高校实际入选学科数高于预测学科数（表 13）。

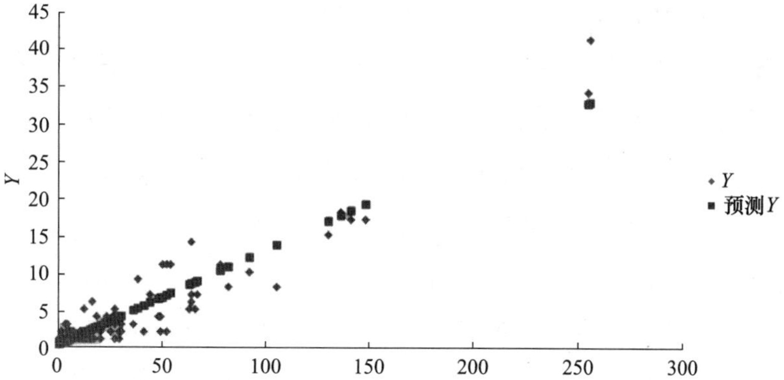

图 3　预测入选双一流学科数和实际入选双一流学科数

表 13　双一流高校入选学科数和预测学科数差额比较

排序	学校	入选类型	长江学者总数	学科数	预测学科数	差额
1	华中科技大学	A 类	105	8	13.6	5.6
2	大连理工大学	A 类	52	2	6.9	4.9
3	山东大学	A 类	49	2	6.5	4.5
4	南开大学	A 类	66	5	8.7	3.7
5	电子科技大学	A 类	41	2	5.5	3.5
6	吉林大学	A 类	63	5	8.3	3.3
7	第四军医大学	一流学科	29	1	4.0	3.0
8	西安交通大学	A 类	82	8	10.7	2.7
9	东北大学	B 类	27	1	3.7	2.7
10	天津大学	A 类	49	4	6.5	2.5
11	四川大学	A 类	64	6	8.4	2.4
12	中南大学	A 类	48	4	6.4	2.4
13	复旦大学	A 类	148	17	19.1	2.1
14	西北工业大学	A 类	30	2	4.1	2.1
15	武汉大学	A 类	92	10	12.0	2.0
16	湖南大学	B 类	29	2	4.0	2.0
17	华东师范大学	A 类	36	3	4.9	1.9
18	西南交通大学	一流学科	20	1	2.9	1.9

续表 13

排序	学校	入选类型	长江学者总数	学科数	预测学科数	差额
19	南京大学	A 类	130	15	16.8	1.8
20	北京航空航天大学	A 类	67	7	8.8	1.8
21	西安电子科技大学	一流学科	25	2	3.5	1.5
22	南京航空航天大学	一流学科	17	1	2.5	1.5
23	哈尔滨工业大学	A 类	64	7	8.4	1.4
24	北京交通大学	一流学科	16	1	2.3	1.3
25	西北大学	一流学科	16	1	2.3	1.3
26	上海交通大学	A 类	141	17	18.2	1.2
27	北京化工大学	一流学科	15	1	2.2	1.2
28	第二军医大学	一流学科	15	1	2.2	1.2
29	上海财经大学	一流学科	15	1	2.2	1.2
30	北京理工大学	A 类	30	3	4.1	1.1
31	武汉理工大学	一流学科	14	1	2.1	1.1
32	西南大学	一流学科	14	1	2.1	1.1
33	南京理工大学	一流学科	13	1	2.0	1.0
34	西北农林科技大学	B 类	13	1	2.0	1.0
35	西南财经大学	一流学科	13	1	2.0	1.0
36	中国海洋大学	A 类	20	2	2.9	0.9
37	北京工业大学	一流学科	12	1	1.8	0.8
38	合肥工业大学	一流学科	12	1	1.8	0.8
39	重庆大学	A 类	27	3	3.7	0.7
40	东华大学	一流学科	11	1	1.7	0.7
41	陕西师范大学	一流学科	11	1	1.7	0.7
42	天津医科大学	一流学科	11	1	1.7	0.7
43	上海大学	一流学科	10	1	1.6	0.6
44	哈尔滨工程大学	一流学科	9	1	1.5	0.5
45	暨南大学	一流学科	8	1	1.3	0.3
46	苏州大学	一流学科	8	1	1.3	0.3

续表 13

排序	学校	入选类型	长江学者总数	学科数	预测学科数	差额
47	大连海事大学	一流学科	7	1	1.2	0.2
48	湖南师范大学	一流学科	7	1	1.2	0.2
49	长安大学	一流学科	7	1	1.2	0.2
50	中央财经大学	一流学科	7	1	1.2	0.2
51	厦门大学	A 类	38	5	5.1	0.1
52	华东理工大学	一流学科	22	3	3.1	0.1
53	对外经济贸易大学	一流学科	6	1	1.1	0.1
54	华北电力大学	一流学科	6	1	1.1	0.1
55	华南师范大学	一流学科	6	1	1.1	0.1
56	南京师范大学	一流学科	6	1	1.1	0.1
57	首都师范大学	一流学科	6	1	1.1	0.1
58	中国药科大学	一流学科	6	1	1.1	0.1
59	江南大学	一流学科	13	2	2.0	0.0
60	中国地质大学（武汉）	一流学科	13	2	2.0	0.0
61	中国科学院大学	一流学科	13	2	2.0	0.0
62	福州大学	一流学科	5	1	1.0	0.0
63	广西大学	一流学科	5	1	1.0	0.0
64	石河子大学	一流学科	5	1	1.0	0.0
65	西藏大学	一流学科	5	1	1.0	0.0
66	中南财经政法大学	一流学科	5	1	1.0	0.0
67	中国矿业大学	一流学科	12	2	1.8	−0.2
68	中国石油大学（北京）	一流学科	12	2	1.8	−0.2
69	北京外国语大学	一流学科	4	1	0.8	−0.2
70	中国政法大学	一流学科	4	1	0.8	−0.2
71	中央民族大学	A 类	4	1	0.8	−0.2
72	华中师范大学	一流学科	11	2	1.7	−0.3
73	南京农业大学	一流学科	11	2	1.7	−0.3
74	贵州大学	一流学科	3	1	0.7	−0.3

续表 13

排序	学校	入选类型	长江学者总数	学科数	预测学科数	差额
75	辽宁大学	一流学科	3	1	0.7	−0.3
76	南京邮电大学	一流学科	3	1	0.7	−0.3
77	青海大学	一流学科	3	1	0.7	−0.3
78	上海外国语大学	一流学科	3	1	0.7	−0.3
79	四川农业大学	一流学科	3	1	0.7	−0.3
80	太原理工大学	一流学科	3	1	0.7	−0.3
81	西南石油大学	一流学科	3	1	0.7	−0.3
82	华南理工大学	A 类	26	4	3.6	−0.4
83	兰州大学	A 类	26	4	3.6	−0.4
84	北京邮电大学	一流学科	10	2	1.6	−0.4
85	河海大学	一流学科	10	2	1.6	−0.4
86	东北农业大学	一流学科	2	1	0.6	−0.4
87	广州中医药大学	一流学科	2	1	0.6	−0.4
88	南昌大学	一流学科	2	1	0.6	−0.4
89	内蒙古大学	一流学科	2	1	0.6	−0.4
90	上海体育学院	一流学科	2	1	0.6	−0.4
91	浙江大学	A 类	136	18	17.5	−0.5
92	安徽大学	一流学科	1	1	0.4	−0.6
93	成都理工大学	一流学科	1	1	0.4	−0.6
94	海南大学	一流学科	1	1	0.4	−0.6
95	河北工业大学	一流学科	1	1	0.4	−0.6
96	河南大学	一流学科	1	1	0.4	−0.6
97	南京林业大学	一流学科	1	1	0.4	−0.6
98	南京信息工程大学	一流学科	1	1	0.4	−0.6
99	宁夏大学	一流学科	1	1	0.4	−0.6
100	上海音乐学院	一流学科	1	1	0.4	−0.6
101	天津工业大学	一流学科	1	1	0.4	−0.6
102	天津中医药大学	一流学科	1	1	0.4	−0.6

续表 13

排序	学校	入选类型	长江学者总数	学科数	预测学科数	差额
103	延边大学	一流学科	1	1	0.4	−0.6
104	中国美术学院	一流学科	1	1	0.4	−0.6
105	中央音乐学院	一流学科	1	1	0.4	−0.6
106	北京体育大学	一流学科	0	1	0.3	−0.7
107	成都中医药大学	一流学科	0	1	0.3	−0.7
108	南京中医药大学	一流学科	0	1	0.3	−0.7
109	宁波大学	一流学科	0	1	0.3	−0.7
110	上海海洋大学	一流学科	0	1	0.3	−0.7
111	外交学院	一流学科	0	1	0.3	−0.7
112	中国人民公安大学	一流学科	0	1	0.3	−0.7
113	中国音乐学院	一流学科	0	1	0.3	−0.7
114	中央戏剧学院	一流学科	0	1	0.3	−0.7
115	中山大学	A 类	78	11	10.2	−0.8
116	北京协和医学院	一流学科	23	4	3.2	−0.8
117	中国地质大学（北京）	一流学科	7	2	1.2	−0.8
118	东北林业大学	一流学科	6	2	1.1	−0.9
119	北京林业大学	一流学科	5	2	1.0	−1.0
120	同济大学	A 类	44	7	5.9	−1.1
121	云南大学	B 类	4	2	0.8	−1.2
122	中国传媒大学	一流学科	4	2	0.8	−1.2
123	中国矿业大学（北京）	一流学科	4	2	0.8	−1.2
124	中国石油大学（华东）	一流学科	4	2	0.8	−1.2
125	华中农业大学	一流学科	27	5	3.7	−1.3
126	北京科技大学	一流学科	18	4	2.6	−1.4
127	清华大学	A 类	254	34	32.5	−1.5
128	上海中医药大学	一流学科	1	2	0.4	−1.6
129	中央美术学院	一流学科	1	2	0.4	−1.6
130	新疆大学	B 类	4	3	0.8	−2.2

续表 13

排序	学校	入选类型	长江学者总数	学科数	预测学科数	差额
131	北京中医药大学	一流学科	3	3	0.7	−2.3
132	郑州大学	B 类	3	3	0.7	−2.3
133	国防科技大学	A 类	12	5	1.8	−3.2
134	东北师范大学	一流学科	16	6	2.3	−3.7
135	东南大学	A 类	54	11	7.2	−3.8
136	中国农业大学	A 类	38	9	5.1	−3.9
137	北京师范大学	A 类	52	11	6.9	−4.1
138	中国科学技术大学	A 类	50	11	6.7	−4.3
139	中国人民大学	A 类	64	14	8.4	−5.6
140	北京大学	A 类	255	41	32.6	−8.4

注：排序先按预测差额降序排列，在差额相同情况下再按学科数降序排列，前两个因素都相同时，再按学校名称读音顺序排列。

由于本研究采用了高校的全部入选长江学者进行预测，未对入选的长江学者按其所属学科是否为一流学科进行筛选，也没有考虑入选院士、杰出青年和“千人计划”等其他人才情况，有关结论是否可靠仍有待后续研究进行验证。

5 重要数据小结

- 历年共有来自 210 所高校的 3 492 名教师入选长江学者；140 所“双一流”高校入选长江学者 3 320 名，占比 95.0%。
- 36 所 A 类一流大学共有 2 535 名教师入选长江学者，占“双一流”高校的 76.4%，平均每校 70 人；6 所 B 类一流大学共有 80 名教师入选长江学者，占“双一流”高校的 2.4%，平均每校 13 人；98 所一流学科建设高校共有 705 名教师入选长江学者，占“双一流”高校的 21.2%，平均每校 7 人。

- 北京大学、清华大学“双星”闪耀“双一流”高校长江学者排行榜，北京大学共入选41个一流学科，入选255名长江学者，均位居高校第一；清华共入选34个一流学科，入选254名长江学者，均位居高校第二，与北大伯仲之间。

- 浙江大学、复旦大学、上海交通大学和南京大学华东4校入选学科排名第3～6名，入选一流学科均在15门以上，当选长江学者均在130人以上。

- 中国人民大学、中山大学、东南大学、北京师范大学、中国科学技术大学和武汉大学等6所学校入选学科排名第7～12名，入选一流学科均在10门以上，当选长江学者均在50人以上。

- 入选人数前10%的高校产生了50.7%长江学者，超过一半；排名后50%的高校当选长江学者比例不足10%。

- 部门高校入选学科占比88.6%，低于入选长江学者人数的占比95.2%。地方高校入选学科则高于长江学者比例，双一流学科设置向地方高校适当倾斜。

- 东部地区入选长江比例达到68.3%，高于学校数所占比例62.1%，但略低于学科数所占比例71.2%。

- 北京、上海的学科占比和长江学者入选人数占比均超过10%，西安市、武汉市、成都市、上海市、大连市、天津市和济南市等七个城市入选学科比例落后于其当选长江学者比例1%以上。

- 140所“双一流”高校当选“双一流”学科数之间与入选长江学者人数相关系数为0.94，拟合优度为0.89，即长江学者入选人数这一单一指标能解释入选学科差异的89%，得人才，得双一流！

- 应用回归方程，58所高校实际入选学科数低于预测学科数；8所学校基本持平；74所高校实际入选学科数高于预测学科数。

高校海外高端青年人才引进后的学术影响力差异及影响因素分析

赵　勇　崔晓彤

（中国农业大学图书馆情报研究中心）

摘要：近年来，中国对海外科技人才的吸引力正显示出强大的“人才磁铁”效应，大量海外杰出青年人才开始选择回国服务，各大高校的“筑巢引凤”争夺也更加激烈。探究青年引进人才的学术表现和职业发展规律具有重要意义。本研究从科技人力资本视角出发，基于192位“青年千人计划”入选者（简称“入选者”）的筛选样本调查，采用论文影响和合作程度双重表征来反映海外高端青年人才引进后的学术影响力，实证研究发现：①高校的科研基础条件明显影响入选者引进后的论文质量，②博士阶段的教育背景差异不是入选者回国后学术产出质量差异的原因；③校友身份对入选者的国内科研合作网络构建具有显著影响；④具有海外博士学位的入选者与国内科研力量的聚合力有待加强；⑤影响校内合作程度的因素较为复杂，难以通过引进高校的层次或区域变量来反映入选者在合作上的差异。本研究对海外高端青年人才的引进政策及后期学术培养具有一定启示。

关键词：高校人才引进；“青年千人计划”；学术影响力；影响因素；负二项回归

1　引言

经过数十年的高速发展，中国的经济实力得到了极大的提升，与此同时，中国政府持续加大科研基础设施投入，不断改善学术生态环境，广泛聚集科技人才精英，以期通过增强科研实力来推动和实现经济社会的可持续发展。在此背景下，中国对海外科技人才的吸引力正在显示出强大的“人才磁铁”效应，长期困扰的“人才外流”已经开始演变成“人才回流”。据统计，截至2016年底，中国留学回国人员总数达265.11万人，其中2016年回国43.25万人，党的十八大以来，5年回国人数占到70%[1]。高层次海外科技人才普遍接受过良好的学术训练，拥有丰富的科研教学经历，对于新兴国家而言，海外科技人才回流不仅带来更多的人力资本，有助于迅速提升本国的科研水平和学术实力[2-3]，同时也带回了社会资本和国际交流合作机会，可以积极促进本国参与和融入全球科技创新网络[4-5]。因此，大量吸引和汇聚海外高端科技人才也成为国内高校实施人才强校战略、创建世界一流大学和一流学科的重要举措，尤其是对于具有潜力的海外高端青年人才，各大高校的“筑巢引凤”争夺更加激烈。

2011年中央启动了“青年千人计划”项目，旨在面向自然科学和工程技术领域，引进一批有潜力的海外优秀青年人才，为今后国家科技和产业的跨越式发展提供智力支撑[6]。“青年千人计划”项目入选者被认为是所从事科研领域同龄人中的拔尖人才，具有成为领域学术或技术带头人的发展潜力。因此，探究“青年千人计划”引进人才的学术表现和职业发展规律，对其他青年学者的个人科研生涯规划，以及科研主管部门的人才政策制定都具有重要意义。

“青年千人计划”人才获得了国家优厚的生活补助和科研经费支持，拥有良好的科研条件和职业发展机遇，但同时也面临一系列挑战与困难。首先，海外青年引进人才刚进入科研职业生涯的初期，需要延续其在国外的研究工作，维系已有的科研合作关系；回国后，还需要尽快融入本土科研体系之中，拓展新的科研协作网络。其次，海外青年引进人才被寄予成为领域带头人的希望，需要在短期内发挥领军作用，做出突出科研贡献。最后，引进高校的人才政策和科研基础条件存在差异，也会影响海外青年引进人才回国后的学术发展效果。因此，本研究选择以“青年千人计划”人才引进后的学术影响力差异为问题切入点，一方面希望更加清晰地了解高校青年引进人才回国后的学术表现及影响因素；另一方面以期在对海外高端青年人才的引进政策及后期学术培养上获得启示。

2 相关研究

个体和制度是影响高校科研生产力的两大决定性因素[7-8]。在个体性因素方面，部分学者早期关注了科学家的年龄[9]、性别[10]、家庭背景[11]等基本人口学特征对科研产出的影响。Bozeman 等曾提出用于科研评价的科技人力资本模型[12]，认为科技人力资本包含个体人力资本禀赋，以及科研人员的显性和隐性知识积累。此外，科技人力资本还包含科研人员在知识创造过程中形成的社会资本。Jonkers 和 Tijssen 将科技人力资本模型应用于中国海归学者国际迁移与其科研合作和产出的关系研究[13]，之后该模型也成为许多学者研究学术迁移对科研产出影响的主要方法[14-15]。也有学者重点关注了科研人员的前期学术训练在后期科研表现中的作用，如 Enders 和 Bess 认为博士阶段和科研职业初期阶段的学术训练对研究人员未来的学术发展具有重要作用[16-17]，Corley 和 Horta 等学者研究发现具有博士后研究经历的学术人员的科研产出力更强[18-19]。在社会关系方面，陈代还等探讨了海归科学家的国内外二元关系网络对其科研产出数量和质量的影响，结果发现国际合作网络对海归科学家的科研产出具有显著影响，国内关系纽带对海归科学家产出的作用呈倒“U”形曲线[20]。Feng 等发现具有校友身份的海外引进长江学者的机构内合作较少，但发表论文的期刊影响因子较高，建议通过加强构建海归学者的本土学术网络来提高学术影响力[21]。白新文等则分析了中国科学院“百人计划”项目，从主动性人格、归国适应、学术网络、所获得的组织支持 4 个方面综合探讨了影响高层次青年人才成长效能的个体层面因素[22]。

在制度性因素方面，良好的科研环境和雄厚的科研基础条件是科研产出的有力保障。早期学者们重点关注了机构规模与科研产出之间的关系，有观点认为大型研究机构拥有更多的资源，可以吸引高水平的学者，同时也有利于促进机构内研究团队之间的交流与合作[23]，但 Kyvik 对挪威 4 所高校的人文科学、社会科学、自然科学、医学和技术科学等 5 个学科领域的实证研究发现，除自然科学外，机构规模在其他学科领域内与科研产出并没有表现出相关性[24]。另外，随着各国科研资助力度的不断加大，项目经费资助和科研评价活动对科研产出的影响也成为学者们的研究热点。Takanori 等发现日本“21 世纪卓越基地计划”项目对受资助论文数量和质量的影响存在学科差异[25]。Anderson 等则揭示出新西兰政府开展的高校绩效科研基金（PBRF）评价体系并未改善经济学领域整体的科研质量，而只是提高了人均科研产出数量[26]。此外，Rushton 等还论证了图书馆文献资源量、研究生数量、高校财政收入水平等因素与机构学术影响力存在密切关系[27]。

现有相关文献为本研究的设计提供了丰富的理论视角和方法路径，但目前鲜见有研究从个体和制度两个层面综合剖析科研人员学术产出的影响因素，尤其是对于中国海外高端青年引进人才的“70 后”和“80 后”群体，该方向的研究仍显不足。因此，本文将从科技人力资本的研究视角出发，以“青年千人计划”项目入选者的履历和论文信息为数据基础，综合探究影响海外高端青年人才引进后学术影响力的个体性因素和制度性因素。

3 数据与方法

3.1 数据来源

本研究选择 2011 年 10 月第 1 批（143 人）和 2012 年 1 月第 2 批（218 人）“青年千人计划”的入选者为调研对象。分析数据集的建立过程如下：

首先，收集高校引进“青年千人计划”人才的履历信息。根据官方公示信息确定国内高校引进的青年人才，累计 284 人（两个批次分别为 115 人和 169 人）。进而在人才引进高校的官方网页、千人计划网（http://1000plan.org）、百度百科上分别搜集“青年千人计划”人才的履历信息，累计获得含有教育经历和科研成果信息的履历 192 份。

其次，检索高校引进“青年千人计划”人才的论文信息。在 Elsevier 的 Scopus 数据库中，以人才姓名为信息检索点，分别查找 192 位青年引进人才在 2012—2016 年间发表的期刊论文，文献类型选择为 Article 和 Review。在对作者论文信息进行细致清洗与识别后，累计获得论文 4 194 篇。作者论文数据的具体识别方法包括：①将检索结果中的作者信息与国际公认作者唯一身份标识符 ORCID 对应。②在标准作者信息的基础上，比对各条文献记录中的作者姓名、发文单位、研究方向与领域、合作的作者姓名与单位、引用与被引文献来源等五个参数。③根据各参数的相似度值结果，合并高度一致的作者文献数据。④参考履历信息中的科研论文成果，最终确定“青年千人计划”人才的论文数据。

最后，将“青年千人计划”入选者的教育经历、海外职业轨迹等履历信息与科研论文数量、载文期刊质量、被引频次等论文信息相整合，最终得到 192 位高校海外高端青年引进人才的分析数据集合。

3.2 变量测量

（1）因变量

作者的学术影响力产生于科学交流过程中，从论文发表角度来看，主要是通过作者之间的引用关系和合作关系来反映这一交流过程[28]，因此，本研究选择从青年引进人才的论文影响和合作程度两个方面对其学术影响力进行双重测度。

本研究将论文产出数量、载文期刊质量和论文引用影响作为表征“青年千人计划”人才论文影响的代理变量。其中，论文产出数是2012—2016年间Scopus数据库中收录的青年引进人才发表的期刊论文数量。SNIP（Source Normalized Impact per Paper）是3年引文窗中某一来源出版物中的每篇论文的平均被引次数与该学科领域的“引文潜力”之间的比值，其中“引文潜力”是指一篇文章估计在指定的学科领域中所达到的平均被引次数。它不用考虑期刊分类，依据作者引用其他论文的频次、引用影响的成熟速度和数据库在领域内的文献覆盖率，就可以对不同学科领域的期刊进行直接比较[29]。FWCI（Field-Weighted Citation Impact）是学科标准化后的论文影响力。当FWCI≥1时，代表被考察青年引进人才的论文质量达到或超过了世界平均水平[30]。

“青年千人计划”人才合作程度的代理变量主要包括：国际合作论文数、国内合作论文数和校内合作论文数。其中。国际合作论文数是作者地址中至少含有一个国外机构的合著论文数量。国内合作论文数是作者地址中至少含有一个国内机构（非人才引进高校）的合著论文数量。校内合作论文数是作者地址中除引进人才外，至少含有一个本高校科研人员的合著论文数量。

（2）预测变量

在个体性因素方面，本研究根据Bozeman等提出的科技人力资本模型[12]，从海外青年引进人才履历信息中提取校友关系和博士学位颁发地，作为其科技人力资本的代理变量。其中，校友关系（二分变量）指引进高校是否为青年千人计划入选者的母校。博士学位颁发地（二分变量）指引进人才是否在国外获得博士学位。

在制度性因素方面，本研究选择引进高校层次和引进高校区位作为科研基础条件的代理变量。其中，引进高校层次（二分变量）指引进高校是否为首批入选“985”工程重点建设的9所高校（C9）。引进高校区位（二分变量）指引进高校所在位置是否为北京或上海。

（3）控制变量

前期研究已经验证青年引进人才的个体特征对科研产出存在影响，包括年龄[9]、性别[10]等。同时，已有研究表明不同学科之间的论文产出数量、载文期刊影响力、论文合著情况存在明显差异[31]。因此，本研究将青年引进人才的年龄、性别、所属学科设置为控制变量，不作为重点考察。

3.3 分析方法

由于论文产出数量、载文期刊质量、合作论文数量等因变量均为离散的非负整数，所以本研究选择采用计数模型。目前，学界常用的非线性面板计数模型主要有泊松回归和负二项回归，都是通过最大似然估计对计数变量的均值进行回归。考虑到本研究中因变量的方差都远大于均值，因此，采用负二项回归模型进行学术影响力差异的影响因素分析。本研究的各变量数据分别通过履历分析和文献计量方法获得，负二项回归分析利用 STATA 软件完成。

4 结果分析

4.1 描述性统计

在调研样本中，高校引进的男性“青年千人计划”人才有 177 人，占 92.2%。引进人才入校时的平均年龄为 36 岁。引进人才主要来自以下 6 个学科领域：

- 工程与材料科学（48 人，占 25.0%）
- 数理科学（35 人，占 18.2%）
- 化学（29 人，占 15.1%）
- 信息科学（27 人，占 14.1%）
- 生命科学（34 人，占 17.7%）
- 环境与地球科学（19 人，占 9.9%）。

在调研的 192 人中，38% 的海外青年人才选择回到母校工作，71.4% 的青年引进人才是在国外获得博士学位。首批入选国家“985”工程重点建设的

C9 高校引进的青年人才占 60.9%。37.5% 的引进人才入职在北京或上海的高校（表 1）。

表 1　高校“青年千人计划”引进人才调研样本的基本情况（N=192）

项目	校友关系		博士学位		高校层次		高校区位	
	校友	非校友	国外	国内	C9	非 C9	北上	非北上
人数	73	119	137	55	117	75	72	120
占比	38.0%	62.0%	71.4%	28.6%	60.9%	39.1%	37.5%	62.5%

从“青年千人计划”引进人才的学术影响力来观察（表 2），青年引进人才整体上表现了较强的科研实力，回国后的 5 年间平均产出 21.84 篇科技论文，载文期刊影响力（SNIP）为 1.70，学科标准化后的论文影响力（FWCI=2.14）明显超过世界平均水平。在合作论文数量上，青年引进人才呈现出“校内合作＞国际合作＞国内合作”的格局。从社会资本理论视角来看，海外高端青年引进人才的本土学术网络关系的同质性很强，校内关系占据主要位置，形成了以同事、师生关系为主的纽带型社会网络（Bonding Social Networks），而与国内其他机构间的合作相对较少，也说明以业缘关系为主的桥接型社会网络（Bridging Social Networks）还有待培育[32]。同时，青年引进人才回国后延续了与国外学术网络的沟通联系。

表 2　学术影响力相关变量的描述统计与均值比较

项目	描述统计		均值比较							
	Mean	SD	校友关系		博士学位		高校层次		高校区位	
			校友	非校友	国外	国内	C9	非 C9	北上	非北上
论文总数	21.84	18.05	23.00	21.13	22.53	24.60	20.94	23.25	18.96	23.58
SNIP	1.70	0.66	1.79	1.64	1.73	1.61	1.85	1.46	1.75	1.67
FWCI	2.14	1.77	2.21	2.11	2.16	2.11	2.42	1.71	2.24	2.09
国际合作	10.63	10.51	12.26	9.63	11.78	10.17	10.93	10.16	11.16	9.75
国内合作	8.68	10.01	9.62	8.11	6.96	12.96	8.66	8.72	8.79	8.50
校内合作	16.44	15.98	17.89	15.16	14.65	20.89	15.62	17.72	14.38	17.68

从均值比较分析上看，拥有校友身份的青年引进人才在6个因变量指标上的表现均好于非校友身份引进人才。相对国内获得博士学位的引进人才，具有海外博士学位的引进人才平均发表论文数量较低，同时在论文质量上也未表现出较大的差异性。在合作关系上，获得国内博士学位的引进人才在国内合作和校内合作上的表现好于海外博士学位人才，而在国际合作发表论文数量上相对较低，但两个群体的差异性较小。C9高校引进人才在论文质量整体上明显优于非C9高校引进人才，但发表论文数量相对较低。C9与非C9高校引进人才在国际合作和国内合作上表现相当，但非C9高校引进人才的校内合作论文数量整体较高。北京和上海高校引进人才发表论文数量明显低于其他地区高校的引进人才，但在论文质量上表现出一定的竞争优势。此外，相对于其他地区高校的引进人才，北京和上海高校引进人才发表的国际合作论文数量更多，校内合作论文数量较少，而国内合作论文数量差异很小。

4.2 论文影响差异的影响因素分析

根据表3所示，校友关系、博士学位颁发地、引进高校层次和引进高校区位对论文产出的数量没有产生显著的影响，但论文产出数量呈现明显的学科差异。引进高校的层次对SNIP和FWCI两个论文质量变量具有显著影响，说明C9高校的优越科研基础条件对海外青年引进人才回国后的学术发展起到了积极的促进作用。同时，引进高校区位对论文质量存在影响，但相关系数相对较低，也表明区域不平衡发展对高等教育资源分配造成了一定的影响，但随着经济社会的可持续发展，这种由于区域差异造成的影响会逐步消减。校友身份对论文质量也产生了影响，表明以同事或师生关系为主的纽带型社会网络在海外青年人才回国后的学术成长过程中起到了一定的作用。此外，青年引进人才的博士学位颁发地对论文质量没有显著影响，也说明“青年千人计划”评选更加重视申请人在海外的科研工作经历，要求申报时在海外知名高校、科研机构或知名企业研发机构有正式教学或科研职位，并且许多国内获得博士学位的青年人才多具有海外博士后研究经历，因此，“青年千人计划”人才并未因为博士阶段的教育背景不同造成回国后在学术发展上产生差异。

表 3　论文影响的负二项回归分析结果（*N*=192）

项目	论文数量		SNIP		FWCI	
年龄（控制变量）	0.06	（0.32）	0.06	（0.49）	0.30*	（1.80）
性别（控制变量）	0.01	（0.60）	0.02*	（1.79）	0.04**	（2.13）
学科（控制变量）						
工程与材料科学	0.60***	（3.84）	0.14	（1.62）	0.25	（1.37）
信息科学	0.69***	（3.68）	0.12	（1.08）	0.09	（0.34）
生命科学	−0.37**	（−2.31）	−0.04	（−0.38）	−0.40**	（−2.04）
环境与地球科学	0.08	（0.43）	−0.24**	（−2.18）	−0.51**	（−2.47）
化学	0.51***	（3.10）	0.10	（1.09）	0.15	（1.10）
校友关系（预测变量）	0.13	（1.21）	0.18*	（2.01）	0.19*	（2.08）
博士学位（预测变量）	−0.18	（−1.46）	0.01	（0.09）	0.06	（0.58）
高校层次（预测变量）	−0.06	（0.58）	0.23***	（4.82）	0.37***	（3.43）
高校区位（预测变量）	−0.12	（1.08）	0.02*	（0.16）	0.04**	（1.30）
Wald Chi^2	86.16		49.53		39.41	
Prob＞Chi^2	0.000		0.000		0.000	
Prob≥Chibar2	0.000		0.000		0.000	

注：*$P<0.1$，**$P<0.05$，***$P<0.01$。因虚拟变量陷阱，“数理科学”成为排除变量。括号内数字为标准误差。

4.3　合作程度差异的影响因素分析

根据表 4 所示，校友关系对 3 种类型合作的程度均产生了影响，尤其是对国内合作和校内合作的影响显著性较高，说明校友身份在本土学术网络构建中具有重要性。

表 4　合作程度的负二项回归分析结果（*N*=192）

项目	国际合作		国内合作		校内合作	
年龄（控制变量）	0.12	（0.48）	0.07	（0.27）	−0.24	（−1.04）
性别（控制变量）	0.01	（0.48）	0.01	（0.36）	0.02	（0.70）
学科（控制变量）						
工程与材料科学	0.35*	（1.77）	0.46**	（2.15）	0.77***	（4.04）
信息科学	0.46*	（1.66）	0.45	（1.44）	0.78***	（3.33）
生命科学	−0.45**	（−2.20）	−0.59**	（−2.54）	−0.39*	（−1.91）
环境与地球科学	0.11	（0.53）	−0.10	（−0.44）	−0.06	（−0.27）
化学	−0.21	（−0.90）	0.38*	（1.77）	0.68***	（3.48）
校友关系（预测变量）	0.30*	（2.04）	0.24**	（1.51）	0.23**	（1.92）
博士学位（预测变量）	0.27*	（1.71）	−0.68***	（−4.77）	−0.42***	（−3.30）
高校层次（预测变量）	0.13*	（0.84）	0.15*	（0.94）	0.07	（0.49）
高校区位（预测变量）	0.06*	（0.42）	0.05*	（0.31）	−0.11	（−0.86）
Wald Chi^2	35.28		54.22		81.44	
Prob＞Chi^2	0.000		0.000		0.000	
Prob≥Chibar2	0.000		0.000		0.000	

注：$^{*}P<0.1$，$^{**}P<0.05$，$^{***}P<0.01$。因虚拟变量陷阱，“数理科学”成为排除变量。括号内数字为标准误差。

Feng 等发现海外长江学者回国后的校内合作倾向性较低[21]，这与本研究发现不一致，也表明同样具有校友身份的条件下，相对已成名的海外长江学者，刚进入职业生涯初期的海外青年引进人才在回国后的学术发展过程中更容易嵌入到本土学术网络中。博士学位颁发地对国际合作有一定的影响，但相关系数较低，而其对国内合作和校内合作的影响显著性较高，负值相关系数也说明具有国外博士学位的青年引进人才在国内学术网络中的合作程度不足，其与校内和其他国内机构科研力量的聚合力有待加强。

引进高校层次和区位对国际合作和国内合作的影响具有一定的显著性，也表明了高校的科研基础条件及所在地区的国际化程度在青年引进人才校外科研合作中起到了积极作用。但本研究并未发现高校层次或区位上的差异性对青年引进人才的校内合作产生影响，也说明校内合作程度受其他更复杂的因素所影响，如机构内部的科研文化氛围等，很难通过本研究设置的制度性因素代理变量来反映。

5 结论与启示

本研究构建了 192 位“青年千人计划”人才履历和论文的整合数据集合，在科技人力资本理论的指导下，从校友关系、博士论文颁发地、引进高校层次、引进高校区位四个方面探讨影响海外高端青年人才学术影响力的个体性因素和制度性因素。实证研究结果发现：在论文影响差异的影响因素中，第一，本研究设置的四个预测变量对论文产出数量没有影响，论文产出数量呈现明显的学科差异。第二，引进高校层次和区位对论文质量产生影响，说明科研基础条件对海外引进人才回国后的学术发展起到重要作用。第三，校友身份对论文质量产生了影响，说明同事或师生关系的纽带型社会网络对青年引进人才的学术成长起到一定作用。第四，博士学位颁发地对论文质量没有显著影响，青年引进人才具有丰富的海外科研工作经历，博士阶段的教育背景不同未造成回国后学术产出质量上出现差异。

在合作程度差异的影响因素中，第一，校友关系对国内合作和校内合作的影响显著性较高，体现了校友身份在青年引进人才国内科研合作网络构建中的重要性。第二，博士学位颁发地对国内合作和校内合作存在显著的负向影响，说明具有海外博士学位的青年引进人才与国内科研力量的聚合力有待加强。第三，引进高校层次和区位对国际合作和国内合作产生一定影响，表明高校的科研基础条件和国际化程度对青年引进人才的校外合作具有积极作用。第四，校内合作程度的影响因素较为复杂，本研究设置的制度性因素代理变量未能反映青年引进人才在校内合作上的差异。

在近年来海外科技人才回流的大背景下，本研究对国内高校海外高端青年人才引进政策和培养计划的制定、实施与优化也具有一定的启示。首先，国内高校应更加重视培育良好的科研文化氛围。美国教育心理学教授Creswell认为当机构内所有教职人员在学生培养和科学研究中以成为优秀科研人员为职业目标时，就可以形成良性的科研文化氛围，维系持续的内外学术交流，吸引高水平的科研力量加入[32]。因此，加快高校“去行政化”进程，摆正高校内部行政与学术的关系，逐渐实施与国际接轨的科研管理模式是培养和留住青年引进人才的关键。其次，国内高校应积极促进青年引进人才与校内外已有科研力量的聚合。在科研实践中，鼓励知识关联与学科交叉，引导青年引进人才找准研究的切入点，做到科研在传承中创新。再次，国内高校应重视校友关系在海外青年人才引进中的重要性，在招聘海外高层次人才期间可以重点关注已经与国内建立良好合作关系的青年人才。最后，如何引进对的人、用对引进的人，更为重要的是建立既符合人才成长发展规律、又尊重学科差异的科学评价制度，使人才适得其所、尽其所能、专其所长。

本研究也存在一些不足之处，一是表征个体性和体制性因素的代理变量还不够丰富，需引入更多其他变量，加强佐证本研究的相关结论。二是对于青年引进人才合作程度影响因素的研究需要引入质性研究方法，通过定性与定量相结合的方法全面揭示青年引进人才科研合作的特征。三是本研究缺少对“青年千人计划”人才领军作用的考察，没有探讨青年引进人才在创新团队建设上的具体表现。未来研究可以从以上方面加以改进。

参考文献

[1] 赵兵 . 新中国成立以来最大规模“海归潮”形成 [N]. 人民日报 , 2017-4-11.

[2] Jonkers K., Tijssen R. Chinese researchers returning home: impacts of international

mobility on research collaboration and scientific productivity [J]. Scientometrics, 2008, 77 (2): 309-333.

[3] Woolley R., Turpin T., Marceau J., et al. Mobility matters: research training and network building in science [J]. Comparative Technology Transfer and Society, 2008, 6 (3): 159-184.

[4] 鲁晓 . 海归科学家的社会资本对职业晋升影响的实证研究 [J]. 科学与社会 , 2014, 4 (2): 49-62.

[5] 陈代还 , 段异兵 , 潘紫燕 . 二元关系网络对海归科学家产出的影响 [J]. 中国科技论坛 , 2015 (9): 149-147.

[6] 中央人才工作协调小组 . 关于实施海外高层次人才引进计划的意见 [Z], 2008-12-23.

[7] Dundar H., Darrell R. Lewis. Determinants of research productivity in higher education. Research in Higher Education [J], 1998, 39(6): 607-631.

[8] Toutkoushian R. K., Karen W. Measuring the research performance of postsecondary institutions [A]. In University ranking: Theoretical basis, methodology and impacts on global higher education [M], eds. J.C. Shin, R.K. Toutkoushian, and U. Teichler. Dordrecht: Springer, 2011.

[9] Levin S. G., Stephan P. E. Age and research productivity of academic scientists [J]. Research in Higher Education, 1989, 30(5): 531-549.

[10] Sax L. J., Hagedorn L. S., Arredondo M., et al. Faculty Research Productivity: Exploring the Role of Gender and Family-Related Factors [J]. Research in Higher Education, 2002, 43(4): 423-446.

[11] Tien F. F., Blackburn R. T. Faculty rank system, research motivation, and faculty research productivity [J]. Journal of Higher Education, 1996, 67(1): 2-22.

[12] Bozeman B., Dietz J., Gaughan M. Scientific and human capital, an alternative model for research evaluation [J]. International Journal of Technology Management, 2001, 22: 636-655.

[13] Jonkers K., Tijssen R. Chinese researchers returning home: impacts of international mobility on research collaboration and scientific productivity [J]. Scientometrics, 2008, 77: 309-333.

[14] Baruffaldi S H., Landoni P. Return mobility and scientific productivity of researchers working abroad: The role of home country linkages [J]. Research Policy, 2012, 41(9): 1655-1665.

[15] Jonkers K., Cruz-Castro L. Research upon return: The effect of international mobility on scientific ties, production and impact [J]. Research Policy, 2013, 42(8):1366-1377.

[16] Enders, Jurgen. Border crossings: Research training, knowledge dissemination and the

transformation of academic work [J]. Higher Education, 2005, 49(1/2): 119-133.
[17] Bess, James L. Anticipatory socialization of graduate students [J]. Research in Higher Education, 1978, 8(4):289-317.
[18] Corley, Elizabeth A., Meghna Sabharwal. Foreign-born academic scientists and engineers: producing more and getting less than their US-born peers? [J]. Research in Higher Education, 2007, 48 (8): 909-940.
[19] Horta, Hugo. Holding a post-doctoral position before becoming a faculty member: does it bring benefits for the scholarly enterprise? [J]. Higher Education, 2009, 58(5): 689-721.
[20] 陈代还，段异兵，潘紫燕．二元关系网络对海归科学家产出的影响 [J]. 中国科技论坛，2015 (9):143-147.
[21] Li F., Miao Y., Yang, C. How do alumni faculty behave in research collaboration? An analysis of Chang Jiang Scholars in China [J]. Research Policy, 2015, 44(2):438-450.
[22] 白新文，黄真浩．高层次青年人才成长效能的影响因素 [J]. 科研管理，2015(12):138-145.
[23] Stankiewicz R. The size and age of Swedish academic research groups and their scientific performance [A], in Andrews, F.M. (ed.). Scientific Productivity. The Effectiveness of Research Groups in Six Countries [M]. Cambridge/Paris: Cambridge University Press/ UNESCO, 1979.
[24] Kyvik S. Are big university departments better than small ones? [J]. Higher Education, 1995, 30(3): 295-304.
[25] Takanori, Ida, Naomi Fukuzawa. Effects of large-scale research funding programs: a Japanese case study [J]. Scientometrics, 2013, 94(3):1253-1273.
[26] Anderson D. L., Tressler J. The New Zealand performance-based research fund and its impact on publication activity in economics [J]. Research Evaluation, 2014, 23(1): 1-11.
[27] Rushton J. P., Meltzer S. Research productivity, university revenue, and scholarly impact (citations) of 169 British, Canadian, and United States universities [J]. Scientometrics,1981,3: 275-303.
[28] 杜建，张玢，唐小利．基于作者引用与合作关系的学术影响力测度研究进展 [J]. 图书情报工作，2013, 57(8): 135-140.
[29] Moed H. F. Measuring contextual citation impact of scientific journals [J]. Journal of Informetrics, 2009, 4(3): 265-277.
[30] Andrew P., Judith K. Article Downloads: An alternative indicator of national research impact and cross-sector knowledge exchange [EB/OL]. https://www.researchtrends.com, 2014.
[31] Bozeman B., Corley E. Scientists' collaboration strategies: implications for scientific and

technical human capital [J]. Research Policy, 2004, 33 (4): 599-616.

[32] Tom Healy. In Each Other's Shadow: What has been the impact of human and social capital on life satisfaction in Ireland? PhD thesis. National University of Ireland, 2005.

[33] Creswell J. W. Measuring Faculty Research Performance. New Directions for Institutional Research [M]. San Francisco: Jossey-Bass, 2002.

第二部分

科　研　篇

以影响力为导向的科研评价体系的特征分析与启示

——基于英、澳、美三个科研评价框架的内容研究

赵　勇

（中国农业大学图书馆情报研究中心）

摘要：科研评价是政府引导科技发展、配置经费资源与实施有效管理的重要手段，它对研究人才的培养、科技成果的走向以及科研文化的培育都会产生重大影响。当前，科研评价改革成为我国高校关注的热点问题。本文对英国、澳大利亚和美国等3个科研评价框架进行了调研，从评价目标、评价内容、评价标准、评价方法和评价专家的遴选等方面分析了国外3个科研评价框架的特点，得到了以下六点启示：①确立科学的科研评价目标，发挥科研评价的引导作用；②扩展科研评价内容，构建多维度的科研成果影响力评价体系；③实施规范的科研评价标准，建立与国际接轨的评价制度；④使用多元的科研评价方法，减轻科研人员在评价过程中的负担；⑤组织权威的科研评价专家团队，鼓励科研成果用户方参与评价；⑥建设自动化的科研评价系统平台，加强科研数据的组织与管理。

关键词：科研评价；学术影响力；学术外影响力；评价方法；内容分析方法

1　引言

科研评价是政府引导科技发展、配置经费资源与实施有效管理的重要手

段，它对研究人才的培养、科技成果的走向以及科研文化的培育都会产生重大影响。20 世纪 90 年代以来，为了加强科研管理，推进科技创新，我国许多学术科研机构都将研究成果的产出作为核心评价内容，以简单的统计方法为主要评价手段，通过量化规定研究成果的等级，计算研究成果的数量，并根据成果的不同等级赋予不同的分值，再依据分值给予奖励和报酬。这种被西方学者称为“麦当劳化”的简捷科研管理方法，在一段时期内推动了我国科研事业的发展，最为显著的表现是：我国在国际学术期刊上发表的科技论文数量呈现快速增长的趋势，到 2010 年，我国 SCI 论文数在世界的排名从 1987 年 28 位，一跃至世界第 2 位[1]。然而，这种以科研产出数量为导向的评价机制长期运行下去，容易造成研究人员创新积极性的下降，科技成果转化渠道的不畅，甚至可能导致科研领域一些急功近利和不端行为的滋生[2]。

党的十八大以来，我国政府提出“深化科技体制改革、加快国家创新体系建设”的科技发展战略，科研评价改革也被提至科技主管部门的主要议程。作为科研工作的重要主体，高校的科研评价体系成为重点改革领域。2013 年底至今，教育部先后印发了《关于深化高等学校科技评价改革的意见》《高等学校科技分类评价指标体系及评价要点》《关于开展高等学校科技评价改革试点的通知》3 份文件，对高校科研评价改革进行指导，重点是“要坚持分类评价，推行开放评价，通过评价导向和政策手段，将高校学者的兴趣和目标聚焦到经济社会发展的重大需求上去”。

在此之前，欧美等发达国家也已在大力推进本国的科研评价机制改革，评价机制的趋势是以影响力为导向，包括评价科研成果的学术内影响力和学术外影响力。如澳大利亚政府在参考英国“科研水平评估（RAE）”和新西兰“高校绩效科研基金（PBRF）”经验的基础上，于 2007 年提出了科研评价计划 ERA；英国政府于 2008 年制订了新的科研评价框架 REF；美国政府在《2009 年美国复苏与再投资方案》的推动下启动了 STAR METRICS 科研评价项目。

“他山之石，可以攻玉”。本文主要是对英国、澳大利亚和美国 3 个科研评价框架进行调研，采用内容分析方法，提炼 3 个科研评价框架中的核心要素（如评价目标、评价内容、评价标准、评价方法和评价专家的遴选等），重点分析各个框架的特征，进而获得经验和启示，为我国高校科研评价体系的改革与完善提供参考。

2 英、澳、美三国的科研评价框架的特征分析

2.1 英国科研卓越框架（Research Excellence Framework，REF）

（1）基本情况

英国是开展科研评价较早的国家之一，在不同层面，已经建立起各有侧重的科研评价体系，如主要针对基础科学研究计划与项目，科研机构与科研人员的英国研究理事会科研评价，以及考察高校科研质量或学术发展水平的评估。早在 1986 年，英国政府就开始推行高校科研评估（Research Assessment Exercise，简称 RAE），其主要目的是根据评估结果确定政府对高校的经常性科研拨款，以提高政府对高校科研拨款的透明度和选择性，促进高校科研水平不断提高。受英国政府委托，英国四大高等教育基金委员会（HEFCE、SHEFC、HEFCW 和 DEL）在全国范围内组织 RAE 评估，为政府分配科研经费提供决策依据。RAE 评估已经于 1989 年、1992 年、1996 年、2001 年和 2008 年进行了 5 次。

英国的 RAE 评估耗资巨大，根据英格兰高等教育基金委员会（HEFCE）公布的相关数据[3]显示，2008 年 RAE 评估大概花费了 6 000 万英镑（约合 5.5 亿元人民币）。为了降低科研评估的成本，英国政府决定对 RAE 评估框架进行改革。2008 年，HEFCE 提出了新的卓越研究评价框架 REF，得到了英国政府、高校、科研机构以及研究人员的认可。在试点评价的基础上，REF

于2014年开始大范围推广。该框架的具体目标是：①提升英国高等教育机构的科研质量水平；②鼓励和支持科研创新活动，包括方法创新、领域创新和交叉学科研究；③鼓励科研成果转化和产学研合作；④鼓励科研成果商业化，强化科研成果的社会经济效益；⑤制定和推行综合透明的、国际化水平的科研质量评价框架，评选高质量科研水平的高等教育机构；⑥优化科研管理，推进科研可持续发展。

REF框架从科研产出、学术外影响力和科研环境3方面对英国高等教育机构的科研质量进行评价。首先，科研产出评价主要关注学术出版物的质量，包括科研创新的显著性和科研的学术影响力。科研产出在评分中所占权重为65%，但每名研究人员最多只能提供过去6年内发表的最具代表性的4篇论文。评价标准是“原创性、重要性和严谨性（Originality, Significance and Rigour）”。其次，学术外影响力评价主要测度科研活动对社会、经济、文化、健康、环境和生活质量等做出的贡献，学术外影响力所占权重为20%，主要基于科研人员提供的案例进行同行专家评价。评价标准为“是否产生影响及影响的意义（Reach and Significance）”。最后，科研环境评价重点考察参评机构的资源管理（如人、财、物等）、人才管理（对学生的培养或工作人员的管理）和科研活动参与性等3个方面，所占权重为15%。评价标准是“生命力和持续性（Vitality and Sustainability）”。

REF框架采用4个星级对参评机构在上述3个方面的表现进行评估，其中，“4星”代表世界领先（world-leading），“3星”代表国际一流（internationally excellent），“2星”代表国际认可（internationally recognized），“1星”代表国内认可（nationally recognized），“未分类”（Unclassified）代表参评机构的科研水平低于国内认可标准，或未满足REF的评价要求。

REF不会公布参评机构在科研产出、学术外影响力和科研环境等方面的直接得分，而是公布每个参评机构在不同星级的比例。2014年，共有154所英国高校参加了REF框架的首次评估，涉及52 061个全职科研人员。英国高校整体科研水平的评价结果如表1所示。

表 1　2014 年 154 所英国高校的整体科研水平情况

项目	4*	3*	2*	1*	未分类
整体质量	30%	46%	20%	3%	1%
科研产出	22.4%	49.5%	23.9%	3.6%	0.6%
学术外影响力	44.0%	39.9%	13.0%	2.4%	0.7%
科研环境	44.6%	39.9%	13.2%	2.2%	0.1%

资料来源：http://www.ref.ac.uk/。

（2）评价方法

按照学科分类，REF 共设有 36 个评价单元，考虑到不同学科之间的差异性，REF 将特点相似的学科进行归类，形成四个大学科组（表 2）。其中，A 组主要是生命科学类学科；B 组主要是理工工程类学科；C 组主要是社科管理类学科；D 组主要是人文艺术类学科。

表 2　REF 4 个大学科组

A 组	B 组	C 组	D 组
1. 临床医学	7. 地球系统与环境科学	16. 建筑学、建筑环境与规划	27. 区域研究
2. 公共健康、卫生服务和初级护理	8. 化学	17. 地理、环境研究、考古学	28. 现代语言和语言学
3. 联合健康专业、牙科、护理和药剂	9. 物理学	18. 经济学和计量经济学	29. 英语语言和文学
4. 心理学、精神病学和神经科学	10. 数学	19. 商业与管理研究	30. 历史
5. 生物科学	11. 计算机科学与信息学	20. 法学	31. 古典文学
6. 农业、兽医和食品科学	12. 航空、机械、化工和制造工程	21. 政治和国际研究	32. 哲学
	13. 电气与电子工程学院、冶金与材料	22. 社会工作与社会政策	33. 神学和宗教研究
	14. 土木建设工程	23. 社会学	34. 艺术与设计、历史、理论与实践
	15. 一般工程类	24. 人类学与发展研究	35. 音乐、戏剧、舞蹈和表演艺术
		25. 教育	36. 传播学、文化和媒体研究、图书馆和信息管理
		26. 体育与运动科学、休闲和旅游	

资料来源：http://www.ref.ac.uk/.

根据评价单元的设置，REF 成立了 36 个学科专家组。为了保证评审专家的专业性和多样性，英国 4 个高等教育基金委员会通过公开提名程序向国内外招聘评审专家，要求专家在开展管理和评估高质量科研活动方面具有丰富的经验。同时，在构建专家组时，REF 也会考虑专家组成员是否能反映学术共同体的多样性。此外，除了聘请学术界的专家学者（academic），REF 还会聘请一定比例的来自政府、企业和第三部门的科研成果用户方（users）作为学科评审专家。为有效解决评审过程中专家之间的分歧意见，REF 还成立了 4 个大学科专家组，每个大学科专家组设首席专家一名。大学科专家组主要负责本组内评估工作的组织协调，主要职责包括：确保评估过程中不同学科专家组之间适用的评估标准保持一致性，形成大学科专家组评估报告，并签署最后的评估结果。

36 个学科专家组在 4 个大学科专家组的领导和协调下，开展组内评估工作，主要职责是，对参评机构提交的材料进行评估并向大学科专家组建议评估结果，同时可以就评估的标准和方法向大学科专家组提出建议。每个学科专家组设组长一名，学科专家组组长同时也是大学科专家组的成员。此外，考虑到评估专业知识的深度和广度，REF 评估还设置了咨询专家岗位，由学科专家组成员推荐，提名选拔，再由英国 4 个高等教育基金委员会的首席执行官任命。咨询专家将出席学科专家组的评审会议。2014 年，REF 共聘请了 1 088 名评审专家（77% 来自学术界、23% 来自用户方）和 25 名咨询专家，参加 36 个学科专家组的评估；80 名大学科评审专家（包括 23 名国际专家和 36 个学科专家组组长），参加 4 个大学科专家组的评估。

（3）项目进展

REF 的评估结果将会直接影响政府的科研经费分配方案。根据 REF 评估框架，仅英国 4 家高等教育基金委员会每年就向高校拨付约 19 亿英镑的科研经费。为此，REF 制定了详细的评估方案保证整个评价过程的专业化、透明化和公平化（表 3）。从 2010 年 3 月评估启动，到 2014 年 12 月评估结果的公布，REF 整个评估过程历时近 5 年。REF 框架的管理和服务团队的专业性、评价方法的科学性、评价过程的严谨性在国际上获得了很高的认可度。

表 3　REF 的评估过程

时间	进程
2010 年 3 月	启动 REF 评估
2010 年 7 月	发布“评审单元和评审专家招聘信息”
2010 年 11 月	发布 REF 试点效果报告
2011 年 2 月	公布评审专家组成员
2011 年 3 月	发布“评价科研影响力的决定”
2011 年 7 月	发布评审专家的“平等原则”
2011 年 7 月	发布“材料提交指南”
2011 年 7 月	公布“评审专家组的评价标准和工作方式”草案供讨论
2011 年夏	讨论“评审专家组的评价标准和工作方式”，包括召开研讨会商讨将科研成果用户方引入学术外影响力评价
2011 年 10 月	“评审专家组的评价标准和工作方式”讨论结束
2012 年 1 月	公布“评审专家组的评价标准和工作方式”
2012 年秋	材料提交系统试运行
2013 年 1 月	邀请高校提交材料；发布材料提交系统和指南
2013 年春	调查高校的参评意愿
2013 年 7 月 31 日	科研材料统计截止日期（科研影响力、科研环境、科研收入和研究生人数）
2013 年秋	任命咨询专家
2013 年 10 月 31 日	统计各高校符合评审条件的科研人员
2013 年 11 月 29 日	材料提交终止
2013 年 12 月 31 日	学术出版物统计截止日期
2014 年	专家组评审材料
2014 年 12 月	公布评估结果
2015 年春	发布专家组评估报告

资料来源：http://www.ref.ac.uk/.

在评估结果公布后，2015 年 1 月，REF 又发布了 4 个大学科专家组的评估报告，详细介绍了各个学科的评估过程，并对各学科的评估结果进行了分析。以 A 组的“农业、兽医和食品科学”为例，共有 27 所高校参评，涉及 1 042 个全职科研人员，其中 17% 是刚入职的科研人员。评估结果表明：英国高校在“分子植物”和“动物科学”方面的科研成果质量较高。同时，在“可持续农业”方面的科研质量提升较快。“食品经济”研究也表现出很强的优势。然而，与农业和食品相关的“社会科学”领域的研究质量出现了较大的下滑。“作物育种”“园艺”和“动植物生产”领域的科研产出较少。

（4）特征分析

一、REF 将“学术外影响力”作为科研评价的重要指标，并通过科研人员提交案例的形式进行评价分析，具有一定创新性。

二、REF 强调评审专家的专业性和多样性。评审专家组成员由高校、专业协会、学会和科研成果的使用单位推荐并选举产生。同时，邀请国际同行专家参与同行评议，有助于保证国内专家客观地评价研究成果的国际卓越水平，也检验国际标准的应用是否恰当。

三、REF 实行“学科分类”评估，最大限度地保障不同学科之间评价标准适用的一致性，体现了平等原则。

四、REF 评价结果与科研经费分配直接相关。虽然 REF 的运行成本高昂，但与更巨额的科研经费相比，这种科研评价投入是有必要的。

五、REF 除公布科研评价结果外，还对科研结果进行分析，并通过大学科专家组评估报告的形式向社会发布，使公众更加清晰地了解英国高校的科研现状。

2.2 澳大利亚科研卓越计划（Excellence in Research for Australia，ERA）

（1）基本情况

21 世纪初，澳大利亚政府决心改善本国的科研状况，包括有针对性地投资研究机构，建立基础设施，成立更多世界一流的研究中心等。然而，到2007年，澳大利亚的40所大学中只有两所名列世界大学学术排名（ARWU）前一百强。同年，澳大利亚政府下属的政策咨询机构生产力委员会（Productivity Commission）的一份报告[4]中提出了澳大利亚科技创新体系中存在的一些问题，如产学研结合不够紧密、科研人员匮乏和科研评价方法较少等。

在科研资助机制方面，政府认为，澳大利亚的双资助体系（包括以个人科研绩效分配的基金项目和对科研机构的一揽子拨款），并没有对科研人员产生足够的激励，尤其是对机构的一揽子拨款政策，只考虑了科研机构发表的学术论文数量，却没有考虑其质量，导致了科研影响力的下降。针对这种情况，2007—2010年，在上届政府设计的"科研质量框架"（Research Quality Framework）基础上，同时参考英国"科研水平评估"（RAE）和新西兰"高校绩效科研基金"（PBRF）的经验，澳大利亚研究理事会（Australian Research Council，简称ARC）制定了新的科研评价体系——"澳大利亚科研卓越计划"（ERA）。

ERA主要是对澳大利亚高等教育机构科研活动的各个方面进行质量评价，具体目标包括以下几点：①通过评价确保澳大利亚高等教育机构的科研质量满足政府、企业和社会的要求；②盘点澳大利亚高等教育机构在各学科领域中的研究优势，发现研究潜力；③保证科研绩效产出最大化；④发现未来可能发展的新兴研究领域；⑤使澳大利亚各学科领域的科学研究具有国内外可比性。

ERA将文献计量方法和同行专家评审相结合，以"学科"为单元对高等教育机构的科研质量进行评价。评价内容包括4个方面：①科研质量（Research Quality），包括出版物及会议的级别、被引情况及经同行评议的国内外科研收入等指标；②科研数量及活动（Research Volume and Activity），包括科研产出总量、科研收入等指标；③科研应用（Research Application），包括科研带来的商业收入等应用测量指标；④声誉（Recognition），包括在权威出版单位担任编辑的人数、参加知名学术团体的人数和全国性科研奖励获得者人数等声誉测量指标。为了使 ERA 的评价结果具有国际可比性，其采用了 5 分制量表方法对上述 4 个方面的评价结果进行等级划分，见表 4。

表 4　ERA 评价结果的等级划分

等级	描述
5	科研成果达到世界顶尖水平（well above world standard）
4	科研成果达到世界领先水平（above world standard）
3	科研成果达到世界平均水平（at world standard）
2	科研成果低于世界平均水平（below world standard）
1	科研成果远落后于世界平均水平（well below world standard）
N/A	科研成果没达到评价标准，未给予评价

资料来源：http://www.arc.gov.au.

ERA 要求澳大利亚所有具有资质的高等教育机构必须参加评价，属于强制性科研评价。为了保证科研评价的顺利实施，在评估年，ERA 会发布“提交指南（Submission Guidelines）”“技术规范（Technical Specifications）”和“业务章程（Business Rules and Verification）”等规范性文件。ERA 已于 2010 年和 2012 年进行了两次评估，2015 年将进行新一轮的科研评价，科研成果的统计时限见表 5。

表 5　2015 年 ERA 统计科研成果的时限

内容	统计时限	时间（年）
科研产出	2008 年 1 月 1 日至 2013 年 12 月 31 日	6
科研收入	2011 年 1 月 1 日至 2013 年 12 月 31 日	3
科研应用	2011 年 1 月 1 日至 2013 年 12 月 31 日	3
声誉	2011 年 1 月 1 日至 2013 年 12 月 31 日	3

资料来源：http://www.arc.gov.au.

（2）评价方法

ERA 以“学科”作为评价单元，学科分类采用“澳大利亚和新西兰标准研究分类法”（Australian and New Zealand Standard Research Classification Field of Research，简称 FOR）。2008 年，FOR 公布了最新的学科分类标准，包括 22 个学科门类（由 2 位代码组成，见表 6）、157 个学科子类（由 4 位代码组成）以及更具体的学科领域（由 6 位代码组成）。例如：气象学的学科代码是 040107，其中 04 代表地球科学，0401 代表大气科学。ERA 主要是对学科门类和学科子类两个层面进行评价。同时，ERA 将所有学科整合为 8 个学科群，包括："物理、化学和地球科学""人文与艺术科学""工程与环境科学""教育与人类社会""经济学与金融学""数学、信息与计算机科学""生物与生物技术科学""医学与健康科学"等。

表 6　FOR 学科门类代码

代码	学科门类	代码	学科门类	代码	学科门类
01	数学	09	工程	17	心理学与认知科学
02	物理学	10	技术	18	法律法规研究
03	化学	11	医学与健康科学	19	艺术与写作研究
04	地球科学	12	建筑环境与设计	20	语言、交流与文化
05	环境科学	13	教育	21	历史与考古学
06	生物科学	14	经济学	22	哲学与宗教研究
07	农业与兽医学	15	商务、管理、旅游与服务		
08	信息与计算机科学	16	人类社会研究		

资料来源：http://www.arc.gov.au.

ERA 对参评学科的科研产出数量设置了最低阈值（Low Volume Threshold）。一是对于利用引用分析方法（Citation Analysis）评价的学科，科研产出数量的最低阈值为近 6 年发表的 50 篇文章，对未达到最低阈值的学科不予评价。二是对于利用同行专家评议（Peer Review）方法评价的学科，最低阈值也是近 6 年产出 50 项科研成果，成果形式包括：书籍、书籍章节、期刊论文、会议论文和研究报告等，同样对未达到最低阈值的学科不予以评价，其中书籍可以核算为 5 项其他形式的科研成果。对于属于多学科的科研成果，

ERA 将按学科贡献比例进行权值分配，例如：一篇期刊论文在两个学科的权值分别为 40% 和 60%，那么其在两个学科的核算后科研成果数量分别为 0.4 和 0.6；若科研成果形式是书籍，那么其在两个学科的核算后科研成果数量分别为 0.4 × 5 和 0.6 × 5。

ERA 按照 8 个学科群遴选评审专家，组成 8 个学科评审专家委员会，每个评审委员会选举一名专家作为首席。评审专家都是在本领域的国际知名学者，具有教授头衔。多数评审专家来自澳大利亚本国高校，但也有部分国外高校的学者参加学科评审委员会，如 2015 年 ERA 公布的 8 个学科评审委员会中，共有 149 名专家组成，其中来自国外高校的专家有 7 人，分别参加"工程与环境科学""教育与人类社会""经济学与金融学""数学、信息与计算机科学""生物与生物技术科学""医疗与健康科学"等 6 个学科群的评审。

由于各个学科的特点不同，ERA 在被评价的科研成果形式和具体的评价方法上也采取了不同的方式。如对于"07 农业与兽医科学"在科研应用评价中，除了专利外，还包括了作物育种方面的科研成果。对于"12 建筑环境与设计""13 教育""14 经济学"等学科的科研质量评价中，并没有采用引用分析的方法，而是通过同行专家评议的方式进行评估。

ERA 的评价数据是由各个受评单位通过专用的计算机系统（SEER）进行上传，整个数据提交过程包括五个阶段：受评单位预提交数据、受评单位提交数据、澳大利亚研究理事会（ARC）审核数据、受评单位确认数据和受评单位签署确认书等。根据 2015 年 ERA 的计划安排，整个数据提交过程要历时 4 个月。

（3）项目进展

2009 年，ERA 首先对"物理和化学""人文与艺术科学"两个学科群进行了试验性评价。2010 年开始面向所有学科实施评价。在最初阶段，ERA 也遭到了一些质疑，其中争议最多的是 ERA 于 2011 年公布的期刊评级，把学术期刊划分为 A*、A、B 和 C 4 个等级。期刊评级公布之后即遭到了各方的激烈批评，并迫于压力于当年 5 月宣布废除。另一个较大争议是科研经费到底该归入科研投入还是科研成果。很多专家质疑 ERA 将科研经费数额作为科研成果指标做法的科学性，认为很难把科研经费数额清楚地归入投入或成果，而建议用科研输入/输出率来取代[5]。

2012 年，ERA 在评价方法上做了一些改变，包括：制定了跨学科研究的评价方法；提高同行专家评议的科研成果最低阈值数（从之前的 30 提高到 50）；将一些利用引用分析方法评价的学科改为同行专家评议的方式进行评估（如“08 信息与计算机科学”“1005 通信技术”“1006 计算机硬件”）；允许“14 经济学”和“16 人类社会研究”将政策文件等“非传统形式科研产出”（Non-traditional Research Outputs，简称 NTRO）作为科研成果；对于“1202 建筑”和“1204 工程设计”学科的声誉评价中，将“在权威出版单位担任编辑的人数”作为一项评价指标。

2015 年 1 月，ERA 开始了新一轮针对全国高等教育机构的科研评价。在最新公布的《ERA 提交指南 2015》中，再次对 2012 年的评价方法进行了完善，具体包括：增加科研成果同行专家评议的比例（30% 的科研成果必须通过同行专家评议进行评估）；受评单位需要提供科研人员的性别，该信息主要是用于分析，不会用于科研评价；所有要通过同行专家评议的科研成果都需要以数字化的形式进行提交；科研成果为书籍或书籍章节的，受评单位要提供“ERA 出版商 ID 号”；科研成果为会议论文的，受评单位要提供“ERA 会议 ID 号”；将“社会机构报告”作为一个“非传统形式科研产出”（NTRO）类别，包括：公共部门报告、企业报告、非营利机构报告及其他机构报告等。

现行的 ERA 科研评价框架仍存在一些缺陷。一是运行费用较高。根据澳大利亚研究理事会（ARC）的估算，2010/2011 年度 ERA 评价活动累计花费 960 万澳元（约合 4 500 万元人民币），2011/2012 年度花费 660 万澳元（约合 3 100 万元人民币），但以上费用的统计中并没有包括参评单位在科研评价过程中的花销。二是过于重视短期成果。为了达到评价要求，更多科研人员倾向于做一些相对简单、规模较小的研究项目，进而快速得到研究成果，这无疑会对科研创新能力产生不利影响。三是忽视了科研人员的时间成本。ERA的评价过程较为复杂，科研人员需要花费大量的时间用于准备评价材料。四是缺少公众的认知。虽然ERA评价中涉及了声望测度等社会影响力指标，但其更加偏重评价科研成果的学术影响力，这使得该科研评价体系不能全面反映科学活动的规律，使公众难以理解科研投资的溢出效应。虽然ERA存在一定的局限性，但澳大利亚研究理事会（ARC）的负责人认为，“ERA出现在正确的时间，起到了应有的作用”[6]。

（4）特征分析

一、综合采用同行专家评议和文献计量方法对科研成果进行评价。但从ERA的发展趋势上来看，科研成果通过同行专家评议的比例在逐步增加。

二、针对不同学科的具体特点，选取相应的评价指标和评价方法。ERA考虑到了学科间的差异性，对于自然科学学科更重视期刊论文等学术成果，主要运用引用分析方法进行科研质量方面的评价；而对于人文社会科学学科的学术成果，更多地运用同行专家评议的方法进行评估。此外，ERA也会考虑应用学科的特点，如在农业科学评价上，将“作物育种”方面的成果作为评价指标。

三、ERA评价体系具有一定的国际性，如采用了国际上常用的五分制量表方法对评价结果进行等级划分，使其评价结果具有国际可比性。另外，学科群评价专家都是在本领域的国际知名学者，同时也有部分国外高校的学者参加ERA科研评价。

四、ERA制定了详细的规范性文件，对整个评价过程起到了指导作用。同时，在评价中会对一些新出现的问题进行补充说明，使ERA评价更加完善和科学。

五、除了科研评价之外，ERA还会对科研活动进行分析，如要求受评单位提交研究人员性别信息等。另外，通过数字化形式提交研究成果，也有利于科研管理部门收集、整理和再利用这些有价值的科研资料，为掌握本国科研活动进程、有针对性地出台相关科技政策提供了一定支持。

2.3 美国“明星测度”项目（STAR METRICS）

（1）基本情况

STAR METRICS 是“科学技术再投资：研究活动对创新、竞争力和科学的影响（Science and Technology in America's Reinvestment：Measuring the Effects of Research on Innovation，Competitiveness and Science）”的简称。该项目是由美国科技政策办公室（OSTP）、美国国立卫生研究院（NIH）、美国国家科学基金会（NSF）、美国能源部（DOE）、美国农业部（USDA）和美国环境保护署（EPA）共同制定，用于评价美国科研投入的绩效，旨在优化决策，明晰权责，提高公众参与。项目主要是基于已有的数据资源，以计量方法为手段，尽量减轻科研人员在评价中的负担，同时保证科研评价的基础数据具有可比性和可重复性[7-8]。

STAR METRICS 项目的启动主要出于两方面的考虑：一是 2009 年奥巴马政府为了刺激经济复苏出台了《2009 年美国复苏与再投资方案》（The American Recovery and Reinvestment Act of 2009，简称 ARRA），该方案中要求政府支出要保持透明度，经费使用要实行问责制。ARRA 资金的受助人需要向公众清晰、准确和及时地报告经费的公共受益情况。二是美国科技政策办公室（OSTP）规定科技投入要以“成果为先（Outcome-oriented）”作为目标。

2009 年 7 月，美国国立卫生研究院（NIH）、美国国家科学基金会（NSF）、美国科技政策办公室（OSTP）与“联邦示范伙伴关系联盟（FDP）”联合进行了 STAR METRICS 项目试点。随着试点项目的成功，也使更多科研资助机构加到该项目中。STAR METRICS 项目重点关注科研影响力的评价，主要分为两个阶段：第一阶段评价科研投入带来的就业机会；第二个阶段评价科研投入在经济增长、劳动力就业、科学进步和社会发展等方面产生的影响。

STAR METRICS 项目主要是基于科研资助机构共同构建的数据平台来

进行科研评价，该数据平台吸收了巴西人才库 Lattes（拉特斯）的设计思路。Lattes 平台是一个为科研人员、教育人员、学生、研究团队和学术机构提供服务的科技人才履历表数据库，截至 2012 年 12 月，Lattes 平台上囊括了 200 万份个人履历、2.3 万个研发小组信息、2 万余个科研项目信息和 4 000 多个机构信息 [9]。同时，项目也参考了乔治·布什政府时期对联邦项目绩效评价的项目评估定级工具（Program Assessment Rating Tool，简称 PART）。

STAR METRICS 是一个自愿参加的科研评价项目，目前并没有强制要求在所有美国政府资助的科研项目中实施。按照 ARRA 法案的要求，STAR METRICS 项目每季度发布一份科研评价报告。

（2）评价方法

STAR METRICS 项目以科研人员作为评价对象。数据收集的范围包括：联邦科研经费资助的科学家，一般研究人员，高校研究生和本科生，其他工作人员等。STAR METRICS 项目主要利用科研资助机构现有的行政机制来收集数据资料。项目团队与科研资助机构合作开发了自动化系统平台，在受资助科研单位的会计和工资系统中提取 14 项核心指标数据用于评价，由此减轻了参评科研单位的工作负担。

第一阶段，通过制定一套统一的、可审计的和标准化的方法体系来评价科研投入在创造就业方面的影响，包括 6 个步骤（图 1）。

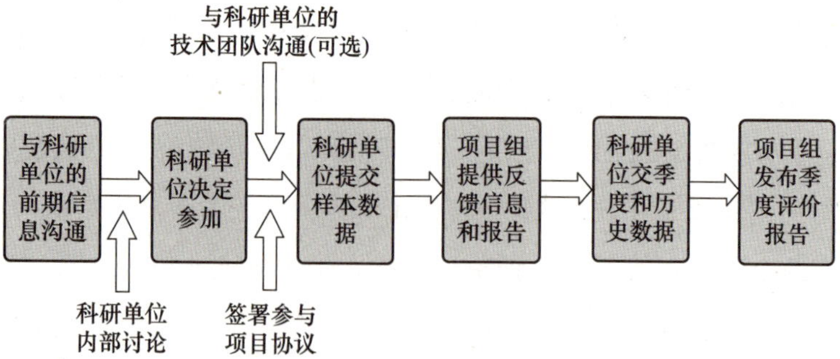

图 1　STAR METRICS 项目第一阶段的主要步骤

资料来源：https://www.starmetrics.nih.gov/。

第一步，与科研单位的前期信息沟通。STAR METRICS 项目将组织一次介绍性会议，通常采用网络或视频会议的形式，向参评科研单位介绍项目的基本情况以及参与项目的各项要求。会议一般持续 1 小时左右，主要讨论的内容包括：需要采集的数据类型，采集数据的过程，基于数据所产生的报告样式等。科研单位参加会议的人员应来自 IT 技术、财务管理和人力资源部门，同时最好有负责科研的部门领导参与。

第二步，科研单位决定参与。第一次沟通会议之后，科研单位和美国国立卫生研究院（NIH）之间签署一份理解备忘录（MOU）。NIH 是 STAR METRICS 项目的数据管理机构。在此过程中，还可以额外召开若干次技术会议，讨论数据采集的细节。

第三步，科研单位提交样本数据。STAR METRICS 项目要求参评的科研单位提供其科研管理系统中的人力资源数据、间接成本数据、供应商数据以及项目子课题相关数据（表 7）。STAR METRICS 项目团队和科研单位共同提交季度基线数据，不同科研单位的数据时限从 2 个季度到 7 年不等，多年份数据的分析可以展现长期的趋势。样本数据的详细信息通过数据字典（Data Dictionary）的形式给出，同时 STAR METRICS 项目团队编写了详细的技术手册来规范提交数据的质量。

表 7　STAR METRICS 项目第一阶段使用的基础数据

数据项	数据要素	定义
项目信息	项目编号	项目编号由 6 位 CFDA[①]编号和资助机构编号（如联邦项目编号，联邦合同编号，或联邦贷款编号）构成。例如：47.074 AGS-0120950 中，47.074 为 CFDA 编号，AGS-0120950 为联邦项目编号。
	受资助方项目号	受资助科研单位的内部编号。
	管理费用	受资助科研单位实际提取的管理费用。
个人信息	受资助人账号	受资助科研单位的内部编号。
	项目编号	项目编号由 6 位 CFDA 编号和资助机构编号（如联邦项目编号，联邦合同编号，或联邦贷款编号）构成。

续表 7

数据项	数据要素	定义
个人信息	项目工作人员编号	受项目资助工作人员的专用身份号码（非社会保障号码）。
	职业分类	受资助人的职业分类（或工作说明）包括：机构外人员、本科生、研究生、助教、技术人员、科学家、分析员、协调员、临床医生等。
	全时工作时间	受资助人的工作时间（全职=1.0，半职=0.5）
	工资收入	项目支付工作人员的工资。
间接费用	日常薪水开支与额外福利的比例	管理费中支付工资和额外福利的比例。公式为（工资+额外福利）÷管理费总额。
项目采购	项目编号	项目编号由 6 位 CFDA 编号和资助机构编号（如联邦项目编号，联邦合同编号，或联邦贷款编号）构成。
	受资助方项目号	受资助科研单位的内部编号。
	供应商全球编码系统（DUNS）② 编号	供应商的 9 位数字组成的 DUNS 编号。如果没有 DUNS 编号，则以邮政编码代替，邮政编码中的前缀 Z 需要大写，以与 DUNS 编号相区别。
	项目采购费用	项目支付供应商的费用。
分包合约和子课题	项目编号	项目编号由 6 位 CFDA 编号和资助机构编号（如联邦项目编号，联邦合同编号，或联邦贷款编号）构成。
	受资助方项目号	受资助科研单位的内部编号。
	子项目受资助方的 DUNS 编号	子项目受资助方的 9 位数字组成的 DUNS 编号。如果没有 DUNS 编号，则以邮政编码代替，邮政编码中的前缀 Z 需要大写，以与 DUNS 编号相区别。
	子项目支付金额	子项目负责人支配的经费。

资料来源：https://www.starmetrics.nih.gov/。

① Catalog of Federal Domestic Assistance（CFDA）是指“联邦国内援助目录”，其包括了所有受联邦资助的国家 / 地方项目。

② DUNS 是一个独一无二的 9 位数字全球编码系统，是电子商务中一个国际认可的、常用的公司识别符号。

第四步，STAR METRICS 项目团队提供反馈信息和报告。在获得科研单位的样本数据后，STAR METRICS 项目团队将对数据进行深入分析，重点报告科研项目对就业的影响，包括创造就业情况，保留就业情况，与上一季度相比的就业变化情况等。此外，项目团队还将对提交的文件结构及具体数据元素进行分析，在数据格式规范方面提出建议。

第五步，科研单位提交最新数据和历史数据。样本数据格式及相应的分析报告样式得到确认后，在不增加任何工作量的前提下，科研单位需要尽可能提交更多季度的数据。为了使 STAR METRICS 项目团队进行更详细的历史数据分析，科研单位最好提交季度数据。

第六步，STAR METRICS 项目团队发布季度评价报告及可视化图谱。在对 STAR METRICS 数据库中的信息进行分析的基础上，撰写相应的科研评价报告并反馈给科研单位。STAR METRICS 项目团队将按季度发布科研评价报告和可视化图谱，联邦科研资助直接产生的就业情况将以表格的形式在报告中予以呈现。此外，报告还会对科研项目子课题、项目采购和科研项目间接经费资助等产生的就业情况进行估算。所有科研评价报告及可视化图谱都会向科研单位征求意见。

第二阶段，STAR METRICS 项目将评价科研投入在经济增长、劳动力就业、科学进步和社会发展等方面产生的影响。

STAR METRICS 首先将对受资助项目的科研内容进行分析，同时补充第一阶段收集到的科研人员信息。主要采取两个途径：一是利用数据挖掘（Data Mining）和自然语言处理（Natural Language Processing）技术对科研内容进行可视化展示，同时将科研内容与科研人员和基金项目相关联。二是构建 SciENCV 在线网络，科研人员可以通过该网络上传其个人履历，可供多用途使用。科研人员可以在履历中填写个人的学术成果、研究方向和兴趣等信息。该系统为科研人员与政府之间的互动提供了一个网络化平台。系统平台将给每位科研人员一个唯一的身份号码，以便政府机构进行识别，从而消除了人名歧义的问题。该履历可以用于科研经费申请、进展报告以及其他科研项目文件中，避免了科研人员重复填写个人信息。这种方法与巴西人才库 Lattes（拉特斯）的设计思路相似，同时也借用了一些其他的工具和数据资源，如科研机构自动数据系统、NIH 资助项目（NIH RePORT，RePORTER 和 IMPAC Ⅱ）、NSF 资助项目（Research.gov 和 CITESEER）、EPA 的 HERO 数据库、DOE 的 science.gov 和出版物数据库等。

STAR METRICS 项目第二阶段的评价方案将分期进行。短期（3 年内），将重点构建履历网络系统，包括开发核心信息平台，整合多来源于数据库。中期（3～6 年），增加履历系统的数据量，提高系统的自动化程度，同时制定标准化方法将系统中的科研人员数据进行关联。长期（6 年以上），将参与国际科研合作的外国学者信息导入，整合国际数据和标准，也有助于系统的完善。长远来看，STAR METRICS 项目团队希望通过自动化的测量方法来帮助科研人员了解研究项目的影响力。例如，对科学知识的影响可以通过公开出版物和引用数量方面的指标来表达；对社会效益影响可以通过构建健康指标以及环境影响因子等方式表达；对劳动力就业的影响可以通过对学生流动和招收等方面来表达；对经济增长的影响则可以通过跟踪专利以及新公司的创建和发展路径等来表达。

（3）项目进展

目前，美国 STAR METRICS 项目整体上还处于第一阶段，主要针对联邦政府资助项目与行政管理和预算局（OMB）资助项目进行评价。第一阶段的评价结果不会影响科研经费分配，该阶段评价的主要目的是为了更好地了解科研项目创造的就业情况。而第二阶段的评价将会对科研经费分配的决策产生影响。到目前为止，80 多个美国科研单位参加了 STAR METRICS 项目。

STAR METRICS 项目的运行成本还没有向外界公布，根据 2010 年 NSF 的一项报告显示，项目实施的第一年里 NSF 和 NIH 共投入了 100 万美元（两个机构每年的经费预算合计大概为 380 亿美元）。其余参与项目机构每年投入 50 万美元。同时，参评科研单位也将花费一些时间成本。根据 STAR METRICS 项目团队的分析，最初参加项目的科研单位在评价系统构建上要花费 20～640 个小时，平均花费 100 个小时；而后期加入项目的科研单位花费的时间会少很多，30～100 个小时，平均花费 45 个小时。在评价系统构建之后，每季度数据上传的时间平均为 2.5 个小时。

STAR METRICS 项目也引起一些外国政府和机构的注意，尤其是日本已经开始参照 STAR METRICS 项目理念，于 2011 年 4 月在科技创新发展政策下启动了相关的科研评价活动。欧洲委员会也在考虑使用相似方法进行科研评价。同时，STAR METRICS 项目团队也将相关经验介绍给了巴西和中国的科研资助机构[10]。

（4）特征分析

一、STAR METRICS 项目尽可能地利用已有数据资源，通过自动化的数据抽取方法来完成科研评价，以此减轻研究人员在科研评价过程中的负担。

二、STAR METRICS 项目采用自愿参加的方式，同时 STAR METRICS 项目团队也在号召更多的科研机构加入，如美国大学学会、美国公立和赠地大学协会以及政府关系理事会。此外，ARRA 法案的相关要求也为项目的参与率提供了一定保障。

三、STAR METRICS 项目特别关注科研评价数据的收集过程，通过编写详细的技术手册规范来保障数据质量，为科研评价建立了科学的数据基础。

四、STAR METRICS 项目第二阶段采用了数据挖掘和自然语言处理等适用于大数据分析的技术手段，为更深入和精确的科研评价提供了方法支持。

五、STAR METRICS 项目并没有采用单一的绩效评价指标对受评科研单位进行排名，而是重点关注了评价科研投入在经济增长、劳动力就业、科学进步和社会发展等方面产生的影响，以此强调科学研究的综合影响力。

3 启示

（1）确立科学的科研评价目标，发挥科研评价的引导作用

科学的科研评价要以促进科研实力提升、调控科研发展方向和策略、优化科研资源配置为目标，同时还要考虑对研究人员培养、科技成果转化以及

科研文化培育的引导作用。科学的科研评价应符合科研活动的规律，通过制订合理的科研评价周期来减少急功近利的科研“投机行为”，通过评价指标的设计来引导科研朝着数量和质量双重增长、基础和应用研究比翼齐飞的良好态势健康发展。同时，科学的科研评价还应符合科研人员的成长规律，要建立有助于青年科研人员发展的评价体系，营造求真、务实和诚信的科研文化氛围。总之，科学的科研评价不应以“评价”为目标，简单地以评价结果作为科研资源分配的标准；科学的科研评价应以“引导”为目标，指引科技的发展方向，提升科技的创新力和竞争力。

（2）扩展科研评价内容，构建多维度的科研成果影响力评价体系

现有科研评价主要基于可量化的学术论文、专利等常识性科研产出，而科研成果的价值并不仅仅局限于学术层面。科研活动在推动科学和技术发展的同时，培养了未来的科技人才，带动了劳动力就业，提升了科研环境建设。科研成果的应用在影响学术发展的同时，更重要的是满足经济社会发展的需求，促进经济增长和社会发展。因此，科研评价内容应扩展到科研环境、科研应用等与科研活动密切相关的上下游科研过程中，从而实现科研生态的整体优化，使“科研环境—科研产出—科研应用”形成一个良性循环的过程。随着科研评价内容的扩展，单一的学术影响力评价体系也就不再适用，需要构建全面考虑科研活动过程所有环节影响力的多维度评价体系。评价体系不仅包括评价科研成果的学术影响力，考察科研成果对科学知识进步的贡献；评价科研成果的学术外影响力，测度科研成果对社会经济的影响；还要评价科研活动的社会影响力，考核科研活动对科研环境建设的贡献，引导科研人员重视人才培养，重视科研文化培育。

（3）实施规范的科研评价标准，建立与国际接轨的评价制度

规范的科研评价标准要考虑不同学科的差异性，要从自然科学、技术科学、社会科学和艺术科学等学科特点出发，选择学科代表性的科研成果形式，通过适用的科学方法进行评价。同时，规范的科研评价标准要经过“试点—推广—完善”整个过程，评价标准要根据科学技术发展的进程不断修改完善。

此外，规范的科研评价标准要与国际接轨，使我国的科研评价具有国际可比性，有利于科研人员准确定位自身的学术位置，也有利于科研管理部门准确把握未来的科研发展方向。

（4）使用多元的科研评价方法，减轻科研人员在评价过程中的负担

多元的科研评价方法要吸收多学科的方法特色，综合定性和定量的评价方法，针对自然工程科学和人文社会科学建立多样性的、分学科的评价方法体系。同时，将数据挖掘、自然语言处理、可视化图谱等大数据分析方法和技术应用于科研评价，增强科研评价的深度和准确性，减轻科研人员在评价过程中的负担。

（5）组织权威的科研评价专家团队，鼓励科研成果用户方参与评价

权威的科研评审专家不仅要有学科专业知识的深度和广度，同时还要具有丰富的科研评价经验。权威的科研评价专家团队中最好包括国际同行专家，其有助于保证国内专家客观地评价研究成果的国际卓越水平，也检验国际标准的应用是否恰当，同时还可以包括评价咨询专家，其有助于保证科研评价过程的公平性和科学性。此外，科研成果用户方的参与将有利于对科研学术外影响力的评价。

（6）建设自动化的科研评价系统平台，加强科研数据的组织与管理

自动化的科研评价系统要以信息科学的方法为基础，计算机科学的技术为保障，为科研管理部门和参评科研单位提供互动的平台，同时也要以“节约成本、减轻负担”为原则，提高系统平台的运行效率。另外，科研数据是科研评价的基础，数据的质量决定着评价结果的准确性，在科研评价的同时也应加强科研数据的组织和管理工作，其有利于科研评价数据的收集、整理与再利用。

参考文献

[1] 中国科学技术信息研究所 . 2011 年度中国科技论文统计与分析 [M]. 北京 : 科技文献

出版社 , 2011.
[2] 郭生练 . 谁拨偏了科研评价的方向 ? [N]. 科技日报 , 2010-6-22.
[3] PA Consulting. Positive Accountability: Review of the Costs, Benefits and Burdens of Accountability in English Higher Education [EB/OL]. http://www.hefce.ac.uk/pubs/rereports/year/2009/positiveaccountability.
[4] Productivity Commission. Report on Government Services 2007 [R]. www.pc.gov.au.
[5] Martin B. ERA: Adverse Consequences [J]. Australian Universities' Review, 2011, 53(2): 99-102.
[6] 张洁 . 澳大利亚 ERA, 虽不完美 , 但已实现目标 [J]. 世界科学, 2014(9): 7-8.
[7] Lane J. I. Let's Make Science Metrics More Scientific [J]. Nature, 2010(464):488-489.
[8] Lane J. I., Bertuzzi S. Measuring the Results of Science Investments [J]. Science, 2011(331): 678-680.
[9] Pacheco RCS. The Role of Lattes Platform in the Brazilian Innovation System [EB/OL]. Http://www.nsf.gov/attachments/123272/public/1.Pacheco.pdf.(2012-04-12).
Grants World Blog. STAR METRICS update [EB/OL]. http://gmlob.wordpress.com/2011/06/30/star-metrics-update/.

1979—2011 年 *NATURE* 和 *SCIENCE* 期刊中我国学者发表论文的文献计量分析

赵　勇

（中国农业大学图书馆情报研究中心）

摘要： 对 1979—2011 年我国学者在 *NATURE* 和 *SCIENCE* 期刊上发表的论文进行文献计量分析和统计描述分析，从论文产出、机构分布、国际合作以及学术影响力等角度，系统梳理了我国学者高水平国际论文的发表情况，特别关注了我国学者作为通信作者发表的论文，客观地揭示了我国在前沿科技领域的自主创新能力。结果表明，我国科技发展战略对提升自主创新能力的效果彰显；高校正逐步成为突破重大科技问题研究的重要力量，企业在基础研究领域的参与度较低；40 个国家/地区参与了我国主导的前沿科技研究；水稻基因研究引领了国际前沿，但我国前沿科技研究的整体学术影响力需要进一步提升。

关键词： 自主创新能力；前沿科技；*NATURE*；*SCIENCE*；文献计量分析

1　引言

一个国家在前沿科技领域的自主创新能力是其科技竞争力的重要体现。高水平国际论文是评价一个国家在前沿科技领域自主创新能力的重要指标之一。高水平国际论文通常来源于高影响因子的国际核心期刊，根据 2011 年

Thomson Reuters 公布的 8 073 种 SCI 期刊的引证分析报告（JCR）显示，在影响因子排名前 20 位的期刊中，肿瘤学期刊 *CA-A CANCER JOURNAL FOR CLINICIANS* 的影响因子最高，为 94.333。在综合性学术期刊中 *NATURE* 和 *SCIENCE* 的影响因子位于前 2 位，分别为 36.104 和 31.377。作为国际上著名的学术期刊，*NATURE* 和 *SCIENCE* 始终如一地报道各学科领域最前沿的研究突破，这些研究成果引领了全球科技的创新与发展。

20 世纪 70 年代末至今，伴随国家改革开放的历史进程，我国的科技发展战略先后经历了“面向、依靠”“科教兴国”和“自主创新”3 个阶段的跃迁。作为促进国家发展的“第一生产力”，科学技术成为我国政府历年财政投入的重要领域之一。科技论文作为科技投入的重要成果之一已经成为科技评价与测度的重要指标之一。高水平国际论文备受关注，成为衡量创新活动特别是基础研究活动的主要分析对象[1]。但是，已有研究多以我国学者参与发表的学术论文为分析对象，未见以我国学者作为通信作者发表的学术论文作为对象的研究。而通信作者通常是整个科研项目的负责人和主导者，承担着项目经费、研究设计和成果发表等重要职责，通过对通信作者论文的文献计量分析可以探析国家/机构在某一项科研领域的自主创新能力。本研究将以 1979 年以来我国学者在 *NATURE* 和 *SCIENCE* 期刊上发表的论文为研究对象，特别提取我国学者发表的通信作者论文为分析对象，利用文献计量和统计学方法，对论文产出、机构分布、国际合作和学术影响力等进行计量分析，探析我国在前沿科技领域的自主创新能力。

2 数据来源与分析方法

2.1 数据来源及说明

本研究以 Web of Science 数据库为数据源，分别检索 1979—2011 年发

表的 *NATURE* 和 *SCIENCE* 期刊中文章作者所属国家为中国（Peoples R China），文献类型为学术论文（Article）、研究快报（Letter）和评述性文章（Review）的文章，获取 *NATURE* 刊登文章 500 篇，*SCIENCE* 刊登文章 489 篇，共计 989 条数据。为了真实反映国家科技战略下我国前沿科技的研究水平和自主创新能力，本研究剔除了中国香港（Hong Kong，China）机构发表，但没有大陆机构参与的论文，包括 26 篇 *NATURE* 期刊论文和 36 篇 *SCIENCE* 期刊论文。因此，本文中提及的“中国”或“我国”实指中国大陆地区。

由于 Web of Science 数据库没有设置对通信作者的检索项，本研究利用自主开发的“学术论文元数据分析工具 BibStats”对已获取论文元数据进行处理，精炼提取了我国学者作为通信作者发表的 *NATURE* 期刊论文 195 篇和 *SCIENCE* 期刊论文 153 篇。另外，由于文章中作者所署单位的名称存在不一致现象，造成论文元数据中出现同一机构有多个名称的问题。所以，本研究对机构名称进行了一致化处理。例如，中国科学院出现了下列名称：CHINESE ACAD SCI，CAS；北京大学有：PEKING UNIV，BEIJING UNIV 等。此外，对同一机构中的下级单位统一归并到上级机构，例如 INST VERTEBRATE PALEONTOL PALEOANTHROPOL（中国科学院古脊椎动物与古人类研究所）归并到中国科学院。

2.2 分析方法

在论文产出和机构分布的分析中，本研究采用了文献计量分析方法进行了频数统计，以反映数据的总体分布形态以及基于时间序列的变化趋势。在国际合作分析方面，本研究利用自主开发的“学术论文元数据分析工具 BibStats”对论文中合作的国家 / 地区数量进行了统计，同时基于 Web of Science 数据库中的机构分析，构建了国际合作关系的共现矩阵，通过社会网络分析软件 UCINET 6.0 对共现矩阵进行了“核心—边缘”分析，进而探析了在前沿科技领域我国学者主导的国际合作网络的分布情况。在学术影响力分析方面，本研究采用了 Thomson Reuters 的 ESI 高被引论文，以及 SCI 论文的总被引频次和篇均被引频次作为分析指标。此外，为了消除文献发表时间对论文学术评价的影响，真实反映那些发表时间较新，积累时间较短的有潜在价值论文对机构学术评价的贡献，本研究引入了年均被引频次（即该论文的被引频次与论文已发表时间的比值）作为论文学术影响力评价指标，从而全面客观地揭示国内主要科研机构发表论文的学术影响力。

3 数据分析结果

3.1 论文的产出情况：我国科技发展战略效果彰显

1979—2011 年，我国学者在 *NATURE* 和 *SCIENCE* 期刊上共发表论文 927 篇（包括合著论文），其中 *NATURE* 474 篇，*SCIENCE* 453 篇。图 1 显示，随着国家科技发展战略的跃迁，我国学者在 *NATURE* 和 *SCIENCE* 期刊上发表的高水平论文数量呈递增趋势，特别是在 2000 年之后，面对新世纪世界经济、科技发展趋势以及我国经济社会建设对科技的需求，提高自主创新能力被提升至国家发展的战略高度，《国家中长期科学和技术发展规划纲要（2006—2020 年）》等一系列科技政策文件相继出台，使得这一时期我国的高水平论文总体数量增速十分明显。

另外，本研究将通信作者所属国家为中国的 *NATURE* 和 *SCIENCE* 期刊论文作为衡量科技成果自主知识产权的一项重要指标，对我国学者在前沿科技领域的自主创新能力进行考察，同时利用“累计法”对 2000 年以来论文的平均增长速度进行了测算。结果表明，1979—2011 年我国学者作为通信作者在 *NATURE* 和 *SCIENCE* 期刊上共发表的论文数为 348 篇，占论文总体数量的 37.5%，通信作者论文数量呈现波动上升趋势，尤其是 2000 年以来，我国具有自主知识产权的论文数量增速（13.4%）与论文总体数量增速（13.3%）趋同，说明在新的科技发展战略下，我国前沿科技领域的自主创新能力得以加速提升。

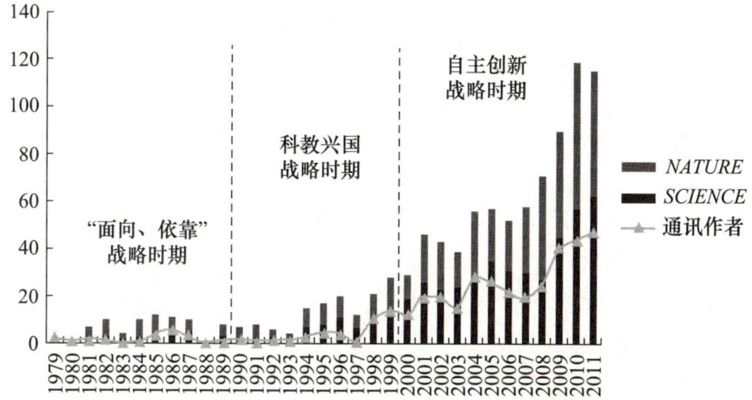

图 1　1979—2011 年中国学者在 *NATURE* 和 *SCIENCE* 期刊上论文发表情况

3.2　发表论文的机构分布：企业在基础研究领域的参与度较低

表 1 显示了 1979—2011 年在 *NATURE* 和 *SCIENCE* 期刊上发表通信作者论文排名前 20 位的中国机构分布情况，20 家机构的发文量为 780 篇，占总数的 84.1%。可见，这些机构是我国前沿科技领域自主创新的主力军，引领了我国前沿科技的发展。

表 1　1979—2011 年中国机构在 *NATURE* 和 *SCIENCE* 期刊上发表论文情况

排名*	机构名称	合计	*NATURE*			*SCIENCE*		
			20 世纪 80 年代	20 世纪 90 年代	20 世纪 21 世纪	20 世纪 80 年代	20 世纪 90 年代	20 世纪 21 世纪
1	中国科学院	147/363	8[a]/13[b]	8/24	66/159	1/5	2/6	62/156
2	清华大学	18/38	0/0	0/0	13/21	0/0	1/1	4/16
3	中国科学技术大学	13/38	0/0	1/2	8/17	0/0	3/4	1/15
4	北京生命科学研究所	12/15	0/0	0/0	7/9	0/0	0/0	5/6

续表 1

排名*	机构名称	合计	NATURE 20 世纪 80 年代	NATURE 20 世纪 90 年代	NATURE 20 世纪 21 世纪	SCIENCE 20 世纪 80 年代	SCIENCE 20 世纪 90 年代	SCIENCE 20 世纪 21 世纪
5	南京大学	11/39	1/1	0/3	3/12	1/1	3/8	3/14
6	北京大学	10/63	1/1	1/4	6/29	0/0	0/2	2/27
7	复旦大学	10/35	0/0	0/0	4/20	0/0	0/1	6/14
8	西北大学	10/14	0/0	3/4	5/8	0/0	0/0	2/2
9	深圳华大基因研究院	6/16	0/0	0/0	4/11	0/0	0/0	2/5
10	中国农业大学	5/17	0/0	0/0	3/9	0/0	0/0	2/8
11	中国地质科学院	4/50	0/11	1/3	1/13	0/0	1/8	1/15
12	中国农业科学院	4/11	0/0	0/0	2/3	0/1	0/0	2/7
13	厦门大学	4/5	0/0	0/0	1/1	0/0	0/0	3/4
14	上海交通大学	3/22	0/0	0/0	1/12	0/0	0/0	2/10
15	浙江大学	3/20	0/0	0/0	1/10	0/0	0/1	2/9
16	国家人类基因组研究中心	3/16	0/0	0/0	2/10	0/0	0/0	1/6
17	南京师范大学	3/7	0/0	0/0	2/2	0/0	0/0	1/5
18	吉林大学	2/11	0/0	0/1	1/6	0/0	0/0	1/4
19	云南大学	2/6	0/0	0/0	1/2	0/0	0/0	1/4
20	四川大学	2/5	0/0	0/0	1/4	0/0	0/0	1/1

* 按中国学者为通信作者发表的 *NATURE* 和 *SCIENCE* 期刊论文数量排名。[a] 该机构学者作为通信作者发表的 *NATURE* 或 *SCIENCE* 期刊论文数量。[b] 该机构学者发表的 *NATURE* 或 *SCIENCE* 期刊论文总数。

从历史变迁的维度分析，可以发现，20 世纪 80 年代期间我国在 *NATURE* 和 *SCIENCE* 期刊上发表论文的机构主要是中国科学院，表明这一时期我国科技创新的主体是科研院所。随着国家科技创新体系的发展，高校科研力量得到快速的培育。20 世纪 90 年代起，研究型高校的科研活动开始活跃，出现了高水平国际论文，2000 年以来发文量也在逐年增加。值得注意的是，20 世纪 90 年代末期成立的国家基因组研究中心、华大基因研究院，实现了科研机构、高校和企业的强强联合，促进了我国在生命科学领域的研究快速发展，生命科学领域的 *NATURE* 和 *SCIENCE* 期刊论文发表开始增多。进入 21 世纪，我国在保持科技政策连续性和稳定性的基础上，继续加大对科研的投入力度，前期重点部署的科研领域在这一时期取得了大量的科研成果，高水平论文发表数量迎来快速增长的高峰期。

从创新主体的维度审视，《国家中长期科学和技术发展规划纲要（2006—2020 年）》中指出，“国家科技创新体系是以政府为主导、充分发挥市场配置资源的基础性作用、各类科技创新主体紧密联系和有效互动的社会系统”。目前，我国基本形成了政府、企业、科研院所及高校、技术创新支撑服务体系四角相倚的创新体系。表 1 显示，科研院所和高校成为我国高水平国际论文的主要发表机构，而华大基因作为一家“产学研一体化”的大型企业，在基础研究领域也取得了许多学术成果，成为“科学、技术、产业相互促进发展模式”的典范。然而与国外发达国家相比，我国多数企业在基础研究领域的参与程度较低[2]，企业与科研院所和高校在前沿科技领域合作发表的研究成果较少，作为科技成果转化的重要机构，企业在基础科研领域参与的缺失会严重影响到我国科技创新体系的有效运转。

从自主知识产权的维度来看，1979—2011 年这 20 家机构的学者作为通信作者发表的 *NATURE* 和 *SCIENCE* 期刊论文数为 270 篇，占我国学者作为通信作者发表论文总数的 77.6%。将通信作者论文数量与发文总量进行比较后可以发现，北京生命科学研究所（80.0%）、厦门大学（80.0%）、西北大学（71.4%）、清华大学（47.4%）和中国科学院（40.5%）在论文自主知识产权方面高于全国平均水平（37.5%），表明这 5 家科研机构的自主创新能力相对较强，同时也说明我国学者发表的 *NATURE* 和 *SCIENCE* 期刊论文大多是参与合作发表的，作为主导地位的论文数量不足，在前沿科技领域多数科研机构存在论文数量与自主创新能力不对称的现象。

3.3　论文中的国家/地区合作：40 个国家和地区参与了我国主导的国际合作

国际科技合作是科研事业的重要组成部分，有利于我国借助全球科技资源解决本国经济和社会发展中的诸多难题，并促进国家科技自主创新能力的提升 [3]。据统计，“十一五”期间，我国国际科技合作计划共支持项目 1 728 项，专项投入 43.75 亿元 [4]。文献元数据信息提取和统计结果显示，1979—2011 年，与我国学者合著发表 *NATURE* 和 *SCIENCE* 期刊论文的国家/地区数量共计 88 个，其中我国学者作为通信作者的论文中合作的国家/地区数量为 40 个，平均每篇通信作者论文合作的国家 / 地区数量为 0.85 个。我国学者主导的前沿科技研究中国际合作最多的是遗传学领域，其中“Genome sequence and analysis of the tuber crop potato”（块茎作物马铃薯的基因组测序及分析）一文中合著的国家数量最多，该研究成果是由“马铃薯基因组测序国际协作组”经过 6 年的努力完成，涉及 14 个国家的 97 名研究人员，中国农科院和深圳华大基因研究院等组成的中方团队主导了这项研究，该研究成果于 2011 年 7 月 14 日以封面文章的形式在 *NATURE* 期刊上发表，中国农科院蔬菜所黄三文博士为论文的通信作者，该成果奠定了我国在马铃薯基因组研究领域的领先地位。

本研究以参与我国主导的前沿科技研究的 40 个国家 / 地区为分析对象，按照同一篇论文中的合著关系构建共现矩阵，利用 UCINET 6.0 软件，通过社会网络分析方法对我国学者主导的国际合作情况进行探析。为了衡量每一个国家在我国学者主导的国际合作网络中所处的位置，本研究引入 Borgatti 和 Everett（2000）的“核心 - 边缘”连续模型 [5]。在连续模型中，首先需要确定每个元素的核心度（coreness），再根据核心度的大小，利用 UCINET 中的 SORT 命令，将原有矩阵进行重新排序，最后根据重排矩阵即可分析出核心、边缘的结构 [6]。图 2 显示了 40 个国家的核心度及其在网络中的具体位置。其中，美国和英格兰位于网络的核心区域，德国、加拿大、丹麦、中国台湾、日本、法国、新加坡和澳大利亚等位于网络的半边缘区域，而其余 30 个国家位于网络的边缘区域。

通过以上分析可以发现，在前沿科技领域，中国学者主导的国际科研合作形成了一个联系比较广泛的网络，既包括了美国、英格兰和德国等欧美传

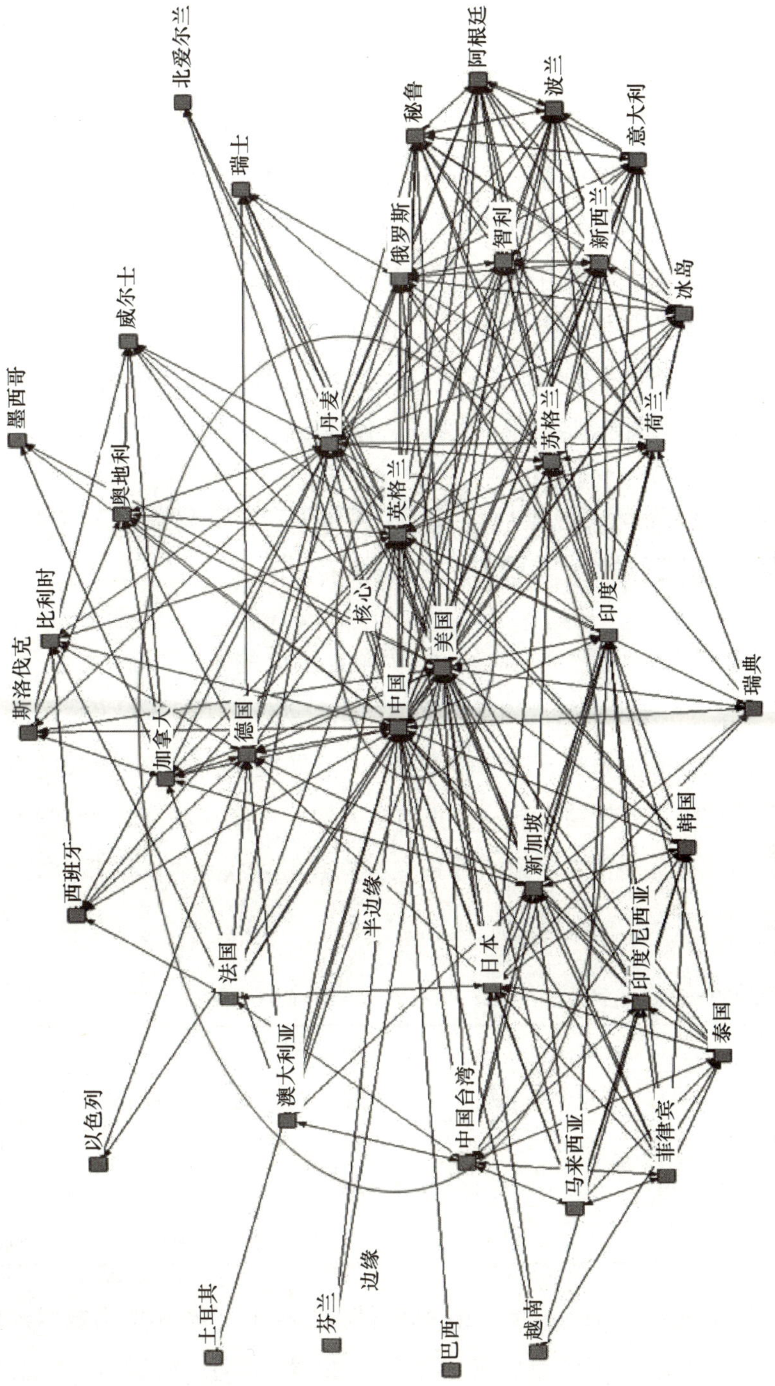

图 2　1979—2011 年 *NATURE* 和 *SCIENCE* 期刊论文中我国学者主导的国际合作网络

统科技强国，也包括了印度、越南和巴西等新兴发展中国家，表明我国在前沿科技领域具有一定的国际影响力。但国家之间的合作程度有很大差异，从图 2 中可以看出，一些经济和科技水平发达国家 / 地区的核心度较高，在网络中处于核心或半边缘的位置，说明国家的科技水平对国际合作程度具有重要的影响，我国在前沿科技领域的国际合作中重视科技发达的国家 / 地区，积极动员这些国家的科技资源投入到我国的科研事业中来。从地域上来看，中国台湾、日本和新加坡是参与我国前沿科技研究较多的亚洲国家 / 地区。在欧洲，我国与西欧国家的科研合作强度高于东欧和南欧国家。南美和非洲国家参与我国主导的前沿科技研究较少，合作强度较低。

3.4 论文的学术影响力：水稻基因研究引领国际前沿，整体学术影响力需要进一步提升

论文的被引用情况是论文学术影响力评价的重要指标之一。《国家“十二五”科学和技术发展规划》中也将“原始创新能力显著提升，国际科学论文被引次数进入世界前五位”作为“十二五”期间我国科技发展的主要目标之一。通过统计分析结果显示，我国学者参与合作发表的论文在学术影响力上明显高于作为通信作者发表的论文，总被引频次是通信作者论文的近 3 倍（表 2）。

表 2　1979—2011 年我国学者发表 *NATURE* 和 *SCIENCE* 期刊论文的被引用情况

项目	总体			*NATURE*			*SCIENCE*		
	篇数	总被引	均被引	篇数	总被引	均被引	篇数	总被引	均被引
参与合作论文	624	88 419	141.70	279	50 391	180.61	300	38 028	126.76
通信作者论文	348	31 149	71.12	195	15 797	81.01	153	15 352	100.34
合计	972	119 568	123.01	474	66 188	139.64	453	53 380	117.84

本研究将进入 Thomson Reuters 基础科学指标（ESI）中的高被引论文作为分析论文学术影响力的重要指标之一。ESI 高被引论文的统计结果显示，

2001—2011 年，在我国学者发表的 *NATURE* 和 *SCIENCE* 期刊论文中，有 127 篇 *NATURE* 期刊论文和 125 篇 *SCIENCE* 期刊论文的被引次数排在各学科前 1%，占论文总数的 27.2%。我国学者作为通信作者发表的 *NATURE* 和 *SCIENCE* 期刊论文中分别有 43 篇和 40 篇进入 ESI 高被引论文。其中，2002 年 4 月 5 日，由袁隆平院士作为通信作者在 *SCIENCE* 期刊上发表的 “A draft sequence of the rice genome（Oryza sativa L. ssp indica）” [水稻（籼稻）基因组的工作框架序列图] 一文的总被引频次（1 367 次，截至 2012 年 8 月 18 日）在动植物科学领域排名第 4 位，在水稻作物研究方面排名第 1 位，表明我国的水稻基因研究已经处于国际前列。而多数我国学者作为通信作者发表的 *NATURE* 和 *SCIENCE* 期刊论文的被引频次虽然进入了各学科的前 1%，但排名比较靠后。

表 3 显示了 1979—2011 年中国机构在 *NATURE* 和 *SCIENCE* 期刊上以通信作者身份发表论文的学术影响力情况。结果显示，在高被引论文数量、论文篇数和总被引指标中，中国科学院、中国科学技术大学和清华大学处于前列；在篇均被引指标中，南京师范大学、上海交通大学和国家人类基因组研究中心位于前三名；在年均被引指标中，考虑到论文发表的时间因素，可以发现，在近年间发表的论文中，中国科学院、清华大学和深圳华大基因研究院的学术影响力较高。

表 3　1979—2011 年中国机构在 *NATURE* 和 *SCIENCE* 期刊上发表论文的学术影响力

机构名称	高被引（篇）	篇数（篇）	总被引（次）	篇均被引（次 / 篇）	篇均发表时间（年 / 篇）	年均被引（次 / 年）
中国科学院	30	147	14 244	96.9	8.9	1 594.9
中国科学技术大学	5	13	1 968	151.4	9.8	290.4
清华大学	4	18	2 873	159.6	5.3	292.6
深圳华大基因研究院	4	6	973	162.2	3.2	267.5
厦门大学	4	4	1 148	287	11.0	223.5
复旦大学	4	10	929	92.9	10.0	185.8

续表 3

机构名称	高被引（篇）	篇数（篇）	总被引（次）	篇均被引（次 / 篇）	篇均发表时间（年 / 篇）	年均被引（次 / 年）
北京大学	3	10	716	71.6	10.0	102.1
中国农业大学	3	5	558	111.6	4.8	86.1
国家人类基因组研究中心	3	3	575	191.7	7.0	78.9
上海交通大学	3	3	576	192.0	5.7	77.5
南京师范大学	2	3	657	219.0	7.7	103.2
浙江大学	2	3	238	79.3	4.0	53.0
吉林大学	2	2	288	144.0	7.5	42.4
北京生命科学研究所	1	12	600	50.0	4.3	115.9
南京大学	1	11	900	81.8	12.7	83.8
中国农业科学院	1	4	379	94.8	5.5	63.2
西北大学	1	10	599	59.9	6.0	51.7
中国地质科学院	0	4	344	86.0	5.0	22.8
云南大学	0	2	44	22.0	5.5	7.6
四川大学	0	2	1	0.5	4.5	0.2

此外，本研究以 348 篇通信作者论文为分析对象，对文献类型、国际合作与论文被引频次之间的相关性进行了分析，结果显示：评述性文章（Review）的平均被引频次（264.57）远高于学术论文（Article）和研究快报（Letter），分别为 112.19 和 8.01，Pearson 相关系数为 0.170，在 0.01 水平（双侧）上显著相关；有国际合作的论文平均被引频次（108.75）远高于无国际合作的论文（67.16），Pearson 相关系数为 0.133，在 0.05 水平（双侧）上显著相关。以上结果可以说明，文献类型和国家合作与论文的被引频次具有一定的相关性。评述性文章因其对某一学科有深入和全面的评述，具有前瞻性，所以受到同行的关注度较高；而国际合作有助于提高我国的科研水平，扩大研究成果的影响力。但应该注意到，目前我国学者在前沿科技领域发表的评

述性文章还很少，具有自主知识产权的通信作者论文在数量和影响力方面均低于参与合作的论文，被引次数进入各学科前 1% 的通信作者论文数量严重不足，我国前沿科技领域研究成果的学术影响力仍有待提高。

4 结语

本文以 1979—2011 年我国学者在 *NATURE* 和 *SCIENCE* 的期刊上发表的论文为研究对象，利用文献计量和统计学方法，对论文产出、机构分布、国际合作和学术影响力等方面进行了计量分析，系统梳理了我国学者的高水平国际论文发表情况，特别关注了我国学者作为通信作者发表的论文，客观地揭示了我国学者在前沿科技领域的自主创新能力。研究结果表明：①在国家科技发展战略的引导下，我国高水平国际论文数量显著增加，尤其是 2000 年以来具有自主知识产权的论文数量增速与论文总体数量增速趋同；②随着三个阶段国家科技战略的跃迁，我国的科研力量逐步增强，开展前沿科技研究的机构从单一走向多元，研究型高校正逐渐成为突破重大科技问题研究的重要力量，而企业在前沿科技领域与科研院所、高校合作发表的研究成果较少；③ 40 个国家 / 地区参与了我国学者主导的前沿科技研究，在国际合作中，我国重视与经济、科技发达的国家 / 地区之间的合作，积极动员这些国家的科技资源投入到我国的科研事业中来；④我国学者主导的水稻基因研究已经引领了国际前沿，但从整体上看，我国学者主导的研究成果在学术影响力方面明显低于我国学者参与的国外学者主导的前沿科技研究成果，研究成果的学术影响力仍有待提高。本研究的局限性在于高水平国际论文只是自主创新产出的表现形式之一，发明专利作为自主创新产出的另一重要表现形式，有待进一步分析，本研究结论只能部分反映我国在前沿科技领域的自主创新能力。

参考文献

[1] 贺德方 , 等 . 中国科技论文统计结果 [R]. 北京 : 中国科学技术信息研究所 , 2010: 30.

[2] 温珂 , 李乐旋 . 从提升自主创新能力视角分析国内企业基础研究现状 [J]. 科学学与科学技术管理 , 2007(2): 5-9.

[3] 刘娅 . 从国际科技合著论文状况看中国环境领域国际科技合作态势 [J]. 中国软科学 , 2011(6): 34-46.

[4] 中国新闻网 . 中国设立国际科技合作专项“十一五”投入 40 多亿 [EB/OL]. http://www.chinanews.com/gn/2011/08-28/3288659.shtml,2011-08-28.

[5] Borgatti SP, Everett MG. Models of core/periphery structures [J]. Social Networks, 2000, 21(4): 375-395.

[6] 刘军 . 社会网络分析导论 [M]. 北京 : 社会科学文献出版社 , 2004: 286.

高校科研评价改革，路在何方
——荷兰瓦赫宁根大学扬·杜威·范德普勒格教授访谈与启示

赵　勇
（中国农业大学图书馆情报研究中心）

在过去的一年里，“科研评价改革”无疑是国内高校科研领域最“火”的词汇之一，无论是国家层面的政策文件，还是地方层面的改革实践，都在剑指我国长期以来深受社会各界诟病的科研评价制度，一时间人们仿佛即将看到高校科研“以 SCI 论文论英雄”时代的终结。然而，在欢欣鼓舞之后，人们开始更多地思考“SCI 后时代”的科研评价体系如何构建，具体地说，我们如何突破学术论文、专利等常识性科研产出，发现客观反映科研活动的评价内容；如何超越论文数量和影响因子，找到科学测度科研成果的评价方法；如何规避学术小团体现象，遴选本专业领域科研人员公认的评审专家。这些问题的提出，再次让我们清醒地认识到高校科研评价改革任重而道远。

“他山之石、可以攻玉”，上期本刊重点介绍了英国、美国和澳大利亚“以影响力为导向”的科研评价体系的核心内容，寄希望通过国外经验的引介，使我国高校科研评价改革之路的方向逐渐明晰。为了更好地学习国外名校科研评价的实践经验，本期我们对荷兰瓦赫宁根大学的扬·杜威·范德普勒格（Jan Douwe van der Ploeg）教授进行了访谈。

扬·杜威·范德普勒格教授在高校科研评价的组织和管理方面具有丰富

的工作经验，曾先后担任瓦赫宁根大学曼斯霍尔研究院[①]（Mansholt Institute）院长、农村社会学系主任、荷兰农村政府委员会成员和欧盟国家农村发展进程经济影响的比较研究项目负责人，也曾多次受聘作为评审专家参加荷兰、意大利和西班牙等欧洲国家知名高校的科研评价。2009 年 9 月起，他还受聘担任中国农业大学人文与发展学院的兼职教授。

本次访谈从瓦赫宁根大学科研评价体系中的研究项目评价、教育项目评价和院系评价等 3 个方面展开，扬・杜威・范德普勒格教授详细介绍了评价内容要求、评价主体角色和评价结果影响等，同时对第三方评价、同行评议方法等科研评价的热点问题进行了讨论，最后他对我国高校的科研评价改革提出了自己的建议。

1 瓦赫宁根大学科研评价体系介绍

瓦赫宁根大学始建于 1876 年，是生命科学领域的世界著名高校。曼斯霍尔研究院作为瓦赫宁根大学中研究中心（Wageningen University and Research Center）的一部分，它已经发展为一个国际性的科研与教育机构，下设植物科学、动物科学、农业技术与食品科学、环境科学、社会科学等五个院部。瓦赫宁根大学的科研评价主要包括研究项目评价、教育项目评价和院系评价等 3 个方面。其中，为了保证研究项目的质量和学校的科研水平，瓦赫宁根大学每年都要对研究机构和研究人员进行考核评价，而教育项目评价和院系评价通常是每 4～5 年进行一次。

---

① 瓦赫宁根大学曼斯霍尔研究院下设 6 个分院：实验植物科学（Experimental Plant Sciences，EPS）、食品技术、农业生物技术、营养与健康科学（Food Technology Agrobiotechnology Nutrition and Health Science，VLAG）、生产生态学和资源保护（Production Ecology and Resource Conservation，PE&RC）、社会科学（Wageningen School of Social Sciences，WASS）、动物科学（Wageningen Institute of Animal Sciences，WIAS）、环境与气候研究（Wageningen Institute for Environment and Climate Research，WIMEK）。扬•杜威•范德普勒格教授是社会科学研究生学院 WASS（原名是曼斯霍尔研究院）的首任院长。

1.1 评价内容

（1）研究项目

瓦赫宁根大学对研究项目的评价主要包括以下四个方面：①质量（Scientific Quality），主要通过同行专家评议来进行判断，包括科学相关性、学术声誉和人力资源等；②创新性（Innovation），主要考察研究过程中是否存在方向创新、理论创新、方法创新和观点创新等；③社会相关度（Societal Relevance），主要考察研究项目对社会的贡献情况，具体包括社会价值、社会影响及社会应用性等；④研究产出率（Productivity），主要测度发表文章的数量以及影响因子等。

（2）教育项目

教育项目评价主要包括5个方面：①一致性与连续性（Consistent and Continuity），重点考察教育项目是不是可持续发展的；②社会贡献及独特性（Social Contribution and Uniqueness），重点评价教育项目对社会需求的满足程度，以及该项目的不可替代性；③质量（Quality），主要是教育资源保障方面的指标；④学生意见（Opinions of Students），主要收集学生对教育项目的主观评价；⑤教育产出率（Productivity），包括按时毕业的学生数量、师生比和教师辅导学生的时间等。

（3）院系

院系评价主要以系（Group）为评价单位，主要有4方面的内容，除了研究项目和教育项目评价外，对系的评价内容还包括：优势（Strength），包括硕博研究生数量、博士后数量以及外部经费项目数量；产出率（Productivity），包括期刊论文、书籍和会议论文等成果的发表情况，在研究人员论文数量统计上，将分别考虑是否包括研究生发文数量两种情况。在研究项目和教育项目的贡献评价上，瓦赫宁根大学特别重视项目对全球化议题的贡献，如失业、健康、饥饿、战争、移民和自然资源等，同时强调项目的独特性和持续性。

1.2 评价主体

瓦赫宁根大学构建了多层面的评价主体，主要包括自我评价和外部评价。在自我评价方面，学校对研究项目、教育项目和院系的评价都是从自我评价开始，首先由受评方根据固定格式的评审表格自主填写并提交。在外部评价方面，学校建立了由国际知名专家组成的评审专家委员会，评审专家将依据受评方提交的评审表格，在向广泛群体核实情况后进行评价，被访谈的对象都是评价内容中的相关利益群体，包括学生、教师、社会代表、农业协会和消费者等，最后评审专家根据评价结果撰写最终的评价报告。

在评价报告完成后，校方会组织由评审方和受评方共同参加的科研评价讨论会，由评审专家委员会向各受评方介绍最终的评审结果，受评方可以对结果提出质疑或进行解释。在这种“核实与平衡（Check and Balance）”的互动过程中，最终找到解决问题的方案。以农村社会学系为例，该系近年来将“城市农业（Urban Farming）”作为研究重点，如果评审专家在院系评价时认为这与农村社会学系的定位相左，那么系主任就会列举相关论据来说明这一研究选题的重要性，如城市农业有助于社会互助，加强邻里之间沟通、增进感情；也有助于外来移民更好地融入社区，降低城市社区犯罪率。通过评审方和受评方的答辩互动，最终使评价的结果更加准确和有效。

1.3 评价影响

瓦赫宁根大学对研究人员的奖励机制主要依赖于评审专家委员会的评价报告，其评价结果将会影响到研究人员的科研经费分配比例、研究生培养数量以及职称评定等。为了避免科研评价过程中出现“马太效应（Matthew Effect）”现象，即越强势的学科在评价后将获得越多的科研资源，瓦赫宁根大学对科研评价结果较差的研究项目、教育项目以及院系给出了 4 年的“整改期”。同时，瓦赫宁根大学强调学科发展的“多元化”，因此 4 年的“整改期”也为边缘学科提供了更多的发展时间。

2 高校科研评价的热点问题讨论

2.1 第三方评价

第三方评价制度在国际上较为流行，很多欧洲高校在科研评价中较早地使用了这种方法，2004 年开始，荷兰认证组织授权民间质量评价机构——荷兰大学质量保障署（ANVUR）可以作为第三方负责高校的科研评价，旨在保证科研评价活动的客观性、独立性和专业性。但扬·杜威·范德普勒格教授认为，第三方评价存在一定的风险性，主要体现在：一是评价机构对高校的科研活动及其运行机制的理解不够，很难理解一些特殊科研成果的意义；二是评价机构仅能客观地反映高校科研的现实状况，很难从高校长远发展的角度去考量；三是评价机构很难理解和测度高校科研的社会影响力。

2.2 同行评议

目前，同行评议方法在面临跨学科研究和新型知识的评价时遇到了挑战，如何平衡同行评议和文献计量的使用也成为科研评价中的热点问题。扬·杜威·范德普勒格教授认为，对于以期刊论文为成果表现形式的科研活动可以更多地利用文献计量方法进行评价，主要有以下几方面的原因：一是多数期刊论文都是经过同行评议后得以发表的，同行专家已经对其进行了评价；二是现有的引文数据库（如 Web of Science，Scopus 等）对期刊论文都有科学的影响力分析指标；三是评审专家委员会成员的时间和精力有限，应该集中去评价那些难以用文献计量方法评价的科研成果。另外，扬·杜威·范德普勒格教授特别强调“同行指导评价（Peer Guided Evaluation）”，他认为同专业学者可以更好地理解本领域的科研产出及其现实意义，应该由他们来指导如何进行本专业的科研评价。

3 国内高校科研评价改革的建议

在本次访谈的最后，扬·杜威·范德普勒格教授对国内高校的科研评价改革提出了自己的一些建议：

首先，科研评价是一项非常艰辛的工作，需要科学的设计与合理的组织，不能将科研评价简单化，即把科研成果进行简单的量化与绩效化，简单化的评价既不符合科研生产规律，也不遵从科研的基本准则。科学的科研评价应该从科研活动的客观规律出发，通过评价来弥补高校科研的现实不足，引导高校科研的未来发展。

其次，高校需要清楚地了解本校的特点与优势，任何一所大学都有其自身的特色，就像中国农业大学与任何一所欧美涉农高校的办学情况都不一样，所以不能简单地照搬其他学校的发展经验。高校应将科研评价作为发展本校优势的重要手段，根据优势发展优势，同时注重多元化。

最后，高校应该将科研产出是否满足国家和社会的需求作为重要评价标准。创建世界一流大学，高校一定要成为解决国家区域重大战略需求的权威，一定要成为解决世界前沿问题的创新源，一定要成为国家的智库，在国家战略决策中有更大的话语权。

4 启示

通过对扬·杜威·范德普勒格教授的访谈，我们了解了荷兰瓦赫宁根大学在科研评价上的具体做法，这也为我国科研评价改革提供了一些借鉴与启示。

（1）借鉴“他山之石”，避免“南橘北枳”

国际流行的科研评价模式给我国科研评价改革提供了丰富的参考经验，但这些模式是否可以直接复制？究竟是“他山之石，可以攻玉”，还是“橘生淮南则为橘，生于淮北则为枳”？这取决于高校治理模式、科研文化氛围和国家科技政策等宏观环境要素的诱导方向。只有高校治理从行政回归学术，科研工作从制度走向文化，才能让国外先进的科研评价理念“本土化”，使其在我国“生根发芽、开花结果”，这样科研评价才能真正成为国家引导科技发展的“指挥棒”。

（2）树立科研标杆高校，实现学校整体实力的超越

榜样是我们前行的力量，世界一流大学树立了科学研究的学术标杆，成为国内高校追赶和超越的目标。而评价指标则为我们提供了审视高校自身科研水平，发现校际间实力差距的重要标尺，通过定期的测量，客观地将评价结果反映给科研工作者和管理者。但是，长期以来，国内科研评价的指标设计更多偏向于学术影响力评价，而忽视了对科研学术外影响力的测度，从而导致这样的科研评价难以全面反映国内高校与世界一流大学之间的差距。另外，高校的科研管理和行政管理也会对科研创新能力的提升产生影响。因此，超越科研标杆高校，不仅表现在ESI等学术评价指标的数值上，还表现在科研管理能力的水平上，最终表现在对国家和社会发展的贡献上，以此实现学校整体实力的超越。

（3）坚持高校特色发展，重视学科建设的“多元化”

特色发展是建设高水平大学的必由之路，高校在长期办学过程中逐步积累，形成了一些具有独特性、优质性、稳定性和发展性的个性特征，它们是一所大学赖以生存和发展的优势所在，命脉所系。所以，高校应将科研评价作为发展本校特色优势的重要手段，引导广大教师努力在重点学科领域的教学、科研、管理和社会服务上创立“品牌”。同时，优势学科的发展需要多学科的支撑，因此，在建设重点学科的同时，也应注意边缘学科的发展。在科研评价时，应充分考虑学科的发展特点和规律，给予其更多的发展时间和空间，逐步缩小优势学科和边缘学科之间的差距。

中美知名高校零被引学术论文特征的比较研究

——以中国“C9 高校”和美国“常青藤高校”为例

赵　勇　李友轩　李　冬

（中国农业大学图书馆情报研究中心）

摘要：高被引论文被广泛地应用于科研机构的绩效评价和学术排名，但科学界大量存在的低被引、甚至零被引论文在科研评价体系中的评价功能尚未获得足够的重视。本文对中美知名高校的零被引论文特征进行了比较分析，结果发现：① C9 高校整体的论文零被引率是常青藤高校的 3.36 倍，但差距在逐年缩小。② C9 高校的计算机科学成为高零被引率学科，而常青藤高校的医学相关学科和部分人文社会科学学科出现较高的零被引率。③ C9 高校的零被引率受期刊质量因素的影响相对更大，在相同期刊质量条件下，C9 高校的零被引率仍高于常青藤高校，说明 C9 高校论文零被引率的其他影响因素的作用也较为明显。④常青藤高校零被引论文的国内外合作范围略大于 C9 高校，但其在零被引论文合作研究中多是作为参与机构，而 C9 高校更多的是作为主导机构。本文从反向评价视角来考察中国高校与世界一流大学之间的差距，对高校的科研管理决策和优势学科建设具有一定启示。

关键词：零被引论文；中美知名高校；C9 高校；常青藤高校；文献计量

1　引言

近年来，基于学术论文发表及其引用情况的诸多文献计量指标被广泛地应用于科研机构的绩效评价和学术排名[1-5]，尤其是“高被引论文”已经成为评价高校科学研究能力和国际学术声誉的重要标志，同时也被科研管理部门作为动态监测优势学科建设成效的关键依据。然而，相对于屈指可数的高被引论文，科学界大量存在的低被引、甚至零被引论文在科研评价体系中的评价功能尚未获得足够的重视。

国外图书情报学界较早地关注了论文零被引现象。1965 年，科学计量学家普赖斯（Price D. J. D.）在 *Science* 杂志上刊文对 1961 年之前出版的所有科学论文的零被引率进行了估计，认为学术论文出版后任何给定的引用年份内，有大约 35% 的论文未被引用，而在论文出版后的 10 年内，有 10% 的论文从未受到任何引用[6]。目前，学者们对论文零被引率的统计口径并没有形成统一的看法。Schwartz 较早地提出零被引论文是指在 5 年的出版周期内未收到一个单独引用的论文[7]。部分学者则发现不同学科领域在发表后不同时间窗口的零被引率各不相同[8-10]。唐晓莉等研究表明，在经济学领域 2 年时间窗口的零被引率与影响因子、h 指数等期刊正面评价指标的负相关性特别强，认为 2～3 年的期刊零被引率指标用于经济学期刊综合实力的反向评价具有合理性[11]。此外，为了探索不同国家、机构、学科、期刊和个人等主体的论文传播规律和特征，也有学者采用数学方法对论文零被引率的时序演化情况进行了模型拟合研究[12-13]。论文零被引的影响因素较为复杂，有些学者重点探究了零被引率与期刊影响因子之间的关系[14-15]，胡泽文通过问卷调查发现“论文内容主题”和“期刊学术地位”是学者们认为最主要的两类论文零被引现象的影响因素[16]。但是，学界对于高校学科排名、国家和机构科研实力、科研合作强度等其他的论文零被引的影响因素考察较少，并且鲜见有学者将论文零被引率指标应用于高校科研评价的相关研究。

2017 年 9 月，中国教育部印发了我国世界一流大学和一流学科建设的入选高校名单，包括了 42 所一流大学和 137 个一流学科，标志着中国的高等教育事业全面进入了在全球范围内崛起的新阶段。在此背景下，本文以中国 C9

高校[①]和美国常青藤高校为比较对象，采用文献计量方法，分析两个高校联盟的零被引论文在时序变化、学科结构、期刊质量和科研合作4个维度上的具体特征及差异，以期从反向评价视角来考察中国高校与世界一流大学之间的差距，为高校的科研管理决策和优势学科建设提供一定的参考和启示。

2 研究设计

2.1 研究问题

在前人研究的基础上，结合研究目标，本文将聚焦于解决以下4个方面的研究问题：

（1）中美知名高校学术论文零被引率的时序演化规律如何，其零被引率的差距在扩大还是缩小？

（2）中美知名高校零被引学术论文的学科结构分布如何，其零被引论文在侧重学科领域分布的情况差异如何？

（3）中美知名高校零被引学术论文发表的期刊质量如何，其顶级学术期刊论文的零被引率差异如何？

（4）中美知名高校零被引学术论文的科研合作态势如何，其主导的国内外合作研究论文的零被引率差异如何？

2.2 数据来源

本文将从发表到统计日为止未获得任何引用的论文作为零被引论文的统

① C9是中国首个顶尖大学间的高校联盟，于2009年10月启动。联盟成员都是国家首批“985”重点建设的9所一流大学。根据2017年软科中国最好大学排名，C9高校均名列前茅：清华大学（1）、北京大学（2）、浙江大学（3）、上海交通大学（4）、复旦大学（5）、中国科学技术大学（6）、南京大学（7）、哈尔滨工业大学（10）、西安交通大学（16）。

计标准。为了给论文至少 5 年的引用窗口期，故以 2003—2012 年 10 年间中国 C9 高校和美国常青藤高校发表的 SCI/SSCI 期刊论文为检索对象。文献类型为 Article，检索时间为 2017 年 9 月 1 日，检索结果见表 1。

表 1　2003—2012 年中美知名高校的学术论文发表情况

高校	论文总数	零被引论文数	高校	论文总数	零被引论文数
中国 C9*	**246 844**	**19 722**	**美国常青藤***	**350 440**	**8 337**
浙江大学	41 186	3 025	哈佛大学	136 233	2 614
清华大学	38 178	3 629	宾夕法尼亚大学	53 439	1 278
北京大学	35 667	2 384	哥伦比亚大学	48 687	1 326
上海交通大学	35 106	2 791	康奈尔大学	44 879	1 170
复旦大学	25 494	1 543	耶鲁大学	40 343	873
南京大学	23 940	1 759	普林斯顿大学	22 711	640
中国科学技术大学	22 682	1 606	布朗大学	18 223	453
哈尔滨工业大学	18 312	1 981	达特茅斯学院	11 310	289
西安交通大学	15 769	1 592			

* 对联盟内各高校之间的合作论文进行了去重。

2.3　分析方法

（1）学科结构

本文借鉴了 Yang 等 [17] 提出的计算方法，选取相对比例指标 RI_{ij} 作为高校侧重学科的遴选标准，具体指标定义如下：

首先，计算高校在某一学科的论文数量占本校总论文数量的比例 X_{ij}。（公式 1）中，P 表示论文数量，i 表示高校，j 表示学科。

$$X_{ij}=P_{ij}/P_i \qquad \text{（公式 1）}$$

其次，计算世界在某一学科的论文数量占世界总论文数量的比例 Y_{wj}。（公式 2）中，P 表示论文数量，w 表示世界，j 表示学科。

$$Y_{wj}=P_{wj}/P_w \quad (公式2)$$

最后，计算每个学科的相对比例指标 RI_{ij}。公式 3 中，若 $RI_{ij}>1$，表明学校 i 发表的学科 j 论文数量占本校论文的份额大于世界这一学科份额，学校 i 在学科布局中较为侧重这一学科；若 $RI_{ij}<1$，表明学校 i 发表的学科 j 论文数量占本校论文的份额小于世界这一学科份额，学校 i 对于这一学科的布局较轻。

$$RI_{ij}=X_{ij}/Y_{wj} \quad (公式3)$$

此外，为了更加直观地展示零被引论文在各学科领域的分布情况，本文采用了科学层叠地图（Science Overlay Map）[18]，该方法主要是基于 Web of Science 学科分类体系中 252 个 SCI 和 SSCI 的学科类别，通过不同学科期刊引用关系聚类，绘制成由 19 大学科门类组成的科学知识图谱，见图 1。

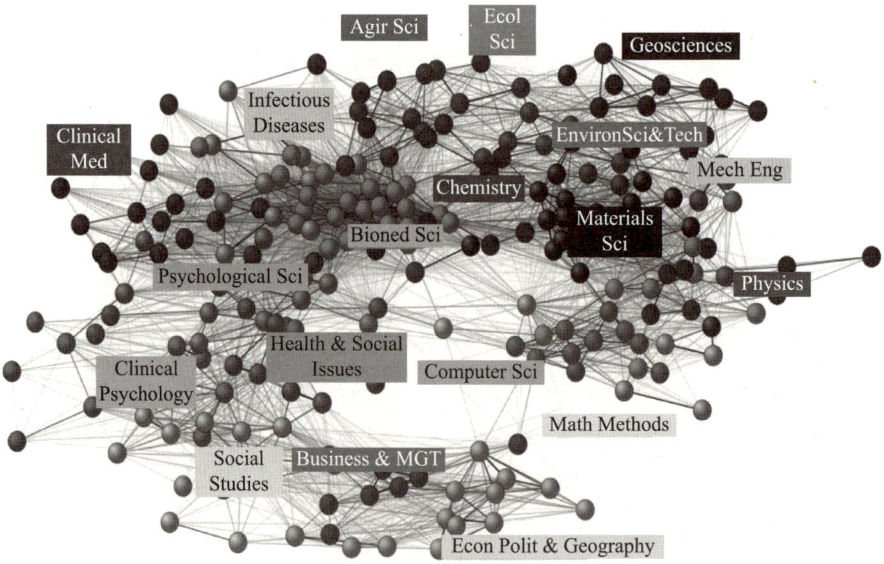

图 1 科学层叠地图

（2）期刊质量

本文将 2017 年《期刊引证报告》（Journal Citation Reports，JCR）中的影响因子作为表征零被引论文发表期刊质量的评价指标。对报告中未收录期刊的影响因子默认为缺失值。另外，以 Nature 指数的 68 种来源期刊（https://www.natureindex.com）作为顶级期刊遴选标准，探究零被引论文在顶尖学术期刊上的分布情况。

（3）科研合作

本文选择国内合作范围（DCR）、国际合作范围（ICR）、合作主导指数（CLI）和论文合作率（PCR）四个指标对中美知名高校零被引论文的科研合作情况进行测度。

国内合作范围((DomesticCollaboration Range，DCR）指高校零被引论文的篇均国内合作机构数量。

国际合作范围（International Collaboration Range，ICR）指高校零被引论文的篇均合作国家数量。

合作主导指数（Collaborative Leadership Index，CLI）指高校作为通信作者单位发表的科研合作论文数量占其发表科研合作论文总数量的比例。

论文合作率（Paper Collaboration Ratio，PCR）指高校的科研合作论文数量占其发表论文总数量的比例。

3 研究发现

3.1 时序变化

表 2 显示了 2003—2012 年中国 C9 高校和美国常青藤高校论文零被引率的时序变化情况，可以发现，中国 C9 高校的论文零被引率呈现逐年下降的趋势，也表明其整体的学术影响力在不断提升。美国常青藤高校的论文零被引率时序变化较为平缓，相对稳定在 2.38% 的低位水平，也体现了其世界一流大学的科研实力。从比较视角来看，中国 C9 高校整体的论文零被引率是美国常青藤高校的 3.36 倍，但它们之间的差距在逐年缩小。从高校个体角度来观

察，C9 高校联盟内部的论文零被引率差异较为明显。其中，西安交通大学和哈尔滨工业大学的论文零被引率在接近 10% 的高位水平。相比而言，常青藤高校联盟内部的零被引率差异较小，但布朗大学的论文零被引率呈现出较为明显的逐年递增趋势。

表 2　中美知名高校学术论文零被引率的时序变化　　%

高校	2003年	2004年	2005年	2006年	2007年	2008年	2009年	2010年	2011年	2012年	总体
中国 C9	**10.91**	**11.14**	**11.78**	**9.69**	**7.29**	**6.69**	**6.74**	**6.56**	**6.89**	**7.05**	**7.99**
复旦大学	9.52	10.03	8.27	6.45	5.52	5.19	5.08	4.89	5.08	5.89	6.05
北京大学	8.65	8.86	8.63	8.10	6.24	6.12	6.65	5.66	5.73	5.69	6.68
中国科学技术大学	8.22	7.83	8.29	8.55	7.08	6.14	6.29	6.76	6.56	6.90	7.08
浙江大学	8.57	10.42	10.37	8.92	6.36	6.31	6.50	5.85	6.52	7.43	7.34
南京大学	10.49	8.28	10.53	9.13	8.22	7.15	5.60	6.24	6.30	5.75	7.35
上海交通大学	11.25	16.16	11.66	10.14	6.51	6.54	6.44	6.44	6.92	6.68	7.95
清华大学	14.16	12.73	15.45	11.77	8.25	7.53	7.66	7.18	8.07	6.90	9.51
西安交通大学	10.51	12.47	17.19	12.37	8.79	7.99	8.74	9.30	9.26	9.65	10.10
哈尔滨工业大学	18.22	13.77	19.09	14.61	11.22	8.03	9.57	8.99	8.66	9.79	10.82
美国常青藤	**2.37**	**2.13**	**2.08**	**1.94**	**2.10**	**2.09**	**2.28**	**2.47**	**2.73**	**3.21**	**2.38**
哈佛大学	1.81	1.51	1.65	1.61	1.71	1.71	2.00	2.03	2.36	2.59	1.92
耶鲁大学	2.25	2.64	1.79	2.04	2.36	1.97	1.73	2.00	2.24	2.79	2.16
宾夕法尼亚大学	2.37	2.12	2.39	2.02	1.60	2.31	2.73	2.47	2.32	3.54	2.39
布朗大学	1.70	2.09	2.34	1.70	2.12	2.13	1.85	3.39	3.11	3.87	2.49
达特茅斯学院	2.59	2.05	1.95	1.93	2.97	1.81	3.36	2.65	3.71	2.41	2.56
康奈尔大学	2.94	2.06	1.99	2.35	2.25	2.47	2.15	2.76	3.35	3.59	2.61
哥伦比亚大学	2.99	2.76	2.31	1.90	2.48	2.64	2.45	2.79	2.98	3.82	2.72
普林斯顿大学	3.34	2.90	3.08	2.48	2.47	2.08	2.24	2.79	3.53	3.41	2.82
中美对比 *	4.61	5.24	5.67	5.00	3.47	3.19	2.96	2.66	2.52	2.20	3.36

* 中国 C9 高校零被引率与美国常青藤高校零被引率的比值。

3.2 学科结构

从中美知名高校零被引论文在科学层叠地图上的频次分布来看（图 2 中的 A 和 B），C9 高校在材料科学、物理学、计算机科学和数学等 4 个学科门类集中了数量相对较多的零被引论文，而常青藤高校在各学科领域的零被引论文数量分布较为均衡。杨奕虹等以中国博士论文高被引和零被引百分比绘制象限分布图来反映机构博士培养的整体实力[19]，本研究借鉴此方法，按侧重学科指标 *RI* 和论文零被引率进行四象限划分（图 2 中的 C 和 D），C9 高校有 71 个侧重学科领域，其中 23 个学科的论文零被引率大于 10%，占比 32.4%。常青藤高校有 104 个侧重学科领域，有 13 个学科的论文零被引率大于 10%，占比 12.5%。

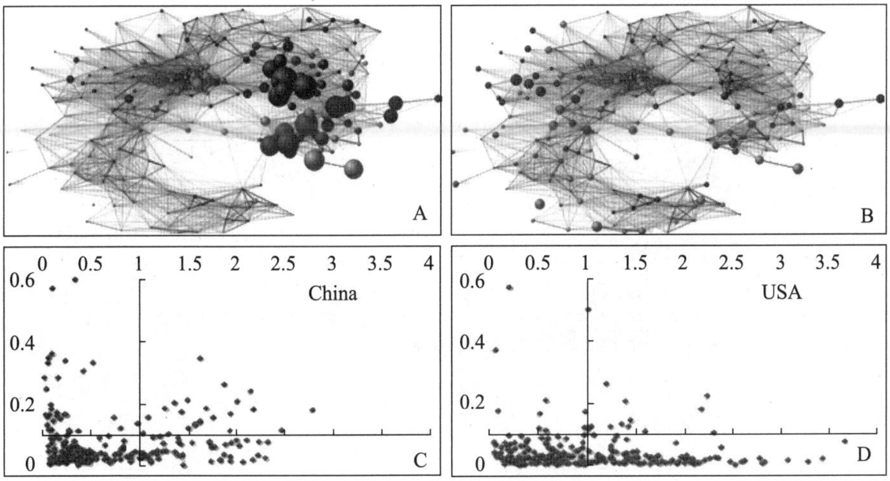

图 2　中美知名高校零被引学术论文的学科结构分布

图 A 和 B 分别为中美知名高校零被引论文在科学层叠地图上的分布情况。
图 C 和 D 的横坐标为侧重学科指标 *RI*，纵坐标为论文零被引率。

从发文量排名前 50 位的侧重学科领域来看（表 3），多数 C9 高校在计算机科学领域的论文零被引率较高，此外，北京大学和南京大学的数学分支学科，清华大学和哈尔滨工业大学的材料科学分支学科，西安交通大学的电信科学领域都出现了高零被引率。在常青藤高校联盟中，多数高校在医学的相关学科领域出现了较高的零被引率，同时各高校的人文社会科学的部分学科零被引率较高，如哈佛大学和布朗大学的政治学，耶鲁大学和康奈尔大学的法学，康奈尔大学的经济学，哥伦比亚大学的教育与教育研究，普林斯顿大学的国际关系等。

表 3　中美知名高校侧重学科领域学术论文的零被引率（零被引率 Top3）

高校	侧重学科领域（论文占比；零被引率 %）*	高校	侧重学科领域（论文占比；零被引率 %）*
中国 C9	**计算机科学理论与方法（1.62;34.71）** **计算机科学，信息系统（1.87;26.34）** **计算机科学，人工智能（2.00;20.92）**	**美国常青藤**	**统计与概率（1.46;4.39）** **粒子与场物理（1.41;4.07）** **小儿科学（2.04;3.36）**
复旦大学	计算机科学理论与方法（1.18;37.01） 计算机科学，信息系统（1.45;31.40） 计算机科学，人工智能（1.27;24.26）	哈佛大学	小儿科学（2.27;3.00） 生物医学工程（1.48;2.75） 内科医学（2.14;2.61）
北京大学	计算机科学，信息系统（1.36;24.12） 计算机科学，人工智能（1.07;20.30） 数学（1.56;19.14）	耶鲁大学	政治学（2.29;10.45） 法律（3.73;7.48） 核物理（2.26;5.11）
中国科学技术大学	计算机科学理论与方法（1.10;30.82） 计算机科学，信息系统（1.25;19.39） 计算机科学，人工智能（1.51;16.20）	宾夕法尼亚大学	护理学（3.42;5.94） 皮肤科（1.98;5.75） 矫形技术（2.07;5.40）

续表 3

高校	侧重学科领域（论文占比；零被引率 %）*	高校	侧重学科领域（论文占比；零被引率 %）*
浙江大学	计算机科学理论与方法（1.49;36.16） 计算机科学，信息系统（1.58;26.99） 计算机科学，人工智能（1.59;22.43）	布朗大学	数学（1.10;7.43） 应用数学（1.23;6.39） 妇产科学（3.86;5.03）
南京大学	数学物理学（1.57;23.58） 数学（1.54;20.49） 结晶学（5.13;17.69）	达特茅斯学院	政治学（2.00;8.74） 行为科学（2.08;4.90） 泌尿学与肾脏学（1.15;4.63）
上海交通大学	计算机科学理论与方法（2.13;34.77） 计算机科学，信息系统（2.51;28.45） 计算机科学，人工智能（2.53;21.81）	康奈尔大学	粒子与场物理（1.72;5.49） 经济学（2.00;5.00） 传染病学（1.33;4.40）
清华大学	计算机科学理论与方法（2.60;35.50） 冶金与冶金工程（3.99;26.08） 计算机科学，信息系统（3.00;25.05）	哥伦比亚大学	法律（2.99;12.40） 教育与教育研究（1.76;6.63） 统计与概率（1.66;4.67）
西安交通大学	材料科学，复合材料（3.02;36.09） 计算机科学理论与方法（2.28;33.92） 电信科学（1.81;31.01）	普林斯顿大学	计算机科学理论与方法（1.14;11.11） 国际关系（3.54;10.33） 原子核科学与技术（2.40;9.63）
哈尔滨工业大学	计算机科学理论与方法（1.71;34.38） 计算机科学，信息系统（2.18;29.03） 材料科学，表征与试验（4.63;25.97）		

* 统计范围：发文量排名前 50 位的侧重学科领域。

3.3 期刊质量

已有研究发现期刊影响因子与期刊论文零被引率之间存在下降的函数关系[14,15,20]。本文统计发现，C9 高校的论文零被引率与期刊影响因子的皮尔逊相关系数为负 0.33（$P<0.01$）；常青藤高校的论文零被引率与期刊影响因子的皮尔逊相关系数为负 0.26（$P<0.01$），表明与常青藤高校相比，C9 高校的零被引率受期刊质量因素的影响更大一点。

从顶级期刊的零被引论文发表情况来看（表 4），C9 高校的零被引率是常青藤高校的 2.8 倍，其中西安交通大学和中国科学技术大学在顶级期刊上的论文零被引率较高。在相同期刊质量的条件下，C9 高校的零被引率仍高于常青藤高校，也表明除期刊质量外，C9 高校论文零被引率的其他影响因素（如论文内容主题等）的作用也较为明显。

表 4　中美知名高校的顶级期刊零被引学术论文情况

高校	论文数*	零被引率（%）	高校	论文数*	零被引率（%）
中国 C9	**141**	**0.98**	**美国常青藤**	**144**	**0.35**
复旦大学	9	0.55	哈佛大学	52	0.31
北京大学	32	0.97	耶鲁大学	25	0.42
中国科学技术大学	34	1.22	宾夕法尼亚大学	15	0.27
浙江大学	8	0.55	布朗大学	8	0.46
南京大学	25	1.12	达特茅斯学院	3	0.37
上海交通大学	9	0.87	康奈尔大学	34	0.66
清华大学	27	1.02	哥伦比亚大学	14	0.26
西安交通大学	8	2.08	普林斯顿大学	28	0.57
哈尔滨工业大学	2	0.72			

* 统计范围：Nature 指数 68 种顶级期刊中零被引学术论文的数量。

3.4 科研合作

从零被引论文的科研合作情况来看（表 5），常青藤高校的国内外合作范围略大于 C9 高校，而 C9 高校国内外合作研究的主导指数上明显高于常青藤高校，半数以上的零被引合作研究论文是由 C9 高校为通信作者机构，而常青藤高校在零被引合作研究论文中多是作为参与机构。常青藤高校的国内外合作率均高于 C9 高校，尤其是国外合作论文比例较高，也说明 C9 高校独立完成的零被引论文比例要高于常青藤高校。此外，两个高校联盟都显示了国际合作论文的零被引率明显低于国内合作论文的特征。

表 5　中美知名高校零被引学术论文的科研合作情况

高校	国内合作				国际合作			
	国内合作范围	主导指数（%）	合作率（%）	零被引率（%）	国际合作范围	主导指数（%）	合作率（%）	零被引率（%）
中国 C9	**2.32**	**51.29**	**35.83**	**8.67**	**2.18**	**53.08**	**12.42**	**4.11**
复旦大学	2.42	50.43	37.85	6.38	2.14	51.89	17.02	3.67
北京大学	2.49	47.33	42.33	7.67	2.37	48.29	14.64	3.08
中国科学技术大学	2.35	44.76	43.13	8.53	2.60	52.38	11.55	3.20
浙江大学	2.30	57.14	38.20	8.22	2.12	61.02	12.23	3.99
南京大学	2.37	42.98	53.50	8.50	2.28	43.26	12.15	4.23
上海交通大学	2.35	55.99	38.25	8.17	2.21	56.81	10.78	3.81
清华大学	2.33	28.46	35.63	9.78	2.09	35.76	12.80	5.26
西安交通大学	2.31	49.58	44.18	11.99	2.07	62.78	11.26	5.01
哈尔滨工业大学	2.25	56.15	37.63	11.15	2.05	61.17	9.67	5.68
美国常青藤	**2.77**	**27.33**	**37.40**	**2.25**	**2.49**	**22.63**	**22.26**	**1.59**
哈佛大学	2.87	18.46	42.19	1.75	2.48	17.00	24.91	1.30
耶鲁大学	2.90	35.29	32.80	1.72	2.89	23.35	25.77	1.65
宾夕法尼亚大学	2.92	28.14	40.59	2.05	2.76	22.75	17.98	1.61
布朗大学	3.01	31.31	42.67	2.10	3.32	24.39	17.67	1.59
达特茅斯学院	2.72	26.56	43.99	2.15	2.12	17.65	17.53	1.73
康奈尔大学	2.77	29.17	34.81	2.24	2.46	29.37	24.40	1.97
哥伦比亚大学	3.00	30.20	38.09	2.29	2.76	22.64	19.79	1.65
普林斯顿大学	2.69	40.98	32.28	2.67	3.62	23.39	26.93	1.91

从高校个体来看，在 C9 高校联盟中，浙江大学主导的零被引国内外合作研究论文均呈现较大比例。在零被引的国际合作研究论文方面，哈尔滨工业大学和西安交通大学主导指数较大，且零被引率也较高。在常青藤高校联盟中，普林斯顿大学和康奈尔大学分别是联盟中国内和国外合作主导指数较高的两所高校，且零被引率也明显高于联盟的整体水平。

4 结论与讨论

本文采用反向评价的视角，通过文献计量方法从时序演化、学科结构、期刊质量和科研合作等 4 个维度对中美知名高校的零被引论文进行了研究。研究结果发现：① C9 高校整体的论文零被引率是常青藤高校的 3.36 倍，但差距在逐年缩小。② C9 高校的零被引率侧重学科明显多于常青藤高校，其中 C9 高校的计算机科学成为高零被引率学科，而常青藤高校的医学相关学科和部分人文社会科学学科出现较高的零被引率。③ C9 高校的零被引率受期刊质量因素的影响相对更大，在相同期刊质量条件下，C9 高校的零被引率仍高于常青藤高校，说明 C9 高校论文零被引率受其他影响因素（如论文内容主题等）的作用也较为明显。④常青藤高校零被引论文的国内外合作范围略大于 C9 高校，但其在零被引论文研究中多是作为参与机构，而 C9 高校更多的是作为主导机构。

期刊论文零被引是科学界存在的普遍现象，论文零被引率的影响因素较为复杂，学界较多地关注了期刊影响因子与零被引率之间的关系，本文对中国 C9 高校和美国常青藤高校零被引论文特征的比较研究表明，除期刊质量外，高校的科研实力和科研合作质量也会对零被引率产生重要影响。换言之，零被引率在一定程度上可以作为评价高校科研实力与影响力的一个补充指标，进而更为清晰地发现高校在学科建设过程中的不足与差距。

本文的研究结果揭示了中国高校与世界一流大学之间还存在一定的实力

差距，但这种差距在逐年缩小，让我们看到了中国高等教育发展的希望与前景，也启示我们的科研人员要保证论文选题新颖和质量过硬，将科学论文发表在高质量的学术期刊上。同时，在学科建设中积极培育高质量的国内外科研合作关系，夯实优势学科领域的发展基础，有效降低论文的零被引率，不断扩大优秀论文的传播渠道和学术影响力。

本文也存在一些研究不足之处，一方面是缺少对高校在不同引用时间窗口下零被引率的比较分析，未能探究不同零被引率统计方法对高校科研评价所产生的影响；另一方面是缺少对高校的零被引论文与高被引论文的对比分析，未能更加全面地反映中美知名高校之间的科研特征差异与实力差距。未来本研究将在以上方面进行改进。

参考文献

[1] Moed H. F., Burger W. J., Raan A. F. J. Van. The Use of Bibliometric Data for the Measurement of University Research Performance [J]. Research Policy, 1985, 14(3):131-149.

[2] Good A. H. Highly Cited Leaders and the Performance of Research University [J]. Research Policy, 2009, 38(7):1079-1092.

[3] Agasisti T., Catalano G., Landoni P., et al. Evaluating the Performance of Academic Department: Analysis of Research-Related Output Efficiency [J]. Research Evaluation, 2012, 21(1):2-14.

[4] Aksnes D. W., Schneider J. W. and Gunnarsson M. Ranking National Research System by Citation Indicators: A Comparative Analysis Using Whole and Fractionalised Counting Methods [J]. Journal of Informetrics, 2012, 6(1):36-43.

[5] Lin C. S., Huang M. H., Chen D. Z. The Influences of Counting Methods on University Rankings Based on Paper Count and Citation Count [J]. Journal of Informetrics, 2013, 7(3):611-621.

[6] Price D. J. D. Networks of scientific papers [J]. Science, 1965(145):510-515.

[7] Schwartz C. A. The rise and fall of uncitedness[J]. College & Research Libraries, 1997,

58(1): 19-29.

[8] Ghosh J. S., Neufeld, M. L. Uncitedness of articles in the Journal of the American Chemical Society[J]. Information Storage & Retrieval, 1974: 365-369.

[9] Ghosh J. S. Uncitedness of articles in Nature, a multidisciplinaryscientific journal[J]. Information Processing & Management, 1975, 11(5): 165-169.

[10] Peritz B. C. A note on "scholarliness" and "impact" [J]. Journal ofthe American Society for Information Science, 1983, 34:360-362.

[11] 唐晓莉，武群芳，王继民．论文零被引率与期刊影响力关系的研究——以经济学学科为例 [J]. 图书情报工作，2014, 58(19): 100-104.

[12] Quentin L. Burrell. The nth-citation distribution and obsolescence [J]. Scientometrics, 2002, 53(3): 39323.

[13] Hu Z. W., Wu Y. S. Regularity time-dependentdistribution never-cited papers: An empirical pilot study based on six journals [J]. Journal of Informaetrics, 2014,8(01):136-146.

[14] Van Leeuwen T. N., Moed, H. F. Characteristics of Journal Impact Factors: The effects of uncitedness and citation distribution on the understanding of journal impact factors[J]. Scientometrics, 2005, 63(2): 357-371.

[15] Egghe L. The mathematical relation between the impact factor and the uncitedness factor [J]. Scientometrics, 2008,76(1):118-123.

[16] 胡泽文．论文零被引率的演变规律及其影响因素研究 [D]. 南京大学博士论文，2014.

[17] Yang L. Y., Yue T., Ding J. L., et al. A comparison of disciplinary structure in science between the G7 and the BRIC countries by bibliometric methods [J]. Scientometrics, 2012, 93 (2):497-516.

[18] Leydesdorff L., Carley S., Rafols I. Global maps of science based on the new Web-of-Science categories [J]. Scientometrics, 2013,93(2):497-516.

[19] 杨奕虹，杨贺，万小影，等．利用高被引与零被引数据剖析中国博士学位论文学术影响力 [J]. 情报杂志，2015, 34(7): 22-28.

[20] Egghe L. The distribution of the uncitedness factor and its functional relation with the impact factor[J]. Scientometrics, 2010, 83(3): 689-695.

教育部博士学位论文抽检有效吗

刘子瑜[1]　沈文钦[2]　陈洪捷[2]

（1 中国农业大学情报研究中心；2 北京大学博士教育研究中心）

摘要：我国教育部学位论文抽检是世界学位与研究生教育史上的重要创举，对保障学位授予质量，建设高等教育强国意义重大，但其有效性未被充分论证。使用文本挖掘方法对 2015 年教育部博士学位论文抽检文字意见数据进行分析，证实了学位论文抽检能有效发现问题论文，但其效果被各类存在问题的评价意见削弱，具体表现为空泛评价（3.24%）、放水评价（2.08%）、苛刻评价（0.04%）、糊涂评价（4.88%）和外行评价（0.04%）等，导致存在问题论文数量被低估。建议开展相关研究，进一步加强博士学位论文抽检工作，在学位论文抽检网络平台加装基于自然语言处理技术的人工智能判断模块，即时识别问题评价，提高抽检有效性，从严保障博士学位授予的质量。

关键词：博士学位授予质量；博士学位论文抽检；评审意见；文本挖掘

1　研究背景

博士学位论文抽检发展历程　博士研究生教育是学历教育的最高层次，是培养高层次创新型人才的重要阵地，是实现科教兴国战略、建设社会主义现代化科技强国的重要支撑。为保障博士学位授予质量，原国家教委 1995 年就曾在全国研究生院建设评估时抽查博士论文；其后，我国教育部学位管理与研究生教育司自 2000 年开始开展全国范围的博士论文质量抽查工作，但抽

基金项目：国务院教育督导委员会办公室委托课题。

检院校和博士论文数都较少，如2003年论文质量抽查仅涉及全国30所院校，160篇博士论文。[1] 另外，上海、江苏和湖南等地学位办也曾开展省级博士论文抽查工作并报道。直到2014年《关于加强学位与研究生教育质量保证和监督体系建设的意见》出台，明确提出要加强教育行政部门的质量监管，同年国务院学位委员会和教育部联合发布了《博士硕士学位论文抽检办法》，规定教育部博士学位论文抽检由国务院学位委员会办公室组织实施[2]，小规模或地方性的博士论文抽查发展为大规模、全国性的博士学位论文抽检工作。

相关研究简述 自2014年博士学位论文抽检工作启动以来，相关研究开始出现，如曹雷等[3]在肯定学位论文抽检意义的基础上，对抽检过程可能存在的各类问题进行了预判和探讨。王光菊[4]等报道了随着抽检制度落地，其所在院校博士学位授予工作更加严格，提高了博士研究生培养质量。高耀、陈洪捷等对全国硕士论文抽检结果进行了多个角度的分析，研究了博士学位论文质量的个体差异[6]，分析了硕士学位论文质量的学科差异[7][8]，揭示了不合格或存在问题学位论文的典型问题与特征[9][10]。但是，上述研究较少对论文抽检的工具、结果或机制进行反思，特别是对教育界关切的学位论文抽检有效性的问题研究不足。

研究问题 我国教育部学位论文抽检是世界学位与研究生教育史上的重要创举，世界上鲜有其他政府主导、委托第三方进行的全国性学位论文质量复审制度或相关报道。博士学位论文抽检是否有效？其结果是“过严”还是“较松”？这是本研究尝试回答的问题。

2 博士学位论文抽检过程与影响抽检效果的关键环节分析

2.1 博士学位论文抽检过程

抽样并匹配专家 如图1所示，教育部博士学位论文抽检，首先将上一年度全国授予博士学位总表（排除军事学门类）作为抽样框，而后按10%的比例，在国家图书馆博士学位论文总库中按学科、地区进行分层抽样，得到抽检博士论文样本集。而后根据论文作者的一级学科、二级学科和研究方向等字段信息，在学位中心专家库匹配相关专家，将论文扫描版通过抽检系统发送给对应专家（涉密论文的涉密部分不扫描），并请专家进行网上评议。

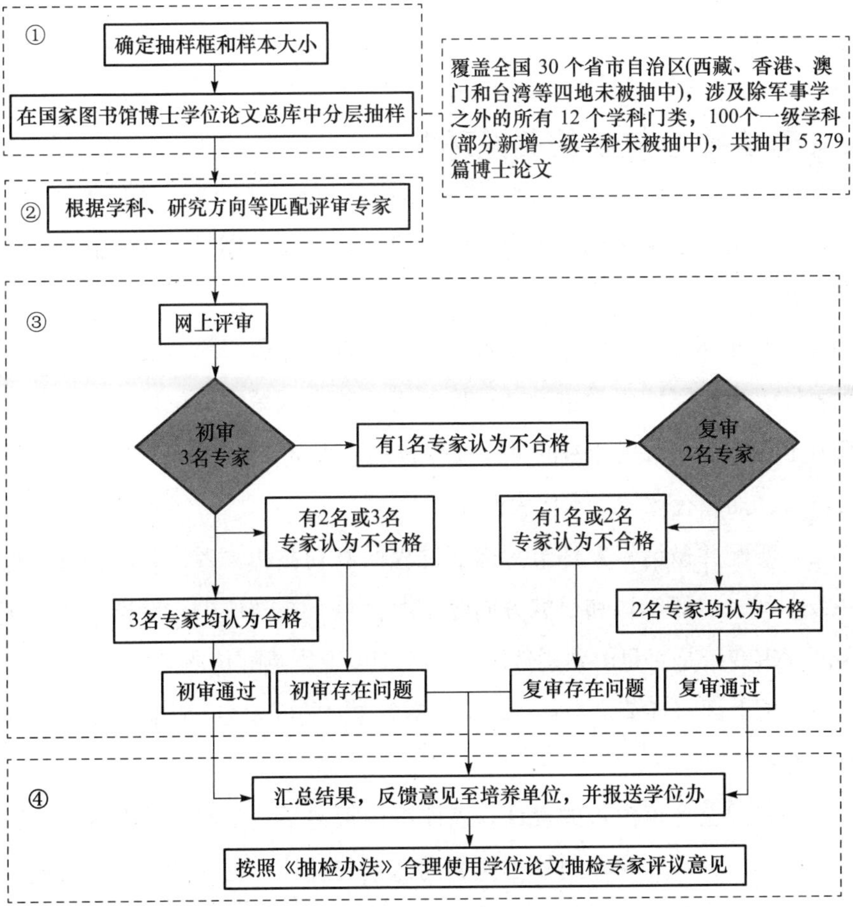

图1　教育部博士学位论文抽检流程

网上评审与结果使用　在博士学位论文抽检过程中，每篇博士研究生学位论文都聘请3位专家进行初评。在初评环节中，如没有专家认为该论文存在问题，则判定为初评合格；如有1位初评专家对论文的总体评价为“不合格”，则再聘请2位专家对该论文进行复评；如有2位或3位专家对论文的总体评价为“不合格”，则该论文直接判定为存在问题论文。在复评环节中，若没有复评专家认为该论文不合格，则判定为复评合格；若有1位或2位复评专家评定为“不合格”，则该篇论文就被判定为存在问题论文。全部论文评审完毕后汇总结果，将专家评审意见反馈至培养单位并报送学位办，学位办将按照《抽检办法》合理使用学位论文抽检专家评议意见。

2.2 影响抽检效果的关键环节

分析博士学位论文抽检流程，可以发现如下几个环节能够影响有效性的关键环节：

（1）抽样环节。抽样方法是否科学，是否满足概率样本要求，样本是否有代表性，决定了博士学位论文抽检能否反映全国博士学位授予的质量。教育部博士学位论文采用严格的分层抽样方法，直接从国图学位论文总库调取，方法科学，抽样有效，样本代表性高。

（2）匹配并邀请专家环节。邀请过程回避利益相关者，并根据论文作者的一级学科、二级学科和研究方向等字段信息，在学位中心专家库匹配相关专家。评审专家是否足够熟悉选题，很大程度上影响评价质量。

（3）网上评审环节。在这一环节，3个方面的因素会影响博士学位论文抽检有效性：

第一，网上评审模板的设计。该评审模板包括定量和定性两部分。在定量评价部分，评审专家需对博士论文的选题与综述，创新性及论文价值，科研能力与基础知识，论文规范性等四方面分别给予优秀、良好、一般和较差四档评价，并给出合格或不合格的总评。定性评价部分，专家需撰写最少字数为150字的主观评语。

第二，评审专家态度。如果评审专家充分理解学位论文抽检目的，认真阅读了学位论文，并站在无偏私的客观立场上充分地进行评价，自然能给出可信的评价结果和可靠的评价意见。但在实际工作中，确实存在一些不负责任的评审专家，并没有认真阅读论文、结合论文进行打分和撰写评语，甚至可能因为某些其他原因不能公正评价，这些不负责任的评价将直接影响博士学位论文抽检的有效性。

第三，认定存在问题学位论文的方式。不论是初审还是复审，总计两位及以上专家评价论文不合格者，将被认定为存在问题学位论文；仅有一位或没有专家评价不合格者才可以顺利通过。

第一类因素是工具的因素，博士学位论文抽检评价工具不涉及繁难的单项评分和总分合计，辅以定性评价，简约而开放，有利于评审专家直接、充分地表达意见；第二类因素是主体的因素，不妨假设一篇合格但不够优秀的博士学位论文，遭遇了过分苛刻的评审专家，受到不合格评价，可能会被判定为“存在问题学位论文”；又如一篇确实存在问题的不合格论文，如果遇到了不负责任的评审专家，被轻易放水通过，则会摇身一变成为“不存在问题学位论文”；第三类因素是制度的因素，教育部学位论文抽检旨在发现“问题论文”，对培养单位进行质量提示，而非评审一篇学位论文是否达到授予学位的水平，要求既能发现问题，足够敏感，又不能过分敏感，因此两票否决的安排较为合理。

以上 3 种因素中，评审专家态度是最影响博士学位论文抽检有效性的因素。

（4）评阅意见的使用环节。本环节是博士学位论文抽检结果产生的实际效应，但不决定博士学位论文抽检过程的有效性。

研究问题的操作化　综合上述对影响抽检效果关键环节的分析，是否把抽检论文送给了熟悉选题的相关专家，相关专家又是否认真进行评价，决定了博士学位论文抽检制度的有效性。因此，**教育部博士学位论文抽检有效与否的问题，可以转化为评审专家是否了解论文选题、是否认真的问题。**

3 研究设计与数据来源

3.1 研究设计

由于博士学位论文抽检系统的设计不包含测谎题，研究者无法直接判断评审专家的态度，可以通过如下几个侧面进行间接分析评价是否存在问题：

（1）评审专家是否了解学位论文抽检目的，清楚评审工作的要求；

（2）评审专家是否结合论文的具体内容进行评论，评论切中关键，不空泛，充分表达意见；

（3）评审专家是否违心进行评价，既不过分严苛，也不轻易放水；

（4）评审专家是否熟悉所评价的论文选题；

（5）评审专家是否存在各种其他形式的不负责任。

为了探索博士学位论文抽检中评审专家是否存在上述问题，本研究使用了文本挖掘技术，抽取博士学位论文抽检评价文字意见数据并构建语料库；使用“结巴中文分词”软件包和自编程序对语料库进行分词处理；为增加新词发现概率，采用人工标记的方法调整了用户自定义词典；进而开展了词性标注和基于 TF-IDF 算法的高频词提取；在此基础上，识别了代表博士论文评价维度、常用“套话”“套词”以及代表不了解抽检目的和意义等的特征词；利用高频词中代表情感态度的形容词开展了初步的评语情感标记；进而使用多个策略设计识别存在问题的评价意见，并综合分析其分布和影响。图 2 为论文技术路线。

3.2 数据来源

本研究使用了 2015 年全国博士学位论文抽检数据。当年共有来自全国 30 个省市自治区（西藏、香港、澳门和台湾等四地未被抽中）的 5 379 篇博士论文被抽检，涉及除军事学之外的所有 12 个学科门类，100 个一级学科，部分

2008 年新增一级学科未被抽中（包括公安学、生物工程、公安技术、特种医学和医学技术等）。被抽检博士论文数量符合我国博士学位授予数量比例，具体分布如图 3 所示。

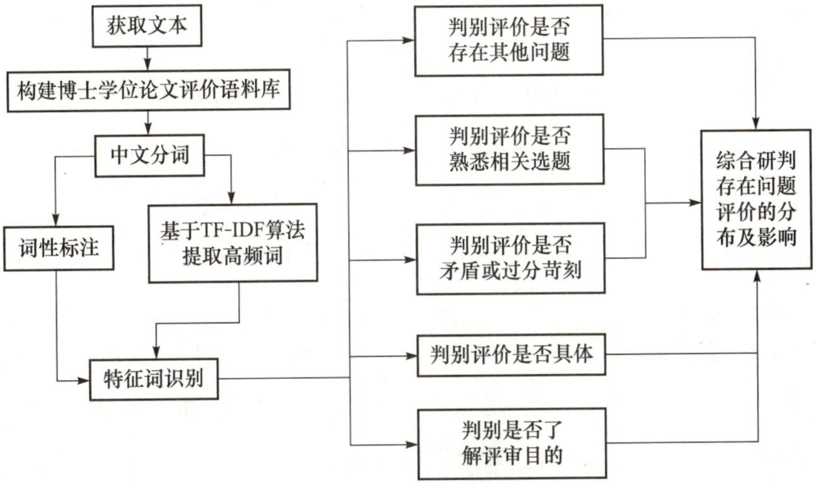

图 2　论文技术路线

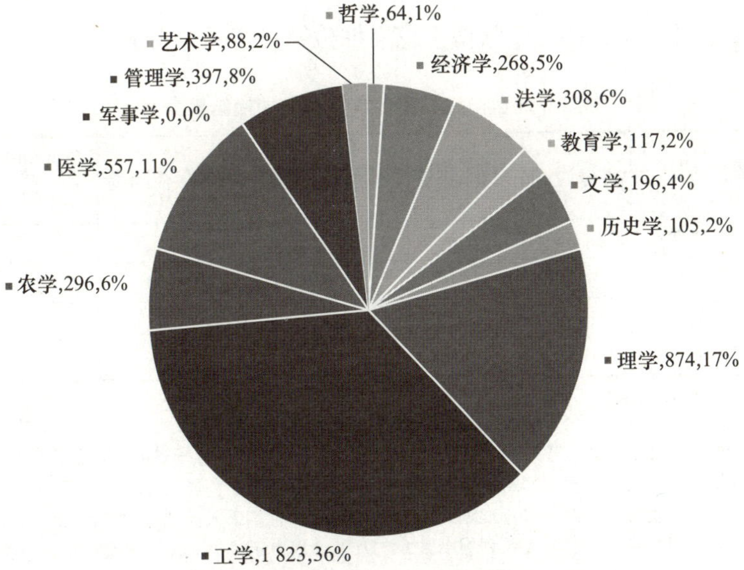

图 3　抽检博士学位论文按学科门类分布

4 评审专家与评审意见的基本情况

评审专家情况 2015 年博士学位论文抽检共计 5 379 篇，共邀请 10 383 位专家进行评审。其中博士生导师或兼职博士生导师 10 375 人（99.9%），拥有博士学位者 9 564 人（92.1%），正高级职称 9 764 人（94.0%），拥有各类人才称号[①]者 2 127 人（20.5%），来自“985”高校者 7 273 人（70.0%），来自“211”高校这 8 777 人（84.5%），来自设立研究生院的机构者 7 727 人（74.4%）。在众多评审专家中，6 145 位专家（61.78%）评阅 1 篇论文，3 258 位专家（31.38%）评阅 2～3 篇论文，710 位专家（6.84%）评阅 4 篇论文及以上，其中两位专家最多各评阅 11 篇论文。

评审结果基本情况 2015 年博士学位论文抽检中，初审合格者 4 744 篇，初审存在问题者 79 篇（1∶2 者 71 篇，0∶3 者 8 篇），进入复审论文共 556 篇，其中复审合格的 362 篇，复审存在问题的 194 篇（3∶2 者 161 篇，2∶3 者 33 篇）。分学科看，不同学科审查出的存在问题学位论文比例不同，艺术学、教育学和经济学等学科门类的比例较高，历史学、理学和哲学等学科门类的比例较低。具体的分学科博士论文抽检结果情况见表 1。

表 1 分学科门类博士学位论文抽检结果分布

项目		初审通过	复审通过	复审存在问题	初审存在问题	存在问题论文比例（%）
哲学	频次	60	3	1	0	1.6
	比例（%）	93.8	4.7	1.6	0.0	
经济学	频次	204	33	19	12	11.6
	比例（%）	76.1	12.3	7.1	4.5	

① 各类人才称号包括：“973 项目”首席科学家、百千万人才工程一二层次入选者或国家级人选、国家杰出青年基金获得者、教育部跨世纪人才、教育部新世纪人才、马工程首席专家、千人计划创新人才、千人计划创业人才、青年“973 项目”首席科学家、“青年千人计划”入选者、全国百篇优博论文作者、万人计划杰出人才、万人计划领军人才、万人计划青年拔尖人才、优秀青年基金获得者、长江学者讲座教授、长江学者特聘教授、中国工程院院士、中国科学院院士、中科院百人计划入选者、中宣部四个一批人才和中组部青年拔尖人才等。

续表 1

项目		初审通过	复审通过	复审存在问题	初审存在问题	存在问题论文比例（%）
法学	频次	260	24	15	9	7.8
	比例（%）	84.4	7.8	4.9	2.9	
教育学	频次	97	17	7	8	11.6
	比例（%）	75.2	13.2	5.4	6.2	
文学	频次	175	14	5	2	3.6
	比例（%）	89.3	7.1	2.6	1.0	
历史学	频次	102	3	0	0	0.0
	比例（%）	97.1	2.9	0.0	0.0	
理学	频次	822	39	12	1	1.5
	比例（%）	94.1	4.5	1.4	0.1	
工学	频次	1 630	110	61	22	4.6
	比例（%）	89.4	6.0	3.3	1.2	
农学	频次	273	19	9	1	3.3
	比例（%）	90.4	6.3	3.0	0.3	
医学	频次	736	49	29	10	4.7
	比例（%）	89.3	5.9	3.5	1.2	
管理学	频次	316	43	26	12	9.6
	比例（%）	79.6	10.8	6.5	3.0	
艺术学	频次	69	8	10	2	13.5
	比例（%）	77.5	9.0	11.2	2.2	

学位论文抽检要求评审专家对学位论文的选题与综述、创新性及论文价值、科研能力与基础知识、论文规范性等四个维度进行评价，可评为较差、一般、良好、优秀，将四等评价分别记为 1、2、3、4 分，可计算每篇论文的分项评价均分（未加权），表 2 显示了各个学科门类中初审通过、复审通过、初审存在问题和复审存在问题等四类论文的各项平均分数均值。数据显示，各个学科（除理学、艺术学）的论文分项评价均分分布普遍呈现了“初审通过

论文＞复审通过论文＞复审存在问题论文＞初审存在问题论文”的一致规律。

表 2　分学科门类博士学位论文抽检分项评价平均值

项目	初审通过论文	复审通过论文	复审存在问题论文	初审存在问题论文
法学	2.98	2.55	2.28	2.12
工学	3.13	2.67	2.42	2.15
管理学	2.93	2.54	2.27	1.99
教育学	2.93	2.56	2.24	1.99
经济学	2.86	2.62	2.14	1.85
理学	3.30	2.83	2.36	2.58
历史学	3.09	2.52	—	—
农学	3.12	2.62	2.46	2.42
文学	3.10	2.70	2.32	2.21
医学	3.10	2.75	2.36	2.11
艺术学	2.97	2.55	2.15	2.42
哲学	3.06	2.65	2.15	—

评审文字意见基本情况　考察 17 248 条评阅意见的字数分布，图 4 中折线反映了随着字数增多，评阅意见条目数大体成幂律递减的变化模式，可谓评论字数少者众，字数多者寡；阴影面积则反映了不同字数的评论数占总评论数的累计百分比，随着评论字数增多，累计百分比的增长愈加平缓。150 字的评阅意见有 49 条，占 0.28%；160 字及以内的评阅意见共有 896 条，占总评阅意见的 5.19%；165 字是频次最高的评语字数，共 120 篇；170 字及以内的评阅意见共 1 856 条，占总评阅意见的 10.76%。200 字以内的文字评阅意见占近 1/4，270 字以内的论文评阅意见占一半左右，300 字以内的论文评阅意见将近六成。

评论文字的字数也呈现出了一定程度的学科差异，平均来看，以历史学、法学为代表的人文社科评审专家倾向于用更多的文字表达意见（表 3）。

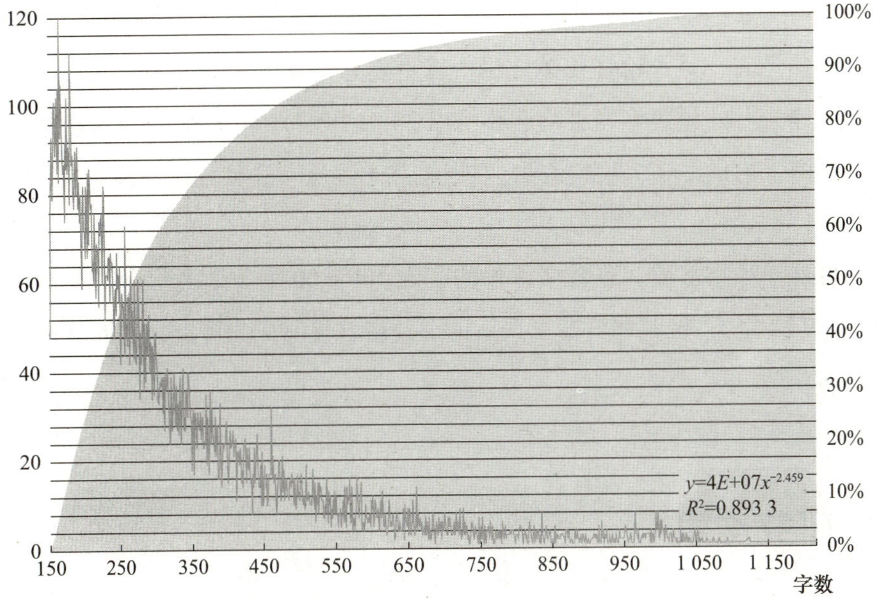

图 4　评阅意见字数分布

表 3　分学科门类博士学位论文抽检文字意见字数分布

项目	平均值	中位数	标准偏差	最小值	最大值
哲学	343.3	275.5	182.6	152	997
经济学	350.4	275.5	207.6	150	1 074
法学	356.3	298.5	196.5	150	1 126
教育学	334.2	259	198.2	151	1 032
文学	350.7	286.5	191.3	150	1 028
历史学	374.4	302	204.0	151	1 064
理学	323.9	268	171.3	150	1 128
工学	326.9	268	178.1	150	1 217
农学	332.4	281	179.8	150	1 189
医学	307.8	252	168.4	150	1 148
管理学	322.5	257	181.8	150	1 064
艺术学	310.6	249	167.1	150	1 001

评审专家能够给出多少字的意见，也取决于其对博士论文选题的熟悉程度。越熟悉者，其评论往往越详尽，越不熟悉，越可能提笔无言。对论文选题“很熟悉”的评审专家平均能够给出 345.1 字的评审意见，对选题“熟悉”的专家则平均撰写 327.7 字意见，对选题熟悉程度“一般”的专家平均只能给出 298.1 字的评论。

另外，平均来看，不合格评价的字数（466.00 字）远高于合格评价的字数（230.24 字），说明评审专家在给出不合格评价时更为审慎，更充分地表达自己的意见。

5　研究结果

5.1　5 种存在问题的评价意见

经分析，在博士论文抽检意见中，有 5 类存在问题的评价意见，分别是空泛评价、放水评价、糊涂评价、苛刻评价与外行评价。

5.1.1　空泛评价

空泛评价指没有遵循评价要求、脱离论文内容及泛泛而谈的文字评价意见，这是抽检中一类常见的不负责任行为。空泛评价因其不具体，不聚焦，某种程度上不能被认为是一条合格的评论。典型的空泛评价如下：

例 1：“论文选题有很强的现实意义和应用价值。研究问题具体明确，内容设计合理，运用计量分析方法得当，所得结论和发现有一定的创新性和新颖性。论文撰写规范，语言通顺，格式规范。另外，作者也取得了比较好的研究成果，体现了作者扎实的基础理论知识和专业技能，能够独立开展科研工作。论文质量达到了博士学位论文的要求与规范。”[①]

---

① 论文编号 20151280，专家编号 263797。

上述文字意见不涉及被评价论文的任何具体内容，不对论文的观点、论证过程及证据等针对性评论，几乎不使用专业词汇，不具有学科特征，甚至连论文的题目都懒得抄写一遍。这样的评语几乎“适用”于任何一篇论文，是十分典型的空泛评价。与之相对的，是紧密围绕论文内容而展开的评论，哪怕简短也能清楚地表达评论者的具体意见，如：

例 2：“本文截取了雕塑史上的一段时间进行研究分析，能够进行深度挖掘，阐释在近 20 年的时间里雕塑语言的转化趋向，勾勒出中国雕塑发展的一条脉络。选题很具体也很明确，用隐喻的方式来探讨雕塑，能够贴合所学专业进行深入研究，所得成果能够对我国雕塑的发展起到一定的总结归纳作用，论文撰写规范，引证资料翔实，有一定逻辑性。”①

5.1.2 放水评价

放水评价是不负责任评价的重要表现形式之一。这种评价反映了评阅人“不好意思枪毙”或曰“放水”的态度，往往一面用文字意见充分表达不认可，或是在分项评价上给出差评，却在总体评价中仍然给出了合格。在放水评价中，有直斥论文不合格的，有怜悯学生的“苦功”而勉强给予合格的。放水评价是一种违心评价，专家看到了论文的实质性问题，却仍然给予合格评价，降低了发现存在问题学位论文的可能性。典型的放水评价如：

例 3：“1. 看论文，学生辛苦了，读了很多参考文献，写了厚厚一本。不合格实在难以做出。2. 研究问题是个伪命题，中国当下造林补贴空前绝后。中国森林单位面积政府投入大约是全球平均的 10 倍，作者列出了那么多的英文文献，连这个基本事实都不知。3. 简单地将补贴理解为政府为个人造林所能获取的溢出效益买单，假设前提是政府是为了公共利益，而私人为了个人利益，没有任何一个国家是这样的基本现实。公共利益的维护，其途径包括法律手段（即使没有现代治理意义上的政府，习惯法也是）和社区集体行动，

① 论文编号 20150783，专家编号 111859。

不只是政府为所有公共利益一种途径。”①

5.1.3 苛刻评价

与放水评价相反，部分评审专家过分强调论文写作中的格式规范或学术发表，仅仅因为标点、版式等问题，或因缺少高影响力的成果发表而将学位论文枪毙，这属于苛刻评价。苛刻评价过分强调行文格式或学术发表，无视学位论文的价值，其评价结果应当被纠正。如下例对论文的选题、创新性及科研能力等分别评价为优秀、良好、良好，文字评价也肯定了文章的意义和工作量，却因为写作中的一些问题判定论文不合格，显得过于严苛。

例 4：“论文选题具有重要的理论意义和实际价值。论文作者掌握了本学科坚实的基础理论和系统的专业知识，具备独立从事科研的能力。作者工作量较大，取得了一些创新性成果。但文章的图表、文字说明很不规范，语言不够流畅。论文存在很多问题：① P6，P45，公式序号未对齐；②第二章题目应有空格；③第 2，3，4，5 章中仪器、试剂两个表格重复出现，有凑数嫌疑，作者应将仪器和试剂在第二章中用两张表统一说明，论文各个章节反反复复列出相同仪器及试剂表格是不规范的。④第 5 章的引言太长，引言的主要目的是起到“引玉”的作用，不能写成一个文献综述；⑤图 5.13 示意图加纵坐标似乎是多余的，没任何意义；⑥图 5.5，图 5.12，图 4.12，图 4.13 等图的文字说明文不对题，对图的描述和说明不确切，甚至有的说明与图的内容根本不对应；⑦博士论文一般给出论文的总摘要，并不每一章节都给出摘要，该博士论文每一章都给出摘要，这不符合博士论文写作格式和规范。”②

需要特别说明的是，一些不合格评价虽然同样无视论文质量而将论文判定为不合格，但其理由主要是因为学位论文在研究结论、学术道德方面存在问题，这不属于苛刻评价。例如：

---

① 论文编号 20154691，专家编号 339510。

② 论文编号 20152852，专家编号 670589。

例 5："该博士论文工作针对染色体易位形成的 MLL 融合蛋白对白血病的成因机制进行了研究，涉及小鼠，细胞模型，并特别针对同卵双胞胎姐妹进行了研究，阐述了一种新的伴随突变的机制。毫无疑问，这些工作具有重要的理论创新。论文写作尚规范，结果丰硕，但绪论流于简单，缺乏对相关领域的深入全面的综述和分析。作者著述颇丰，包括了 2014 年的 *Nature Genetics* 重量级文章。但是，本人高度怀疑作者的科学诚信规范。仅以 *Nature Genetics* 文章为例，该文共有 5 个共同第一作者，论文对作者的贡献说明也表明这些结果是多人协作完成，例如病人实验和小鼠实验由不同作者分别完成。而作者竟然不加选择地在其论文中罗列了该文章的几乎所有结果，而未对这些结果的贡献者有丝毫提及。仅此一点足以说明作者未能遵守论文中《关于学位论文原创性的声明》的承诺。因此，该博士论文不合格。"①

5.1.4 糊涂评价

糊涂评价特指评审专家不了解抽检的目的，甚至不清楚自己正在进行学位论文抽检评审，误认为自己正在进行一般的学位论文匿名评审活动。学位论文抽检与学位论文匿名评审的目的不同，前者是为了识别问题论文，而后者是为了评价学位论文能否参与答辩并给出一定的修改意见。

需要特别说明的是，糊涂评价的识别与放水评价的识别标准不同，既可能存在交集，又有很大不同。譬如某专家误以为正在评审即将答辩的学位论文，但在评审意见中通篇讨论问题，丝毫不提论文的闪光点，既符合放水评价的识别标准，也符合糊涂评价的识别条件，则会被识别为一条"放水 / 糊涂评价"。再如，糊涂评价中有不少都既肯定了论文价值，又给论文提出了修改意见。如果这些评审专家清楚自己正在从事博士学位论文抽检评审，知晓这些论文事实上已经通过了学位答辩，了解学位论文抽检的目标，他们是否会因为这些问题而认为论文不合格？我们不得而知。因而这部分评价不能

① 论文编号 20155206，专家编号 132997。

被认为是放水评价。为了特别区分“建议论文直接参加答辩 / 授予博士学位”和“建议论文修改后参加答辩 / 授予博士学位”的两类糊涂评价，将前者命名为糊涂 1 型，后者命名为糊涂 2 型。糊涂 1 型评价对学位论文抽检影响不大，可以近似的将其认为是一条正常的合格评价，糊涂 2 型评价对学位论文抽检影响较大，从严来说可以将其视为放水评价。典型的糊涂 1 型评价如下所示：

例 6：“论文利用蛋白质组学方法比较了几种重要植物授粉过程中各个阶段柱头蛋白质组的动态变化，发现了一批差异表达蛋白，并进行了分析。还对各种植物的相同过程进行了横向的比较。论文选题有重要意义，逻辑清晰。二维电泳的结果也比较漂亮。蛋白质组学的鉴定还有提高的空间。论文总体写作符合规范，达到博士论文要求，可以组织答辩。”①

典型的糊涂 2 型评价如下所示：

例 7：“该论文选题具有很好的理论价值和现实意义。论文运用新制度经济学等的理论和方法分析研究了中国食品安全监管制度问题，以描述性为主分析了中国食品安全监管制度缺乏有效性的一些机理，得出了一些有启发性的结论。但论文的不足之处太多：①论文的文献综述基本没有，十分薄弱；②论文以描述性为主，论文中提出的一些命题或假说如“反公地悲剧”“囚徒困境”等都是没经验证的；③论文中提出的所谓创新点也是没有得到验证的。论文合格，但需认真修改后答辩。”②

5.1.5 外行评价

另外，尽管学位论文抽检依据博士论文所属学科及研究方向匹配评审专家，但仍有极少数论文被送给了对相关选题不甚了解的专家手中，部分专家会在评语中坦诚自己对相关选题不了解。外行评价难以评判学位论文的真实

---

① 论文编号 20155217，专家编号 647034。

② 论文编号 20153639，专家编号 137439。

质量，也会对论文抽检产生一定影响。典型的外行评价如：

例 8："该篇论文基于智能电视多任务条件下，深入研究了资源管控若干关键技术，选题有一定的学术价值和意义，但研究范畴似乎属于计算机科学与技术，申请学科为信号与信息处理稍显牵强。论文提出了 5 个创新点，分别涵盖了智能电视资源管控的几个具体研究点，提出的算法有一定的创新性。本文中的撰写格式存在一定疑问，公式编号都采用：公式（×-××），而不是通常的（×-××），稍显奇怪。发表与论文相关的学术论文，未注明作者排序和角色，不好评判，且发表论文学术期刊水平一般。建议再找一名做计算机网络资源调度的专家评审一次较为妥当。"①

5.2 如何识别存在问题的评价意见

人工识别各类存在问题的评价意见过于耗时，本文在分析各类存在问题评价意见之特征的基础上，采用不同策略进行筛查。

5.2.1 识别空泛评价

空泛评价的特征在于：①使用大量"套话"对论文进行评论，与论文内容并不贴合，不针对涉及论文的问题、方法、结论等具体内容进行分析；②也可能涉及多个评价维度，看似面面俱到，但每个维度上的评价都非常简略；③另外，其评论内容较少见到对论文不足的指示和批评——因为一旦涉及批评，往往都是具体而明确的。基于上述分析，本研究采取如下策略判别空泛评价。

首先，识别论文评阅中的"套话"。在构建博士学位论文抽检评阅意见语料库的基础上，使用基于 TF-IDF 算法和中文分词技术，在大量评阅意见中提取了包含不同评价维度在内的前 200 个评审高频词（图 5）。这些高频词语包括了标识评价维度的词语，如选题、方法、创新性、研究基础和科研

① 论文编号 20155298，专家编号 169477。

图 5　博士学位论文抽检评语意见中的高频词

能力等，也包括了和这些评价维度高度相关的高频形容词。高频词的学科属性较弱，普遍出现在各个学科的论文评价中，这些高频词构成了论文评阅中的典型“套话”。

其次，对评论文字进行计算机标记。使用各类同义词，标记出“论文选题”“研究问题”“研究设计”等评价维度；将相邻评价维度之间的文字定义为是对前一评价维度的评价意见；标记出评价意见中高频词、停用词，并将其余未标记的文字视作有效评价。

再次，计量并识别空泛评价。计量高频词、停用词和有效评价在评价意见中的字数比例；定义在任意评价维度上的评价字数都少于 20 个字，且每个维度的有效评价字数比例都低于 30% 者为空泛评价。

如对例 1 和例 2 进行标记和统计分析后发现：例 1 几乎全部由“套话”构成，涉及 11 个评价维度，每一维度上的评语都很简短，最多 19 字，最少 2 字，扣除高频词、停用词后，每一纬度上的有效评语下降至最多 2 字或 0 字，该评语不涉及具体的学科知识或论文内容，有效评价意见的比重很低。而例 2 仅使用了少量“套话”，从四个维度对论文进行了评价，每一纬度上的评价较为丰满，有效评价的比重较高。因此可以判定例 1 为空泛评价。

使用该策略并辅以人工审核，最终合计筛查出空泛评价 559 条。

5.2.2　放水评价与苛刻评价的识别

（1）识别放水评价

放水评价的核心特征在于分项定量评价或文字评阅意见对论文持否定态度，而总体评价却评为合格。为了识别放水评价，研究采取了两种策略。

第一种策略是从定量评价的角度进行识别。使用分项评价数据（4个维度上的优秀、良好、一般、较差，对应取值为4、3、2、1）作为自变量，总评结果（合格或不合格，对应取值为1、0）作为因变量，使用逐步方法进行二元Logitic回归，建立基于分项评价的总体评价Logistic回归方程：

$$\text{logit}(P)=-9.774-0.615\times \text{fxpj1}-2.061\times \text{fxpj2}-1.737\times \text{fxpj3}-1.168\times \text{fxpj4}$$

该方程中fxpj1、fxpj2、fxpj3、fxpj4分别代表评审专家对于抽检论文在“选题和文献综述”“创新性”“基础知识和科研能力”“论文规范性”等4个维度的评价。该回归模型表明，各项分项评价越高，总体评价越倾向于合格，其中论文创新性，基础知识和科研能力两项的评价对总体评价是否合格的影响较大；论文规范性，选题和文献综述两项的评价对总体评价是否合格的影响较小。该方程的Cox & Snell R^2为0.234，Nagelkerke R^2为0.675，具有较好的伪决定系数，总体预测正确率达到97.1%。说明可以较为有效地根据分项评价成绩来预测总体评价结果。

通过Logistic回归，可以得到根据分项评价预测结果为“不合格”、但事实上总体评价为“合格”的评审意见150条。

第二种策略是从文字评阅意见角度进行识别。与识别空泛评价类似，利用前述TF-IDF算法抽取的博士学位论文抽检评语高频词，抽取各评价维度上的常见形容词，进行初步的评价情感标记，进而识别出：①认定论文不能达到或勉强达到博士学位要求（合格）的评价；②评审专家本人保留意见、难以评判的，认为论文结语不合格与合格之间、认为论文勉强合格的评价；③认为论文涉嫌学术不端建议进行追查、追责的评价；④认为论文内容不属于申请学位的学科方向的评价；⑤评语中全是负面意见、丝毫没有正面评价的评价。共计217条，将这一类标记为放水评价。

将上述两种策略所识别的结果合并，辅以人工审核，最终得到放水评价359条。

（2）识别苛刻评价

苛刻评价的核心特征是以论文的成果发表或格式规范两方面不足而否定

论文合格。诚然，一篇已经通过学位答辩的博士论文应该有较好的成果发表，并符合相关撰写规范。但与研究选题、研究内容和研究设计等维度相比，似乎不应该单纯以成果发表或撰写规范来评判论文合格与否。

与识别空泛评价类似，在所有 949 条不合格评价中进行标记，定义负面意见（或论文不足）仅涉及成果发表层次不高、论文撰写格式不规范两个维度的不合格评价为苛刻评价，共识别苛刻评价 7 条。也即其他所有不合格评价均指出了论文在研究问题、研究方法、研究结论和学术道德等方面的严重问题，不属苛刻评价的范畴。

5.2.3 糊涂评价与外行评价的识别

（1）识别糊涂评价

糊涂评价的核心特征是评审专家混淆了“学位论文抽检”与一般性的学位论文匿名评审，将已经通过学位答辩的论文误认为准备进行学位答辩的论文。其识别方法较为简单，凡评阅意见中明确提出了论文修改意见，建议论文直接或修改后参加答辩、授予博士学位的，均说明评审专家没有按照学位论文抽检的标准进行评审。评论中“达到学位授予标准”等表述不在糊涂评价之列。共计识别出糊涂评价 841 条。在 841 条糊涂评价中，共有糊涂 1 型评价 435 条，糊涂 2 型评价 406 条。

（2）识别外行评价

外行评价的识别较为简单。部分评审专家会在文字意见评价中表达自己对选题的不熟悉，或者推荐相关专家进行复审。最终在 17 248 条评审意见中，共计识别外行评价 7 条。

5.3 存在问题评价意见的分布及影响

前文分析了 5 种存在问题的评价意见的特征及样例，研究了利用文本挖掘方法识别问题意见的具体策略。那么究竟有多少存在问题的评价意见？这些意见如何分布？什么样的评审专家可能更易给出存在问题的评价意见？存在问题的评价意见又会给博士学位论文抽检带来何种影响？这是我们需要进一步解决的问题。

5.3.1 存在问题评价意见的分布

百分之十的专家评阅意见存在问题：经过上述计算机识别过程，从 17 248 条评价意见中，识别空泛评价 559 条，放水评价 359 条，苛刻评价 7 条，糊涂评价 841 条，外行评价 7 条。由于不同类别的存在问题评价意见有交集，合计识别存在问题评价意见 1 729 条，占全部评阅意见的 10.0%（表 4）。这一数字需引起相关管理人员和研究者的重视。

表 4 问题评价在不合格评价与合格评价中的分布

评价类型	在“不合格”评价中	在“合格”评价中	合计
正常评价	849	14 671	15 520
问题评价	100	1 629	1 729
	问题评价分类：		
放水评价	—	324	324
空泛评价	—	550	550
外行评价	1	1	2
糊涂 2 型评价	55	329	384
糊涂 1 型评价	36	383	419
放水 / 空泛评价	—	2	2
糊涂 2 型 / 放水评价	—	20	20
苛刻评价	5	—	5
糊涂 1 型 / 空泛评价	—	6	6
放水 / 外行评价	—	4	4
糊涂 1 型 / 放水评价	—	9	9
糊涂 2 型 / 苛刻评价	1	1	2
糊涂 1 型 / 苛刻评价	1	—	1
糊涂 2 型 / 空泛评价	1	—	1
总计	949	16 300	17 249

问题评价在不同学科门类中的分布存在显著差异：考察问题评价在各个学科门类中的分布，比例由低到高依次为：历史学、理学、哲学、文学、工学、农学（以上六者低于均值）、经济学、艺术学、管理学、法学、医学、教育学（以上六者高于均值）。管理学、工学门类的问题评价以空泛评价为主；艺术学门类的以放水评价为主；医学、理学、农学、历史学等的以糊涂评价；经济学、法学、教育学等以空泛评价和放水评价为主；哲学以放水评价和糊涂评价为主；文学门类的各类问题评价分布较为均衡。各学科门类的问题评价分布可见表 5。另外值得注意的是，管理学、经济学门类的空泛评价较多，教育学、艺术学的放水评价较多，哲学、理学、农学、医学、艺术学的糊涂评价较多。

表 5　分学科门类博士学位论文抽检问题评价分布　　%

项目	问题评价总计	空泛评价	放水评价	苛刻评价	糊涂 1 型评价	糊涂 2 型评价	外行评价
哲学	8.5	0.5	3.1	0.0	2.5	2.5	0.0
经济学	11.6	5.2	4.3	0.0	1.0	2.2	0.0
法学	12.2	4.7	4.1	0.0	1.1	3.3	0.0
教育学	12.6	4.4	5.9	0.0	2.1	2.1	0.0
文学	8.6	2.7	2.5	0.0	1.9	1.9	0.0
历史学	6.5	0.6	1.3	0.0	2.2	2.5	0.0
理学	8.1	2.0	1.1	0.0	2.2	2.9	0.1
工学	9.8	4.0	1.7	0.0	1.8	1.8	0.1
农学	9.8	2.0	2.4	0.0	2.1	3.7	0.0
医学	12.5	2.2	1.5	0.0	6.5	2.9	0.0
管理学	12.0	6.7	3.1	0.0	1.9	1.4	0.0
艺术学	11.6	3.3	6.7	0.0	2.5	2.5	0.0
合计	10.0	3.2	2.1	0.0	2.5	2.4	0.0

专家态度而非专家类型是决定是否给出问题评价的原因：总体而言，各类专家特征对存在问题评价总计没有影响。但不同专家类型可能对某一具体

类型的问题评价造成影响。有头衔者给出了更多的空泛评价，并且较少地提出修改意见（表现为糊涂 2 型评价较少）；而专家所在单位的差异主要对糊涂评价的两种分型比例有影响，但不影响糊涂评价的整体比例；专家对选题的熟悉程度会影响空泛评价和外行评价的分布，对选题越不熟悉，给出的空泛评价、外行评价就越多；比较有趣的是，专家撰写的评论字数越多，放水评价和糊涂评价的分布也越多。而专家学位、职称由于分布过于集中，分析结果看似有差异却无意义。另外，专家评审论文的篇数并不影响问题评价的比例，这也是值得探究的问题。上述发现提示我们，在各类评审专家中均存在认真者与不认真者，与其类型无关，也即专家态度而非专家类型是决定是否给出问题评价的真正原因（表 6）。

表 6　分专家类别博士学位论文抽检问题评价分布　　%

专家类型		问题评价总计	空泛评价	放水评价	过严评价	糊涂 1 型	糊涂 2 型	外行评价
有无头衔	没有头衔	10.1	3.0	2.1	0.0	2.6	2.5^{*}	0.0
	有头衔	9.9	3.9^{**}	2.0	0.0	2.4	1.7	0.0
专家学位	博士	10.0	3.2	2.1	0.0	2.5	2.4^{*}	0.0
	硕士	10.6	3.6	1.7	0.0	3.9^{*}	1.5	0.0
	学士	9.6	4.8	1.4	0.0	2.3	1.7	0.0
专家职称	正高级	10.0	3.2	2.1	0.0	2.6	2.3	0.0
	副高级	9.7	3.4	1.7	0.1	1.9	2.8	0.0
	其他	13.4	7.7	3.8	0.0	3.8	3.8	0.0
专家单位是否 “985”	否	9.9	2.9	2.0	0.1	2.3	2.9^{**}	0.0
	是	10.1	3.4	2.1	0.0	2.6	2.1	0.0
专家单位是否 “211”	否	9.4	3.0	1.7	0.1	2.3	2.5	0.0
	是	10.1	3.3	2.1	0.0	2.6	2.3	0.0
专家单位是否 有研究生院	否	9.7	2.9	1.9	0.1	2.1	2.9^{**}	0.0
	是	10.1	3.3	2.1	0.0	2.6^{*}	2.2	0.0

续表 6

专家类型		问题评价总计	空泛评价	放水评价	过严评价	糊涂1型	糊涂2型	外行评价
熟悉程度	一般	10.0	3.7**	2.3	0.0	2.5	1.7	0.3***
	熟悉	9.9	3.4	2.0	0.0	2.4	2.6*	0.0
	很熟悉	10.1	2.8	2.2	0.0	2.9	2.2*	0.0
评阅篇数	评阅 1 篇	10.1	3.3	1.9	0.0	2.5	2.5	0.0
	评阅 2～3 篇	10.3	3.3	2.2	0.1	2.7	2.2	0.0
	评阅 4 篇及以上	9.4	3.0	2.1	0.0	2.0	2.4	0.0
评价字数	200 字及以下	15.2	11.0***	1.7	0.0	1.8	1.0	0.1
	201～268 字	6.6	1.8	1.9	0.0	1.8	1.2	0.0
	269～395 字	6.5	0.1	2.0	0.1	2.6**	1.9*	0.0
	396 字及以上	11.7	0.0	2.8**	0.1	3.9***	5.4***	0.0

注：标记星号者意味有显著的统计学差异。* 代表 0.05 水平，** 代表 0.01 水平，*** 代表 0.001 水平。

5.3.2 存在问题评价意见的影响

存在问题评价意见广泛存在，影响了合格论文和存在问题论文 表 7 显示了目前抽检结果种的四类论文所遭遇的问题评价情况，不难发现，不论是初审还是复审、不论存在问题与否，受检论文全部由无问题评价者的比例是比较低的，特别是进入复审环节的学位论文，其遭遇问题评价的概率急剧上升。

表 7 博士学位论文抽检不同结果的论文与问题评价

项目	初审通过		初审存在问题		复审通过		复审存在问题	
	频次	比例（%）	频次	比例（%）	频次	比例（%）	频次	比例（%）
无问题评价	3 535	74.5	57	72.2	180	49.7	107	55.2
一条问题评价	995	21.0	21	26.6	134	37.0	59	30.4
两条问题评价	207	4.4	1	1.3	41	11.3	25	12.9
三条问题评价	7	0.1	0	0.0	7	1.9	2	1.0

续表 7

项目	初审通过		初审存在问题		复审通过		复审存在问题	
	频次	比例（%）	频次	比例（%）	频次	比例（%）	频次	比例（%）
四条问题评价	—				0	0	1	0.5
五条问题评价	—				0	0	0	0

对存在问题评价意见影响的估计　本次学位论文抽检中，初审合格者 4 744 篇，初审存在问题 79 篇（1∶2 者 71 篇，0∶3 者 8 篇），进入复审论文共 556 篇，其中复审合格者 362 篇，复审存在问题者 194 篇（3∶2 者 161 篇，2∶3 者 33 篇）。为了细究问题评价给学位论文抽检结果带来何种影响，本研究尝试进行估计。根据各类问题评价的影响，综合考虑空泛评价的不确定影响，改变放水评价和苛刻评价的评价结果、并从严考虑将糊涂 2 型评价视为放水评价，可以得到如下估计结果：

（1）初审合格者将可能降至 3 535 篇；711 篇论文受空泛评价影响，结果未知；增加 37 篇初审存在问题论文；另有 461 篇论文将进入复审。

（2）原初审存在问题论文，有一篇论文遭遇苛刻评价，如能扭转这一结果，则可能会进入复审，等待另外两位专家的评判，总计初审存在问题论文篇数将达到 113 篇。

（3）原复审合格论文中，仅 223 篇论文可能不受影响、顺利通过复审；40 篇论文受空泛评价影响，其结果未知；原复审合格论文中有 99 篇可能无法再次通过复审而被判定为存在问题论文。

（4）原复审存在问题论文中，有一篇论文遭遇苛刻评价，如能扭转这一结果，则可能会进入复审，等待另外两位专家的评判。总计复审存在问题论文篇数将达到 292 篇。

总的来说，在 5 379 篇被抽检论文中：①合格论文将从 5 106 篇下降到 3 758 篇，下降 26.4%；②存在问题论文可能由 273 篇上升至 405 篇，上升 48.4%；③新增 463 篇论文需要进入复审，占全部论文的 8.6%；④ 751 篇论文在初审或复审环节受到空泛评价影响，需要补充评价，占全部论文的14.0%。我们还做了更为细致的分学科估计，结果详见表8。

表8　分学科门类的实际与预测抽检结果

项目		初审通过	初审存在问题	复审通过	复审存在问题	需补充评价或进入复审
哲学	实际结果	60	0	3	1	—
	估计结果	47	2	3	1	11
经济学	实际结果	204	12	33	19	—
	估计结果	144	15	15	28	66
法学	实际结果	260	9	24	15	—
	估计结果	176	16	16	21	79
教育学	实际结果	97	8	17	7	—
	估计结果	65	9	7	15	33
文学	实际结果	175	2	14	5	—
	估计结果	138	4	9	8	37
历史学	实际结果	102	0	3	0	—
	估计结果	84	0	2	1	18
理学	实际结果	822	1	39	12	—
	估计结果	648	5	29	20	172
工学	实际结果	1 630	1	110	61	—
	估计结果	1 259	7	66	93	377
农学	实际结果	273	22	19	9	—
	估计结果	202	26	11	16	68
医学	实际结果	736	1	49	29	—
	估计结果	512	3	34	40	226
管理学	实际结果	316	10	43	26	—
	估计结果	212	15	27	36	105
艺术学	实际结果	69	12	8	10	—
	估计结果	48	12	4	13	22

6 讨论与建议

6.1 讨论

上述结果中值得讨论的有 3 部分：其一，博士学位论文抽检有效吗？其二，为什么会产生问题评价？其三，数量众多的问题评价以及估计中的抽检结果变化意味着什么？

第一，研究表明博士学位论文抽检是可信且有效的，但其效度仍需提升。

对已经发现的存在问题学位论文而言，其对应的评审意见存在问题较少，在经过较为严格的人工校正后，在初审和复审环节被认定的存在问题学位论文绝大多数没有变化。这是因为在全部学位论文抽检意见中，苛刻意见数量极低（仅为 0.04%）。从这个角度来说，博士学位论文抽检不仅能够识别存在问题的学位论文，其测量结果也能保证较高的稳定性，具有良好的信度。

但是，博士学位论文抽检中存在的大量问题意见，致使其无法识别相当数量的可能存在问题学位论文，特别是经过人工校正后，从严估计的存在问题论文数量可能比实际测量得到的至少提高 48.4%。从这个角度讲，博士学位论文抽检具有较大的误差，仍需提升其效度。

第二，产生大量问题评价的原因可能是多方面的，不能仅苛责评阅专家。

为什么博士学位论文抽检中会有如此多的问题评价？一方面原因在于评审专家的时间投入难以保证，评审态度值得推敲。虽然各类评审工作（学术期刊评审、学位评审等）是中外学者共同的学术职责，但我国基层教研单位的辅助行政力量相对薄弱，教师 / 研究人员需要在各种非学术事物上消耗大量精力，学位论文抽检作为全新的学术工作量，难以吸引评审专家投入足够时间在所难免。另一方面的原因可能在于抽检系统的设计与说明，缺少明确的引导信息，未能向评审专家说明抽检的目的和意义，又或是在聘请专家时缺少筛选，抽检系统缺少具有识别问题评价的基本功能等。

第三，应高度重视抽检数据中发现的问题。

博士教育的重要意义毋庸置疑，必须从保障我国博士学位授予质量、建设高等教育强国的高度重视抽检数据中发现的问题。博士学位论文抽检是“事后检查”，理应很少发现或不发现问题论文，但事实上抽检数据表明我国博士学位论文存在不少问题（更何况经过人工校正、消除问题评价的影响后，存在问题的博士论文数量大量上升），亟须引起有关部门和我国教育界的重视。

一些评审专家在评价论文的同时，也写出了关于我国博士教育的一些心声。一位评审专家写道：“非常赞同教育部抽检的做法！现在很多博、硕导，招生很积极，上课基本放羊。甚至连答辩前都没看过自己学生的论文，完全忘记了一个教师的天职。如果再不采取措施监管，中国的教育真的没希望了，中国的科研更无出头之日。”另一位评审专家写道：“对不合格导师的处理要立规、立法，并严格贯彻执行。没有能力而上位的导师要有淘汰制，不能只上不下；只知道从招生捞利益不履行一个教师的起码的职责，这种情况非常严重。有抽检这样的程序和相关法规，这种威慑力，起码对教育滑坡甚至腐败起到挽救和震慑作用。”还有评审专家写道：“本评审人之所以不否决这篇论文，除了态度慎重外，主要的理由是：如果按照这个尺度来否决论文，目前国内有关学科的博士论文恐怕有 1/3 都要遭到否决。所以，本人认为，与其让大量同类中的少数论文因为抽检碰巧而被否决，不如找到更加行之有效的办法来减少和消除那些影响学位论文质量的负面因素。”

正如这位专家所说，除了设计更为有效的抽检体系，更要从博士招生、培养等具体环节来减少和消除那些影响学位论文质量的负面因素。

6.2 建议

基于上述讨论，本研究提出如下建议：

第一，坚持并规范博士学位论文抽检工作，从严保障我国博士学位授予质量。

我国教育部学位论文抽检，是由政府规范并主导、第三方机构组织实施的国家级博士学位授予质量保障措施，不对学生本人进行追责，而对博士学位授予单位进行事后监督、警示，“如果学校不及时采取相应措施以保障学位论文质量，则可能会面临减少招生名额或撤销学位点的处罚”。这一制度是我国学位与研究生教育质量保障体系的关键环节，更是世界学位与研究生教育史和制度史上的重要创举。事实证明，博士学位论文抽检结果是可信且有效的，应进一步改良博士学位论文抽检的具体工作机制、工具设计等，使其在保障我国博士学位授予质量中发挥更大作用。

另外，应根据《抽检办法》，将抽检结果应以适当形式向社会公布，引起我国教育管理界和学术界的广泛重视。

第二，在论文抽检系统加装人工智能判断模块，改良博士学位论文抽检系统。

应在抽检系统中充分增加引导语，向评审专家重点介绍学位论文抽检的性质、目的和意义，说明其与一般学位论文匿名评审的区别，告知评审专家所评价的论文已经通过答辩取得学位，引导专家结合论文实际内容进行评价、杜绝空话套话，并提醒专家应秉持己见、不轻易放水，同时也不应过于苛刻。

为了保证评审意见的有效性，应在抽检系统中加装基于自然语言处理技术的人工智能模块，用来识别空泛评价、放水评价、苛刻评价和糊涂评价等，在识别出专家撰写了存在问题的评价内容后，时时进行提醒、提示。结合相关研究改良博士学位论文抽检评价系统，区分专业博士学位与学术博士学位的评价标准。为确实不熟悉相关选题的评审专家设置“不熟悉”的选项，杜绝外行评价。

另外，建立博士学位论文抽检的信誉名单制度，将部分极端不负责任的评审专家[①]登记信誉不良记录，并采取一定的处罚措施。

第三，加强博士学位论文评价相关研究，为进一步做好抽检工作打好基础。

博士学位论文评价是高等教育学、特别是学位与研究生教育的新兴热点

---

① 如前文述及的恶意拼凑字数行为，或评价多篇论文使用完全一致的评价内容等行为。

议题，应围绕其开展一系列理论或应用研究，为进一步开展学位论文抽检工作提供决策参考。可供研究的问题包括但不限于：①基于自然语言处理方法和本体理论的学位论文评价维度研究。目前博士学位论文抽检的分项评价围绕“选题与综述、创新性及论文价值、科研能力与基础知识、论文规范性”四个方面进行评价，但这四个方面是否构成了完备且相互独立的评价体系？应利用学位论文抽检大数据，使用中文自然语言处理工具和本体构建工具，建立学术型和专业型博士学位论文评价的评价维度结构。②博士学位论文抽检与博士学术不端行为研究。博士学位论文抽检发现了博士论文中一定数量学术不端行为，如抄袭，不当引用，不当声明等，这些学术不端行为所设计的类别、程度和危害等均需特别研究，同时应就如何处理博士学位论文抽检中发现的学术不端行为进行专门研究，并考虑如何将其整合入全流程的科研诚信体系中。

参考文献

［1］ 中国学位与研究生教育信息网 . 博士学位论文抽查项目简介 .［EB/OL］http://www.chinadegrees.cn/xwyyjsjyxx/zlpj/bslwccps/257696.shtml.

［2］ 国务院学位委员会 , 教育部 . 博士硕士学位论文抽检办法［EB/OL］http://www.moe.gov.cn/srcsite/A22/s7065/201402/t20140212_165556.html.

［3］ 曹雷 , 邢蓉 , 才德昊 . 研究生学位论文抽检中的问题预判与解决对策［J］. 学位与研究生教育 , 2016(01): 52-55.

［4］ 王光菊 , 蔡剑锋 , 李文灿 . 博士学位论文质量内部管理与外部监督实践——基于国家学位论文抽检制度［J］. 宁德师范学院学报 (自然科学版), 2016, 28(04): 403-407.

［5］ 潘倩 . 如何避免非公开博士论文在抽检中泄密［J］. 晋图学刊 , 2017(06): 43-46, 51.

［6］ 高耀 , 陈洪捷 , 杨佳乐 . 全国学术型硕士学位论文质量差异研究——基于个体属性特征的视角［J］. 中国高教研究 , 2017(10): 51-56.

［7］ 高耀 , 陈洪捷 , 沈文钦 , 等 . 学术型硕士学位论文质量的学科差异——基于 X 省学位论文抽检结果的量化分析［J］. 学位与研究生教育 , 2017(02): 54-61.

[8] 高耀，陈洪捷，沈文钦．工学门类学术硕士学位论文质量的学科差异——以 2014 年全国硕士论文抽检数据为例 [J]. 研究生教育研究，2017(02): 28-34.

[9] 高耀，杨佳乐．“存在问题”专业硕士学位论文中的典型问题——基于 Y 市论文抽检同行专家文字评审意见的分析 [J]. 教育科学，2017, 33(03): 66-71.

[10] 李敏，陈洪捷．不合格学术型硕士研究生学位论文的典型特征——基于论文抽检专家评阅意见的分析 [J]. 学位与研究生教育，2017(06): 50-55.

高校人文社会科学科研奖励办法现状调研

张红伟
（中国农业大学图书馆情报研究中心）

摘要：为了解目前高校对人文社会科学科研的奖励办法，本研究通过网络、邮件和电话收集了国内20所高校的相关信息，采用内容分析法对奖励办法进行了系统的梳理和分析，发现以下特征：①梳理出成果奖、学术论文、著作、项目和咨政报告等8种奖励对象，成果奖和学术论文是奖励的重点对象；②发放奖金是最为主要的奖励方式；③各级成果奖的类型多样，教育部高等学校科学研究优秀成果（人文社会科学）受重奖，20%的高校认可社会力量奖；④75%的高校重奖SSCI收录论文，75%的高校划分了学术期刊的等级；⑤一半高校对科研项目给予奖励，国家社科基金和教育部人文社科规划项目是主要授奖对象，7所高校对结项优秀的项目给予奖励；⑥专著是著作类奖励的核心，咨政报告的奖励依据是获得领导人的肯定批示。虽然本研究样本量有限，在信息获取的完整性方面存在不足，但通过本研究的分析结果可以窥见高校对人文社会科学科研的奖励政策特点。

关键词：高校；人文社会科学；哲学社会科学；科研奖励

1 引言

“哲学社会科学[①]是人们认识世界、改造世界的重要工具，是推动历史发

① 说明：人文社会科学是人文学科与社会科学的总称。“哲学社会科学”经常与“人文社会科学”混用，特别是行政管理部门多用“哲学社会科学”一词。相比而言，人文社会科学的外延比较广泛，几乎涵盖了除自然科学之外的所有知识门类，因此本研究除政策文件中的专用名词之外，都使用“人文社会科学”一词。

展和社会进步的重要力量”①。改革开放以来,我国的人文社会科学取得了巨大进步，但是西方国家掌握国际话语权的大格局并没有根本改变。随着我国政治、经济实力的不断增强，进一步发展繁荣人文社会科学已成为新的时代呼唤。2011 年，中共中央办公厅、国务院办公厅转发了《教育部关于深入推进高等学校哲学社会科学繁荣发展的意见》(中办发〔2011〕31 号)(以下简称“意见”)，紧接着教育部、财政部又具体制定了《高等学校哲学社会科学繁荣计划(2011—2020 年)》(教社科 [2011]3 号)，为高等学校人文社会科学的发展指明了方向，提出了要求，提供了支持。2015 年初，中共中央办公厅、国务院办公厅又印发了《关于加强中国特色新型智库建设的意见》，强调加强高校智库建设，对高校人文社会科学的发展寄予更高期望。

高校是人文社会科学发展的主阵地，科研奖励制度是我国高校促进科研发展与繁荣的重要手段。为了调动广大人文社会科学教师的科研积极性，很多高校都制定了相关的奖励办法，有的是制定了单独的人文社会科学科研奖励办法，有的则是和自然科学科研奖励办法结合在一起。当前，高校综合改革如火如荼，如何通过有效的奖励制度，激励广大的人文社会科学教师开展高效的科研活动，产出优质的科研成果，促进高校人文社会科学的繁荣发展，更好地服务于国家建设和社会发展，无疑是高校关注的重要问题之一。此次研究希望通过调研部分高校人文社会科学科研奖励办法，比较分析各校间的异同，为高校人文社会科学的科研奖励政策改革提供一些有益参考。

2 调研设计

为了了解高校人文社会科学科研奖励的现状，本研究设计了收集不同类型高校的人文社会科学科研奖励办法文本，再运用内容分析法对奖励办法内容等进行系统的梳理和分析，挖掘规律、总结特征的研究思路。

---

① 张东刚 . 以科学发展观为指导建设高校哲学社会科学创新体系 [J]. 中国高等教育 , 2013(1): 13.

本研究调研高校的范围是全国重点高校，主要是“985”和“211”高校，不包括民办高校和高职院校。样本抽取时本着尽可能覆盖综合与理工农医等所有高校类型的原则，首先在各校网站发布信息中采集样本，同时对未找到相关信息的部分高校通过邮件和电话进行调研，最终获得了20所高校的奖励办法文本（15所，占比75%）或相关信息（5所，占比25%），记录调研数据436条。样本高校中，“985”高校13所（65%），“211”高校5所（25%），其他高校1所（5%）。样本涵盖了综合、财经、理工、民族、农林、师范、语言和政法8种类型的高校（表1）。

表1　样本高校类型及数量

类型	综合	理工	农林	财经	民族	师范	语言	政法	总计
“985”	7	3	1	1	1	1			13
“211”		1	2				1	1	5
其他	1								1
总计	8	4	3	1	1	1	1	1	20

本研究最终获取的样本量有限，在信息获取的完整性方面有一定的欠缺。但是本研究结果可以体现高校目前实施的人文社会科学科研奖励政策的现状与特点。

在收集信息的过程中得到了一些高校相关职能部门老师的支持和帮助，在此，郑重感谢为本研究提供资料和信息帮助的各位老师，也感谢他们在咨询讨论中提供的观点和带来的启发。

3　调研结果

3.1　奖励对象与奖励办法

3.1.1　奖励对象以成果奖、学术论文奖为重点

通过对样本高校奖励办法中奖励的各种对象进行整理和分析，发现20所

高校共列出了8种、出现频次总计74次的奖励对象。其中，95%的高校都对成果奖和学术论文（含重要报刊文章）给予奖励；50%的高校对科研项目、著作和咨政报告等给予奖励；20%的高校对教育部人文社科重点研究基地、省部共建研究基地等科研平台给予了奖励；浙江大学特别提出对提高本机构人文社会科学影响力的重大宣传推广活动给予奖励；扬州大学还对每一年度在人文社会科学研究领域表现突出的教师给予“突出贡献”的奖励（表2）。20所高校中扬州大学设立的奖励对象最多，复旦大学和清华大学设立的奖励对象最少。“985”高校的奖励对象从1项到6项不等，其他高校也是3到6项不等，可以看出奖励对象的多少和学校的层次，即是否为“985、211”等关系不大。

表2　20所高校对人文社会科学的奖励对象

学校	学校类型	成果奖	论文	项目	著作	咨政报告	基地	重大宣传推广	突出贡献	总计
扬州大学	综合/其他	√	√	√	√	√	√		√	7
浙江大学	综合/“985”	√	√	√	√	√		√		6
南京大学	综合/“985”	√	√	√		√	√			5
北京师范大学	师范/“985”	√	√	√	√	√				5
南开大学	综合/“985”	√	√	√	√	√				5
重庆大学	综合/“985”	√	√	√	√					4
中央财经大学	财经/“211”	√	√	√	√					4
中国政法大学	政法/“211”	√	√		√	√				4
华中农业大学	农林/“211”	√	√			√	√			4
上海外国语大学	语言/“211”	√	√		√	√				4
华中科技大学	理工/“985”	√	√	√			√			4
南京农业大学	农林/“211”	√	√			√				3
中国农业大学	农林/“985”	√	√			√				3

续表 2

学校	学校类型	成果奖	论文	项目	著作	咨政报告	基地	重大宣传推广	突出贡献	总计
中央民族大学	民族 / “985”	√	√	√						3
中国人民大学	综合 / “985”	√	√	√						3
北京理工大学	理工 / “985”	√	√		√					3
北京科技大学	理工 / “211”	√	√		√					3
北京大学	综合 / “985”	√	√							2
复旦大学	综合 / “985”	√								1
总计		19	19	10	10	10	4	1	1	74
占样本总量比		95%	95%	50%	50%	50%	20%	5%	5%	

注：本表依据各校奖励办法文本和相关信息整理获得，以下图表同此，不再具体说明。

调研指标说明：

（1）成果奖。指由政府部门或者行业协会等社会部门评出的各类人文社会科学成果奖。如教育部高等学校科学研究成果奖（人文社会科学）、省部级人文社会科学成果奖和一些重要的社会力量奖等。

（2）项目。指由政府相关部门组织公开申报、评审立项的和受企事业委托立项的各类纵、横向项目。如国家社会科学基金项目、教育部人文社会科学年度规划项目等。

（3）论文。指在国内外正规出版机构公开发行的学术刊物上发表的学术文章，并包含在指定重要报纸上发表的理论性文章。

（4）基地。指政府相关部门或学校为了整合物力、人力和财力等资源，产出更多更好科研成果而搭建的科研平台。如教育部人文社科重点研究基地、省部级人文社科研究基地等。

（5）著作。指由国内外正规出版机构公开出版的学术书籍。如专著、译著和编著等。

（6）咨政报告。指被国家级、省部级领导人给予肯定批示的、被省部级党政机关采纳的以及入选重要内参、简报和建议等有政策价值的报告或者政策建议等。

（7）重大宣传推广。指有利于提高学校人文社会科学影响力的重大宣传推广活动。如受邀到中央机关作专题报告，在全国性重要广播、电视或报刊等媒体发表重要观点或言论等。

（8）突出贡献。指高校按年度对本机构内在人文社会科学研究中表现突出的教师给予的奖励。

3.1.2　半数以上高校是针对科研进行的奖励

根据样本高校的奖励办法名称或奖励内容的相关信息判断，有 11 所高校（55%）是对科研进行的奖励，有 9 所高校（45%）仅对科研成果给予奖励。

在对科研的奖励中，科研成果是主要奖励对象，同时扩展了对国家社科基金等高层次研究项目、各类人文社科研究基地和提升学校社科影响力的宣传活动等一些科研活动所涉诸多要素的奖励，足以管窥高校对人文社会科学领域科研活动的重视程度。

3.1.3　发放奖金是最主要的奖励方式

20 所高校中，对 8 种奖励对象的奖励方式主要集中在三种类型，即“奖金”“配套资金”与“配套资金 + 奖金”，扬州大学对年度突出贡献奖只进行颁发证书的精神奖励。发放“奖金”的奖励方式出现在 7 种奖励对象中；对“成果奖”和“项目”的奖励中还出现了“配套资金”；“配套资金 + 奖金”的方式仅出现在“项目”和“基地”两种奖励对象中（表 3），这种奖励方式不仅扩充了项目研究经费，又对项目负责人及其成员给予了奖金激励。有些高校对同一种奖励对象，设置了多种奖励方式，例如北京理工大学对省部级成果奖给予配套资金奖励，而对于校内成果奖则是发放定额奖金。

表 3 20 所高校对各种奖励对象的奖励方式及其出现频次统计

奖励对象	奖金	配套	配套 + 奖金	证书	合计
成果奖	14	7			21
论文	19				19
项目	10	1	1		12
咨询报告	10				10
著作	9				9
基地	2		2		4
提升学校哲社影响力的重大宣传推广	1				1
突出贡献				1	1
总计	65	8	3	1	77
占奖励对象出现总频次（74 次）的比例	88%	11%	4%	1%	

另外，个别高校进行配套奖励的方式也很有特点，如华中科技大学对于获得国家社会科学规划基金优秀成果奖的成果，学校给予 1∶1 配套奖励。其中学校配套奖励经费的 80% 奖给课题组，20% 奖励所在院系作为院系科技发展基金。把部分奖励作为院系科技发展基金，这是对院系自主开展科研活动的有力支持，有一定的启发意义。

3.2 对各类成果奖的奖励

3.2.1 成果奖类型多样，20% 的高校认可社会力量奖

19 所高校都对各类成果奖给予了多种形式的奖励，考察奖励的成果类型发现，各高校对成果奖的类型或级别定义多样，例如 17 所高校（占比 85%）列出了“省部级奖”，其中 11 所又专门列出了教育部颁发的“高等学校科学研究优秀成果奖（人文社会科学）”，6 所高校未给予区别化对待。4 所高校对具有全国影响力的社会力量奖进行奖励，如王力语言学奖、孙冶方经济科学

奖、中国农村发展研究奖、金岳霖学术奖和吴玉章人文社会科学奖等。3 所高校对“国家社科基金项目优秀成果奖”给予奖励。根据奖励办法的文本内容，北京科技大学仅对校内评选的成果明确提出了奖励，只有扬州大学对厅局级成果奖给予奖励，这也符合其地方综合院校主要服务地方的属性和定位。“其他”类包括：本学科领域最高奖、中国图书奖、展演与创作作品成果获奖及入选《国家社科基金成果文库》的成果奖等（表 4）。

表 4　20 所高校设立的各种成果奖奖励类型及其出现频次统计

成果奖类型	省部级奖	高等学校科学研究优秀成果奖（人文社会科学）	社会力量奖	国家社科基金项目优秀成果奖	校级奖	厅局级奖	其他
设立高校数量（所）	17	12	4	3	2	1	4
占比	85%	60%	20%	15%	10%	5%	20%

注：表中统计的“省部级奖”“高等学校科学研究优秀成果奖（人文社会科学）”“国家社科基金项目优秀成果奖”“校级奖”以及“厅局级奖”等为各校奖励办法中明确列出的成果奖类型。

3.2.2　60% 高校重奖教育部高等学校科学研究优秀成果奖（人文社会科学）

成果奖的奖励方式主要以奖金为主，有 12 所高校对教育部高等学校科学研究优秀成果奖（人文社会科学）给予了单独奖励，占比为 60%，而且奖励额度和其他奖相比是最高的。有 9 所学校给出了具体的奖励额度，3 所学校则是配套奖励。以一等奖为例，重庆大学、浙江大学、中国农业大学和南京大学等 4 校奖励 20 万元，而同属于“985”高校的复旦大学只奖励 4 万元，同属于教育部直属高校的中央财经大学只奖励 0.8 万元，相差 20 多倍。扬州大学、北京大学和华中农业大学的配套奖励分别为 1∶5、1∶1 和 1∶1。

教育部高等学校科学研究优秀成果奖（人文社会科学）设著作奖、论文奖、研究报告奖和优秀成果普及奖 4 类，所有奖项分设特等奖、一等奖、二等奖、三等奖四个等级。20 所高校中，只有中国农业大学和中央财经大学对特等奖有奖励规定，分别是 30 万元和 1 万元。图 1 所示数据是 9 所高校以奖金方式给予奖励的、每个奖励等级中的最高奖金额度。南京农业大学、复旦大学和上海外国语大学对著作类成果的奖励高于其他类型，图中仅展示了最高值。

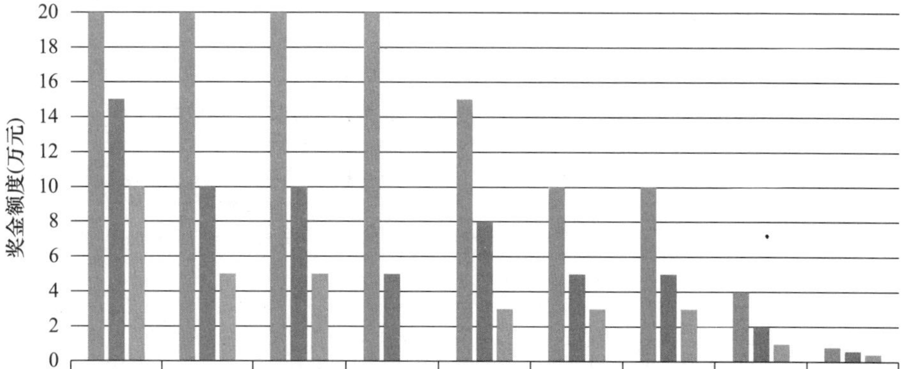

	重庆大学	浙江大学	中国农业大学	南京大学	南京农业大学	中国政法大学	上海外国语大学	复旦大学	中央财经大学
■一等奖	20	20	20	20	15	10	10	4	0.8
■二等奖	15	10	10	5	8	5	5	2	0.6
■三等奖	10	5	5	0	3	3	3	1	0.4

图 1　9 所高校对高等学校科学研究优秀成果奖（人文社会科学）发放奖金额度

3.2.3　5 所高校对省部级一等奖奖励 5 万元

17 所对省部级成果奖给予奖励的高校中，有 11 所学校给出了具体的奖金发放额度，还有 6 所实行配套资金奖励。同教育部高等学校科学研究优秀成果奖（人文社会科学）一样，仍然是复旦大学、南京农业大学和上海外国语大学的奖励办法中，针对著作、论文等同一获奖等级的不同成果类型，设立了差别化的奖金额度。重庆大学对中宣部的“五个一工程”奖给予最高 20 万元的重奖，5 所高校的最高奖励都是 5 万元，最少的只奖励 0.8 万元，各校的奖励额度差异较大。南京大学只奖励一等奖，北京师范大学不奖励三等奖（图 2）。

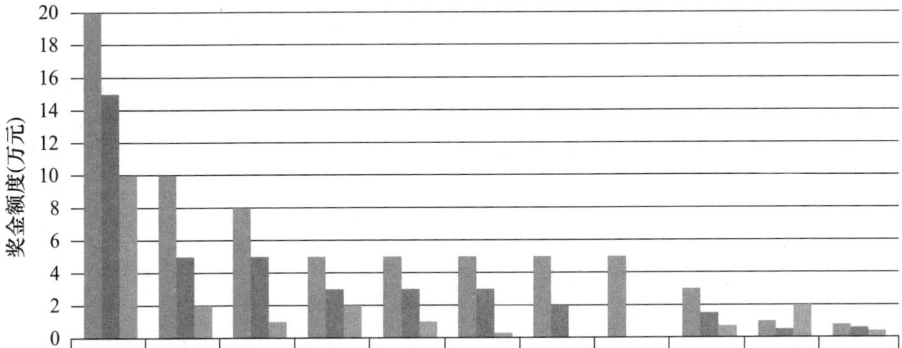

	重庆大学	南京农业大学	中国农业大学	上海外国语大学	浙江大学	中国政法大学	北京师范大学	南京大学	复旦大学	中国人民大学	中央财经大学
■一等奖	20	10	8	5	5	5	5	5	3	1.0	0.8
■二等奖	15	5	5	3	3	3	2	0	1.5	0.5	0.6
■三等奖	10	2	1	2	1	0.3	0	0	0.7	2	0.4

图 2　11 所高校对省部级奖发放奖金额度

3.3　对学术论文的奖励

3.3.1　75% 的高校重奖 SSCI 收录论文，75% 的高校划分了学术期刊的等级

20 所高校中，有 19 所对教师发表的学术论文（含重要报纸的重要文章）给予奖励。75% 的高校专门设立了对 SSCI（社会科学期刊引文索引）收录论文的奖励；55% 的高校对 A & HCI（艺术和人文科学期刊论文索引）收录论文进行奖励。同时，75% 的学校对刊载学术论文的学术期刊划分了各种等级，CSSCI（中国社会科学引文数据库）收录论文是国内期刊论文的奖励重点（55%），40% 的高校对《新华文摘》《中国社会科学文摘》和《中国人民大学报刊复印资料》等收录的论文给予奖励，25% 的高校设立了《人民日报》和《光明日报》理论版文章的特殊奖励；有 2 所高校又对高被引论文给予专门的奖励，高被引论文的确定主要依据绝对被引频次、也有依据本学科领域内被引频次排名来确认的（表 5）。

表 5 20 所高校对学术论文的奖励类型及其出现频次统计

论文类型	自定级期刊	SSCI	A&HCI	CSSCI	高水平文摘	重要报纸	其他	高被引论文
奖励高校数量（所）	15	15	11	11	8	5	3	2
占比	75%	75%	55%	55%	40%	25%	15%	10%

3.3.2 SSCI 奖励额度差异大，影响因子被引入

15 所高校专门对 SSCI 收录论文给予奖励，由于未获得北京大学和清华大学的奖励办法文本，且得到的相关奖励信息中未明确奖励额度，还有中国农业大学发放的奖金额度是以具体期刊影响因子作为系数运算获得的，没有确定的最大值，所以获得了 12 所高校发放奖金的具体额度（图 3）。

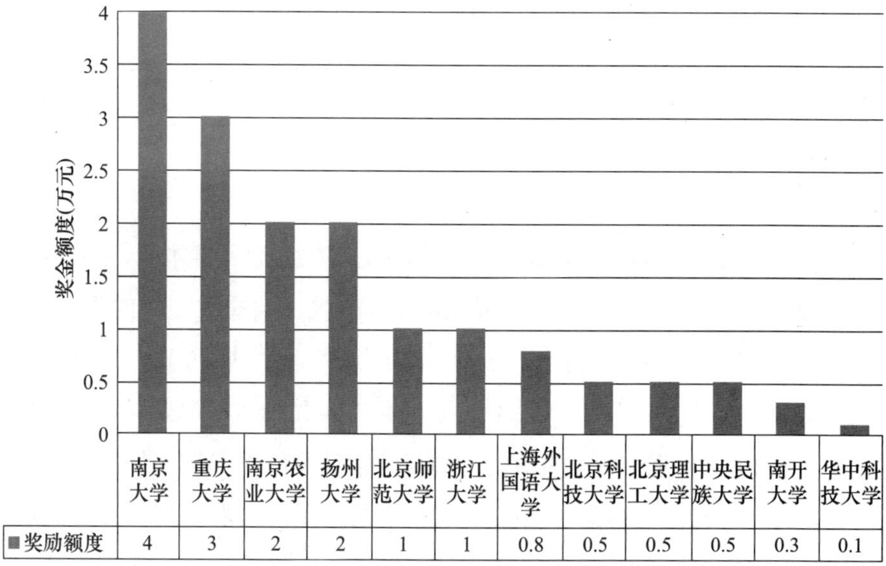

图 3 12 所高校对 SSCI 论文的最高奖励额度

图 3 显示的是 12 所高校对 SSCI 收录论文奖励的最高额度，奖金最高的是南京大学，其对 Q1 分区的 SSCI 收录论文奖励 4 万元，6 所高校的奖励额度在 1 万元及其以上。非“985”高校中南京农业大学和扬州大学对 SSCI 论

文奖励最高，都是 2 万元每篇。特别是南京农业大学在 SSCI 收录论文奖励中还对通信作者，第一作者的不同署名情况做出详细的规定，对既是第一通信作者单位，又是第一作者单位的论文按照 100% 奖励，奖励金额为 2 万元，如果只是第一通信作者单位则按照 80% 奖励，如果只是第一作者单位则按照 20% 奖励。有 4 所高校按期刊影响因子对 SSCI 收录论文划分了等级，不同等级的期刊论文奖励额度也不一样（表 6）。

表 6　4 所高校对 SSCI 论文奖励引入影响因子的奖励情况

学校	奖励措施
南京大学	Q1 奖励 4 万元，Q2 奖励 2 万元，Q3 奖励 1 万元，Q4 奖励 0.5 万元
浙江大学	期刊影响因子进入所在学科领域排名前 50%（即 Q1、Q2，若在不同学科领域以最高排名为准），奖励 1 万元； 未进入前 50% 的（即 Q3、Q4），奖励 0.6 万元
中国农业大学	期刊在 ESI 学科影响因子前 10%（含），奖励 IF × 0.5 万元 / 篇； 期刊在 ESI 学科影响因子前 10%（不含）至前 20%（含）之间，奖励 IF × 0.4 万元 / 篇；期刊在 ESI 学科影响因子前 20% 之下，奖励 0.3 万元 / 篇。 IF 按 JCR 公布的 5 年影响因子计算，同一年度发表论文按前一年年底的 ESI 排名统一标准奖励
北京科技大学	影响因子大于等于 1、小于 3 的，每篇奖励 1 500 元； 影响因子大于等于 3、小于 5 的，每篇奖励 3 000 元； 影响因子大于等于 5 的，每篇奖励 5 000 元。 以本校为第一署名单位的 SSCI 收录论文，按实际影响因子加 1 核定

3.3.3　高水平文摘与 CSSCI 收录论文是国内期刊论文的主要奖励对象

对学术论文给予奖励的 19 所高校中，有 8 所高校对《新华文摘》等高水平文摘收录的论文给予奖励，奖励最多的是扬州大学对《新华文摘》收录论文给予 3 万元奖励，其他 7 所高校都在 6 000 元以内（图 4）。对《中国社会科学文摘》的奖励额度有的与《新华文摘》一样，例如重庆大学和浙江大学等；有的低于《新华文摘》，例如扬州大学和中央民族大学等。

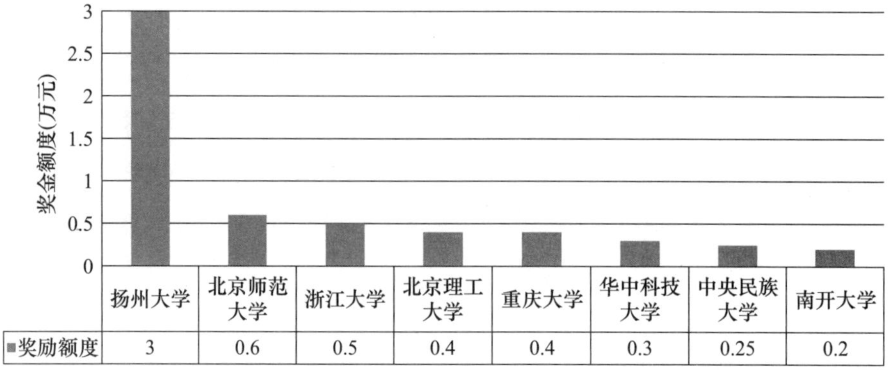

图 4　8 所高校对《新华文摘》的奖励额度

有 11 所高校对 CSSCI 收录论文进行奖励，但是奖励额度都不高，基本在 0.1 万元以内。同时，有 7 所高校单独设立了对发表在《中国社会科学》上论文的奖励，而且奖励额度都比较高，有 1 所高校奖励 1 万元，还有 2 所高校奖励 2 万元，可见对其的重视（图 5）。

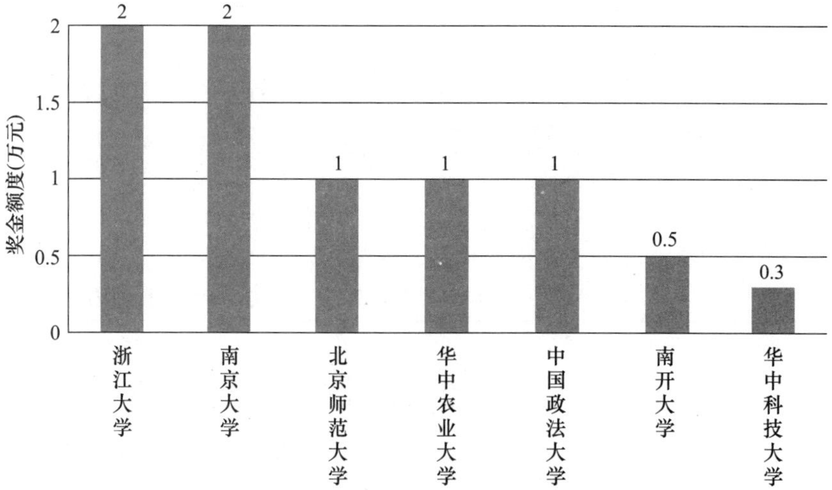

图 5　7 所高校对《中国社会科学》的奖励额度

奖励《人民日报》等重要报纸的 5 所高校，奖金额度在 0.2 万～0.6 万元之间（图 6）。

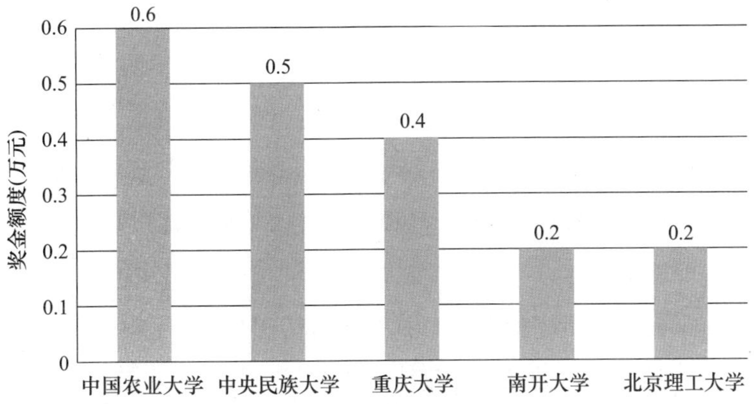

图 6　5 所高校对《人民日报》和《光明日报》理论版文章的奖励额度

3.4　对项目的奖励

3.4.1　国家社科基金和教育部人文社科规划项目是主要授奖项目

项目是体现一所高校科研实力的重要指标之一，20 所高校中有 10 所（50%）对科研项目给予奖励。10 所高校都明确列出了对国家社科基金项目的奖励，有 7 所高校同时对结项优秀或入选成果文库的项目再给予奖励。8 所高校明确奖励教育部人文社科规划项目（表 7）。南开大学的项目奖励类型较多，不仅有对国家社科基金、教育部人文社科类项目的奖励，同时还明确了对国际课题、横向课题以及高额经费课题进行奖励的项目类型。中央民族大学除对国家社科基金、教育部人文社科项目以及国家软科学研究计划项目之外，还对年累计高额经费的横向课题、单项高额经费课题给予奖励。

表 7　20 所高校对人文社会科学研究项目的奖励类型及其出现频次统计

项目类型	国家社科基金项目	教育部人文社科规划项目	省部级人文社科项目	其他	高额经费课题	横向课题	国际课题	教育部人文社科研究基地重大项目
奖励高校数量（所）	**10**	**8**	**2**	**2**	**2**	**2**	**1**	**1**
占比	50%	40%	10%	10%	10%	5%	5%	5%

3.4.2 扬州大学对国家社科基金项目立项奖励的力度最大

10 所奖励国家社科基金项目的高校中，有 8 所采取发放奖金的奖励方式，扬州大学采取配套 + 奖金的奖励方式，中央财经大学对重大项目给予配套、其他项目发放奖金。9 所高校对国家社科基金立项进行奖励，7 所高校对国家社科基金项目结项进行奖励，6 所高校既有立项奖励也有结项奖励，南开大学只对结项进行奖励。

表 8 显示的是 9 所高校对国家社科基金各类项目不同的奖励额度，其中国家社科基金其他项目的取值额度为各校对国家社科基金其他项目立项奖励的最高额度。以国家社科基金重大项目为例，奖励最高的是扬州大学，不仅给予项目 1∶1 配套，还奖励项目组 8 万元。在“985”高校中，中央民族大学给予的奖励最高是 5 万元。

表 8 9 所高校对国家社科基金项目立项奖励的额度

高校	国家社科基金重大项目	国家社科基金重点项目	国家社科基金其他项目
中央民族大学	5	5	2
浙江大学	4	1	1
中国人民大学	3	2	1
重庆大学	2	1	0
北京师范大学	0.8	0.8	0.8
南京大学	0	0	1
扬州大学	1∶1 配套，并奖励 8 万元	1∶1 配套，并奖励 6 万元	1∶1 配套，并奖励 4 万元
中央财经大学	1∶0.5	5	5
华中科技大学	按项目经费数奖励，0.8% 奖项目组，0.2% 奖院系作为院系科技发展基金	按项目经费数奖励，0.8% 奖项目组，0.2% 奖院系作为院系科技发展基金	0

3.4.3 7 所高校对项目研究结项优秀者给予奖励

对结项优秀的项目进行奖励是对项目成果质量的追求。除了立项奖励外，

20 所高校中有 7 所高校对项目结项优秀者进行奖励，其中 1 所高校还对结项中获得“良好”的项目给予奖励。华中科技大学、重庆大学等 6 所高校奖励国家社科基金项目结项为“优秀”等级的项目；浙江大学、南开大学对教育部人文社会科学研究重大课题攻关项目成果“优秀”等级也给予奖励；浙江大学对免于鉴定的如上项目视同为结项优秀进行奖励；浙江大学和扬州大学对结项成果入选《国家社科基金成果要报》的项目进行奖励；南开大学还对所承担重要国际组织的、研究成果得到委托单位充分肯定的国际项目给予奖励。

3.5 对著作和咨政报告的奖励

3.5.1 专著是著作奖励的核心

20 所高校中有 10 所高校（50%）奖励著作，其中有 8 所划分了具体奖励的著作类型，1 所没有划分，1 所没有能够获得具体信息（浙江大学在其科研奖励办法中指出对著作奖励另行规定，笔者并没有能够获得关于著作奖励的具体办法）。划分的著作类型主要有专著、译著、编著和教材等。奖励办法中有明确规定的，有 8 所高校对专著进行奖励，可见专著是整个著作奖励的核心。4 所高校奖励译著，2 所高校奖励编著，1 所高校奖励教材（表 9）。

表 9　20 所高校对著作的奖励类型及其出现频次统计

著作奖励类型	专著	译著	编著	教材	其他
奖励学校数量（所）	**8**	**4**	**2**	**1**	**3**
占比	40%	20%	10%	5%	15%

在 8 所对专著进行明确奖励的高校中，5 所高校没有对中外文专著进行区分，3 所高校进行了区分。有 6 所高校按照著作的数量“部”来奖励；1 所高校（北京理工大学）按照著作的文字数量“万字”来奖励；重庆大学比较特殊——外文专著按照部来奖励，中文专著则按照“万字”来奖励。图 7 展示的是 7 所高校对专著奖励的最高额度（北京理工大学完全按照“万字”来奖励，不能获得专著的具体奖励额度），其中对中文专著奖励最高的是上海外国

语大学，奖励额度为 1 万元，北京师范大学和重庆大学对外文专著奖励额度最高，都是 1 万元，南开大学只奖励外文专著。

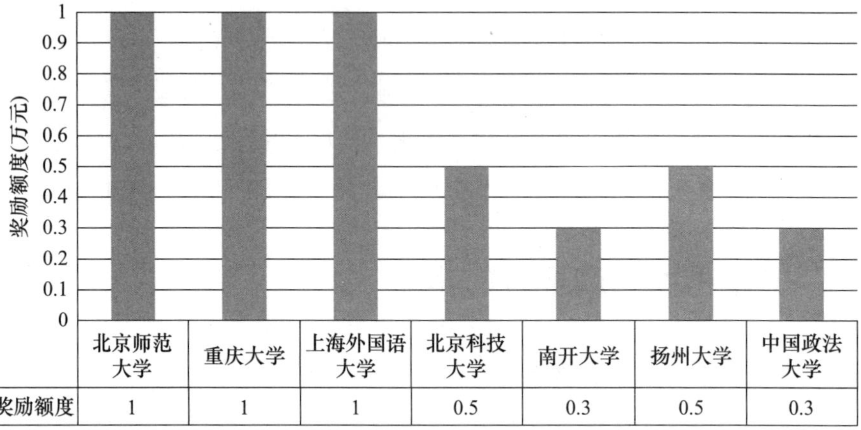

图 7　7 所高校对专著奖励的额度

3.5.2　咨政报告奖励的依据是领导人的肯定批示

在 20 所高校中，有 10 所高校（50%）对咨政报告给予奖励。10 所高校都对获得国家或中央领导，或省部级领导给予肯定批示的咨政报告进行奖励，其中南京大学只奖励获得国家或中央领导给予肯定批示的咨政报告。除此之外，只有中国政法大学还对入选教育部简报（高校智库专刊），新华社、《人民日报》《光明日报》内参和中国法学会要报的咨政报告给予奖励，额度为 0.5 万元；对受国家机关委托，由学校教师提供，以学校名义经学校报送的法律、司法解释草案修改意见也给予奖励，每篇奖励 0.05 万元，由学校教师独立提出以学校名义经学校报送的立法建议稿，奖励 0.2 万元，这充分体现了其政法特色。

在奖励额度上各高校差异很大，以获得国家或中央领导肯定批示的咨政报告为例，给予奖励最高的是扬州大学为 10 万元，接下来是中国农业大学为 5 万～10 万元，最少的是上海外国语大学为 0.3 万元，最高和最低之间差距为 30 多倍（表 10）。

表 10　10 所高校对咨政报告的奖励额度　万元

学校	国家或中央领导人批示	省部级领导批示
扬州大学	10	2
中国农业大学	5～10	5～10
中国政法大学	3	1
浙江大学	3	根据情况予以奖励
南京农业大学	2～3	0.2
华中农业大学	2	0
北京师范大学	1	0.5
南京大学	1	0
南开大学	0.5	0.5
上海外国语大学	0.2	0.2

4　结语

通过对 20 所高校人文社会科学科研奖励办法及相关信息的比较分析得出如下结论：①成果奖、论文是高校奖励的重点；②发放奖金是最为主要的奖励方式；③成果奖类型多样，教育部高等学校科学研究优秀成果（人文社会科学）受重奖，20% 的高校认可社会力量奖；④ 75% 的高校重奖 SSCI 收录论文，75% 的高校划分了学术期刊的等级；⑤国家社科基金和教育部人文社科规划项目是主要授奖项目，结项奖励的比例并不是很高；⑥专著是著作奖励的核心，咨政报告奖励的核心是领导人的肯定批示。通过本研究的分析结果可以展示目前高校对人文社会科学科研的奖励政策特点。

从 2014 年国家社科基金立项情况看高校社科领域科研实力

李晨英[1]　王　超[2]

（1 中国农业大学图书馆情报研究中心，2 中国农业大学图书馆硕士研究生）

摘要：为了解高校在社科领域的科研实力，本研究以 2014 年 8 月 10 日之前全国社会科学规划办公室发布的 2014 年重大、重点、年度、青年、西部、后期资助和中华学术外译等 7 类项目信息为基础数据，对其进行了整理和统计。发现 2014 年 84% 的项目由高校主持，并且高校主持了 78.6% 的重大项目和 80.6% 的重点项目；5 所 C9 高校承担了 68 项高校系统主持重大项目的 17.8%，哲学、管理学和法学是 C9 高校整体的优势学科；38 所“985”高校（不含军队院校）主持了 632 个项目，其中有 64 项重点项目、占高校系统主持重点项目的 26%，法学、哲学和管理学依然是“985”高校的优势学科；应用经济学领域主持项目数量最多的是非“985”的“211”高校；普通高校承担了 56% 的高校系统主持项目，不仅涵盖了所有类型的项目，而且西南政法、重庆师大、江苏师大、首经贸、上海体育学院和武汉体育学院等普通高校在法学、中国文学、语言学、理论经济、体育学等领域主持的项目数量最多。

关键词：国家社科基金；高校系统；学科领域；C9 联盟高校；“985”高校；“211”高校；普通高校

根据全国社会科学规划办公室网站发布的 2014 年重大项目、重点项目、年度项目、青年项目、西部项目、后期资助项目和中华学术外译项目等 7 类社科基金立项公告①，通过国家社科基金项目数据库获取 2014 年立项的项目

① 全国哲学社会科学办公室．通知公告［EB/OL］.［2014.8.10］. http://www.npopss-cn.gov.cn/GB/219469/index.html。

信息，整理后得到 4 575 条数据（数据采集时间：2014.8.10）。

1 2014 年国家社科基金项目概况

按国家社科基金的项目类型分类统计 4 575 个项目所属类型发现，重大项目仅占 2%，重点项目占 6.8%，一般项目和青年项目占 76.7%（图 1）。再看项目主持单位所属系统发现，高校是国家社科基金项目的研究主力（图 2），其次是各级党校系统和省市社会科学院。

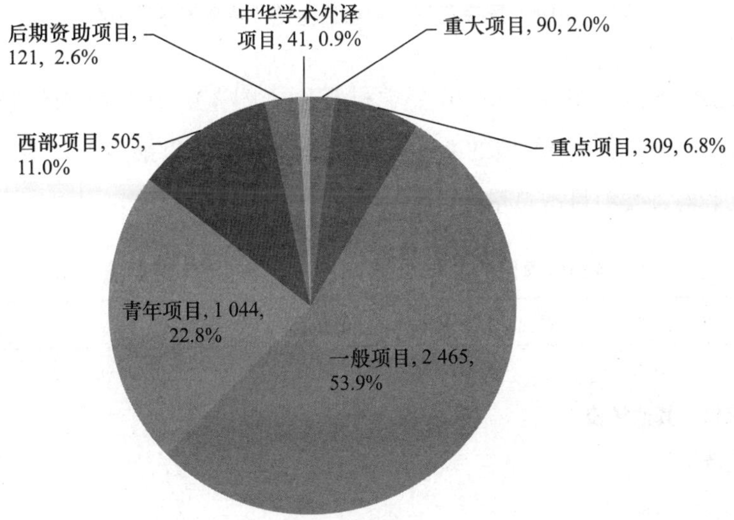

图 1　2014 年国家社科基金项目类型分布

从表 1 展示的各类型项目中主持单位所属系统及其主持项目数量的分布看到，除中华学术外译项目之外，高校系统在各种类型项目中主持的项目数量都位居首位，一般项目和青年项目占高校主持项目总量的 78.7%（表 2）。除 90 项重大项目外，其余 6 类项目共计 4 485 个项目均标注了学科类别，统计这些学科类别发现，国家社科基金项目涉及马列・科社、党史・党建、哲

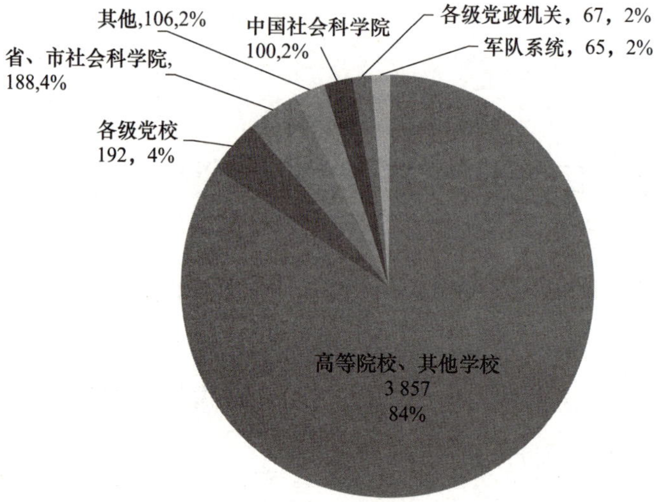

图 2　2014 年国家社科基金项目主持单位所属系统分布

学、理论经济和应用经济等 26 个学科类别（图 3），其中应用经济学项目数量最多，占总量 4 485 项的 8.29%；教育学项目数量最少，仅有 5 项，占 0.11%；平均每类项目占总量的 3.85%。

表 1　各类型项目的主持单位所属系统及其主持项目数量分布

项目类别 / 所属系统	项目数量	占比
重大项目	**90**	**2.0%**
高等院校、其他学校	**68**	**75.6%**
各级党政机关	10	11.1%
中国社会科学院	5	5.6%
省、市社会科学院	2	2.2%
其他	2	2.2%
军队系统	2	2.2%
各级党校	1	1.1%
重点项目	**309**	**6.8%**
高等院校、其他学校	**249**	**80.6%**
中国社会科学院	20	6.5%

续表 1

项目类别 / 所属系统	项目数量	占比
各级党校	12	3.9%
各级党政机关	11	3.6%
省、市社会科学院	6	1.9%
军队系统	6	1.9%
其他	5	1.6%
一般项目	**2 465**	**53.9%**
高等院校、其他学校	**2 180**	**88.4%**
省、市社会科学院	83	3.4%
各级党校	79	3.2%
其他	36	1.5%
中国社会科学院	34	1.4%
军队系统	29	1.2%
各级党政机关	24	1.0%
青年项目	**1 044**	**22.8%**
高等院校、其他学校	**856**	**82.0%**
省、市社会科学院	59	5.7%
各级党校	42	4.0%
中国社会科学院	31	3.0%
其他	22	2.1%
各级党政机关	17	1.6%
军队系统	17	1.6%
西部项目	**505**	**11.0%**
高等院校、其他学校	**394**	**78.0%**
各级党校	52	10.3%
省、市社会科学院	37	7.3%
其他	13	2.6%
军队系统	6	1.2%
各级党政机关	3	0.6%

续表 1

项目类别 / 所属系统	项目数量	占比
后期资助项目	**121**	**2.6%**
高等院校、其他学校	**95**	**78.5%**
中国社会科学院	10	8.3%
各级党校	5	4.1%
军队系统	5	4.1%
其他	3	2.5%
各级党政机关	2	1.7%
省、市社会科学院	1	0.8%
中华学术外译项目	**41**	**0.9%**
其他	25	61.0%
高等院校、其他学校	15	36.6%
各级党校	1	2.4%
总计	**4 575**	

表 2　各类系统主持项目类型及其项目数量分布

主持单位所属系统 / 项目类型	项目数量	占比
高等院校、其他学校	**3 857**	**84.3%**
一般项目	2 180	56.5%
青年项目	856	22.2%
西部项目	394	10.2%
重点项目	249	6.5%
后期资助项目	95	2.5%
重大项目	68	1.8%
中华学术外译项目	15	0.4%
各级党校	**192**	**4.2%**
一般项目	79	41.1%
西部项目	52	27.1%

续表 2

主持单位所属系统 / 项目类型	项目数量	占比
青年项目	42	21.9%
重点项目	12	6.3%
后期资助项目	5	2.6%
中华学术外译项目	1	0.5%
重大项目	1	0.5%
省、市社会科学院	**188**	**4.1%**
一般项目	83	44.1%
青年项目	59	31.4%
西部项目	37	19.7%
重点项目	6	3.2%
重大项目	2	1.1%
后期资助项目	1	0.5%
其他	**106**	**2.3%**
一般项目	36	34.0%
中华学术外译项目	25	23.6%
青年项目	22	20.8%
西部项目	13	12.3%
重点项目	5	4.7%
后期资助项目	3	2.8%
重大项目	2	1.9%
中国社会科学院	**100**	**2.2%**
一般项目	34	34.0%
青年项目	31	31.0%
重点项目	20	20.0%
后期资助项目	10	10.0%
重大项目	5	5.0%
各级党政机关	**67**	**1.5%**
一般项目	24	35.8%

续表 2

主持单位所属系统 / 项目类型	项目数量	占比
青年项目	17	25.4%
重点项目	11	16.4%
重大项目	10	14.9%
西部项目	3	4.5%
后期资助项目	2	3.0%
军队系统	**65**	**1.4%**
一般项目	29	44.6%
青年项目	17	26.2%
重点项目	6	9.2%
西部项目	6	9.2%
后期资助项目	5	7.7%
重大项目	2	3.1%
总计	**4 575**	

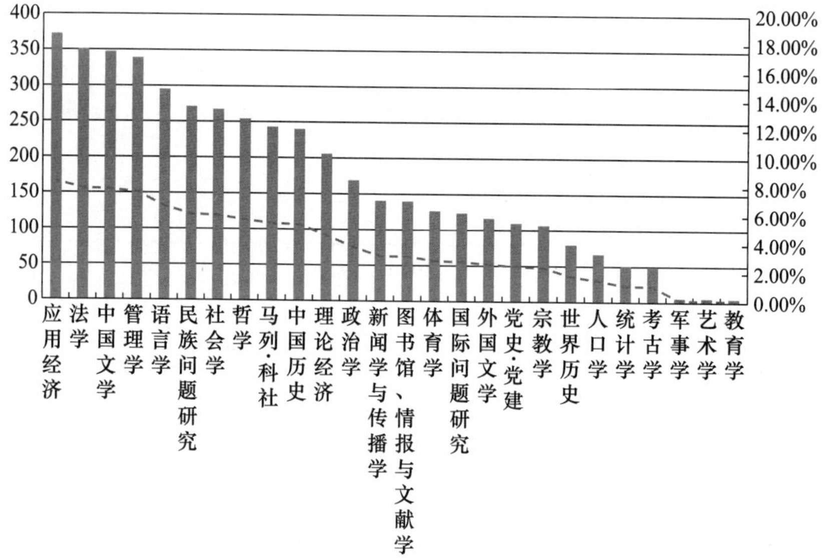

图 3　2014 年国家社科基金项目所属学科数量及占比分布

高校系统（不包括军队系统高校）主持的 3 857 项基金项目分别由 575 所高校承担，按 C9 联盟高校、非 C9 的“985”高校、非“985”的“211”高校和普通高校分类后，得到图 4 所示的各类高校数量分布以及各类高校承担项目的数量分布。发现仅占高校数量 2% 的 C9 高校承担了 6% 的高校系统项目；占高校数量 7% 的“985”高校主持了 22% 的高校系统项目；占高校数量 12% 的非“985”的“211”高校主持项目数量占比与“985”高校相同；占比 81% 的 469 所普通高校主持项目数量占 56%。C9 高校和“985”高校主持项目数量占比都是其他高校数量占比的 3 倍。

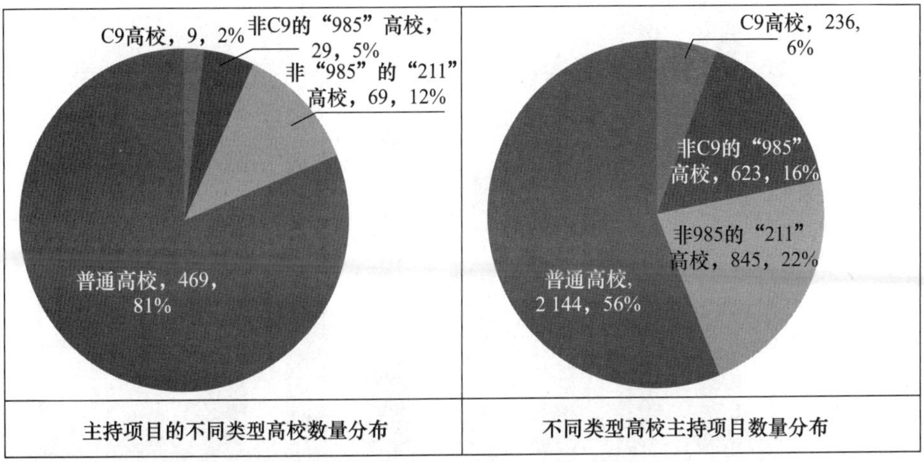

图 4　不同类型高校主持 2014 年国家社科基金项目数量分布

2　C9 联盟高校立项情况

2009 年 10 月 9 日北京大学、清华大学、浙江大学、哈尔滨工业大学、复旦大学、上海交通大学、南京大学、中国科技大学和西安交通大学等 9 所首批“985”高校联合签署《一流大学人才培养合作与交流协议书》，决定加强深度的合作与交流，着力打造一个庞大的教育联盟，英文简称“C9”。

2014年C9联盟高校共获国家社科基金项目236项，占项目总量4 575项的5.2%，占高校系统3 857项的6.1%。9所高校中，南京大学主持的项目数量最多为44项，占9所高校项目总量的18.6%；其次是浙江大学主持了40项，占17%；北京大学和复旦大学主持的项目数量位居第3和第4。主持项目数量较少的主要是理工类高校，中国科技大学仅有3项，哈尔滨工业大学主持4项，但同是理工类的清华大学主持了28项，高于综合类的西安交通大学（21项）。9所高校主持的项目数量及其类型详见图5。

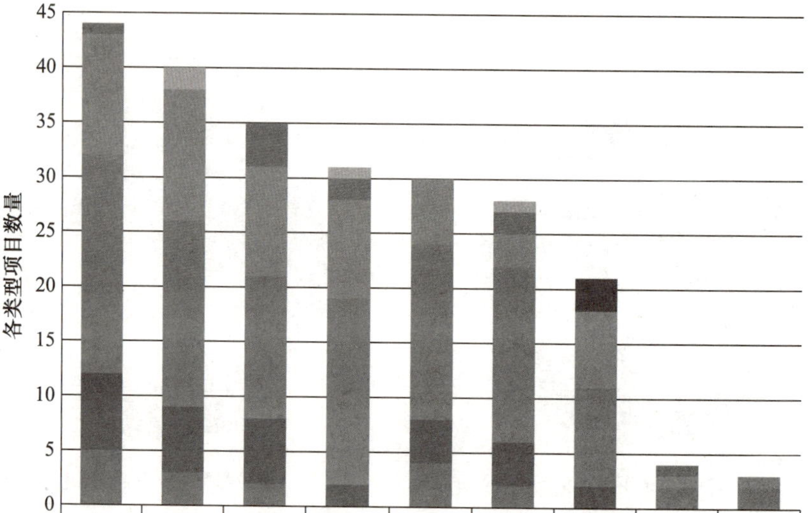

	南京大学	浙江大学	北京大学	复旦大学	上海交通大学	清华大学	西安交通大学	哈尔滨工业大学	中国科学技术大学
中华学术外译	0	2	0	1	0	1	0		0
后期资助	1	0	4	2	0	2	0	1	0
西部	0	0	0	0	0	0	3	0	0
青年	11	12	10	9	6	3	7	1	1
一般	20	17	13	17	16	16	9	2	2
重点	7	6	6	2	4	4	2	0	0
重大	5	3	2	0	4	2	0	0	0

图5　C9高校主持各种类型项目的数量分布

90项重大项目中，高校系统有40所高校主持了68个项目，其中5所C9高校主持了16项，占高校系统主持重大项目的17.8%（表3）。

表 3　C9 联盟高校主持的 2014 年国家社科基金项目列表

项目批准号	项目名称	项目负责人	工作单位
14ZDA023	我国经济增长潜力和动力研究	沈坤荣	南京大学
14ZDA024	支撑未来中国经济增长的新战略区域研究	吴福象	南京大学
14ZDA043	互联网金融的发展、风险与监管研究	裴平	南京大学
14ZDA061	我国刚性社会矛盾趋势分析与化解对策研究	朱力	南京大学
14ZDA078	21 世纪海上丝绸之路建设与南海战略研究	吴士存	南京大学
14ZDA013	完善经济社会发展考核评价体系研究	朱启贵	上海交通大学
14ZDA046	产业升级背景下优化发展中国多层次资本市场体系问题研究	杨朝军	上海交通大学
14ZDA054	传播当代中国价值观念与加强我国对外话语体系建设研究	单世联	上海交通大学
14ZDA065	全面深化改革中政府购买公共服务制度化研究	徐家良	上海交通大学
14ZDA016	反腐败法治化与科学的权力结构和运行机制研究	陈国权	浙江大学
14ZDA039	我国耕地资源休养战略和保障机制研究	吴次芳	浙江大学
14ZDA070	我国环境管理转型路径及政策创新研究	韩洪云	浙江大学
14ZDA011	推进我国国家治理体系现代化研究	王浦劬	北京大学
14ZDA053	增强中国对外传播文化软实力深度研究	关世杰	北京大学
14ZDA002	习近平总书记系列重要讲话的理论创新研究	艾四林	清华大学
14ZDA056	中华文化的海外传播创新研究	郭镇之	清华大学

309 项重点项目中，高校系统的 125 所高校主持了 249 项，其中 C9 高校有 7 所主持了 31 项，占高校系统主持重点项目的 12.5%。

399 项重大和重点项目中，高校系统的 134 所高校主持了 317 项，占两种类型项目数量的 79.4%，其中 7 所 C9 高校主持了 47 项，占高校系统主持重大重点项目的 14.8%。

统计 C9 高校主持项目的所属学科分布发现，哲学、管理学和法学是 C9 高校整体的优势学科。主持项目数量的多少在一定程度上可以体现每个学校的优势学科，再看每个 C9 高校主持的各学科项目数量分布，选择每个高校主持项目在 5 项以上的学科发现，南京大学主持的法学、中国文学和图书馆情报与文献学三个学科的项目数量最多，都为 5 项，说明南京大学在这三个学科领域的研究实力较强。浙江大学的管理学（8 项）和哲学（5 项）两个学科较强。北京大学和清华大学都主持了 6 项哲学学科项目，其他学科项目都未超过 5 项，西安交通大学的应用经济学（5 项）较强，其他 4 所 C9 高校主持项目的学科分布都比较分散，没有达到 5 项的学科（图 6）。

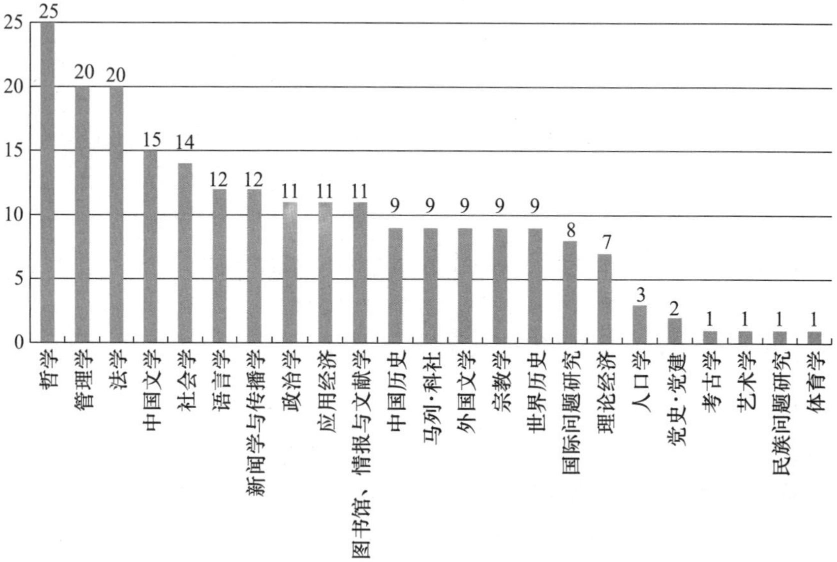

图 6　C9 高校主持项目所属学科分布

3 “985”高校立项情况

39 所“985”高校都主持了 2014 年的社科基金项目，排除军队系统的国防科技大学后，38 所高校共主持项目 868 项。其中综合类高校有 20 所，主持项目 631 项，平均每所综合类高校主持 31.55 项，中国人民大学 59 项，山东大学 46 项，南京大学 44 项位居前三位（图 7）。“985”高校中有 13 所理工类院校，

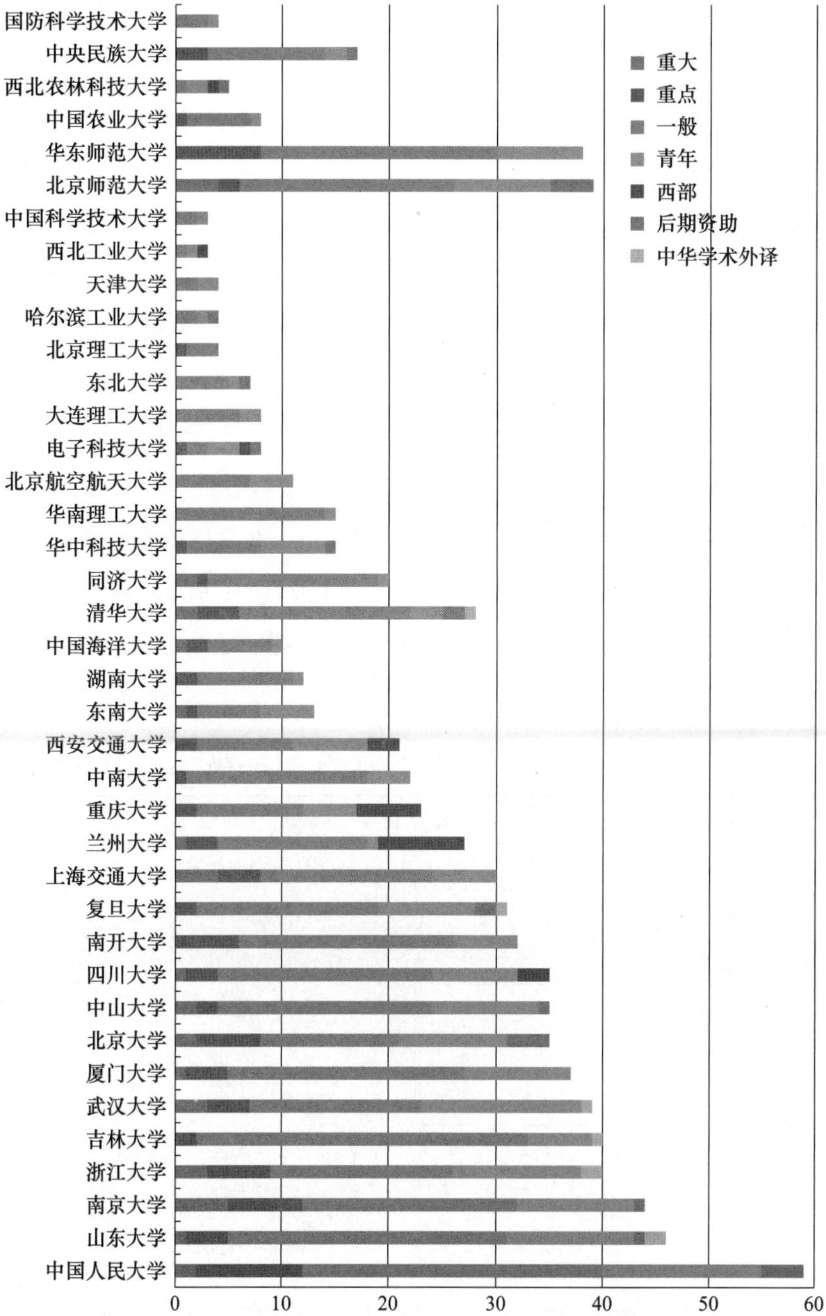

图 7 "985"高校主持 2014 年国家社科基金项目数量与类型分布

共主持 130 个项目，平均每所理工类高校主持 10 项。清华大学是理工类高校中主持项目最多的，有 28 项，远高于位居第二的同济大学 20 项，华中科技大学和华南理工大学都是主持 15 项并列第三。北京师范大学和华东师范大学是“985”高校中仅有的两所师范类高校，主持项目数量远高于许多综合类院校，北京师范大学与武汉大学主持项目数量都为 39 项，并列位于 39 所高校的第 6 位，华东师范大学主持 38 项位于 39 所高校的第 8 位。中国农业大学和西北农林科技大学两所农林类高校，主持的项目都较少，分别主持 8 项和 5 项。中央民族大学作为唯一的一所民族类高校主持了 17 项，国防科技大学是唯一的 1 所军事院校，主持了 4 项。可见，社会科学研究已不仅仅是综合类高校关注的重要研究领域，理工类等其他类型的高校也在积极开展社会科学领域的相关研究。

38 所“985”高校中有 18 所主持了重大项目，共主持重大项目 39 项。从主持项目数量来看，南京大学主持了 5 项，位居第一；北京师范大学和上海交通大学都主持了 4 项，位居第二；南开大学、武汉大学和浙江大学都主持 3 项，并列第三（表 4）。

表 4 “985”高校主持 2014 年国家社科基金重大项目数量分布（合计 39 项）

排序	“985”高校	主持重大项目数量	排序	“985”高校	主持重大项目数量
1	南京大学	5	4	中国人民大学	2
2	北京师范大学	4		中山大学	2
	上海交通大学	4	5	东南大学	1
3	南开大学	3		华东师范大学	1
	武汉大学	3		兰州大学	1
	浙江大学	3		厦门大学	1
4	北京大学	2		山东大学	1
	清华大学	2		四川大学	1
	同济大学	2		中国海洋大学	1

统计“985”高校主持除 39 项重大项目之外（重大项目没有所属学科领域标记）的 829 个重点、一般、青年等项目的学科分布，得到表 5 所示的主

持项目数量在5项及其以上的“985”高校分布情况。38所“985”高校中，有16所高校在27个学科领域主持的项目数在5项以上（含5项），这些学科领域应该是16所高校中优势明显的学科。16所“985”高校中，中国人民大学不仅主持的项目数量最多，而且在“法学”“哲学”“社会学”和“管理学”等四个学科领域主持的项目数都在5项及其以上；其次是山东大学在“理论经济”“应用经济”“语言学”，南京大学在“法学”“图书馆、情报与文献学”“中国文学”等学科领域都承担了5个项目。表6是从学科领域的角度筛选出主持项目数量在5项以上的机构，仅有10个学科领域中可筛选出优势比较明显的机构。其中“法学”（中国人民大学、北京师范大学、中南大学、南京大学和吉林大学）和“哲学”（中国人民大学、清华大学、北京大学、武汉大学和浙江大学）两个领域的优势“985”高校数量最多，都有5所。“社会学”（中国人民大学），“理论经济”（山东大学），“图书馆、情报与文献学”（南京大学）这三个学科各自都仅有一所“985”高校主持的项目数在5项及以上。

表5 “985”高校主持2014年国家社科基金项目在5项及其以上的学科领域

“985”高校	学科领域	主持项目总数	主持学科项目数
中国人民大学		**57**	
	法学		9
	哲学		7
	社会学		6
	管理学		5
山东大学		**43**	
	理论经济		5
	应用经济		5
	语言学		5
吉林大学		**40**	
	法学		5
	中国文学		5

续表 5

"985"高校	学科领域	主持项目总数	主持学科项目数
南京大学		**39**	
	法学		5
	图书馆、情报与文献学		5
	中国文学		5
浙江大学		**37**	
	管理学		8
	哲学		5
武汉大学		**36**	
	哲学		5
	中国文学		5
厦门大学		**36**	
	中国文学		5
北京师范大学		**35**	
	法学		7
北京大学		**33**	
	哲学		6
中山大学		**33**	
	语言学		5
南开大学		**29**	
	中国文学		5
兰州大学		**26**	
	民族问题研究		6
清华大学		**26**	
	哲学		6
中南大学		**22**	
	法学		6

续表 5

“985”高校	学科领域	主持项目总数	主持学科项目数
西安交通大学		**21**	
	应用经济		5
中央民族大学		**17**	
	民族问题研究		6
	语言学		5

表 6　2014 年国家社科基金不同学科领域内主持项目数在 5 项以上的“985”高校

学科领域 / “985”高校		主持项目数量
法学	**80**	
中国人民大学		9
北京师范大学		7
中南大学		6
南京大学		5
吉林大学		5
哲学	**76**	
中国人民大学		7
清华大学		6
北京大学		6
武汉大学		5
浙江大学		5
管理学	**66**	
浙江大学		8
中国人民大学		5
语言学	**64**	
山东大学		5
中央民族大学		5
中山大学		5

续表 6

学科领域 /“985”高校		主持项目数量
中国文学	**63**	
南开大学		5
南京大学		5
武汉大学		5
吉林大学		5
厦门大学		5
社会学	**59**	
中国人民大学		6
应用经济	**53**	
西安交通大学		5
山东大学		5
理论经济	**36**	
山东大学		5
图书馆、情报与文献学	**29**	
南京大学		5
民族问题研究	**19**	
中央民族大学		6
兰州大学		6

4 非“985”的“211”高校立项情况

非“985”的“211”高校有 69 所共主持 845 个项目，其中有 11 所机构主持了 15 项重大项目（表 7），中央财经大学主持了 3 项，南京农业大学和上海财经大学都主持了 2 项，东北师大、华南师大和华中师大等 3 所师范类院校也分别主持了 1 项。有 25 家机构主持了 60 项重点项目，其中东北师大和南京师大各主持了 6 项，位居第一，其次是郑州大学主持了 5 项，第三是对外经济贸易大学、华南师范大学和苏州大学都主持了 4 项。75 项重大和重点项目的主持单位中，仅有南京农业大学一所农业类非“985”的“211”高校，主持了 2 项重大项目（表 8）。

表 7　非“985”的“211”高校主持 2014 年国家社科基金重大项目列表

项目批准号	项目名称	项目负责人	工作单位
14ZDA007	实现中华民族伟大复兴中国梦研究	冯秀军	中央财经大学
14ZDA028	深化税收制度改革与完善地方税体系研究	李俊生	中央财经大学
14ZDA044	金融排斥、金融密度差异与信息化普惠金融体系建设研究	李建军	中央财经大学
14ZDA037	加快构建新型农业经营体系研究	周应恒	南京农业大学
14ZDA038	完善国家粮食安全保障体系研究	钟甫宁	南京农业大学
14ZDA021	中高速增长阶段经济转型升级研究	干春晖	上海财经大学
14ZDA079	中国（上海）自由贸易试验区建设的实践探索与经验研究	赵晓雷	上海财经大学
14ZDA009	弘扬中华优秀传统文化与实现中国梦研究	胡海波	东北师范大学
14ZDA004	习近平总书记系列重要讲话的历史唯物主义创新研究	刘卓红	华南师范大学
14ZDA087	总体国家安全观下的中国东南周边地区安全机制构建研究	韦红	华中师范大学
14ZDA069	食品安全风险社会共治研究	吴林海	江南大学
14ZDA085	全球经济失衡与治理对我国开放型经济转型升级的影响与对策研究	王厚双	辽宁大学
14ZDA052	我国文化消费提升路径与机制研究	毛中根	西南财经大学
14ZDA055	中国影视文化软实力提升的战略与策略研究	胡智锋	中国传媒大学
14ZDA018	国家治理体系现代化与法治政府建设研究	王敬波	中国政法大学

表 8 非“985”的“211”高校主持重点项目数量分布

非“985”的“211”高校	主持重点项目数量	非“985”的“211”高校	主持重点项目数量
东北师范大学	6	安徽大学	1
南京师范大学	6	广西大学	1
郑州大学	5	海南大学	1
对外经济贸易大学	4	河北工业大学	1
华南师范大学	4	河海大学	1
苏州大学	4	辽宁大学	1
哈尔滨工程大学	3	上海财经大学	1
湖南师范大学	3	上海大学	1
华中师范大学	3	上海外国语大学	1
合肥工业大学	2	新疆大学	1
暨南大学	2	中南财经政法大学	1
陕西师范大学	2	中央财经大学	1
西北大学	2	合计	60
中国政法大学	2		

再从项目的学科分布来看，有 12 所高校在 7 个学科领域主持的项目数量在 5 项以上（表 9、表 10）。特别突出的是中国政法大学是“法学”领域立项最多的机构，以 11 个项目数量高于“985”高校中的中国人民大学（9 项）；中南财经大学在“应用经济”领域的立项数也位居第一，高于“985”高校中立项数最多的山东大学；上海大学主持了“图书馆、情报与文献学”的 6 个项目，项目数也高于 C9 高校中的南京大学；在“民族问题研究”领域内蒙古大学和西藏大学的立项数都高于“985”高校的兰州大学和中央民族大学。

表 9 非“985”的“211”高校主持 2014 年国家社科基金项目在 5 项及其以上的学科领域

“211”高校 / 学科领域	主持项目数量
华中师范大学	**39**
社会学	5

续表 9

“211”高校 / 学科领域		主持项目数量
中南财经政法大学	**35**	
应用经济		8
法学		5
管理学		5
东北师范大学	**32**	
马列・科社		6
对外经济贸易大学	**28**	
管理学		7
石河子大学	**23**	
民族问题研究		5
内蒙古大学	**21**	
民族问题研究		9
西南大学	**21**	
应用经济		5
上海大学	**20**	
图书馆、情报与文献学		6
西南财经大学	**18**	
应用经济		6
中国政法大学	**16**	
法学		11
中央财经大学	**16**	
应用经济		6
西藏大学	**15**	
民族问题研究		8

表 10　2014 年国家社科基金不同学科领域内主持项目数在 5 项以上的非“985”的“211”高校

学科领域 / “211”高校		主持项目数量
应用经济	**74**	
中南财经政法大学		8
西南财经大学		6
中央财经大学		6
西南大学		5
法学	**70**	
中国政法大学		11
中南财经政法大学		5
管理学	**69**	
对外经济贸易大学		7
中南财经政法大学		5
社会学	**59**	
华中师范大学		5
马列·科社	**52**	
东北师范大学		6
民族问题研究	**47**	
内蒙古大学		9
西藏大学		8
石河子大学		5
图书馆、情报与文献学	**26**	
上海大学		6

5　普通高校立项情况

排除以上 C9、“985”工程和“211”工程 3 种类型的高校之后，469 所普通高校主持了 2 145 个项目，各种类型项目的分布见图 8。

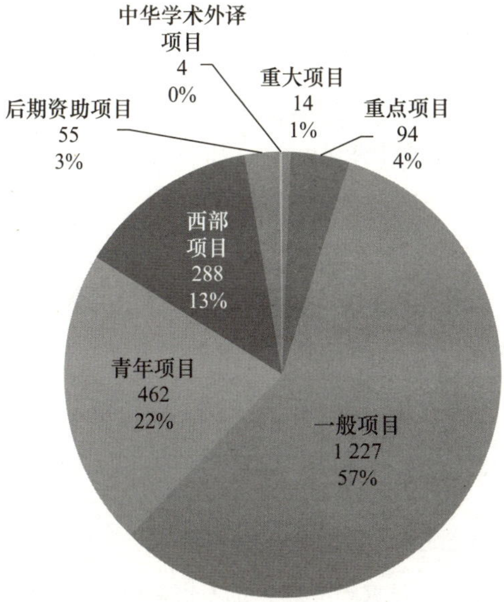

图 8　普通高校承担 2014 年国家社科基金项目的类型分布

有 11 所高校承担了 14 项重大项目（表 11），其中北京工商大学、广州大学和首都经贸大学都主持了 2 项重大项目。

表 11　普通高校主持 2014 年国家社科基金重大项目列表（14 项）

项目批准号	项目名称	项目负责人	工作单位
14ZDA027	国家治理视角下的国有资本经营预算制度研究	谢志华	北京工商大学
14ZDA034	粮食安全目标下市场起决定作用的粮食价格形成机制研究	李朝鲜	北京工商大学
14ZDA031	建设统一开放、竞争有序的农产品市场体系研究	叶祥松	广州大学
14ZDA057	核心价值视域下维护国家文化安全研究	涂成林	广州大学
14ZDA066	集体劳动争议预防与处理机制的系统化建构研究	冯喜良	首都经济贸易大学
14ZDA072	中国碳市场成熟度、市场机制完善及环境监管政策研究	王文举	首都经济贸易大学

续表 11

项目批准号	项目名称	项目负责人	工作单位
14ZDA032	推进农业转移人口市民化：路径选择、财力保障与地方政府激励研究	吕炜	东北财经大学
14ZDA086	未来十年中国打造战略支点国家的理论分析与策略研究	周方银	广东外语外贸大学
14ZDA014	人民代表大会制度理论创新研究	童之伟	华东政法大学
14ZDA058	香港社会思潮分析与有效引导的对策研究	徐海波	深圳大学
14ZDA045	创新与完善我国民间金融监管协调机制研究	谢平	温州大学
14ZDA048	健全坚持正确引导舆论的体制机制研究	李希光	西南政法大学
14ZDA088	中国新疆周边国家经济安全机制比较和整合研究	何维达	新疆财经大学
14ZDA071	健全水资源有偿使用和生态补偿制度及实现机制研究	沈满洪	浙江理工大学

70 所高校主持了 94 项重点项目，北京语言大学、杭州师范大学、上海师范大学和西南政法大学四所高校都主持了 3 项，重庆工商大学等 16 所高校都主持了 2 项（表 12），安徽财经大学等 50 所高校主持了 1 项。

表 12　普通高校主持 2014 年国家社科基金重点项目 2 项以上机构列表

普通高校	主持重点项目数	项目所属学科领域
北京语言大学	3	语言学/中国文学
杭州师范大学	3	法学/外国文学/中国文学
上海师范大学	3	马列・科社/世界历史/中国文学
西南政法大学	3	法学/应用经济
长沙理工大学	2	理论经济/应用经济
重庆工商大学	2	管理学/应用经济
重庆师范大学	2	理论经济/中国文学

续表 12

普通高校	主持重点项目数	项目所属学科领域
东北财经大学	2	理论经济/统计学
福建师范大学	2	管理学/中国文学
广州大学	2	社会学/统计学
河北大学	2	国际问题研究/理论经济
黑龙江大学	2	应用经济/哲学
华侨大学	2	国际问题研究/宗教学
江苏科技大学	2	管理学/马列・科社
江苏师范大学	2	马列・科社/新闻学与传播学
江西财经大学	2	管理学/哲学
宁波大学	2	法学
青海民族大学	2	民族问题研究/语言学
上海政法学院	2	法学/马列・科社
首都经济贸易大学	2	人口学/应用经济

表 13 展示了主持 2014 年度社科基金项目数量位居前十位的普通高校名单。表 14 表现的是“中国文学”等 9 个学科领域中主持项目数量在 5 个以上的 28 所普通高校。值得关注的是华南农业大学承担了“应用经济”领域的 5 个项目。

表 13　普通高校主持 2014 年国家社科基金项目数量 TOP 10

序号	普通高校	主持项目数	序号	普通高校	主持项目数
1	河南大学	30	6	江苏师范大学	22
2	河北大学	29	7	华东政法大学	21
3	首都经济贸易大学	26		中南民族大学	21
4	西南政法大学	25	9	山东师范大学	20
5	江西财经大学	24		首都师范大学	20

表 14　2014 年国家社科基金不同学科领域内主持项目数在 5 项以上的普通高校

学科领域 / 普通高校	项目数	学科领域 / 普通高校	项目数
中国文学	**197**	**民族问题研究**	**160**
重庆师范大学	8	西北师范大学	6
河北师范大学	6	西南民族大学	6
山东师范大学	5	内蒙古民族大学	6
河南大学	5	青海师范大学	5
应用经济	**191**	云南民族大学	5
安徽财经大学	7	青海民族大学	5
长沙理工大学	5	中南民族大学	5
重庆工商大学	5	**管理学**	**155**
华南农业大学	5	山东财经大学	5
江西财经大学	5	首都经济贸易大学	5
法学	**168**	济南大学	5
西南政法大学	16	**体育学**	**100**
华东政法大学	13	上海体育学院	5
西北政法大学	7	武汉体育学院	5
语言学	**166**	**理论经济**	**95**
江苏师范大学	7	首都经济贸易大学	6
北京语言大学	5	**宗教学**	**55**
广东外语外贸大学	5	云南民族大学	5

表 15　2014 年国家社科基金不同学科领域内主持 5 项以上项目的高校项目分布情况

学科领域 / 高校类型：高校名称	主持项目数	学科领域 / 高校类型：高校名称	主持项目数
应用经济	**318**	“211”高校：中央财经大学	6
“211”高校：中南财经政法大学	8	“985”高校：山东大学	6
普通高校：安徽财经大学	**7**	“211”高校：西南大学	5
“211”高校：西南财经大学	6	C9 高校：西安交通大学	5

续表15

学科领域/高校类型：高校名称	主持项目数	学科领域/高校类型：高校名称	主持项目数
普通高校：华南农业大学	**5**	“211”高校：对外经济贸易大学	7
普通高校：江西财经大学	**5**	“211”高校：中南财经政法大学	5
普通高校：长沙理工大学	**5**	“985”高校：中国人民大学	5
普通高校：重庆工商大学	**5**	**普通高校：济南大学**	**5**
法学	**318**	**普通高校：山东财经大学**	**5**
普通高校：西南政法大学	**16**	**普通高校：首都经济贸易大学**	**5**
普通高校：华东政法大学	**13**	**语言学**	**277**
“211”高校：中国政法大学	11	**普通高校：江苏师范大学**	**7**
“985”高校：中国人民大学	9	“985”高校：山东大学	5
“985”高校：北京师范大学	7	“985”高校：中山大学	5
普通高校：西北政法大学	**7**	“985”高校：中央民族大学	5
“985”高校：中南大学	6	**普通高校：北京语言大学**	**5**
“211”高校：中南财经政法大学	5	**普通高校：广东外语外贸大学**	**5**
“985”高校：吉林大学	5	**哲学**	**226**
C9高校：南京大学	5	“985”高校：中国人民大学	7
中国文学	**311**	C9高校：北京大学	6
普通高校：重庆师范大学	**8**	C9高校：清华大学	6
普通高校：河北师范大学	**6**	“985”高校：武汉大学	5
“985”高校：吉林大学	5	C9高校：浙江大学	5
“985”高校：南开大学	5	**民族问题研究**	**226**
“985”高校：厦门大学	5	“211”高校：内蒙古大学	9
“985”高校：武汉大学	5	“211”高校：西藏大学	8
C9高校：南京大学	5	“985”高校：兰州大学	6
普通高校：河南大学	**5**	“985”高校：中央民族大学	6
普通高校：山东师范大学	**5**	**普通高校：内蒙古民族大学**	**6**
管理学	**288**	**普通高校：西北师范大学**	**6**
C9高校：浙江大学	8	**普通高校：西南民族大学**	**6**

续表 15

学科领域 / 高校类型：高校名称	主持项目数	学科领域 / 高校类型：高校名称	主持项目数
“211”高校：石河子大学	5	**理论经济**	**173**
普通高校：青海民族大学	**5**	**普通高校：首都经济贸易大学**	**6**
普通高校：青海师范大学	**5**	“985”高校：山东大学	5
普通高校：云南民族大学	**5**	**体育学**	**124**
普通高校：中南民族大学	**5**	**普通高校：上海体育学院**	**5**
社会学	**221**	**普通高校：武汉体育学院**	**5**
“985”高校：中国人民大学	6	**图书馆、情报与文献学**	**123**
“211”高校：华中师范大学	5	“211”高校：上海大学	6
马列·科社	**190**	C9 高校：南京大学	5
“211”高校：东北师范大学	6	**宗教学**	**86**
		普通高校：云南民族大学	**5**

纵向比较将所有高校在不同学科领域主持的项目数量发现，西南政法、华东政法、重庆师大、河北师大、江苏师大、首经贸、上海体院和武汉体院等普通高校在法学、中国文学、语言学、理论经济和体育学等领域主持的项目数量最多。

基于外国留学生数据管窥我国高校的世界吸引力

张红伟　李晨英
（中国农业大学图书馆情报研究中心）

摘要：2015年外国在华留学生已经突破39万人，年均增长率为11%，发展形势大好，但是顶尖高校留学生指标和世界一流大学还有很大差距。本文通过对2006—2015年在华留学生数量、大洲与国家分布、学科分布以及中国政府奖学金资助等方面的数据进行考察分析，发现：①接受博硕士研究生教育的留学生数量增速最高，年均增速超过22%，但占总量比重仅有13%，远低于日本的35%[①]；②来自亚洲的留学生占比最多（60%以上），来自韩国和美国的留学生数量位居前两位，“一带一路”沿线国家的留学生数量增速显著；③留学生所学专业由以汉语为主的文学类科目逐步向工学、管理学、法学、农学和历史等多种学科拓展；④中国政府奖学金资助的留学生比重逐年上升，年均19.14%的增速显著高于自费留学生10.41%。由此可以发现：虽然我国高校对外国留学生的吸引力逐年上升，但需要进一步加大博士硕士高层次留学生的招生力度；需要有针对性地扩大“一带一路”沿线国家的留学生招生力度。另外，研究发现我国政府发布的在华留学生统计数据主要以留学生数量为主，信息量较小，不利于留学生招生宣传，希望各级相关部门开展翔实的留学生工作数据统计，并重视信息发布，为高校规划留学生事业发展提供参考和帮助。

关键词：高校；外国留学生；吸引力

一个国家和一所大学吸引外国留学生的能力（吸引外国留学生的数量和

---

① 日本2015年外国留学生总量为122 913人，其中本科生77 739人、占比63.2%，博士硕士研究生43 398人、占比35.3%。

质量）是其综合国力和高等教育实力的重要体现。留学生教育还蕴含着丰富的政治、经济、文化、学术和人才“红利”[1]，高等教育最为发达的美国就是最好的例证，庞大的外国留学生群体不仅通过消费为其经济发展做出了贡献，而且更为重要的是为其提供了不竭的全世界最为优秀的人才资源，不断巩固着其作为世界教育霸主、科技霸主和创新霸主的地位。

外国留学生是我国加强对外交往和文化传播的独特资源，在弘扬中华文化、展现中国形象和解读中国政策等方面发挥了不可替代的重要作用[2]。我国政府越来越重视外国留学生工作，2014 年 12 月，全国留学生工作会议首次统筹谋划来华留学和出国留学，围绕国家外交战略发展和教育人才规划部署留学工作[3]。我国要讲好中国故事，宣传中国理念，就应该吸引更多的外国留学生来华学习，深入了解中国文化，传播中国主张，做好中国对外的“宣传大使”。

另外，外国留学生指标也是世界大学排名指标体系的重要组成部分，2016 年 QS 世界大学排名中留学生比例指标的权重为 5%[4]。无论是建设世界教育强国科技强国文化强国，还是建设世界一流大学，提升我国高校吸引外国留学生的能力，无疑都是一项重要工作。

本研究通过《中国教育年鉴》、教育部官网等多种信息源，获取了 2006—2015 年 10 年间外国留学生相关数据，然后从留学生数量增长、生源国家或区域、中国政府奖学金资助力度和留学生所学的学科专业等维度，展示了我国高校对外国留学生的吸引力现状，以期为我国高校制订留学生教育发展策略提供参考。

1　留学生总量发展状况

1.1　十年间外国留学生总量平均每年增加 11%，但近几年增速放缓

留学生总量增速是体现我国高校吸引留学生状况的最基础指标。通过

《中国教育年鉴》获取 2006—2015 年 10 年间我国每年留学生总数，得到图 1 所示的每年留学生总量以及年度增长率。我国外国留学生数量从 2006 年的 162 695 人增长为 2015 年的 397 635 人，是 2006 年的近 2.5 倍，平均年增长速度超过 11%。2012 年以前除了 2009 年年度增速为 6.57% 以外，其他年份增速都在两位数以上，最高为 2007 年的 20.17%；从 2013 年开始，年度增速降到了个位数，而且从 2013 年的 8.58% 连续下降到了 2015 年的 5.46%（图 1）。外国留学生的数量在逐年增长，表明我国吸引外国留学生的能力在不断增强，但是增速放缓也是不争的事实。

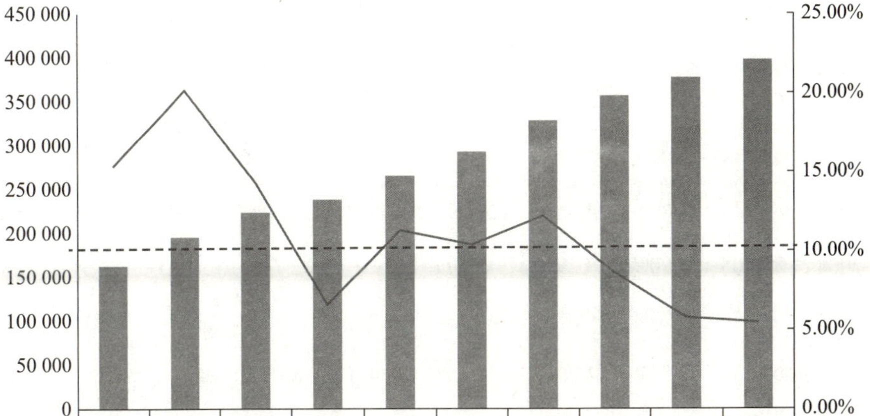

	2006	2007	2008	2009	2010	2011	2012	2013	2014	2015
总数	162 695	195 503	223 499	238 184	265 090	292 611	328 330	356 499	377 054	397 635
增速	15.32%	20.17%	14.32%	6.57%	11.30%	10.38%	12.21%	8.58%	5.77%	5.46%

图 1　2006—2015 年每年留学生总量及年度增长率

1.2　接受博士和硕士研究生教育的留学生数量增速最高，但占比只有 13%

来华留学生主要分为进入高校接受本、硕、博等学历教育的学历生，与以语言学习为主要目的的非学历生两类。统计发现，来我国接受学历教育的留学生占比持续增长，从 2006 年的不足 34%，增长到 2015 年的近 47%，但还是不足 50%（表 1）。接受博士硕士研究生教育的留学生占比也在逐年上升，但只达到 13%。美国 90% 左右的赴美留学生都攻读学位，其中攻读硕博研究生的人数占比都保持在 40% 以上[5]，我国与之的差距可见一斑。从来华接受学历教育的留学生占比可见，我国高校的非语言类教育吸引力尚有很大的提升空间。而且接受学历教育的研究生偏少，有待进一步增加。

表 1　外国留学生的学历教育、非学历教育、硕博研究生数量、占比和增长率

类别 年份	接受学历教育外国留学生			非学历教育外国留学生			来华留学的硕博研究生		
	数量（人）	占比	增长率	数量（人）	占比	增长率	数量（人）	占学历生比	增长率
2006	54 859	33.72%	22.31%	107 836	66.28%	12.05%	8 643	15.75%	20.02%
2007	68 213	34.89%	24.34%	127 290	65.11%	18.04%	10 846	15.90%	25.49%
2008	80 005	35.80%	17.29%	143 494	64.20%	12.73%	14 281	17.85%	31.67%
2009	93 450	39.23%	16.81%	144 734	60.77%	0.86%	18 978	20.31%	32.89%
2010	107 432	40.53%	14.96%	157 658	59.47%	8.93%	24 866	23.15%	31.03%
2011	118 837	40.61%	10.62%	173 774	59.39%	10.22%	30 376	25.56%	22.16%
2012	133 509	40.66%	12.35%	194 821	59.34%	12.11%	36 060	27.01%	18.71%
2013	147 947	41.50%	10.81%	208 552	58.50%	7.05%	40 601	27.44%	12.59%
2014	164 394	43.60%	11.16%	212 660	56.40%	1.97%	47 990	29.19%	18.20%
2015	184 799	46.47%	12.41%	212 836	53.53%	0.08%	53 572	28.99%	11.63%

综合考察每年度留学生总量、学历教育留学生数量、研究生学历教育留学生数量和非学历教育留学生数量的各自增速，发现研究生学历教育留学生数量增速、学历教育留学生数量增速都高于留学生总量增速，其中研究生学历教育留学生数量增速最高；非学历教育的留学生数量增速波动较大，但整

体处于下降趋势（图 2）。

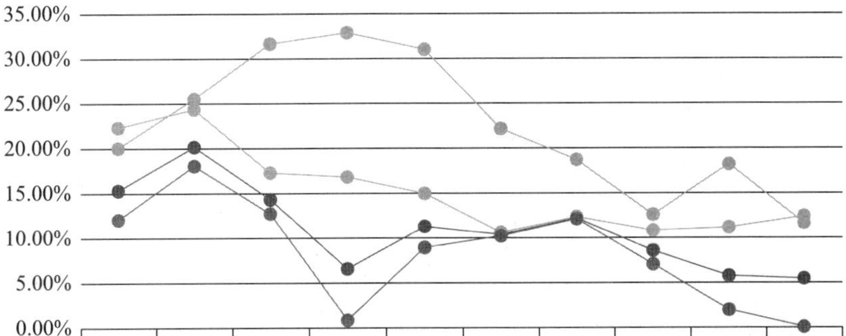

	2006	2007	2008	2009	2010	2011	2012	2013	2014	2015
总量增速	15.32%	20.17%	14.32%	6.57%	11.30%	10.38%	12.21%	8.58%	5.77%	5.46%
学历教育增速	22.31%	24.34%	17.29%	16.81%	14.96%	10.62%	12.35%	10.81%	11.16%	12.41%
非学历教育增速	12.05%	18.04%	12.73%	0.86%	8.93%	10.22%	12.11%	7.05%	1.97%	0.08%
研究生教育增速	20.02%	25.49%	31.67%	32.89%	31.03%	22.16%	18.71%	12.59%	18.20%	11.63%

图 2　我国留学生总量与学历教育、非学历教育、研究生学历教育留学生数量增速比较

1.3　我国顶尖高校的留学生教育指标与世界一流高校有很大差距

留学生比例是国际通行的衡量大学国际化水平的基本指标。2016 年 QS 世界大学综合排名前 10 的高校其国际学生指标得分都在 70 分以上；北美地区综合排名前 10 的高校其国际学生指标得分基本都在 65 分以上（只有第 10 名的宾夕法尼亚大学得分为 64.2）；亚洲地区综合排名前 10 的高校除了日本和韩国高校没有数据外，新加坡国立大学和南洋理工大学得分都在 90 分以上，我国香港地区的香港大学和香港科技大学的得分更是高于 98 分，而我国进入亚洲前 10 的清华大学、北京大学、复旦大学 3 所高校的国际学生指标得分都没有超过 50 分，执我国工科大学牛耳的清华大学更是只得了 28.1 分（表 2）。

表 2 2016 年 QS 大学全世界综合排名、北美洲、亚洲排名前 10 的高校及其国际学生指标得分

排名	全世界综合排名 TOP 10 学校名称	国际学生指标得分	北美洲综合排名 TOP 10 学校名称	国际学生指标得分	亚洲综合排名 TOP 10 学校名称	国际学生指标得分
1	麻省理工大学	96.6	麻省理工大学	96.6	新加坡国立大学	90.8
2	斯坦福大学	74	斯坦福大学	74	南洋理工大学	93.9
3	哈佛大学	70.4	哈佛大学	70.4	清华大学	28.1
4	剑桥大学	97.8	加州理工学院	87.7	香港大学	99.3
5	加州理工学院	87.7	芝加哥大学	70.5	东京大学	—
6	牛津大学	98.2	普林斯顿大学	68.7	首尔国立大学	—
7	伦敦大学学院	100	耶鲁大学	65	香港科技大学	98.7
8	苏黎世联邦理工大学 - 瑞士联邦理工学院	98.8	康奈尔大学	66	京都大学	—
9	伦敦国王学院	100	约翰霍普金斯大学	69.7	北京大学	49.6
10	芝加哥大学	70.5	宾夕法尼亚大学	64.2	复旦大学	46.5

资料来源：根据 2016 年 QS 世界大学排名资料整理。

2 留学生来源分布

2.1 来自亚洲的留学生占比基本维持在 60% 以上

亚洲一直是我国最大的外国留学生来源地区，10 年间来自亚洲各国的留学生人数一直在逐年增加，但是增速基本处于下降趋势，由 2007 年的 17.17% 降至 2015 年的 6.5%。来自亚洲的留学生比重从 2006 年的 74.33% 下降到了 2014 年的 59.80%，2015 年又回升为 60.40%，基本维持在 60% 以上

（图 3）。可见，我国所展现出来的对外国留学生的吸引力还主要体现在亚洲地区。

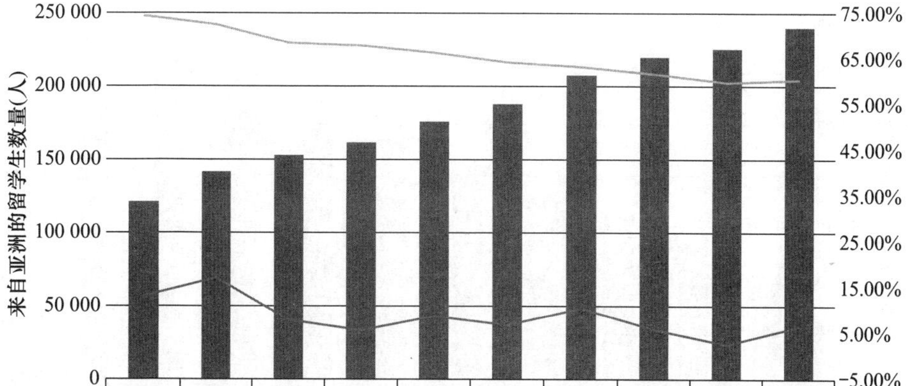

	2006	2007	2008	2009	2010	2011	2012	2013	2014	2015
亚洲总类	120 930	141 689	152 931	161 605	175 805	187 871	207 555	219 808	225 490	240 154
亚洲占比	74.33%	72.47%	68.43%	67.84%	66.32%	64.21%	63.22%	61.66%	59.80%	60.40%
亚洲增速	13.19%	17.17%	7.93%	5.67%	8.79%	6.86%	10.48%	5.90%	2.58%	6.50%

图 3　来自亚洲的留学生数量、占比及其增速变化

10 年来韩国一直是来华留学生生源最大国，根据 2017 年 3 月 1 日教育部发布的最新统计数据，2016 年达到峰值 70 540 人[6]，占韩国 5 000 万人口的 1.4%，即 2016 年度每千人中就有 1.4 人在中国留学。2013 年之前日本是亚洲第二大生源国、2013 年起泰国成为亚洲第二大生源国，2016 年在华留学生人数达到峰值 23 044 人。

2.2　来自欧洲的留学生占比基本维持在 15% 上下

欧洲是我国留学生来源第二大区域，留学生数量占总量比重基本维持在 15% 上下，高于欧洲人口占世界人口比重（13.4%）。2006—2008 年来自欧洲的外国留学生增速都在 25% 上下，2009 年开始增速大幅度放缓，2015 年增速骤降至 –1.08%。2016 年来自欧洲的留学生数量增加到 71 319 人，占总量的 16.11%，比 2015 年增加了 4 573 人，同比增长 6.85%[4]，增速上扬（图 4）。

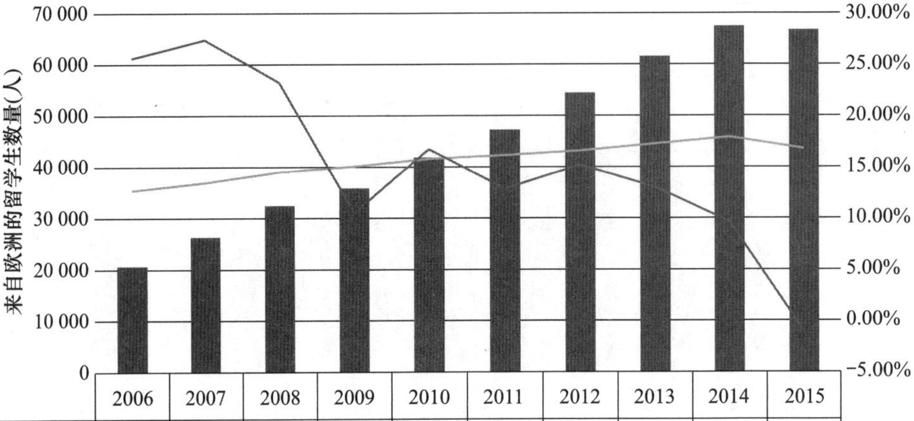

	2006	2007	2008	2009	2010	2011	2012	2013	2014	2015
欧洲总类分	20 676	26 339	32 461	35 876	41 881	47 271	54 453	61 542	67 475	66 746
欧洲占比	12.71%	13.47%	14.52%	15.06%	15.80%	16.15%	16.58%	17.26%	17.90%	16.79%
欧洲增速	25.59%	27.39%	23.24%	10.52%	16.74%	12.87%	15.19%	13.02%	9.64%	-1.08%

图 4　来自欧洲的留学生数量、占比及其增速变化

俄罗斯是欧洲留学生来源最大国，近年来留学生总量基本保持在 1.5 万人以上，2016 年达到峰值 17 971 人。中俄两国的政治经贸关系、“一带一路”建设都是促进留学生人数增长的重要因素。

2.3　来自美洲的留学生数量占比基本保持在 10% 的水平

美洲一直是我国留学生的重要来源区域之一，来自美洲的留学生数量由 2006 年的 1.5 万人增加到 2016 年的 3.8 万多人，但是占总量比重基本维持在 10% 的水平（图 5）。来自美洲的留学生数量增速起伏较大，基本处于下降趋势，但 2016 年增速上扬至 9%[4]。

美国是美洲留学生来源的最大国，也是来华留学生第二大生源国，仅次于韩国。2011 年以来在华的美国留学生数量一直保持在 2 万人以上，2013 年达到峰值 25 312 人。中国是美国留学生来源第一大国，中美两国的留学生数量关系是两个大国之间合作关系的缩影。

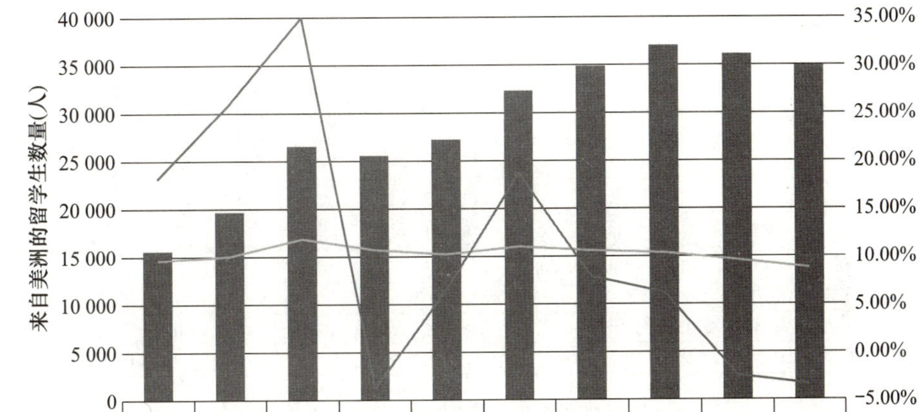

	2006	2007	2008	2009	2010	2011	2012	2013	2014	2015
美洲总数	15 619	19 673	26 559	25 557	27 228	32 333	34 882	37 047	36 140	34 934
美洲占比	9.60%	10.06%	11.88%	10.73%	10.27%	11.05%	10.62%	10.39%	9.58%	8.79%
美洲增速	18.14%	25.96%	35.00%	-3.77%	6.54%	18.75%	7.88%	6.21%	-2.45%	-3.34%

图 5　来自美洲的留学生数量、占比及其增速变化

2.4　来自非洲的留学生数量增速最快

非洲国家长期以来一直与我国保持着良好的外交关系，半个多世纪以来，我国不断完善非洲来华留学生招生政策和加强留学生培养，取得了骄人的成绩[7]。留学生人数从 2006 年的 3 737 人增至 2016 年的 61 594 人，留学生数量占比也从 2.3% 增至 13.91%，一直保持增长趋势。2007 年非洲留学生增速高达 58.28%，虽然近年来增速放缓，但基本维持在 23% 上下，2016 年新增非洲留学生 11 802 人、增速 23.70%（图 6）。2014 年以来，非洲一举超越美洲成为来华留学生第三大来源大洲，可见我国对非洲留学生的吸引力在快速增加。

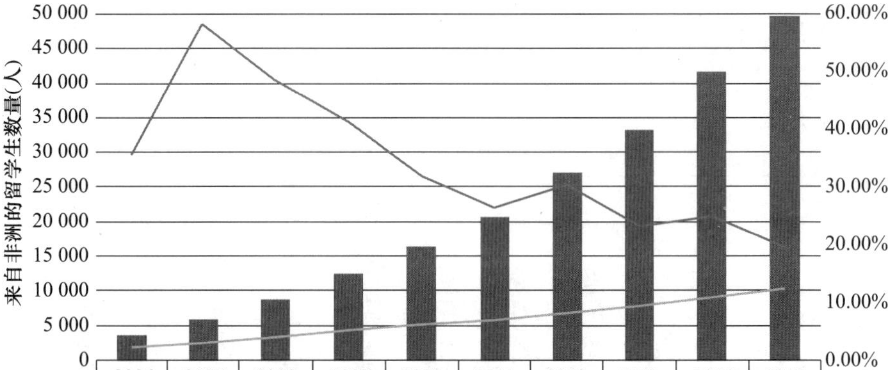

	2006	2007	2008	2009	2010	2011	2012	2013	2014	2015
非洲总数	3 737	5 915	8 799	12 436	16 403	20 744	27 052	33 359	41 677	49 792
非洲占比	2.30%	3.03%	3.94%	5.22%	6.19%	7.09%	8.24%	9.36%	11.05%	12.52%
非洲增速	35.55%	58.28%	48.76%	41.33%	31.90%	26.46%	30.41%	23.31%	24.93%	19.47%

图 6 来自非洲的留学生数量、占比及其增速变化

2.5 留学生来源国 TOP10

10 年间，外国留学生生源国数量从 2006 年的 163 个扩大到 2015 年的 202 个，增长了 39 个国家，2016 年增至 205 个、创历史新高。表 3 展示的是十年间留学生数量排在前 10 位的国家。可见留学生来源国比较稳定，主要包括韩国、美国、泰国、俄罗斯、日本、印度尼西亚、印度和巴基斯坦等。

10 年间，韩国一直排在第一位，留学生数量基本是第二位美国的 2.5 倍；泰国的位次从 2006 年的第七位上升到了 2015 年的第三位；俄罗斯的位次从 2006 年的第八位比较稳定的上升到了第四、第五位；日本从 2012 年开始，位次不断下降，从 2006 年第三位下降到了 2015 年的第七位；越南从 2006 年的第四位逐步下滑，2014 年开始迭出了前 10 位。显然日本、越南和我国在南海、东海问题上的紧张关系，也影响了来华留学生的意愿和动力 [8]（表 3）。

表 3　2006—2015 年外国留学生生源国 TOP10　　人

排序	2006年	2007年	2008年	2009年	2010年	2011年	2012年	2013年	2014年	2015年
1	韩国 57 504	韩国 64 481	韩国 66 806	韩国 64 232	韩国 62 957	韩国 62 442	韩国 63 488	韩国 63 029	韩国 62 923	韩国 66 672
2	日本 18 363	日本 18 640	美国 19 914	美国 18 650	美国 19 668	美国 23 292	美国 24 583	美国 25 312	美国 24 203	美国 21 975
3	美国 11 784	美国 14 758	日本 16 733	日本 15 409	日本 16 808	日本 17 961	日本 21 126	泰国 20 106	泰国 21 296	泰国 19 976
4	越南 7 310	越南 9 702	越南 10 396	越南 12 247	泰国 13 177	泰国 14 145	泰国 16 675	日本 17 226	俄罗斯 17 202	印度 16 694
5	印度尼西亚 5 652	泰国 7 306	俄罗斯 8 939	泰国 11 379	越南 13 018	越南 13 549	俄罗斯 14 971	俄罗斯 15 918	日本 15 057	俄罗斯 16 197
6	印度 5 634	俄罗斯 7 261	泰国 8 476	俄罗斯 10 596	俄罗斯 12 481	俄罗斯 13 340	印度尼西亚 13 144	印度尼西亚 13 492	印度尼西亚 13 689	巴基斯坦 15 654
7	泰国 5 522	印度 7 190	印度 8 145	印度 8 468	印度尼西亚 9 539	印度尼西亚 10 957	越南 13 038	越南 12 799	印度 13 578	日本 14 085
8	俄罗斯 5 035	印度尼西亚 6 590	印度尼西亚 7 084	印度尼西亚 7 926	印度 9 014	印度 9 370	印度 10 237	印度 11 781	巴基斯坦 13 360	哈萨克斯坦 13 198
9	法国 3 857	法国 4 698	哈萨克斯坦 5 666	哈萨克斯坦 6 497	哈萨克斯坦 7 874	巴基斯坦 8 516	巴基斯坦 9 630	哈萨克斯坦 11 165	哈萨克斯坦 11 764	印度尼西亚 12 694
10	巴基斯坦 3 308	巴基斯坦 4 450	巴基斯坦 5 199	巴基斯坦 5 738	巴基斯坦 7 406	哈萨克斯坦 8 287	哈萨克斯坦 9 565	巴基斯坦 10 941	法国 10 729	法国 10 436

部分“一带一路”沿线国家近 10 年来华留学生规模不断扩大（图 7）。为了积极推进“一带一路”建设，中国政府奖学金向“一带一路”沿线国家倾

斜，2016 年“一带一路”沿线国家奖学金生占比已经达到了 61%，巴基斯坦、蒙古和俄罗斯留学生获得中国政府奖学金人数位列前三[9]。可以预见，随着“一带一路”战略的持续全面推进，相关国家来华留学生人数可能还会继续增加。

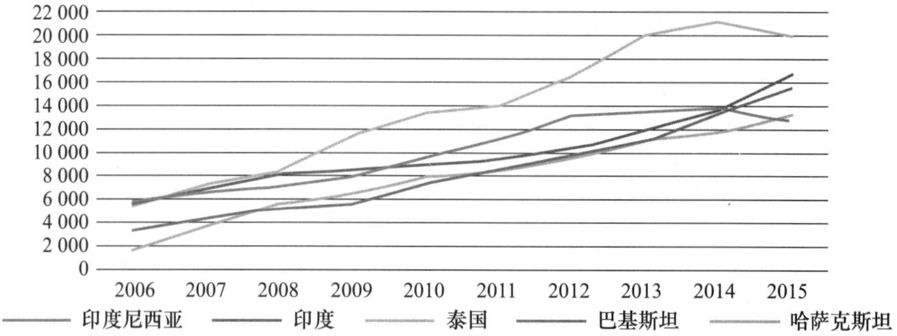

图 7　部分“一带一路”沿线国家 2006—2015 年来华留学生规模变化情况

3　留学生学科分布情况

3.1　以汉语学习为主的文科留学生数量占比由 70% 逐步降至 58%，仍占半壁江山

来华留学生在学科分布方面，以汉语学习为主的文科一直稳居数量第一，从 2012 年开始已经突破了 20 万人，随着我国经济实力的增强，我国已成为世界第二大经济体，对外贸易受世界各国普遍关注，来我国学习语言的留学生也越来越多，这是意料之内，情理之中的事情。文科留学生数量占比一直在下降，从 2006 年的 70.59% 下降到了 2013 年的 58.40%，这说明其他学科的占比在逐渐上升，但是文科占比仍然接近六成。文科留学生数量的增速呈现波动状态，最高为 2007 年的 17.96%，最低为 2009 年的 3.44%（图 8）。

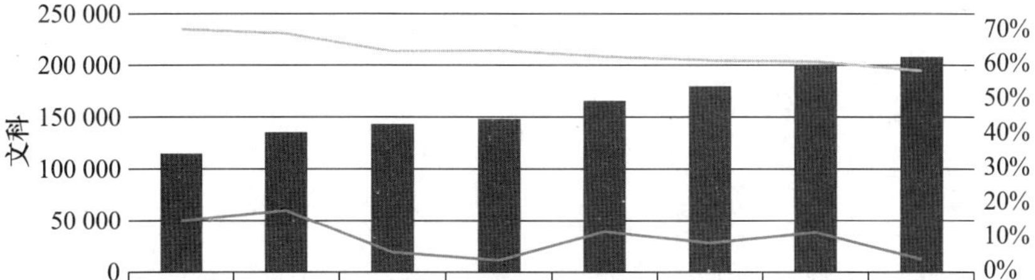

	2006	2007	2008	2009	2010	2011	2012	2013
留学生数量	114 846	135 477	143 344	148 282	165 761	179 801	200 607	208 197
占比	70.59%	69.30%	64.14%	64.32%	62.53%	61.45%	61.10%	58.40%
增速	15.06%	17.96%	5.81%	3.44%	11.79%	8.47%	11.57%	3.78%

图 8　文科留学生数量、占比及其增速变化（2006—2013 年）

注：2014 年和 2015 年的《中国教育年鉴》中都没有在华留学生的分学科数据，所以数据只到 2013 年，下同。

3.2　医科留学生数量占比仅次于文科，位居第二

医科留学生数量一直稳居第二，到 2013 年已有接近 5 万人的规模，但是仍然不到文科的 1/4，相比其他学科却多出很多。医科留学生数量占比一直在 13% 左右，医科留学生的平均增速为 13%，高于来华留学生总量的平均增速，最高的 2007 年曾达到 25.63%，最低的 2011 年为 7.15%（图 9）。

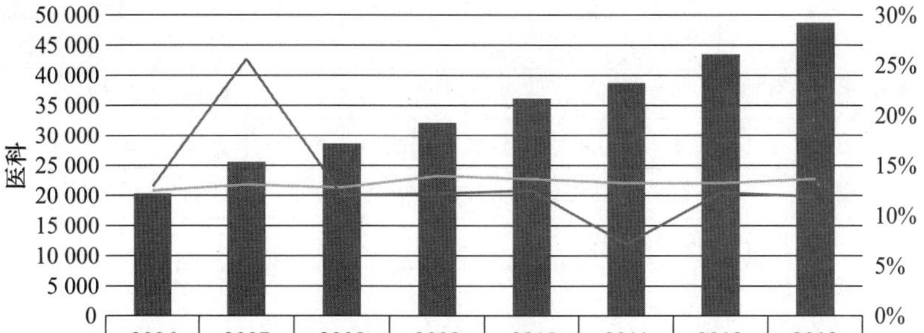

	2006	2007	2008	2009	2010	2011	2012	2013
留学生数量	20 355	25 573	28 651	32 145	36 165	38 750	43 516	48 703
占比	12.51%	13.08%	12.82%	13.94%	13.64%	13.24%	13.25%	13.66%
增速	12.88%	25.63%	12.04%	12.20%	12.51%	7.15%	12.30%	11.92%

图 9　医科留学生数量、占比及其增速变化（2006—2013 年）

3.3 工科、管理学科和经济学科留学生数量、占比相当，平均增速高

除了文医两大学科外，其他学科的留学生规模都没有超过 3 万人。工科来华留学生人数一直在不断跃升，从 2006 年的 5 803 人增加到了 2013 年的 27 369 人，增长了 3.7 倍，其留学生学科分布排位也从 2006 年的第五位，上升为 2011 年以来的第三位。工科留学生数量占比一直上升，从 2006 年的 3.57% 上升到了 2013 年的 7.68%。增速也是各学科中最快的，平均增速为 25.60%，是来留学生总数平均增速的 2 倍还要多，最高时候达到了 34.53%，最低也高达 16.92%（图 10）。

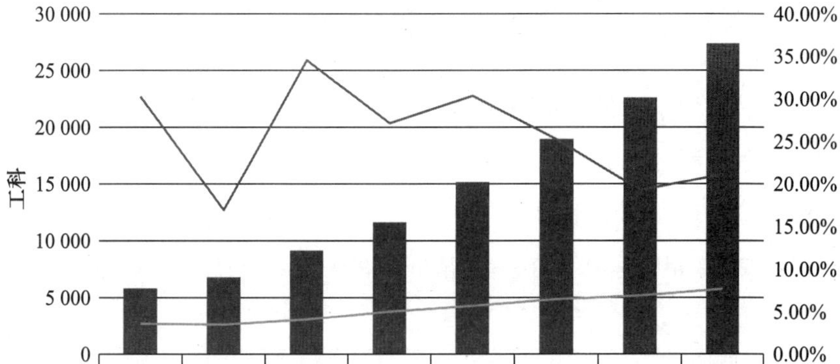

	2006	2007	2008	2009	2010	2011	2012	2013
留学生数量	5 803	6 785	9 128	11 606	15 130	18 949	22 596	27 369
占比	3.57%	3.47%	4.08%	5.03%	5.71%	6.48%	6.88%	7.68%
增速	30.26%	16.92%	34.53%	27.15%	30.36%	25.24%	19.25%	21.12%

图 10　工科留学生数量、占比及其增速变化（2006—2013 年）

管理学的留学生人数也一直在增长，从 2006 年的 5 954 人，增加到了 2013 年的 26 201 人，增长了 3.4 倍。其占比也在不断地上升，从 2006 年的 3.66% 上升到了 2013 年的 7.35%。平均增速为 29.33% 以上（图 11）。经济学科外国留学生数从 2006 年的 7 308 人增长到了 2013 年的 23 615 人，增长了

2.2 倍。占比也从 2006 年的 4.49% 上升到了 2013 年的 6.62%。增速从 2006 年的 9.65% 猛增到了 2008 年的 28.75%，之后开始下行到 2011 年的 9.33%，随后又开始回升，保持在 12% 以上，平均增速也高达 17.33%（图 12）。

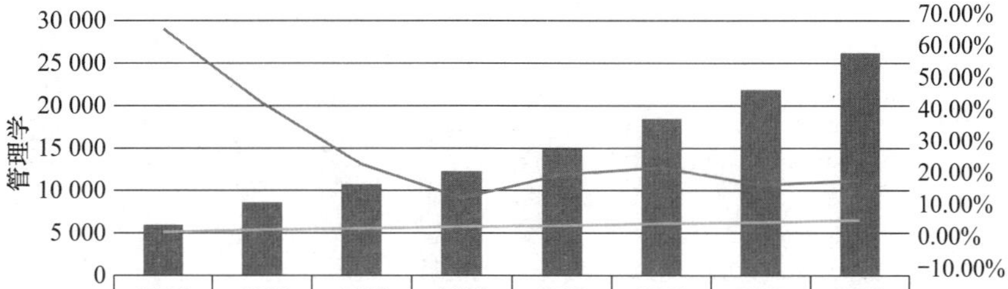

	2006	2007	2008	2009	2010	2011	2012	2013
留学生数量	5 954	8 587	10 728	12 260	14 920	18 472	21 873	26 201
占比	3.66%	4.39%	4.80%	5.32%	5.63%	6.31%	6.66%	7.35%
增速	67.48%	44.22%	24.93%	14.28%	21.70%	23.81%	18.41%	19.79%

图 11　管理学留学生数量、占比及其增速变化（2006—2013 年）

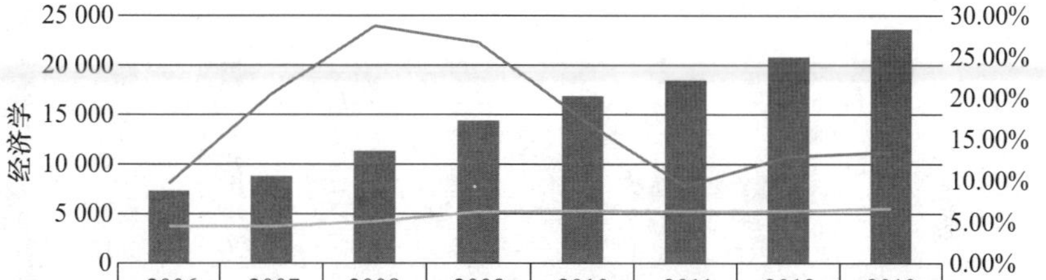

	2006	2007	2008	2009	2010	2011	2012	2013
留学生数量	7 308	8 804	11 335	14 367	16 863	18 436	20 819	23 615
占比	4.49%	4.50%	5.07%	6.23%	6.36%	6.30%	6.34%	6.62%
增速	9.65%	20.47%	28.75%	26.75%	17.37%	9.33%	12.93%	13.43%

图 12　经济学留学生数量、占比及其增速变化（2006—2013 年）

3.4　法学与教育学科留学生数量、占比接近，增速起伏差异很大

法学和教育学科留学生数量和占比比较接近，2013 年法学留学生数量为 8 183 人，占比为 2.30%，教育学留学生数量为 7 267 人，占比为 2.04%。但是

二者的增速都起伏较大，法学的最高增速达到了 28.17%，最低增速为 –0.26%，教育学的最高增速为 80.78%，最低增速为 –46.54%（图 13、图 14）。

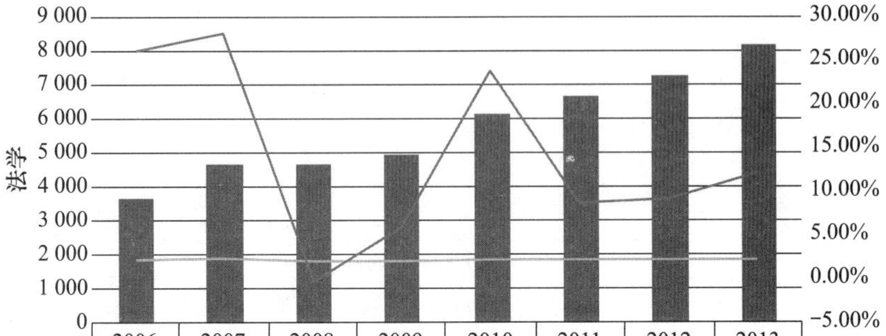

	2006	2007	2008	2009	2010	2011	2012	2013
留学生数量	3 667	4 700	4 688	4 966	6 147	6 684	7 296	8 183
占比	2.25%	2.40%	2.10%	2.15%	2.32%	2.28%	2.22%	2.30%
增速	26.19%	28.17%	−0.26%	5.93%	23.78%	8.74%	9.16%	12.16%

图 13　法学留学生数量、占比及其增速变化（2006—2013 年）

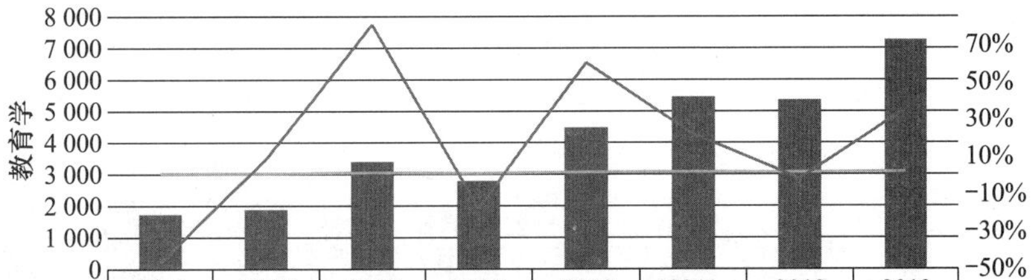

	2006	2007	2008	2009	2010	2011	2012	2013
留学生数量	1 730	1 878	3 395	2 788	4 473	5 457	5 361	7 267
占比	1.06%	0.96%	1.52%	1.21%	1.69%	1.86%	1.63%	2.04%
增速	−46.54%	8.55%	80.78%	−17.88%	60.44%	22.00%	−1.76%	35.55%

图 14　教育学留学生数量、占比及其增速变化（2006—2013 年）

3.5　农科与历史学科留学生数量最少，占比都不超过 1%

农科、历史学科留学生人数最少，一直都没有超过 2 000 人，数量占比也都没有超过 1%，增速波动也比较大，农科最高增速为 2007 年的 71.59%，最低是 2008 年的 –7.42%，历史学 2012—2013 年连续两年出现了负增长（图 15、图 16）。

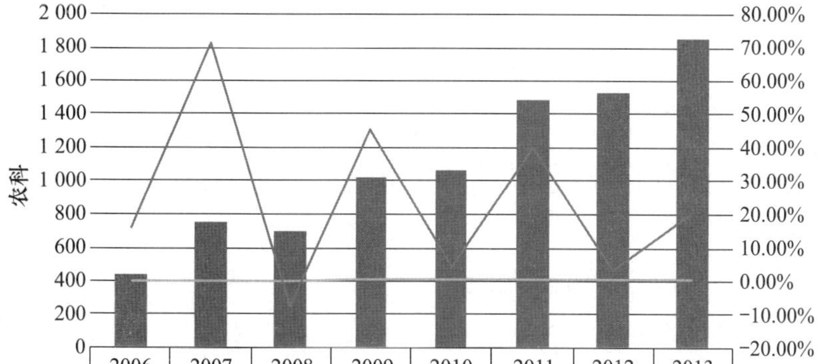

	2006	2007	2008	2009	2010	2011	2012	2013
留学生数量	440	755	699	1 018	1 063	1 490	1 538	1 860
占比	0.27%	0.39%	0.31%	0.44%	0.40%	0.51%	0.47%	0.52%
增速	15.79%	71.59%	-7.42%	45.64%	4.42%	40.17%	3.22%	20.94%

图 15　农科留学生数量、占比及其增速变化（2006—2013 年）

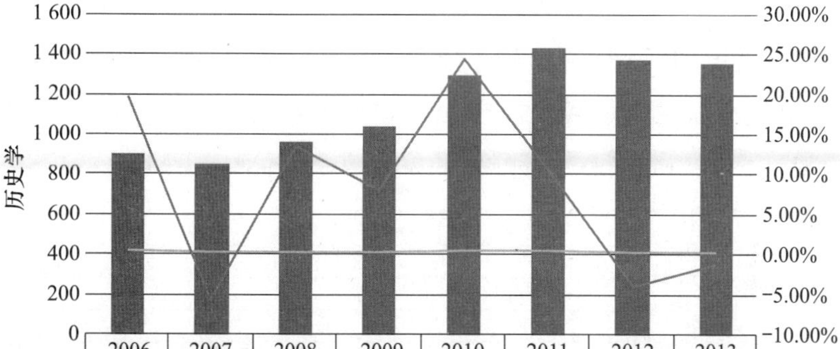

	2006	2007	2008	2009	2010	2011	2012	2013
留学生数量	904	853	968	1 046	1 301	1 437	1 380	1 364
占比	0.56%	0.44%	0.43%	0.45%	0.49%	0.49%	0.42%	0.38%
增速	19.74%	-5.64%	13.48%	8.06%	24.38%	10.45%	-3.97%	-1.16%

图 16　历史学留学生数量、占比及其增速变化（2006—2013 年）

2017 年 US News 农业科学专业世界大学排名中，中国农业大学已进入前三甲，位列第 3，浙江大学（第 7）、江南大学（第 11）、南京农业大学（第 13）、华南理工大学（第 21）、西北农林科技大学（第 26）都进入 TOP 30[10]，可见我国高校农科无论是个体实力还是整体水平都表现不错，但是农业院校来华研究生绝大部分来自亚洲和非洲的发展中国家[11]，说明农业院校在吸引外国留学生方面应该还有很大发展潜力。

4 中国政府奖学金外国留学生情况

随着我国经济实力的增强，政府拿出更多的奖学金吸引外国留学生，很好地带动了自费生的增长。2006 年中国政府奖学金外国留学生人数只有 8 484 人，2015 年已经达到 40 600 人，增长了 32 116 人，增长了 3.8 倍；中国政府奖学金占外国留学生总数的比重也逐年上升，从 2006 年的 5.21% 的上升到了 2015 年的 10.21%，年均增速为 19%，最高增速达到了 34.99%。由于中国政府奖学金对吸引自费留学生发挥一定的信号引导作用[12]，随着政府奖学金人数的不断增长，自费生人数也在不断增长，从 2006 年的 154 211 人增长到 2015 年的 357 035 人，翻了一番还要多；自费生的年增长率最多时达到了 20.19%，但是需要引起注意的是，从 2012 年开始自费生的年增长率连续四年出现了下降，从 12.23% 下降到了 2015 年的 4.98%（图 17）。

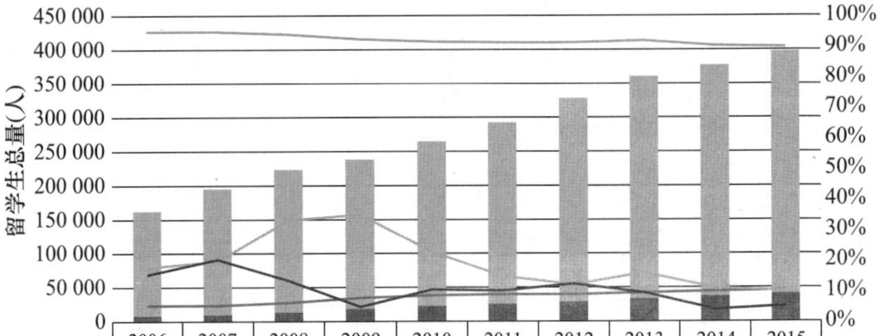

	2006	2007	2008	2009	2010	2011	2012	2013	2014	2015
自费生数量	154 211	185 352	209 983	219 939	242 700	266 924	299 562	327 462	340 111	357 035
政府奖学金生数量	8 484	10 151	13 516	18 245	22 390	25 687	28 768	33 322	36 943	40 600
政府奖学金生占比	5.21%	5.19%	6.05%	7.66%	8.45%	8.78%	8.76%	9.35%	9.80%	10.21%
政府奖学金生增速	17.54%	19.65%	33.15%	34.99%	22.72%	14.73%	11.99%	15.83%	10.87%	9.90%
自费生占比	94.79%	94.81%	93.95%	92.34%	91.55%	91.22%	91.24%	91.85%	90.20%	89.79%
自费生增速	15.20%	20.19%	13.29%	4.74%	10.35%	9.98%	12.23%	9.31%	3.86%	4.98%

图 17　中国政府奖学金外国留学生和自费生外国留学生的数量、占比和增长率

美国高校奖助学金是赴美留学生奖助学金来源的主要渠道，2008—2014年间获得资助的留学生占比一直保持在20%以上。我国除政府奖学金外，公开发布信息中缺乏学校层面奖助学金的相关信息。

5 结论与启示

通过对我国2006—2015年10年间在华留学生数量、大洲分布、国家分布、学科分布和中国政府奖学金资助等方面的数据进行考察分析，发现以下特征：

①10年间我国外国留学生总量平均每年增加11%，接受博士硕士研究生教育的留学生数量增速最高，表明我国吸引外国留学生的能力在不断增强，但是我国吸引学历教育的博士硕士研究生还偏少，而且顶尖高校的留学生教育指标与世界一流高校还有很大差距。

②来自亚洲的留学生占比基本维持在60%以上，来自非洲的留学生数量增速最快，韩国、俄罗斯和美国分别是各大洲来华留学生的最大来源国，部分“一带一路”沿线国家来华留学生的规模增长迅速。

③以汉语学习为主的文科留学生数量占比由70%逐步降至58%；农科和历史学科留学生数量最少，占比都不超过1%；工科和管理学科在各学科中增速最快，评价增速在25%以上，是来华留学生总量平均增速的两倍还多；其他学科增速起伏差异很大。

④中国政府奖学金占外国留学生总数的比重逐年上升，从2006年的5.21%的上升到了2015年的10.21%，年均增速19%。目前，缺乏高校层面对留学生的奖助学金信息，可以猜测自设奖学金的高校数量有限。未来也许我国高校可以通过提高自设奖学金比率，来增加世界留学生的吸引力。

本研究发现，我国政府和高校对留学生状况的统计工作与美国、日本相比，还有一定差距。统计内容的信息量较小，公开发布的数据主要是教育部发布的来华留学生年度统计数据。数据中缺乏更加翔实的体现留学生在华学习、生活以及毕业去向的全方位统计信息，未能向世界全面展示我国高校的吸引力。希望教育部等政府部门和高校都能充分认识到留学生信息统计工作的重要性，尽可能通过详细全面的统计数据，向全世界展示在华留学生的状况。通过信息公开，不仅能提升我国高校的世界吸引力，同时还能让更多的评价机构方便获取真实数据，客观评价。

参考文献

[1] 谢笑珍 . 出国留学人数第一，来华留学人数仅排第三，我国留学“逆差”原因何在？[2017-04-10]. http://learning.sohu.com/20170405/n486616332.shtml.

[2] 方宝，武毅英 . 高等教育外国留学生的变化趋势研究——基于近十五年统计数据的分析 [J]. 高等教育研究，2016 (02):19-30.

[3] 《中国教育年鉴》编辑部 . 中国教育年鉴 . 2015 [J]. 北京：人民教育出版社，2016: 306.

[4] QS World University Ranking.The QS World University Rankings methodology[EB/OL]. [2017-04-05]. https://www.topuniversities.com/qs-world-university-rankings/methodology.

[5] 戴东红 . 中美两国近年留学生教育发展的比较研究——基于 2008—2014 年的数据分析 [J]. 教育学术月刊，2015 (12): 44-50.

[6] 教育部 . 2016 年度我国来华留学生情况统计 . 2017.3.1. [2017.4.20] http://www.moe.edu.cn/jyb_xwfb/xw_fbh/moe_2069/xwfbh_2017n/xwfb_170301/170301_sjtj/201703/t20170301_297677.html.

[7] 段胜峰 . 非洲来华留学生教育管窥：历史、发展与现状 [J]. 湖南社会科学，2015 (06): 199-203.

[8] 中国教育在线 . 2014 年度来华留学调查报告 [EB/OL]. [2017-04-18]. http://www.eol.cn/html/lhlx/content.html.

[9] 刘博超 . 我国留学工作呈现新趋势 .《光明日报》(2017 年 03 月 02 日 06 版). http://news.gmw.cn/2017-03/02/content_23868231.htm.

[10] Us news .Best Global Universities for Agricultural Sciences[EB/OL]. https://www.usnews.com/education/best-global-universities/agricultural-sciences?int=994b08.

[11] 程伟华，董维春，刘晓光 . 农业院校来华留学研究生教育发展问题与对策 [J]. 学位与研究生教育，2012 (02): 42-46.

[12] 康乐，冯昕瑞，哈巍 . 政府奖学金院校名录对自费留学生的信号作用 [J]. 教育与经济，2017 (01): 87-96.

从国家首批重点研发计划管窥高校的科研优势领域

李红军[1]　张红伟[2]　李晨英[2]

（1 中国农业大学科学技术发展研究院；2 中国农业大学图书馆情报研究中心）

摘要：“重点研发计划”是当前我国科技改革重点推出的五类计划之一，以竞争性方式立项，在一定程度上反映了立项机构的科研实力和科研优势领域。本研究以获得首批立项的 1 172 个项目为样本，将项目划分为社会发展、高新技术、农林科技、基础研究和基础配套等五大宏观主题领域，从承担项目机构、项目数量和项目经费等方面重点统计分析了高校在每个领域的突出表现。研究发现，高校总体在获批项目数量上略高于科研院所，但在项目经费总额方面低于科研院所；基础研究领域是高校具有整体优势的唯一领域，高校在社会发展、高新技术和农林科技等三大领域的部分专项中优势突出，但在基础配套领域显示出绝对的弱势地位。本研究在一定程度上揭示了获取立项高校的科研优势，可以为高校准确定位一流学科建设提供参考。总之，重点研发计划体现了国家的重大需求导向，高校通过竞争和执行重点研发计划项目，可以提升解决重大问题能力和原始创新能力，加快培养满足国家重大战略需求的一流科学家、学科领军人物和创新团队，推动学科建设与经济社会发展的紧密结合，是高校建设一流学科过程中的重要机遇。

关键词：重点研发计划；高校；科研；优势领域

国务院在 2014 年 12 月 3 日发布的《关于深化中央财政科技计划（专项、基金等）管理改革的方案（国发（2014）64 号）》中明确提出，为解决科技计划碎片化、科研项目取向聚焦不够的问题，根据国家战略需求、政府科技管理职能和科技创新规律，将中央各部门管理的科技计划（专项、基金等）整合，形成包括国家自然科学基金、国家科技重大专项、国家重点研发计划、技术创新引导专项（基金）以及基地和人才专项五类科技计划（专项、基金等）的新体系[①]。

其中重点研发计划是将科技部管理的国家重点基础研究发展计划、国家高技术研究发展计划、国家科技支撑计划、国际科技合作与交流专项，发展改革委、工业和信息化部管理的产业技术研究与开发资金，以及农业部、卫计委等 13 个部门管理的公益性行业科研专项等多个计划整合归并而成的。该计划针对事关国计民生的农业、能源资源、生态环境和健康等领域中需要长期演进的重大社会公益性研究，以及事关产业核心竞争力、整体自主创新能力和国家安全的战略性、基础性、前瞻性重大科学问题、重大共性关键技术和产品、重大国际科技合作等，按照重点专项组织实施，加强跨部门、跨行业、跨区域研发布局和协同创新，为国民经济和社会发展主要领域提供持续性的支撑和引领。

重点研发计划设立的项目体现了当前国家重点战略任务、国民经济和社会发展重大需求及科技发展优先领域。项目申请机构通过预评审、答辩评审等环节以优胜劣汰的竞争性方式立项。由于项目申请有一定的条件限制，一些有很强实力的机构可能不符合某个申请条件，但获得立项的机构和人员也一定在该领域具有较强的优势。因此，本研究以首批拟资助的 1 172 个项目为研究对象，提取了项目信息中的承担机构、所属专项和获批经费等要素，重点分析了高校承担项目的情况，试图窥探高校的科研优势领域，希望为高校准确定位一流学科建设提供参考。

① 国务院关于深化中央财政科技计划（专项、基金等）管理改革的方案 . 2015.12.3［2016.9.10］http://www.gov.cn/zhengce/content/2015-01/12/content_9383.htm。

1 重点研发计划资助项目概况

科技部于 2015 年 2 月发布征集优先启动重点研发任务的建议，同年 12 月发布了 6 个试点专项的申报指南，2016 年 2 月和 3 月连续四次发布不同专项申报指南，通过严格的申报评审程序，截至 2016 年 9 月 15 日，首批重点研发计划共设立了 42 个专项，1 172 个项目，其中有 22 个项目由 2～3 家机构同时承担。经统计，申报系统中获得立项的机构名称共有 560 个，其中 142 个机构名称由两个层级的机构名称构成，例如：北京大学第一医院、中国科学院动物研究所。为了尽可能使机构之间具有可比性，本研究将这些含有二级组织的机构名称统一按一级组织的名称进行统计，最终共计有 418 个机构。

科技部的社会发展科技司、高新技术发展及产业化司、农村科技司、基础研究司和资源配置与管理司等五个职能部门负责项目前期的归口管理，而这些部门负责的业务主题也恰好体现了 42 个专项涉及的宏观主题领域，因此本研究按照专项的前期归口管理部门，将 42 个专项划分为“社会发展”“高新技术”“农林科技”“基础研究”以及“基础配套”等五大主题领域进行分析。

1.1 46% 的项目经费未超过 2 000 万元

首批拟资助的 42 个专项下的 1 172 个项目中，有 70 个项目未发布资助经费额度，发布资助金额的 1 102 个项目获得中央财政资助总经费超过 278.2 亿元，单项平均经费 2 525 万元，与“十二五”期间科技支撑计划的单项资助强度相仿，比“973”计划低，比“863”计划高。

统计 1 102 个获得中央财政资助的项目经费发现，单项最高资助经费达 4.33 亿元，最低仅有 56 万元，相差近 800 倍。由不同经费额度类型的项目数量分布（图 1）可见，2 000 万元以下的项目数量最多、占比高达 46%，其次是 2 000 万～3 000 万元的项目数量占比也达到了 23%。由于不同研究领域的经费额度比较并没有实质意义，所以此处仅给出经费分布区间以供了解。

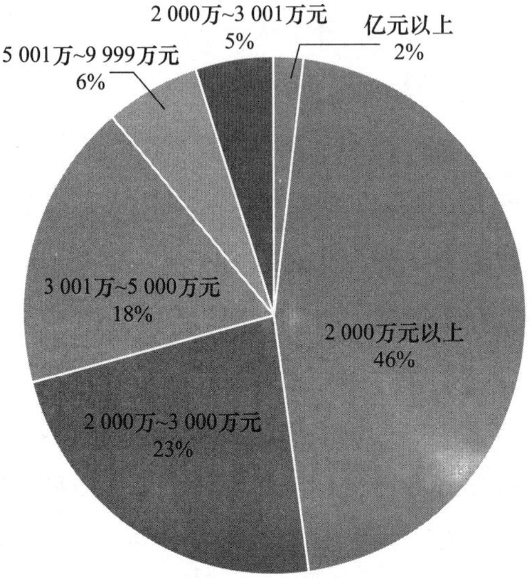

图 1　首批重点研发计划 1 102 个项目的资助经费分布

1.2　社会发展领域是重点研发计划关注重点

根据前述对专项宏观主题领域的划分依据，将每个专项赋予五个宏观主题领域之一的类别。统计结果发现：社会发展领域包含的专项最多（14 项），立项的项目数也最多（558 项），承担项目的机构也最多（212 家），获批的经费总额还是最多（103.2 亿元）（表 1）。单项经费最高值出现在高新技术领域，最低值出现在社会发展领域；五个领域中，农林科技领域项目的平均值和中位值都显著高于其他四个领域。由于高新技术领域的研究涉及许多高、精、尖设备投入等，经费资助额度高理所当然；社会发展领域的专项多、项目多，主题涉猎广泛，因此经费高低差距较大；农林科技领域的专项数量、项目数量都偏少，经费资助额度的分布相对集中。

表 1　中央财政对重点研发计划的资助概况

领域	专项数（个）	立项项目数（项）	承担项目机构数（个）	经费总额（亿元）	单项经费（万元）			
					平均值	中位值	最高值	最低值
社会发展	14	558	212	103.2	1 849	1 158	36 322	56
高新技术	12	236	134	77.7	3 562	2 870	43 300	75
基础研究	6	177	49	31.9	2 553	2 800	9 676	150
农林科技	8	116	51	52.8	4 548	4 000	14 191	1 200
基础配套	2	85	64	12.7	1 499	1 705	3 437	400
总计	42	1 172	418	278.2		2 000	43 300	56

注：（1）所有数据来自于国家科技系统服务平台（http://service.most.gov.cn），下同。

（2）同一单位可以在不同领域承担项目，所以各领域的单位加和与单位总计不等，下同。

（3）部分项目获得立项，但是暂未批复资助经费，经费以 0 元统计，计算平均值、中位值时不计算这些项目，下同。

1.3　科研院所获得资助经费最多，高校承担项目数量最多

对项目承担机构按科研院所、高校和企业进行分类，发现 1 172 个项目由 418 家机构承担，科研院所获得的经费数量最多，高校承担的项目数量最多，承担项目的企业类机构数量最多（表 2）。

在五个领域中，科研院所在农林科技领域中，机构数量、项目数量以及经费总额都显著高于高校和企业，表现出明显的优势。高校在基础研究领域承担的项目机构数量、项目数量和经费总额等三项指标都遥遥领先于科研院所和企业，优势显著。基础配套领域近 60% 的承担机构是企业，承担了 45% 的项目；企业在高新技术领域承担的项目数量虽然不是最多，但获批经费总额最高，超过了 43%，可见企业在基础配套和高新技术两个领域都表现突出。

表 2 重点研发计划中高校/科研院所/企业在各领域中获得中央财政资助的概况

领域	立项项目数（项）				承担项目机构数（个）				经费总额（亿元）			
	总数	科研院所	高校	企业	总数	科研院所	高校	企业	总数	科研院所	高校	企业
社会发展	558	211 （37.8%）	259 （46.4%）	88 （15.8%）	212	63 （29.7%）	79 （37.3%）	70 （33.0%）	103.2	47.1 （45.6%）	33.1 （32.0%）	23.0 （22.3%）
高新技术	236	73 （30.9%）	93 （39.4%）	70 （29.7%）	134	28 （20.9%）	43 （32.1%）	63 （47.0%）	77.7	20.4 （26.3%）	23.6 （30.4%）	33.6 （43.3%）
基础研究	177	68 （38.4%）	108 （61.0%）	1 （0.6%）	49	12 （24.5%）	36 （73.5%）	1 （2.0%）	31.9	13.2 （41.5%）	18.4 （57.6%）	0.28 （0.9%）
农林科技	116	70 （60.3%）	28 （24.1%）	18 （15.5%）	51	23 （45.1%）	12 （23.5）	16 （31.4%）	52.8	34.6 （65.7%）	13.5 （25.6%）	4.6 （8.7%）
基础配套	85	44 （51.8%）	3 （3.5%）	38 （44.7%）	64	24 （37.5%）	3 （4.7%）	37 （57.8%）	12.7	6.8 （53.7%）	0.4 （3.3%）	5.5 （43.0%）
总计	1 172	466 （39.8%）	491 （41.9%）	215 （18.3%）	418	123 （29.4%）	112 （26.8%）	183 （43.8%）	278.2	122.3 （43.9%）	89.0 （32.0%）	67.0 （24.1%）

注：数据下方的百分比是指各个领域中科研院所、高校、企业所占的比例。

1.4 经费总额前十强单位所获资助经费占经费资助总额的35.4%

统计项目承担机构获得的项目数量和经费总量发现，中国科学院表现最为突出，其次是中国农科院，两家机构都拥有数量庞大的、具有独立法人机构的院所中心，科研人员多，科研实力强，在此次重点研发计划中分别获得40.2亿元、15.5亿元的项目经费（表3），二者经费总和超过总经费的20%。

表3 重点研发计划项目承担机构项目数量TOP 10和经费总额TOP 10

机构名称	项目数量（项）			经费总额（亿元）		
	排序	数量	占比	排序	数量	占比
中国科学院	1	164	14.0%	1	40.2	14.5%
北京大学	2	33	2.8%	5	5.8	2.1%
清华大学	3	31	2.6%	4	7.2	2.6%
中国农业科学院	4	29	2.5%	2	15.5	5.6%
复旦大学	5	28	2.4%	—	3.5	—
上海交通大学	6	28	2.4%	6	4.2	1.5%
中国医学科学院	7	27	2.3%	8	4	1.4%
浙江大学	8	24	2.0%	7	4.2	1.5%
中山大学	9	20	1.7%	—	1.6	—
中国科学技术大学	10	19	1.6%	9	3.9	1.4%
中国中车股份有限公司	—	3	—	3	9.7	3.5%
中国农业大学	**—**	**6**	**—**	**10**	**3.8**	**1.4%**
合计	—	403	34.4%	—	98.5	35.4%

注：（1）合计只分别统计入围项目数量TOP 10和经费总额TOP 10的机构，承担的项目数量和经费及其占总量的比例，下同。

（2）“—”指该高校未能入围本序列中的TOP 10，下同。

经费前十强机构中有6家高校，资助总额为29.1亿元，占前十强机构总经费的29.5%；中国中车股份有限公司一枝独秀，是经费前十强中唯一的企业，虽然仅获批 3 个项目，经费却高达 9.7 亿元，位居机构经费第三，遥遥领先于高校第一名的清华大学，原因是他们的立项项目都是先进轨道交通的关键技术，研究投入成本巨大。

1.5　经费总额前十强高校获得了高校类机构经费总资助的 45.3%

承担项目的 418 家机构中有 112 所高校，详细考察高校承担项目情况发现，项目数量前十强的高校承担了 228 个项目，占高校项目的 46%；经费前十强的高校获得了 40.3 亿元项目经费，占比 45%（表 4）。

表 4　重点研发计划高校承担项目数量 TOP 10 和经费总额 TOP 10

机构名称	项目数量（项）			经费（亿元）			来源	性质
	排序	数量	占比	排序	数量	占比		
清华大学	2	31	6.3%	1	7.2	8.1%	部属	理工
北京大学	1	33	6.7%	2	5.8	6.5%	部属	综合
上海交通大学	4	28	5.7%	3	4.2	4.8%	部属	综合
浙江大学	5	24	4.9%	4	4.2	4.7%	部属	综合
中国科学技术大学	7	19	3.9%	5	3.9	4.4%	部属	理工
中国农业大学	**—**	**6**	**—**	**6**	**3.8**	**4.3%**	**部属**	**农林**
复旦大学	3	28	5.7%	7	3.5	4.0%	部属	综合
天津大学	8	16	3.3%	8	3.2	3.6%	部属	理工
华中科技大学	10	14	2.9%	9	2.3	2.5%	部属	理工
华中农业大学	—	4	—	10	2.2	2.4%	部属	农林
首都医科大学	**9**	**15**	**3.1%**	**—**	**1.8**	**—**	**地方**	**医药**
中山大学	6	20	4.1%	—	1.5	—	部属	综合
合计	—	228	46.4%	—	40.3	45.3%	—	—

从高校所属来看，两个 TOP 10 中仅有首都医科大学一所地方高校进入了

项目数量 TOP 10 排名第九位，但是其 1.8 亿元的经费要高于项目数量排名第六位的中山大学。从专业性质来看，5 所综合类高校承担了 133 个项目，远高于 4 所理工类高校承担的 80 个项目，但两类高校入围经费 TOP 10 的数量不分伯仲，都有 4 所，经费总额分别为 17.7 亿元和 16 亿元，也比较接近。中国农业大学和华中农业大学是进入高校经费前十强的两家农林类高校，尤其是中国农业大学更是入围所有机构的经费十强。

2 高校在社会发展领域的表现

2.1 高校在人类健康相关专项中研究优势突出

社会发展领域是五大主题领域中获批项目数和经费数最多的，14 个专项共批复 558 个项目和 103 亿元的资助经费。其中，深海技术、公共安全、大气污染和数字诊疗等 4 个专项的经费投入都超过了 10 亿元，从一个侧面体现了我国政府对海洋开发利用、公共安全保障、大气污染环境治理以及医疗技术的重视。12 个专项中，高校在 6 个专项中的立项数量超过科研院所与企业，但从经费总额来看，仅在与人类健康相关的数字诊疗、精准医学、慢性病防治和生殖健康等 4 个专项中高于科研院所和企业（表 5）。

2.2 上海交通大学承担项目数量最多，清华大学获得资助经费最多

212 家机构承担了社会发展领域的 558 个项目，其中 156 所高校承担了 259 个项目。统计高校承担的项目得到项目数量 TOP 10 和经费总额 TOP 10（表 6）。获批项目最多的高校是上海交通大学，共 19 项（占 7.3%）；获批经费最多的则是清华大学，共 2.66 亿元（占 8%）。两所以理工科为优势

的高校在社会发展领域也展示出强劲实力。复旦大学的项目数（18 项，占 6.9%）和经费数（2.34 亿元，占 7.1%）均排名第二，与第一名仅有微小差距（表 6）。

表 5　社会发展领域中高校 / 科研院所 / 企业在各个专项获资助情况

专项名称	立项数目（项）				承担项目机构数（个）*				资助经费总额（亿元）			
	总数	科研院所	高校	企业	总数	科研院所	高校	企业	总数	科研院所	高校	企业
大气污染	93	31	51	11	54	13	30	11	10.62	4.33	3.42	2.87
慢性病防控	73	20	53	0	27	9	18	0	5.90	1.76	4.14	0.00
数字诊疗	69	14	36	19	45	7	23	15	10.12	0.69	1.82	7.61
精准医学	61	21	39	1	25	7	17	1	6.42	2.99	3.34	0.09
深海技术	41	20	11	10	27	10	10	7	12.21	8.61	1.73	1.88
生态修复	37	24	12	1	17	5	11	1	9.89	6.22	3.42	0.25
公共安全	32	10	10	12	25	8	7	10	11.14	3.64	3.60	3.89
水资源利用	31	14	10	7	21	7	9	5	8.77	4.21	2.61	1.95
生物医用材料	31	5	9	17	28	4	7	17	3.34	0.60	1.06	1.68
海洋环境	26	19	6	1	14	8	5	1	5.39	3.48	1.69	0.22
生物安全	23	18	5	0	10	5	5	0	3.20	2.38	0.83	0.00
绿色建筑	21	6	7	8	10	2	4	4	5.97	1.95	1.97	2.05
深地资源	11	5	5	1	8	2	5	1	6.59	4.83	1.23	0.54
生殖健康	9	4	5	0	9	4	5	0	3.60	1.40	2.20	0.00
合计［占比（%）］	558	211 (37.8)	259 (46.4)	88 (15.8)	320	91 (28.4)	156 (48.8)	73 (22.8)	103.16	47.09 (45.6)	33.06 (32.0)	23.03 (22.3)

* 注：由于本表中按专项分别对机构数量进行统计，专项之间存在机构重复现象，因此承担项目的机构数量及其占比与表 2 中的按五大领域分别统计的结果不一致。即按领域统计时对专项之间重复的机构又一次进行了去重，下同。

表 6　社会发展领域中高校承担项目数量 TOP 10 和经费总额 TOP 10

高校名称	项目数量（项）			经费（亿元）		
	排序	数量	占比	排序	数量	占比
上海交通大学	1	19	7.3%	3	2.02	6.1%
复旦大学	2	18	6.9%	2	2.34	7.1%
北京大学	3	15	5.8%	4	1.85	5.6%
首都医科大学	3	15	5.8%	5	1.77	5.3%
清华大学	5	13	5.0%	1	2.66	8.0%
中山大学	6	12	4.6%	9	0.96	2.9%
浙江大学	7	11	4.2%	7	1.39	4.2%
天津大学	8	9	3.5%	6	1.55	4.7%
华中科技大学	8	9	3.5%	8	1.33	4.0%
中国人民解放军第三军医大学	8	9	3.5%	—	—	—
中国海洋大学	—	—	—	10	0.94	2.8%
合计	—	130	50.2%	—	16.81	50.8%

注：占比是指高校 TOP 10 与该领域所有高校的比，下同。

首都医科大学和解放军第三军医大学两所医药类专业院校入围项目数量前十强。此外，西北农林科技大学和内蒙古农业大学两所农林类高校在生态修复和水资源利用 2 个专项中获批 3 个项目，总计得到 9 000 万元的资助，是仅有的 2 所获得社会发展领域研究项目的农林类高校。

2.3　地方高校在医学、生态修复和海洋利用等专项展现实力

进一步考察 156 所高校在每个专项中承担项目的项目数量前 2 位与获得资助经费前 2 位，发现首都医科大学、南京医科大学等 8 所地方高校在 5 个专项中都有突出表现（表 7）。首都医科大学在慢性病防治和生殖健康两个专项中入围前两位；青海大学在生态修复和水资源利用两个专项入围。解放军

第三军医大学在数字诊疗和生物医学材料两个专项表现优异。

部属院校中，天津大学在水资源利用、绿色建筑和生物安全技术等 3 个专项的项目数均排第一；复旦大学在慢性病防治、精准医学和生物安全技术等 3 个专项中的经费都入围 TOP 2，另外还在大气污染、生态修复、生殖健康和生物安全技术等四个专项中入围项目数量 TOP 2。

表 7　社会发展领域中高校承担专项项目数量 TOP 2 与经费 TOP 2

经费总额排序	专项名称	项目数量（项）		经费（万元）	
		TOP 1	TOP 2	TOP 1	TOP 2
1	慢性病防控	首都医科大学（9）	北京大学（6）	首都医科大学（7 245）	复旦大学（4 362）
2	公共安全	北京航空航天大学/清华大学/中国矿业大学（北京）（2）	\	清华大学（9 800）	北京航空航天大学（8 075）
3	大气污染	清华大学（5）	北京大学/复旦大学（4）	北京大学（8 363）	清华大学（7 107）
4	生态修复	中国科学院大学（2）	北京师范大学/复旦大学/贵州师范大学/河海大学/内蒙古大学/内蒙古农业大学/青海大学/厦门大学/西北农林科技大学/西南大学（1）	中国科学院大学（5 000）	青海大学（3 400）
5	精准医学	上海交通大学（6）	中山大学（5）	华中科技大学（5 651）	复旦大学（5 272）
6	水资源利用	天津大学（2）	哈尔滨工业大学/河海大学/华中科技大学/青海大学/清华大学/西北农林科技大学/浙江大学/中山大学（1）	天津大学（5 197）	哈尔滨工业大学/华中科技大学（3 500）

续表 7

经费总额排序	专项名称	项目数量（项）		经费（万元）	
		TOP 1	TOP 2	TOP 1	TOP 2
7	生殖健康	北京大学 / 复旦大学 / 南京医科大学 / 首都医科大学 / 中国科学技术大学（1）	\	南京医科大学（6 500）	首都医科大学（6 000）
8	绿色建筑	天津大学（3）	重庆大学（2）	重庆大学（7 100）	天津大学（6 250）
9	数字诊疗	解放军第三军医大学（5）	上海交通大学（4）	解放军第三军医大学（3 450）	上海交通大学（2 840）
10	深海技术	中国海洋大学（2）	安徽大学 / 大连海事大学 / 上海大学 / 上海交通大学 / 天津大学 / 西北工业大学 / 浙江大学 / 中国科学技术大学 / 中国石油大学（北京）（1）	上海交通大学（8 000）	中国海洋大学（2 000）
11	海洋环境	中国海洋大学（2）	华东师范大学 / 清华大学 / 西北工业大学 / 浙江大学（1）	中国海洋大学（7 400）	浙江大学（4 000）
12	深地资源	北京科技大学 / 四川大学 / 同济大学 / 中国地质大学（北京）/ 中国矿业大学（北京）（1）	\	四川大学（4 500）	北京科技大学（2 000）
13	生物医用材料	浙江大学 / 解放军第三军医大学（2）	\	浙江大学（2 820）	解放军第三军医大学（2 565）
14	生物安全技术	复旦大学 / 四川大学 / 天津大学 / 中南大学 / 中山大学（1）	\	复旦大学（3 085）	四川大学（1 418）

注：排序按各专项高校经费总额多少进行，下同。

3 高校在高新技术领域的表现

3.1 高校在材料科学和云计算大数据等研究专项中优势突出

在高新技术领域设立了12个专项的236个项目，经费总额超过77亿元。轨道交通、新能源汽车和基础材料等3个专项的经费总额都在10亿元以上。考察高校在专项方面的表现发现：高校在项目数量方面略有优势，但是由于国家在轨道交通方面投入力度远高于其他专项，因此高校在项目经费方面远不及企业；高校在基础材料、电子材料、煤炭利用、材料基因工程以及云计算大数据等5个专项中获批项目数量和经费都超过科研院所与企业，展示出一定优势（表8）。

表8 高新技术领域中高校 / 科研院所 / 企业在各个专项获资助情况

专项名称	立项数目（项）				承担项目机构数（个）				资助经费（亿元）			
	总数	科研院所	高校	企业	总数	科研院所	高校	企业	总数	科研院所	高校	企业
基础材料	39	9	19	11	124	6	15	103	10.02	2.90	4.22	2.90
电子材料	27	8	12	7	20	3	10	7	8.76	3.15	3.81	1.80
增材激光	27	3	10	14	26	3	9	14	4.09	0.06	1.68	2.35
地球观测导航	26	16	8	2	15	7	6	2	9.88	5.24	3.78	0.87
新能源汽车	19	4	3	12	16	2	2	12	10.15	1.51	0.92	7.72
智能电网	19	10	2	7	12	3	2	7	5.81	3.13	0.50	2.18
高性能计算	19	10	8	1	15	8	6	1	3.09	1.72	1.08	0.30

续表 8

专项名称	立项数目（项）				承担项目机构数（个）				资助经费（亿元）			
	总数	科研院所	高校	企业	总数	科研院所	高校	企业	总数	科研院所	高校	企业
煤炭利用	17	2	11	4	15	2	9	4	4.56	0.30	3.08	1.18
云计算大数据	15	4	8	3	9	1	6	2	3.89	0.81	2.04	1.05
材料基因工程	14	5	8	1	11	2	8	1	3.00	1.05	1.75	0.20
网络安全	8	2	4	2	7	2	4	1	2.14	0.58	0.75	0.81
轨道交通	6	0	0	6	4	0	0	4	12.26	0.00	0.00	12.26
合计（占比）	236	73 (30.9%)	93 (39.4%)	70 (29.7%)	274	39 (14.2%)	77 (28.1%)	158 (57.7%)	77.65	20.45 (26.3%)	23.61 (30.4%)	33.62 (43.3%)

3.2　清华、北大和天津大学位居项目数量与经费前三甲

在高新技术领域，274 家机构承担了 12 个专项的 236 个项目，其中 77 所高校承担了 93 个项目，经费总额超过 23 亿元。高新技术领域本应是以理工学科见长高校的天下，以清华大学为代表的理工类高校入围是情理之中，可是以文理见长的北京大学不仅跻身其中，并且位列第 2（表 9），足以说明北大的综合实力强大。另外，中国民航大学以专业特殊性获批“广域航空安全监控技术及应用”项目，以 9 000 万元进入经费前十强；解放军信息工程大学入围经费 TOP10 之列；国防科技大学入围项目数量前十强。

表 9　高新技术领域中高校承担项目数量 TOP10 和经费总额 TOP10

高校名称	项目数量（项）			经费（亿元）		
	排序	数量	占比	排序	数量	占比
清华大学	1	9	9.7%	1	2.78	11.8%
北京大学	2	6	6.5%	2	1.47	6.2%

续表 9

高校名称	项目数量（项）			经费（亿元）		
	排序	数量	占比	排序	数量	占比
天津大学	3	5	5.4%	3	1.43	6.1%
西安交通大学	4	4	4.3%	4	1.12	4.7%
浙江大学	4	4	4.3%	—	—	—
中国人民解放军国防科学技术大学	4	4	4.3%	—	—	—
华南理工大学	7	3	3.2%	5	1.1	4.7%
重庆大学	7	3	3.2%	6	1.05	4.4%
武汉大学	7	3	3.2%	8	0.86	3.6%
上海交通大学	7	3	3.2%	10	0.79	3.3%
北京化工大学	7	3	3.2%	—	—	—
中国民航大学	—	—	—	7	0.9	3.8%
中国人民解放军信息工程大学	—	—	—	9	0.85	3.6%
合计	—	47	50.5%	—	12.35	52.3%

3.3 理工类高校在高新技术领域整体表现突出

高新技术领域的 11 个专项中，北京化工大学在基础材料，武汉大学在地球观测导航，天津大学在电子材料、煤炭利用，清华大学在云计算大数据、新能源汽车，西安交通大学在增材激光、智能电网等专项中都有突出表现（表 10）。

重点基础材料技术提升与产业化专项是高新领域中高校获批经费最多的一个专项，北京化工大学和东华大学分别获得此专项的 3 个项目，显示这两个高校在基础材料研究方面的优势。值得一提的是山东农业大学既不是部属高校，又不是理工或综合类高校，但是获得一个项目，成为农林类高校进入高新技术领域的唯一。清华大学和北京大学分别在新能源汽车专项中获批一个项目，在该专项以企业为主导的背景下实属不易。

表 10　高新技术领域中高校承担专项项目数量 TOP 2 与经费 TOP 2

经费总额排序	专项名称	项目数量（项）		经费数量（万元）	
		TOP 1	TOP 2	TOP 1	TOP 2
1	基础材料	北京化工大学 / 东华大学（3）	\	北京化工大学（7 100）	东华大学（4 200）
2	电子材料	天津大学 / 华南理工大学（2）	\	天津大学 / 华南理工大学（7 500）	\
3	地球观测导航	武汉大学（3）	北京航空航天大学 / 北京邮电大学 / 清华大学 / 中国民航大学 / 解放军信息工程大学（1）	武汉大学（8 570）	解放军信息工程大学（8 500）
4	煤炭利用	清华大学 / 天津大学（2）	\	天津大学（6 806）	清华大学（4 880）
5	云计算大数据	清华大学	北京大学 / 北京理工大学 / 东南大学 / 合肥工业大学 / 国防科学技术大学	清华大学（10 405）	北京理工大学（2 880）
6	材料基因工程	北京大学 / 北京科技大学 / 哈尔滨工程大学 / 吉林大学 / 上海交通大学 / 四川大学 / 中南大学 / 重庆大学（1）	\	中南大学 / 重庆大学（2 600）	\
7	增材激光	北京大学（2）	哈尔滨工业大学 / 华中科技大学 / 苏州大学 / 天津大学 / 西安交通大学 / 西北工业大学 / 解放军第三军医大学 / 解放军装甲兵工程学院（1）	西安交通大学（4 645）	西北工业大学（3 719）
8	高性能计算	国防科学技术大学 / 中山大学（2）	\	国防科学技术大学 / 中山大学（4 758）	（1 869）

续表 10

经费总额排序	专项名称	项目数量（项）		经费数量（万元）	
		TOP 1	TOP 2	TOP 1	TOP 2
9	新能源汽车	清华大学 / 北京大学（1）	\	清华大学（6 000）	北京大学（3 200）
10	网络安全	北京理工大学 / 四川大学 / 浙江大学 / 国防科学技术大学（1）	\	浙江大学（3 101）	国防科学技术大学（1 700）
11	智能电网	复旦大学 / 西安交通大学（1）	\	复旦大学 / 西安交通大学（2 500）	

4　高校在农林科技领域的表现

4.1　高校仅在粮食丰产和食品加工两个专项中略显优势

在农林科技领域设立了 8 个专项、116 个项目。高校获得了 25% 左右的立项项目数和经费资助，65% 左右的项目数和经费资助都由科研院所承担。8 个专项中，高校在 7 个专项中获得了项目，仅在粮食丰产和食品加工两个专项处于领先地位；科研院所在农作物育种、化肥农药、畜禽疫病、林业资源和农业污染等 5 个专项中的项目数量和经费数量都遥遥领先于高校和企业；企业仅在智能农机专项表现出绝对优势（表 11）。

详细考察高校承担的项目经费总额发现，中国农科院是最大赢家，承担了超过 1/5 的项目数量，获得了超过 1/4 的项目经费，在化肥农药和畜禽疫病 2 个专项中处于绝对强势地位；中国科学院是第二赢家，在 7 个专项中都斩获项目，并且在农作物育种和农业污染 2 个专项中获得经费位居第一；中国农业大学在粮食丰产专项表现出较强实力；浙江大学在食品加工专项位居第一，

表 11　农林科技领域中高校 / 科研院所 / 企业在各个专项获资助情况

专项名称	立项数目（项）				承担项目机构数（个）				资助经费（亿元）			
	总数	科研院所	高校	企业	总数	科研院所	高校	企业	总数	科研院所	高校	企业
农作物育种	21	15	6	0	8	5	3	0	15.62	11.81	3.81	0.00
智能农机	21	7	0	14	17	5	0	12	5.07	1.77	0.00	3.31
畜禽疫病	16	12	3	1	11	7	3	1	6.92	5.57	1.18	0.17
食品加工	16	6	7	3	14	6	5	3	5.85	2.24	2.51	1.10
化肥农药	13	11	2	0	8	6	2	0	7.80	6.53	1.27	0.00
农业污染	11	8	3	0	8	6	2	0	2.41	1.74	0.67	0.00
粮食丰产	9	3	6	0	6	2	4	0	6.30	2.45	3.85	0.00
林业资源	9	8	1	0	4	3	1	0	2.79	2.56	0.23	0.00
合计	116	70	28	18	76	40	20	16	52.76	34.67	13.52	4.58
（占比 /%）		（60.3%）	（24.1%）	（15.5%）		（52.6%）	（26.3%）	（21.1%）		（65.7%）	（25.6%）	（8.7%）

在农业污染专项几乎与中科院不分伯仲。除智能农机专项是企业优势领域外，其他 6 个专项中，中国农科院等科研院所获得 4 个经费 TOP 1，高校获得 2 个（表 12）。

表 12　农林科技领域立项经费总额 TOP 6 机构在专项中的立项项目与经费概况

立项机构与专项	立项数量	数量占比	项目经费（万元）	经费占比
中国农业科学院	**24**	**20.7%**	**147 382.0**	**27.9%**
农作物育种	6	28.6%	48 644.0	31.1%
化肥农药	6	46.2%	39 040.0	50.0%
畜禽疫病	6	37.5%	27 030.0	39.1%
粮食丰产	2	22.2%	17 700.0	28.1%
农业污染	2	18.2%	4 468.0	18.6%
食品加工	1	6.3%	7 500.0	12.8%
智能农机	1	4.8%	3 000.0	5.9%
中国科学院	**12**	**10.3%**	**75 049.0**	**14.2%**
农作物育种	6	28.6%	51 003.0	32.7%
农业污染	2	18.2%	4 596.0	19.1%
粮食丰产	1	11.1%	6 800.0	10.8%
化肥农药	1	7.7%	5 500.0	7.0%
畜禽疫病	1	6.3%	4 550.0	6.6%
食品加工	1	6.3%	2 600.0	4.4%
中国农业大学	**6**	**5.2%**	**38 434.4**	**7.3%**
粮食丰产	3	33.3%	22 300.0	35.4%
农作物育种	2	9.5%	13 989.4	9.0%
农业污染	1	9.1%	2 145.0	8.9%
华中农业大学	**4**	**3.4%**	**21 686.3**	**4.1%**

续表 12

立项机构与专项	立项数量	数量占比	项目经费（万元）	经费占比
农作物育种	3	14.3%	16 786.3	10.7%
畜禽疫病	1	6.3%	4 900.0	7.1%
中国林业科学研究院	**6**	**5.2%**	**19 507.0**	**3.7%**
林业资源	6	66.7%	19 507.0	70.0%
浙江大学	**4**	**3.4%**	**14 487.0**	**2.7%**
食品加工	2	12.5%	9 900.0	16.9%
农业污染	2	18.2%	4 587.0	19.0%

注：（1）机构的立项数量占比或经费占比：为机构立项数量或经费占农业领域项目总量或经费总额的比例；

（2）机构在专项中的立项数量占比或经费占比：为机构在专项中的立项数量或经费总量占专项项目总量或经费总额的比例。

4.2 中国农大、华中农大和浙江大学在项目数量和经费方面都位居前三

在农林科技领域承担项目的机构有 76 家，其中高校仅有 20 所，获批了 28 个项目，13.5 亿元经费（表 13）。位居经费总额前四位的都是教育部属高校，其中 3 所是农林类高校；TOP 10 高校中地方高校数量超过 60%，承担了近 43% 的项目数量，获得了 35% 的经费。由此可以窥见，中国农业大学等部属农林类高校与地方农业高校相比的强势地位已岌岌可危。

表 13　农林科技领域中高校承担项目数量 TOP 10 和经费总额 TOP 10

高校名称	项目数量（项）			经费（亿元）		
	排序	数量	占比	排序	数量	占比
中国农业大学	1	6	21.4%	1	3.84	28.4%
华中农业大学	2	4	14.3%	2	2.17	16.1%
浙江大学	2	4	14.3%	3	1.45	10.7%

续表 13

高校名称	项目数量（项）			经费（亿元）		
	排序	数量	占比	排序	数量	占比
南京农业大学	4	2	7.1%	4	1.34	9.9%
华南农业大学	4	2	7.1%	5	1.13	8.4%
山东农业大学	4	2	7.1%	6	1.11	8.2%
扬州大学	4	2	7.1%	7	0.74	5.5%
北京工商大学	4	2	7.1%	8	0.68	5.0%
天津科技大学	9	1	3.6%	9	0.34	2.5%
大连工业大学	9	1	3.6%	10	0.25	1.9%
吉林农业大学	9	1	3.6%	10	0.25	1.9%
福建农林大学	9	1	3.6%	11	0.23	1.5%
合计		28	100.0%		13.5	100.0%

特别值得关注的是，TOP 10 高校中出现了浙江大学、扬州大学、北京工商大学、天津科技大学和大连工业大学等并不是以农业为特色的高校。浙江大学由于具有合并了浙江农业大学的农业基础优势，其实力毋庸置疑。而以经济、管理和工学为主的北京工商大学，以工科为主的天津科技大学、大连工业大学跨入农林科技领域并且展现优势，需要引起农林类高校的重视。在目前跨界蔚然成风的大环境下，农林类高校需要重视优化学科布局，重视参与全产业链的一体化研究，避免学科研究方向碎片化，方有可能保持特色学科的优势地位。

4.3 地方高校在化肥农药、林业资源等五个专项中都有突出表现

考察 20 所高校在 7 个专项中获得的项目数量和经费总额发现，共有 9 所

高校进入了项目数量 TOP 2 和项目经费 TOP 2，其中地方高校有 5 所、占比达到 56%，从另一个侧面再次证明了地方高校的研究实力（表 14）。

表 14　农林科技领域下高校承担专项项目数量 TOP 2 与经费 TOP 2

经费总额排序	专项名称	项目数量（项）		经费数量（万元）	
		TOP 1	TOP 2	TOP 1	TOP 2
1	粮食丰产	中国农业大学（3）	南京农业大学 / 山东农业大学 / 扬州大学（1）	中国农业大学（22 300）	南京农业大学（6 000）
2	农作物育种	华中农业大学（3）	中国农业大学（2）	华中农业大学（16 786）	中国农业大学（13 989）
3	食品加工	浙江大学 / 北京工商大学（2）	\	浙江大学（9 900）	北京工商大学（6 800）
4	化肥农药	华南农业大学 / 山东农业大学（1）	\	华南农业大学（6 700）	山东农业大学（6 000）
5	畜禽疫病	华中农业大学 / 华南农业大学 / 扬州大学（1）	\	华中农业大学（4 900）	华南农业大学（4 550）
6	农业污染	浙江大学（2）	中国农业大学（1）	浙江大学（4 587）	中国农业大学（2 145）
7	林业资源	福建农林大学（1）		福建农林大学（2 305）	

在 7 个专项中，中国农业大学仅在粮食丰产专项领先于其他高校；而华中农业大学在农作物育种和畜禽疫病两个专项中位居第一；浙江大学在食品加工和农业污染两个专项位居第一；华南农大在化肥农药、福建农林大学在林业资源专项中分别位居第一。此外，山东农业大学在化肥农药、粮食丰产，扬州大学在畜禽疫病、粮食丰产，北京工商大学在食品加工等专项中都有突出表现。

5 高校在基础研究领域的表现

5.1 高校在蛋白质机器、干细胞及转化以及量子调控等专项位居优势地位

基础研究领域共设立了 6 个专项，177 个项目，约 32 亿元的经费。高校获得了 61% 的项目数量，57.6% 的项目经费，是五大领域中唯一优势突出的领域。

6 个专项中，高校在蛋白质机器与生命过程调控、干细胞及转化研究、量子调控与量子信息这 3 个专项的项目和经费均大幅超过科研院所；在纳米科技专项中的项目数量不及科研院所，但项目经费超过科研院所；科研院所在大科学装置前沿研究专项占有绝对优势；在全球变化与应对专项中高校与科研院所基本势均力敌（表 15）。

表 15 基础研究领域中高校 / 科研院所 / 企业在各个专项获资助情况

专项名称	立项数目（项）				承担项目机构数量（个）				资助经费（亿元）			
	总数	科研院所	高校	企业	总数	科研院所	高校	企业	总数	科研院所	高校	企业
纳米科技	43	24	19	0	18	4	14	0	6.17	2.63	3.54	0.00
蛋白质机器	33	7	26	0	15	1	14	0	5.24	1.06	4.18	0.00
全球变化及应对	29	12	16	1	17	5	11	1	5.29	2.71	2.30	0.28
量子调控	28	6	22	0	12	2	10	0	4.04	1.07	2.97	0.00
干细胞及转化	25	6	19	0	17	3	14	0	4.88	1.49	3.38	0.00
大科学装置前沿	19	13	6	0	7	3	4	0	6.30	4.27	2.03	0.00
合计	177	68	108	1	86	18	67	1	31.92	13.23	18.4	0.28
[占比（%）]		(38.4)	(61.0)	(0.6)		(20.9)	(77.9)	(1.2)		(41.4)	(57.6)	(0.9)

5.2 中国科大、北大和清华位列项目数量与经费的前三位

基础研究领域的 177 个项目由 86 家机构承担，其中 49 所高校承担了 108 个项目，统计高校承担的项目数量和获得的经费总额，得到表 16 的项目数量 TOP 10 与项目经费 TOP 10 机构。进入前十强的都是部属院校，中国科大、北大和清华占据了前 3 位，12 所高校中除了北京师范大学之外，其他都是综合或者理工类院校。

表 16　基础研究领域中高校承担项目数量 TOP 10 和经费总额 TOP 10

高校名称	项目数量（项）			经费（亿元）		
	排序	数量	占比	排序	数量	占比
北京大学	1	12	11.1%	2	2.49	13.5%
中国科学技术大学	2	11	10.2%	1	2.62	14.2%
清华大学	3	9	8.3%	3	1.74	9.5%
复旦大学	3	9	8.3%	7	0.94	5.1%
中山大学	5	6	5.6%	—	—	—
上海交通大学	5	6	5.6%	4	1.44	7.8%
同济大学	7	5	4.6%	5	1.31	7.1%
南京大学	7	5	4.6%	6	1.31	7.1%
浙江大学	7	5	4.6%	9	0.59	3.2%
厦门大学	10	4	3.7%	—	—	—
北京师范大学	—	—	—	8	0.67	3.6%
华中科技大学	—	—	—	10	0.55	3.0%
合计	—	72	66.7%	—	13.66	74.2%

5.3 中国科大、北大以及清华 3 所高校表现出明显优势

在 6 个专项中，进入项目数量 TOP 2 和经费 TOP 2 的高校有 11 所，项目数量前十位高校中的中山大学未在任何一个专项中进入 TOP 2 行列。中国科

大在大科学装置前沿研究专项位居绝对优势，在量子调控与量子信息专项中的项目数量和经费都位居第一，在纳米科技专项中的经费数量位居第一，共计 6 次入围 TOP 2，并且是获得经费最多的；北京大学在蛋白质机器与生命过程调控专项位居绝对优势，在纳米科技专项也表现突出，只是经费略低于中国科大，实力与中国科大不分伯仲；清华大学在蛋白质机器、大科学装置前沿、纳米科技和量子调控等 3 个领域 5 次入围 TOP 2；同济大学在干细胞及转化专项表现出强劲优势；中国海洋大学和北京师范大学在全球变化及应对专项中的表现势均力敌（表 17）。

表 17　基础研究领域中高校承担专项项目数量 TOP 2 与经费 TOP 2

经费总额排序	专项名称	项目数量（项）		经费数量（万元）	
		TOP 1	TOP 2	TOP 1	TOP 2
1	蛋白质机器	北京大学（6）	复旦大学（4）	北京大学（15 516）	清华大学（6 351）
2	纳米科技	北京大学（3）	复旦大学 / 清华大学 / 中国科学技术大学（2）	中国科学技术大学（6 964）	北京大学（6 400）
3	干细胞及转化	同济大学（4）	华中科技大学 / 上海交通大学（2）	同济大学（9 600）	上海交通大学（3 367）
4	量子调控	中国科学技术大学（5）	清华大学 / 上海交通大学（3）	中国科学技术大学（8 382）	上海交通大学（7 519）
5	全球变化及应对	中国海洋大学（3）	北京师范大学 / 南京大学 / 厦门大学（2）	北京师范大学（6 185）	中国海洋大学（5 096）
6	大科学装置前沿	中国科学技术大学（3）	华中科技大学 / 清华大学 / 上海交通大学（1）	中国科学技术大学（10 900）	清华大学（3 600）

特别值得一提的是，东北农业大学以“猪初始态（naive）多能干细胞系建立及多能性调控机制解析”为题的研究在干细胞及转化专项中获得 2 830 万元的经费，是农林类高校唯一一所在基础研究领域获得项目的高校。另

外，昆明理工大学、山西大学和南京信息工程大学等 7 所地方高校也在除了大科学装置前沿之外的 5 个专项中获得 8 个项目，在强手林立的基础研究领域能争取到一席之地的地方高校，应该在立项的研究主题方面具有非常强的实力。

6　高校在基础配套领域的表现

基础配套领域包括国家质量基础的共性技术研究与应用和重大科学仪器设备开发两个专项。前一专项主要是为各行各业提供技术标准，属于政府机构的职责范畴，因此绝大部分的项目由国家有关部委下属的各类中心负责，该专项 90% 的经费集中在部委中心。后一专项是为将科研仪器国产化，为全国科研单位仪器设备等基础配套，承担项目的大部分是实力较强的仪器制造商，此专项 90% 的经费被设备生产商拿走。高校在这一领域仅有中国科大、湖南大学和解放军后勤学院等 3 所高校各自获得了 1 个项目，3 校经费总额为 4 159 万元。高校的项目数和经费总额都只占到基础配套领域的 3%，显示出绝对弱势地位（表 18）。

表 18　基础配套领域中高校 / 科研院所 / 企业在各个专项获资助情况

专项名称	立项数目（项）				资助经费（亿元）			
	总数	科研院所	高校	企业	总数	科研院所	高校	企业
国家质量基础的共性技术研究与应用	45	40	3	2	6.8	6.2	0.4	0.2
重大科学仪器设备开发	40	4	0	36	6	0.7	0	5.3
合计	85	44	3	38	12.8	6.9	0.4	5.5
［占比（%）］		(51.8%)	(3.5%)	(44.7%)		(53.9%)	(3.1%)	(43.0%)

7 结语

虽然仅凭首批国家重点研发计划项目不足以论证高校的科研优势领域，但还是可以在一定程度上从一个侧面体现出不同高校在具体研究专项上的科研实力。结果表明：

基础研究领域是高校具有整体优势的唯一领域，但也仅在 50% 的专项中表现突出，高校在蛋白质机器、干细胞及转化以及量子调控等专项位居优势地位。中国科大、北大和清华位列项目数量与经费的前 3 位，东北农业大学承担了干细胞及转化专项的项目，是唯一一所承担基础研究领域项目的农林类高校。基础配套领域，高校的项目数和经费总额都只占基础配套领域的 3%，仅有中国科技大学、湖南大学和解放军后勤学院承担了项目，显示出绝对弱势地位。

在社会发展领域的 14 个专项中，高校在人类健康的 4 个相关专项中优势明显，上海交通大学和清华大学表现优异，地方高校在医学、生态修复和海洋利用等专项展现了一定的实力。在高新技术领域的 12 个专项中，高校在材料科学和云计算大数据等 5 个专项中优势突出，清华、北大和天津大学位居项目数量与经费三甲，山东农业大学是唯一一所在其中获得项目的农林类高校；在农林科技领域的 8 个专项中，高校仅在粮食丰产和食品加工两个专项中略显优势，中国农业大学表现优异；地方高校在化肥农药、林业资源等五个专项中都有突出表现；北京工商大学、天津科技大学和大连工业大学等非农林类高校也跨界获得项目。

重点研发计划体现了国家的重大需求导向，高校通过竞争和执行重点研发计划项目，可以提升解决重大问题能力和原始创新能力，加快培养满足国家重大战略需求的一流科学家、学科领军人物和创新团队，推动学科建设与经济社会发展的紧密结合，是高校建设一流学科过程中的重要机遇。本研究在一定程度上揭示了获取立项高校的科研优势，为高校准确定位一流学科建设提供参考。但本研究仅从目前能够看到的、获取了项目的角度来考察高校的科研优势，实际上一所高校在某个领域的科研优势需要从多个维度来考察，特别是优势要有可持续发展潜力，例如重点研发计划项目主持人的年龄、团队构成等要素都还有待深入挖掘。

2015 年 11 月，国务院印发《统筹推进世界一流大学和一流学科建设总体方案》，提出统筹推进世界一流大学和一流学科建设，实现我国从高等教育大国到高等教育强国的历史性跨越。这项工作被高教界简称为“双一流”建设。国家科技计划新体系为高校推进一流学科建设提供了重要机遇和平台，高校应结合国民经济和社会发展各主要领域的重大、核心和关键科技问题，规划一流学科建设发展方向；重视跨学科、跨部门的科研布局顶层设计和协同创新；拓宽学科研究领域，勇于尝试利用跨学科方法解决瓶颈性突出问题，提升学科解决重大问题能力和原始创新能力；加快培养满足国家重大战略需求的一流科学家、学科领军人物和创新团队。

附：“十三五”国家重点研发计划优先启动重点研发任务方向（摘自国科发资〔2015〕52 号）

1. 支撑引领现代农业发展的重点研发任务，包括粮食丰产提质增效、农业面源污染防控、农田重金属污染修复、智能农机装备、畜禽养殖安全、食品加工贮运、海洋渔业、林业资源高效利用，以及宜居村镇等方面的基础前沿研究、重大共性关键技术（产品）开发及应用示范；

2. 支撑引领节能环保和新能源发展的重点研发任务，包括煤炭清洁高效燃烧、转化及排放控制、可再生能源与新能源、核能与核安全，以及智能电网等方面的基础前沿研究、重大共性关键技术（产品）开发及应用示范；

3. 支撑引领产业转型升级的重点研发任务，包括智能制造、重点基础材料和新材料、精密基础件和通用件、极端制造工艺、重大成套装备，大数据与云计算、宽带通信与物联网、网络信息安全、遥感与导航，以及科技服务业和文化科技创新等方面的基础前沿研究、重大共性关键技术（产品）开发及应用示范；

4. 支撑引领资源环境和生态保护的重点研发任务，包括水安全、土壤安全、生态修复、有毒有害化学品治理，深地、深水等油气和矿产资源勘探开发，废弃物资源化，海洋工程装备，以及重大自然灾害监测预警、应对气候变化等方面的基础前沿研究、重大共性关键技术（产品）开发及应用示范；

5. 支撑引领人口健康发展的重点研发任务，包括重大疾病防控、疫苗研制、药物早期研发、中医药现代化、生殖健康、体外诊断、生物医用材料、移动医疗，重大化工产品生物制造，以及食品安全等方面的基础前沿研究、重大共性关键技术（产品）开发及应用示范；

6. 支撑引领新型城镇化创新发展的重点研发任务，包括智慧城市、绿色建筑及其工业化、综合运输与智能交通、轨道交通，以及公共安全保障与应急救援等方面的基础前沿研究、重大共性关键技术（产品）开发及应用示范；

7. 面向国家战略需求的基础研究，包括纳米、干细胞、蛋白质、发育与生殖、量子调控和全球变化等方向的重大科学研究，能够充分发挥大科学装置优势的前沿研究，未来 10 年可能产生颠覆性技术的前瞻性科学研究，以及深空、深海、深地、深蓝等战略性科学研究等方面；

8. 重大国际科技合作，包括对于融入全球创新网络具有重大关键作用、已纳入或应纳入双多边政府间合作协议的重大科技合作任务、共性关键技术转移国际合作任务，以及发起或参与国际重大科学工程等方面的合作任务。

“985”高校科研投入产出分析

王宝济
（中国农业大学图书馆情报研究中心）

摘要：本文以“985”高校为研究对象，以《高等学校科技统计资料汇编》的数据为基础，对科研经费和人员的投入，以及学术论文、高水平论文、成果授奖、国家级奖和技术转让收入等产出情况，进行了校均、人均和单位经费三个维度的统计分析。结果发现：“985”高校作为一个整体，相对其他类型高校，其科研投入与产出优势明显；但人均和单位经费的投入产出差距较小，甚至人均学术论文产出低于其他类型高校，单位经费产出多不及其他类型高校；在高水平产出上仍具有一定的优势。在有统计数据的38所“985”高校中，校均科研投入与产出总体呈现正相关性，但在人均与单位经费产出方面呈发散状态，相关性较差，清华北大甚至有多项指标落后于平均值。在科研效率方面，分别以年均研发经费和年均研发人员的投入为输入项，以校均、人均和亿元经费投入产出的学术论文、高水平论文、成果授奖、国家级奖和技术转让收入为输出项，利用数据包络分析所得出的结果中，东北大学、东南大学、兰州大学、山东大学、中国农业大学和中央民族大学等6所高校的3项科研效率均为100%，西北工业大学、复旦大学和中山大学等3所高校的3项平均科研效率位于后3位。高校科研效率不足的主要原因是经费和人员投入冗余，同时有些高校在某些方面的产出也不足。建议科研管理中引入效率考核，让有限的科研经费发挥最高的效率。

关键词：“985”高校；科研投入；科研产出；科研效率

0 前言

随着经济的高速发展，中国在科研领域持续加大投入，推动了国家科研产出的大幅增加。自然出版集团新近出版的《转型中的中国科研》白皮书指出，我国的研发投入和科研产出均居于世界第二位。2014 年中国的研发投入约 1.33 万亿元人民币，仅次于美国。在科研产出方面，2014 年中国的 SCI（科学引文索引）论文数量达到 24.5 万篇，位居世界第二；中国的自然指数（Nature Index）是全球第二大贡献国；中国国内发明专利申请受理量达 92.8 万件，连续第四年位居世界第一。

高等院校是人才培养、科学研究和社会服务的重要基地，也是科技、知识创新的源泉和强劲动力，在国家创新体系中占据独特而重要的地位。过去 20 年，中国研发投入的复合年增长率为 16%（按可比价格），2014 年研发经费占国内生产总值（GDP）的 2.1%。这些资金多数投入了产业的技术开发活动。高等教育和公共研究机构获得了总研发投入的约 20%，其中大部分来自政府拨款①。

“985”工程是我国政府为建设若干所世界一流大学和一批国际知名的高水平研究型大学而实施的高等教育建设工程。“985”高校是我国高校的排头兵，聚集了几乎国内所有的“名校”，中国的“好大学”基本都在这个名单里了。总体来说，这些高校所拥有的科研财力（科研经费）和人力（高水平研发人员）是国内其他高校所不能比拟的。在人们的普遍印象中，其科研水平无论是作为整体还是个体，人均还是单位经费科研产出都应该高于其他高校。

为详细了解我国“985”高校的科研投入与产出情况，本文以中国“985”高校为研究对象，以教育部编辑的《高等学校科技统计资料汇编》为数据来

---

① 转型中的中国科研，自然出版集团白皮书，2015。

源，对我国“985”高校的科研投入与产出进行了系统的数据分析。

1 数据来源

中华人民共和国教育部科学技术司编写的年度《高等学校科技统计资料汇编》，是教育部科学技术司根据国家的统一部署和高等学校科技工作的具体情况，结合第二次全国科学研究与试验发展（R & D）资源清查，在组织各省、自治区、直辖市教育厅（教育委员会）实施“全国普通高等学校科技统计年报（理、工、农、医）”的基础上，经过综合加工、整理而成的全面反映高等学校科技活动总体情况的数据资料汇集[①]。

《汇编》中详细记录了全国设有理、工、农、医类教学专业的高等学校及其附属医院在基础研究、应用研究、试验发展以及研究与发展成果应用、其他科技服务等各个层面开展研究的总体状况，内容涉及科技人力、科技经费、科技机构、科技项目和开展国际科技交流等情况，以及与此相关的高等学校科技活动产出情况。

由于科研产出与投入的时间具有一定的滞后性，为了尽可能体现统计分析数据的客观性，本研究选取 2010—2014 年 5 年的数据进行统计分析，为了消除产出与投入的年度滞后问题，除年度数据比较以外，其他各项统计分析均以 5 年平均值为基础数据。

由于《汇编》中所统计数据仅限于从事理、工、农、医的科技范围，不包括人文社科类研究投入和产出，所以侧重于人文社科领域研究的中国人民大学和中央民族大学两校的数据与其他“985”高校相比差异显著。本文结论仅对《汇编》数据负责，供参考。

---

① 2014 年高等学校科技统计资料汇编 / 中华人民共和国教育部科学技术司编 . 北京：高等教育出版社，2015.1。

2　不同类型高校科研投入与产出

根据我国现行的教育管理体制，教育部直属高校分为3类，分别为39所“985”高校（本研究中只有38所，不含国防科技大学）、非“985”的“211”高校65所和省部共建高校（以下简称共建高校）8所。

2.1　科研投入：“985”高校优势显著

科研投入包括科研经费的投入和科研人员的状况。分析结果显示，“985”高校相对于其他“211”高校和共建高校，无论是财力（科技经费）还是人力（研发人员），在校均方面都具有绝对的优势（差距显著）（表1），但人均科研经费差距相对缩小。

表1　各类型高校校均科研投入情况

投入类型	绝对数量			相对差距（倍）	
	共建	“211”	“985”	“985”/共建	“985”/“211”
科研经费（亿元）	1.11	3.15	12.06	10.91	3.83
科研人员［元/(人·年)］	434	827	2450	5.65	2.96

我国高校科技经费的来源主要有政府资金、企业委托和其他。政府资金是各类院校科技经费的主要来源，占总经费的60%～70%，其中“985”高校占比最高，达70.01%，而“211”高校最少，为63.43%。

考察3种类型高校的科技经费与研发人员投入的年度变化情况发现，省部共建高校的科研经费投入增速明显，5年间增长277.00%，年均增长29%，而“211”高校和“985”高校增速相对平稳，其中“211”高校5年间增长159.19%，年均增长12%；“985”高校5年间增长169.49%，年均增长14%。

在研发人员[①]方面，各类型院校研发人员 5 年间数量相对稳定（图 1）。在研发人员人均科研经费方面，"985" 高校是 "211" 高校的 1.30 倍，是省部共建高校的 2.32 倍。

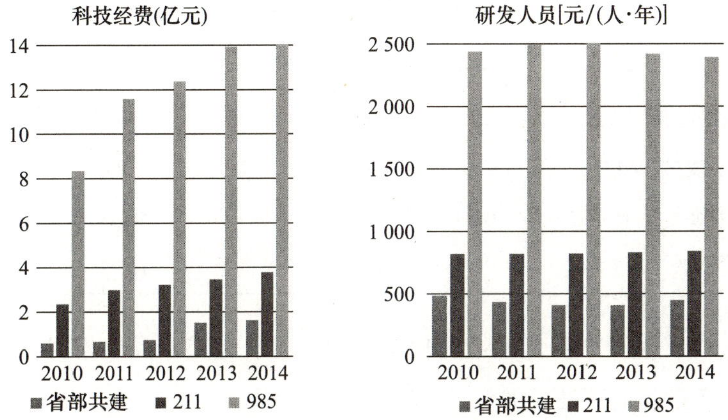

图 1 各类型高校年均科研经费投入和研发人员投入

2.2 科研产出："985" 高校的单位经费产出多不及其他类型高校

高等院校的科研产出范围比较广泛，《汇编》所统计的科研产出项目主要包括学术出版物（出版科技著作，发表学术论文），成果授奖（科技成果获省部级以上奖项），申请及授权专利以及科技成果转让收入等。其中 "高水平" 科技产出包括国外学术期刊发表论文（以下简称 "高水平论文"）和国家级奖（国家自然科学奖、国家技术发明奖和国家科技进步奖一、二等）。

数据统计发现，5 年间 "985" 高校相对于 "211" 高校和共建高校，校均科研产出差距显著，且科研产出水平越高（高水平论文相对于学术论文、国

① 指统计年度内，从事研究与发展工作时间占本人教学、科研总时间 10% 以上的 "教学与科研人员"。

家级奖相对于成果授奖，下同），优势越明显（表 2）。

表 2　各类型高校校均科研产出情况

学术成果类型	绝对数量			相对差距（倍）	
	省部	“211”	“985”	“985”/ 省部	“985”/“211”
学术论文（篇）	986	2 032	5 871	5.95	2.89
高水平论文（篇）	272	608	2 428	8.93	3.99
成果授奖（项）	6	16	39	6.94	2.47
国家级奖（项）	0.09	1.10	4.16	44.35	3.79
技术转让收入（$\times 10^3$ 元）	2 780	7 245	29 873	10.75	4.12

在人均成果产出和亿元经费成果产出方面，“985”高校相对于其他两类高校在很多指标上还处于劣势。

在人均学术论文产出方面，“985”高校不及共建高校和“211”高校，在成果授奖方面，“985”高校也不如“211”高校。但在水平较高的科技产出方面具有一定的优势，其中国家级奖方面，“985”高校的千人获奖是省部院校的 8.38 倍（表 3）。

表 3　各类型高校人均科技产出

学术成果类型	绝对数量			相对差距（倍）	
	省部	“211”	“985”	“985”/ 省部	“985”/“211”
学术论文（篇 / 人）	3.02	2.75	2.73	0.90	0.99
高水平论文（篇 / 人）	0.64	0.81	1.20	1.89	1.48
成果授奖（项 /$\times 10^3$ 人）	12.58	24.09	17.51	1.39	0.73
国家级奖（项 /$\times 10^3$ 人）	0.22	1.68	1.86	8.35	1.10
技术转让收入（元 / 人）	6.42	9.25	10.93	1.70	1.18

在亿元科研经费产出方面，5 项科研产出中，“985”高校相对于省部共建高校只有国家级奖和技术转让收入指标上显示出一定的优势；而相对于

“211”高校，只在高水平论文上具有一定的优势，其中优势最显著的是在国家级奖方面，“985”高校是省部院校的 6.10 倍（表 4）。

表 4　各类型高校亿元经费科研产出

学术成果类型	绝对数量			相对差距（倍）	
	省部	“211”	“985”	“985”/ 省部	“985”/“211”
学术论文（篇）	3 042	971	635	0.21	0.65
高水平论文（篇）	363	241	263	0.72	1.09
成果授奖（项）	6.50	7.87	3.46	0.53	0.44
国家级奖（项）	0.06	0.59	0.34	6.10	0.58
技术转让收入（千元）	16 608	24 955	18 549	1.12	0.74

3　校均科研投入与产出

3.1　校均经费投入：最大值与最小值相差 368 倍

38 所“985”高校中，年均科研经费投入差距显著，年均经费最多的为清华大学（36.85 亿元），是年均最少的中央民族大学（0.10 亿元）的 368.5 倍。年均经费超过 30 亿元的还有浙江大学（31.73 亿元）；少于 1 亿元的也有 2 所，除中央民族大学外，还有中国人民大学（0.53 亿元），可能这 2 所大学的科研方向主要集中在人文社科领域。年均经费在 5 亿～10 亿元和 10 亿～15 亿元的各有 10 所，是最集中的区域，15 亿～30 亿元有 9 所，小于 5 亿元的有 5 所（图 2）。

各高校的科研经费整体来看主要来源于政府资金，约占总平均的 70%，不同高校也存在较大的差异，其中来自政府的资金超过 90% 的有中国科学技术大学（96.92%）和中国农业大学（90.87%）2 所；少于 50% 的有东南大学（47.53%）、四川大学（45.14%）和重庆大学（40.29%）3 所；介于 80%～90% 的有 8 所，70%～80% 的有 11 所，60%～70% 的有 8 所，50%～60% 的有 6 所。

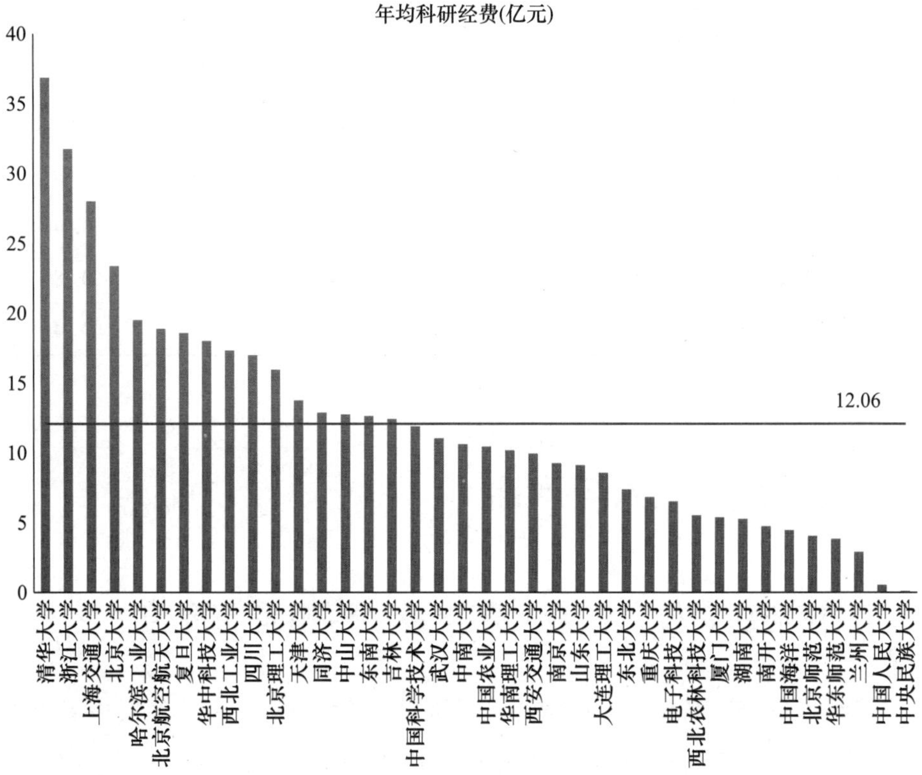

图 2　校均科研经费投入

3.2　校均研发人员投入：最大值与最小值相差 67 倍

各高校全时研发人员数量差距较大，年均人员数最多的为上海交通大学（7 944 人年），其次是吉林大学（7 913 人年），最少的为中国人民大学（118 人年）。人员数介于 5 000～6 000 人的有 3 所，4 000～5 000 人的有 3 所，3 000～4 000 人的有 2 所，2 000～3 000 的有 5 所，1 000～2 000 人的最多，有 17 所，500～1 000 人的有 4 所（图 3）。

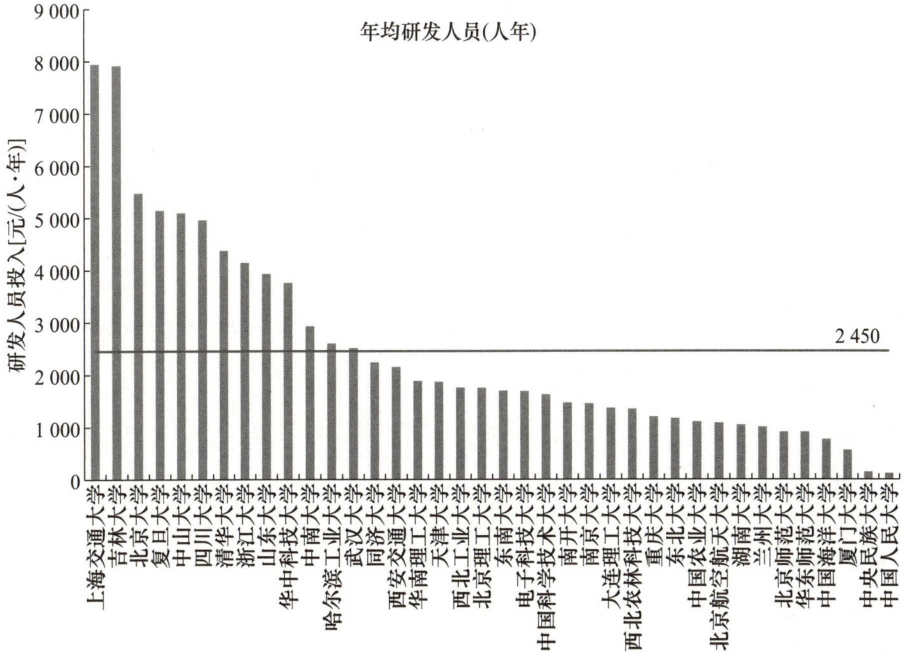

图3 校均研发人员投入

3.3 科研产出：上海交通大学各项产出均在前3位

由于各高校在经费和人员上的投入差距较大，其科技产出也差距显著。尤其是侧重于人文社科研究的中国人民大学和中央民族大学，各项数据都与其他院校有较大的差距。

在学术论文方面，年均发文超过10 000篇的高校有6所，分别为上海交通大学、浙江大学、华中科技大学、四川大学、北京大学和清华大学，其中上海交通大学以19 632篇，遥遥领先，比第2名的浙江大学多5 400余篇。年发文量在5 000～10 000篇的有14所院校，4 000～5 000篇的有3所，3 000～4 000的有5所，2 000～3 000篇的有7所。高水平论文发文量最多的也是上海交通大学，年均达7 286篇，是唯一1所年均发表高水平论文超过7 000篇的院校。哈尔滨工业大学虽然在学术论文中排名第8，年均发文9 393篇，但高水平论文却达到6 376篇，居第2位。而中南大学在学术论文中以8 917排名第9，但高水平论文却只有1 841篇，居第22位。厦门大学的高水平论文占学术论文比例最高，达91%，独占鳌头，远高于第2位的哈尔滨工业大学（68%），年均发表高水平论文占学术论文比例超过50%的院校还有：华东师范大学、天津大学、中国科学技术大学、南开大学、电子科技大学、南京大学、兰州大学、北京师范大学和复旦大学等。

在“学术论文 - 高水平论文”二维平面图上（以学术论文为横坐标，高水平论文为纵坐标，以各自的均值为原点），上海交通大学在学术论文产出方面远高于其他高校。而清华大学和北京大学在学术论文上并没有想象中的那么突出（图4）。

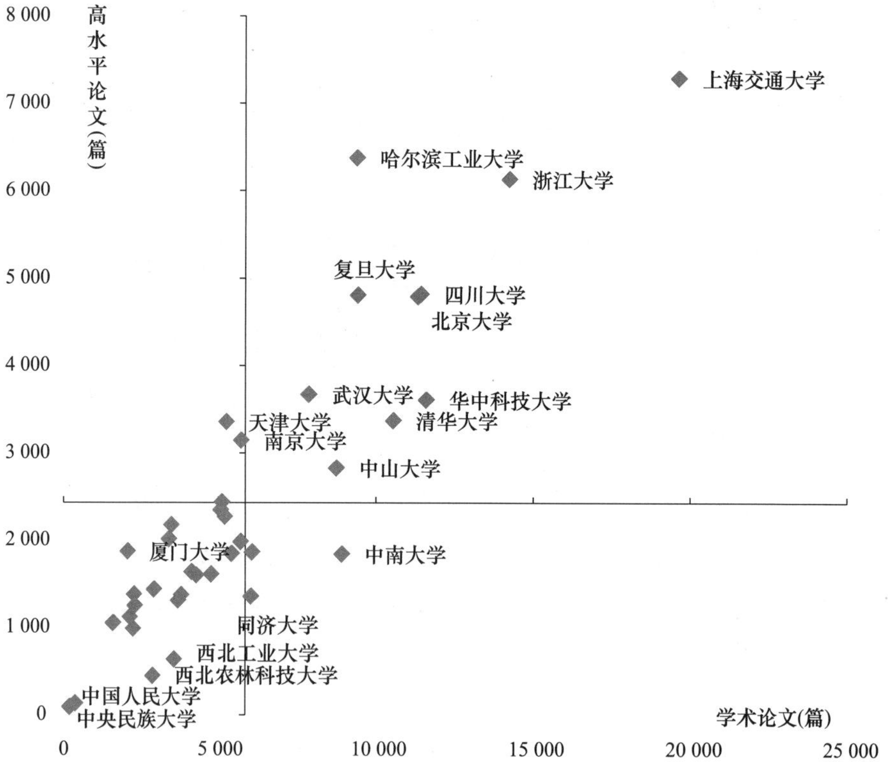

图4　年均学术论文与高水平论文发文量分布

在成果授奖方面，浙江大学、清华大学和上海交通大学表现出色，无论是成果授奖总量（省部级以上奖）还是国家级奖都居前 3 位。在成果授奖中，浙江大学以年均获奖 112 项居第 1 位，清华大学和上海交通大学则分别以年均获奖 110 项和 99 项居第 2 和第 3 位。在国家级奖中，清华大学以年均获奖 17 项居第 1 位，浙江大学和上海交通大学则以年均获 14 和 10 项紧随其后。吉林大学和山东大学以年均成果授奖 82 项和 74 项位列第 5 和第 6 位，但在国家级奖中却都只有年均 3 项，位列第 19 位。而北京大学和中国农业大学在成果授奖中分别以年均 47 项和 29 项位列第 12 项和 25 位，但在国家级奖中却以年均 10 项和 7 项位列第 3 和第 6 位（表 5）。

表 5 “985”高校校均科研效率不足分析

被评学校	效率值	参考高校	投入冗余因素	产出不足因素
哈尔滨工业大学	99.91%	厦门大学；武汉大学；中国农业大学；重庆大学	科技经费和科技人员冗余	成果授奖和技术转让收入不足
南开大学	98.35%	东南大学；清华大学；中央民族大学	科技经费和科技人员冗余	学术论文、成果授奖和国家奖不足
航空航天大学	96.25%	厦门大学；中国农业大学；重庆大学	科技经费和科技人员冗余	高水平论文和技术转让收入不足
中国海洋大学	95.88%	南京大学；武汉大学；中央民族大学；重庆大学	科技经费和科技人员冗余	成果授奖和技术转让收入不足
浙江大学	92.00%	东北大学；厦门大学；武汉大学；中国农业大学；中南大学；重庆大学	科技经费和科技人员冗余	
西安交通大学	90.27%	清华大学；武汉大学；中央民族大学	科技经费和科技人员冗余	学术论文和成果授奖不足
上海交通大学	83.57%	东南大学；清华大学；武汉大学；中南大学；中央民族大学；重庆大学	科技经费和科技人员冗余	
湖南大学	81.47%	东北大学；厦门大学；武汉大学；中南大学	科技经费和科技人员冗余	学术论文和国家奖不足

续表 5

被评学校	效率值	参考高校	投入冗余因素	产出不足因素
天津大学	78.66%	清华大学；厦门大学；武汉大学；中国农业大学；重庆大学	科技经费和科技人员冗余	成果授奖不足
大连理工大学	78.45%	厦门大学；武汉大学；中国农业大学；中南大学；重庆大学	科技经费和科技人员冗余	技术转让收入不足
华中科技大学	75.36%	武汉大学；中央民族大学；重庆大学	科技经费和科技人员冗余	高水平论文、成果授奖和技术转让收入不足
吉林大学	74.75%	兰州大学；中南大学	科技经费和科技人员冗余	学术论文、国家奖和技术转让收入不足
华南理工大学	74.56%	清华大学；武汉大学；中央民族大学；重庆大学	科技经费和科技人员冗余	高水平论文和成果授奖不足
同济大学	74.13%	厦门大学；中国农业大学；中南大学；重庆大学	科技经费和科技人员冗余	高水平论文和技术转让收入不足
电子科技大学	73.32%	东南大学；厦门大学；武汉大学；中央民族大学	科技经费和科技人员冗余	学术论文和成果授奖不足
北京师范大学	72.57%	南京大学；厦门大学；武汉大学；中央民族大学	科技经费和科技人员冗余	成果授奖和技术转让收入不足
四川大学	69.55%	东南大学；厦门大学；武汉大学；中央民族大学；重庆大学	科技经费和科技人员冗余	成果授奖不足
北京理工大学	66.26%	东北大学；厦门大学；中国农业大学；重庆大学	科技经费和科技人员冗余	高水平论文不足
北京大学	64.38%	清华大学；武汉大学；中央民族大学；重庆大学	科技经费和科技人员冗余	高水平论文和成果授奖不足
复旦大学	63.43%	东南大学；厦门大学；武汉大学；中央民族大学	科技经费和科技人员冗余	学术论文和成果授奖不足
华东师范大学	62.55%	厦门大学；武汉大学；中央民族大学	科技经费和科技人员冗余	学术论文、成果授奖和技术转让收入不足
西北农林科技大学	61.73%	武汉大学；中央民族大学；重庆大学	科技经费和科技人员冗余	高水平论文、成果授奖和技术转让收入不足
中国科学技术大学	61.68%	清华大学；厦门大学；武汉大学；中国农业大学；重庆大学	科技经费和科技人员冗余	成果授奖不足

续表 5

被评学校	效率值	参考高校	投入冗余因素	产出不足因素
西北工业大学	54.06%	厦门大学；中国农业大学；重庆大学	科技经费和科技人员冗余	高水平论文和技术转让收入不足
中山大学	53.31%	中南大学；中央民族大学；重庆大学	科技经费和科技人员冗余	高水平论文、国家奖和技术转让收入不足
中国人民大学	46.18%	厦门大学；中央民族大学；重庆大学	科技经费和科技人员冗余	成果授奖、国家奖和技术转让收入不足

在“成果授奖 - 国家级奖”二维平面图上（以成果授奖为横坐标，国家级奖为纵坐标，以各自的均值为原点），清华大学、浙江大学和上海交通大学综合表现出色（图 5）。

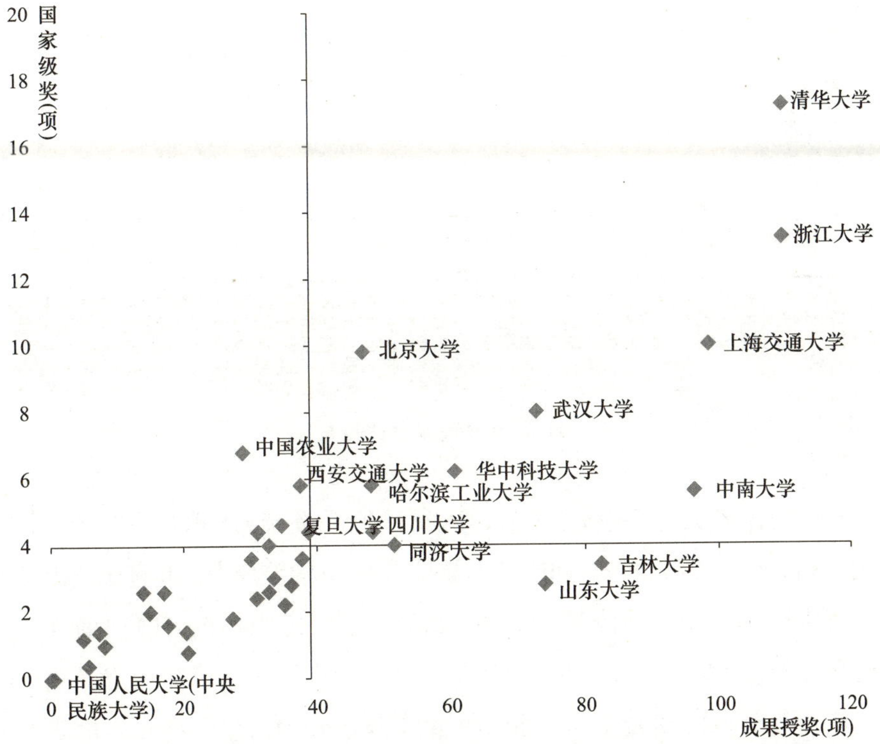

图 5　年均科研成果授奖和国家级奖分布

由于学校性质和科研方向的不同，“985”高校的技术转让收入差距显著，年均技术转让收入最多的是清华大学，达 4.67 亿元，远高于第 2 位的上海交通大学（1.38 亿元）和第 3 位的东南大学（1.30 亿元），这是仅有的 3 所年均技术转让收入超过亿元的高校。而位于第 4 位的浙江大学年均技术转让收入只有 0.50 亿元。年技术转让收入不超过 1 000 万的院校有 20 所，不到 100 万元的有 7 所，中国人民大学和中央民族大学此项统计为“0”（图 6）。

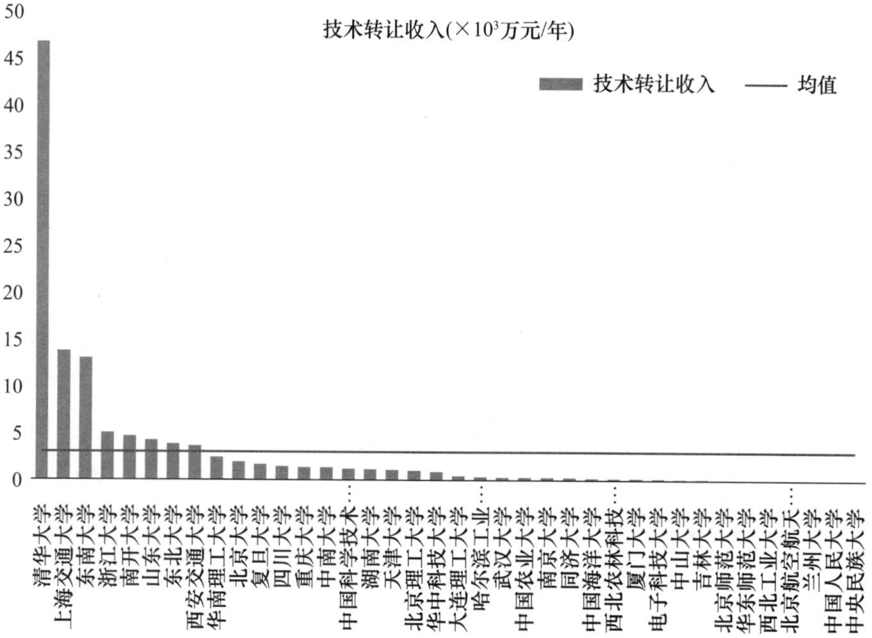

图 6　年均技术转让收入

从校均科技投入产出排名来看，38 所“985”高校的科技投入与产出总体呈现正相关性，在科技经费和研发人员排名前 10 的院校中，其科研产出排名总体也比较靠前。在科研经费投入前 3 的高校中，其科研产出都处于前 10 名。上海交通大学的投入与产出相关性最好，其科技投入与产出均居前 3 位（表 5）。

在校均科技效率方面，以 2010—2014 年的年均研发经费和年均研发人员的投入为输入项，以年均学术论文、高水平论文、成果授奖、国家级奖和技术转让收入为输出项。利用数据包络分析（Data Envelope Analyse，DEA），结果发现东北大学、东南大学、兰州大学、南京大学、清华大学、厦门大学、山东大学、武汉大学、中国农业大学、中南大学、中央民族大学和重庆大学等12所高校的效率较高，其他26所效率较低的高校存在投入冗余，部分高校同时存在产出不足（表5）。

4 人均科研投入与产出：清华北大优势不再

“985”高校的人均科研经费差距显著。人均科研经费最高的北京航空航天大学（176.68万元），远高于位列第2和第3的厦门大学（102.02万元）和西北工业大学（100.28万元），这是仅有的3所年人均科研经费超过100万的院校，中国农业大学以人均94.5万元位列第4。人均科研经费超过50万元的有16所，北京大学人均科研经费仅43.4万元，列第24位。不足30万元的有5所，人均科研经费最低的是中央民族大学仅7.4万元（图7）。

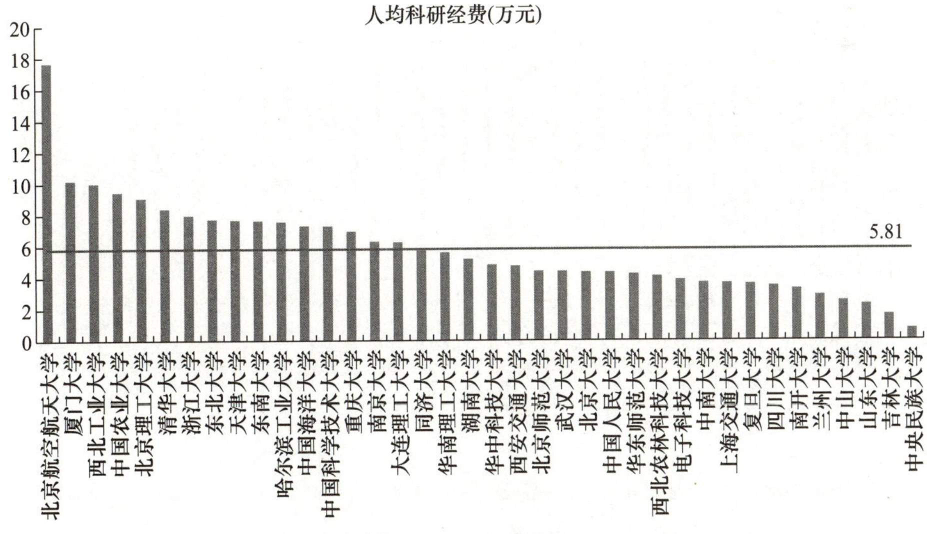

图7 人均科研经费投入

人均科研产出主要包括学术论文及高水平论文产出、千人成果授奖及国家级奖以及千人技术转让收入等5项。

在人均学术论文方面，重庆大学以人均5.63篇居于榜首，是人均学术论文超过5篇的唯一高校，中国海洋大学和东北大学以人均4.62篇和4.03篇位列2、3位，也是仅有的2所人均超过4篇（小于5篇，下同）的高校。人均超过3篇的高校有12所，超过2篇的有11所，不及2篇的有6所，吉林大学以人均0.71篇居于末尾。

在高水平论文方面，厦门大学以人均3.44篇位列第一，是位列最后的吉林大学（人均0.25篇）的13.76倍。人均超过2篇的有4所，超过1篇的有15所（图8）。

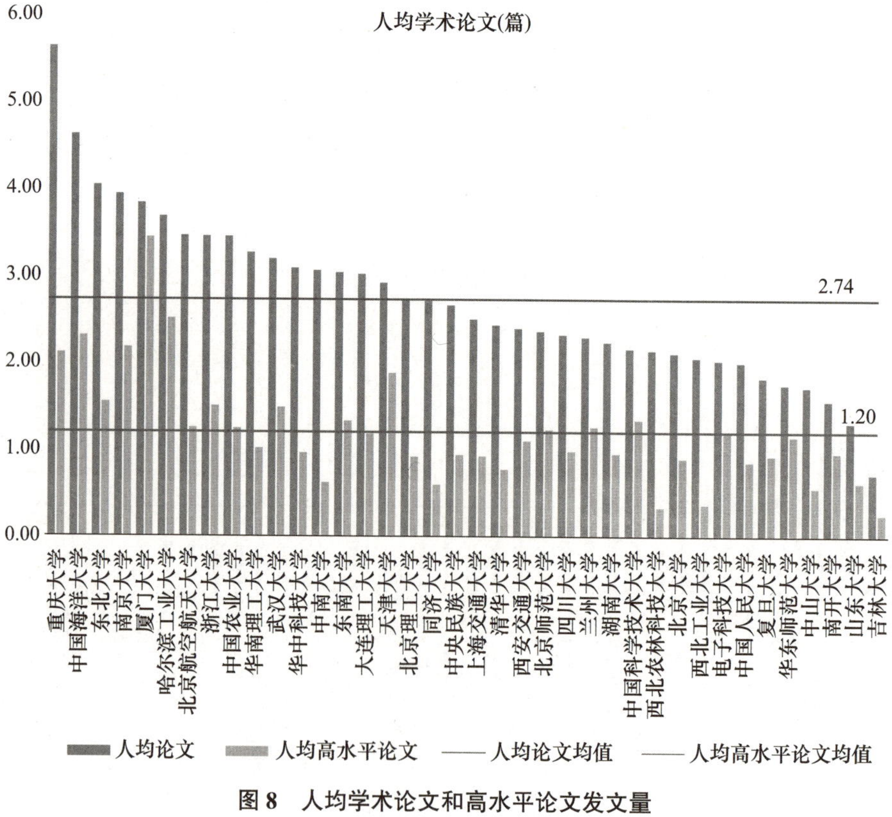

图8　人均学术论文和高水平论文发文量

在千人成果授奖方面，厦门大学以36.66项位居第一，紧随其后超过30项的还有东北大学（35.41项）、中南大学（33.34项）和重庆大学（31.26项）3所高校。超过20项的有11所，超过10项的有13所，中央民族大学此项统计结果为0。在国家级奖方面，中国农业大学以千人获6.16项独占鳌头，远高于位列第2的北京航空航天大学（4.08项）。千人所获国家级奖超过3项的有清华大学（3.99项）、浙江大学（3.47项）和武汉大学（3.26项）。超过2项的有8所，超过1项的有15所（图9）。

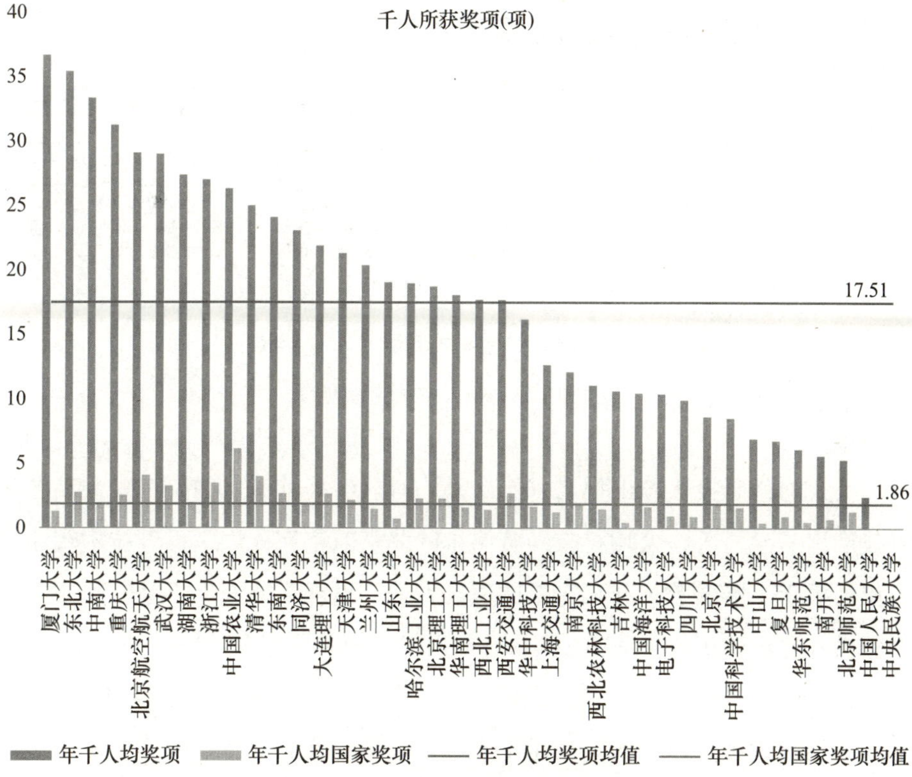

图9 年均千人获奖项目数量

在千人技术转让收入方面，清华大学以10.59万元高居榜首，远高于位列第2位的东南大学（7.97万元）和第3位的东北大学（4.05万元）。收入超过 1 万元的有 8 所，除南开大学为 3.23 万元外，其他 7 所院校的收入均在 1 万～2 万元。中国人民大学和中央民族大学没有技术转让收入，北京航空航天大学和兰州大学也仅有 0.007 万元和 0.003 万元，差距显著（图 10）。

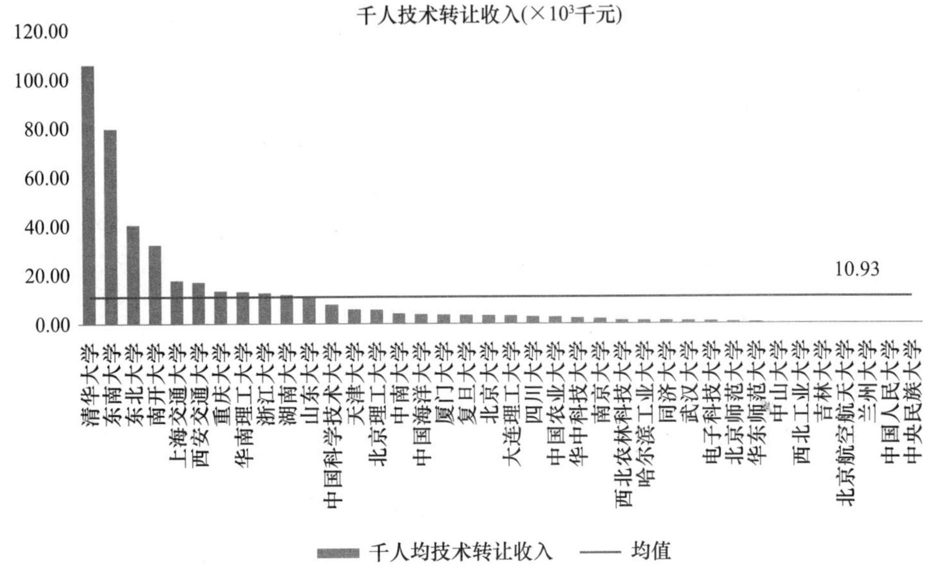

图 10　年均千人技术转让收入

从人均科研投入产出排名来看，人均科研经费前 5 位的院校中，其各项科技产出差异显著，人均科技经费第 1 的北京航空航天大学，其技术转让收入位列第 35，科技投入排名第 2 的厦门大学，只有 3 项科技产出排名居前 3。经费投入列 6～10 名的高校，其科技产出排名相关性相对较好。

在人均科技效率方面，以 2010—2014 年的年均研发经费和年均研发人员的投入为输入项，以年人均学术论文、高水平论文、成果授奖、国家级奖和技术转让收入为输出项。利用数据包络分析，计算结果发现东北大学、东南大学、兰州大学、南开大学、厦门大学、中国农业大学、中国人民大学和中央民族大学等 8 所高校的效率较高。导致其他 30 所高校效率不足的主要原因仍然是投入冗余，并且在某些产出方面不足（表 6）。

表 6 "985"高校人均科研效率投入冗余与产出不足比较

被评学校	效率值	参考高校	投入冗余因素	产出不足因素
湖南大学	91.98%	东北大学；兰州大学；厦门大学；中国农业大学	科技经费和科技人员冗余	学术论文和高水平论文不足
重庆大学	91.39%	东北大学；兰州大学；厦门大学；中国农业大学；中央民族大学	科技经费和科技人员冗余	高水平论文不足
中国海洋大学	79.90%	东北大学；厦门大学；中国农业大学；中央民族大学	科技经费和科技人员冗余	学术论文和获奖数量不足
北京航空航天大学	79.47%	厦门大学；中国农业大学；中国人民大学	科技经费和科技人员冗余	高水平论文和技术转让收入不足
大连理工大学	61.23%	东北大学；兰州大学；厦门大学；中国农业大学；中央民族大学	科技经费和科技人员冗余	高水平论文不足
北京师范大学	57.19%	东北大学；中国农业大学；中央民族大学	科技经费和科技人员冗余	学术论文和获奖数量不足
西安交通大学	57.05%	东北大学；中国农业大学；中央民族大学	科技经费和科技人员冗余	学术论文和获奖数量不足
武汉大学	54.47%	东北大学；兰州大学；厦门大学；中国农业大学	科技经费和科技人员冗余	学术论文和高水平论文不足
清华大学	53.24%	东南大学；中国农业大学	科技经费和科技人员冗余	学术论文、高水平论文和成果授奖不足
西北农林科技大学	49.35%	东北大学；兰州大学；中国农业大学；中央民族大学	科技经费和科技人员冗余	高水平论文不足
中南大学	46.89%	东北大学；兰州大学；厦门大学	科技经费和科技人员冗余	学术论文和高水平论文不足
南京大学	41.29%	东北大学；厦门大学；中国农业大学；中央民族大学	科技经费和科技人员冗余	学术论文和获奖数量不足
华南理工大学	37.38%	东北大学；兰州大学；厦门大学；中国农业大学；中央民族大学	科技经费和科技人员冗余	高水平论文不足

续表 6

被评学校	效率值	参考高校	投入冗余因素	产出不足因素
山东大学	36.86%	东北大学；厦门大学	科技经费和科技人员冗余	学术论文、高水平论文和国家奖项不足
天津大学	35.81%	东北大学；兰州大学；厦门大学；中国农业大学；中央民族大学	科技经费和科技人员冗余	学术论文不足
北京理工大学	33.06%	东北大学；厦门大学；中国农业大学；中国人民大学	科技经费和科技人员冗余	高水平论文不足
同济大学	32.91%	兰州大学；厦门大学；中国农业大学；中央民族大学	科技经费和科技人员冗余	高水平论文和技术转让收入不足
华东师范大学	31.45%	东北大学；兰州大学；厦门大学；中国农业大学；中央民族大学	科技经费和科技人员冗余	学术论文不足
中国科学技术大学	31.21%	东北大学；厦门大学；中国农业大学；中央民族大学	科技经费和科技人员冗余	学术论文和获奖数量不足
电子科技大学	30.48%	东北大学；兰州大学；厦门大学；中国农业大学；中央民族大学	科技经费和科技人员冗余	学术论文不足
哈尔滨工业大学	26.04%	厦门大学；中国农业大学；中央民族大学	科技经费和科技人员冗余	学术论文、成果授奖和技术转让收入不足
浙江大学	22.49%	东北大学；兰州大学；厦门大学；中国农业大学；中央民族大学	科技经费和科技人员冗余	高水平论文不足
西北工业大学	22.01%	厦门大学；中国农业大学；中国人民大学	科技经费和科技人员冗余	高水平论文和技术转让收入不足
华中科技大学	18.86%	东北大学；兰州大学；厦门大学；中国农业大学；中央民族大学	科技经费和科技人员冗余	高水平论文不足
北京大学	14.13%	东北大学；中国农业大学；中央民族大学	科技经费和科技人员冗余	学术论文和获奖数量不足

续表 6

被评学校	效率值	参考高校	投入冗余因素	产出不足因素
吉林大学	12.25%	兰州大学；厦门大学	科技经费和科技人员冗余	学术论文、高水平论文和成果授奖不足
上海交通大学	11.83%	东北大学；中国农业大学；中央民族大学	科技经费和科技人员冗余	高水平论文和获奖数量不足
四川大学	11.17%	东北大学；兰州大学；中国农业大学；中央民族大学	科技经费和科技人员冗余	学术论文不足
复旦大学	10.07%	东北大学；兰州大学；中国农业大学；中央民族大学	科技经费和科技人员冗余	学术论文不足
中山大学	8.14%	东北大学；兰州大学；厦门大学；中央民族大学	科技经费和科技人员冗余	高水平论文不足

5 亿元科研产出：清华北大多项低于平均值

亿元投入学术论文产出方面，由于中央民族大学年均科技经费投入非常少，导致年均亿元学术论文产出量非常高（亿元学术论文产出 4 199.22 篇，高水平论文 1 458.74 篇），远高于其他高校的平均值（学术论文均值 539.05 篇，高水平论文均值 262.73 篇）。

除中央民族大学外，亿元科技投入的学术论文产出超过 800 篇的有 4 所，分别为东北大学（893.56 篇）、重庆大学（850.39 篇）、中南大学（838.88 篇）和兰州大学（805.17 篇）。超过 500 篇的有 16 所。北京大学（500.43 篇）和清华大学（297.02 篇）的亿元学术论文产出均低于平均值，清华大学位列倒数第 3，北京航空航天大学位列倒数第 1（图 11）。

在高水平论文方面，兰州大学以 448.13 篇雄居榜首，厦门大学和南京大学分别以 362.78 篇和 352.11 篇位列第 2 和第 3。超过 300 篇的还有东北大学（342.79 篇）、武汉大学（338.66 篇）、哈尔滨工业大学（335.78 篇）、中国

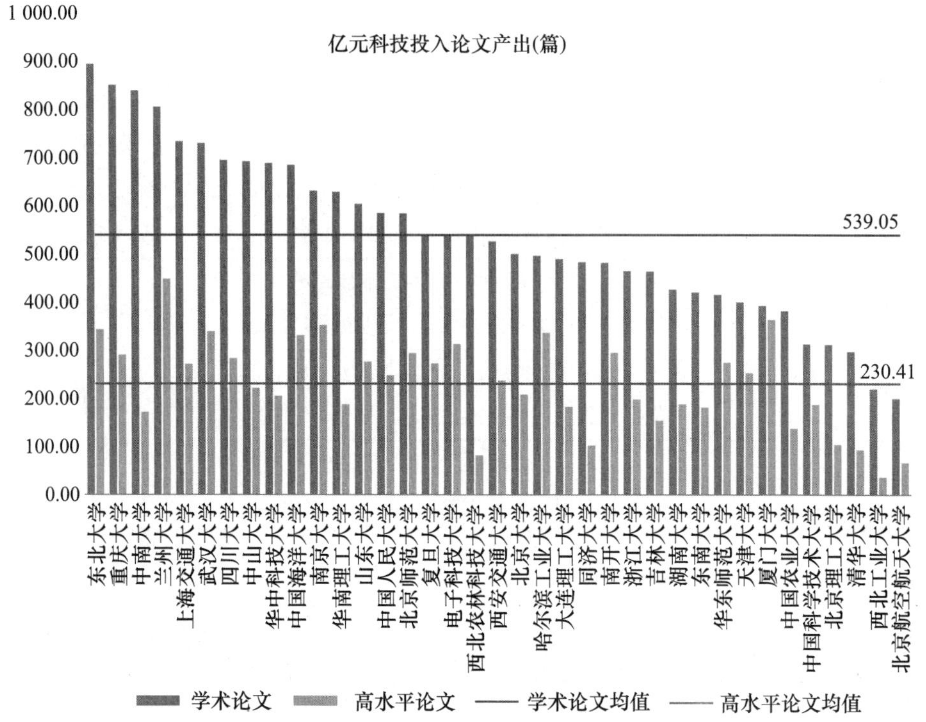

图 11　年均亿元科技投入论文产出

海洋大学（330.47 篇）和电子科技大学（312.55 篇）。超过 200 篇的有 14 所院校。清华大学和北京大学分别以 93.00 篇和 208.24 篇低于平均值（230.41 篇），且清华大学位列倒数第 4。

在亿元科研投入成果授奖方面，山东大学和中南大学分别以年均亿元获 9.14 项和 9.11 项成果授奖位列前 2 位。兰州大学、吉林大学、武汉大学、东北大学和湖南大学等 5 所高校成果授奖超过 5 项。超过平均线 3.46 项的有 15 所。清华大学以 2.99 项位列第 18 位，北京大学以 2.41 项位列第 26 位。

在亿元科技投入国家级奖方面，武汉大学（0.73 项）、中国农业大学（0.67 项）和西安交通大学（0.65 项）位居前 3 位。亿元科技投入国家级奖超过平均线 0.34 的院校有 18 所。清华大学和北京大学分别以 0.49 项和 0.45 项位列第 7 位和第 8 位（图 12）。

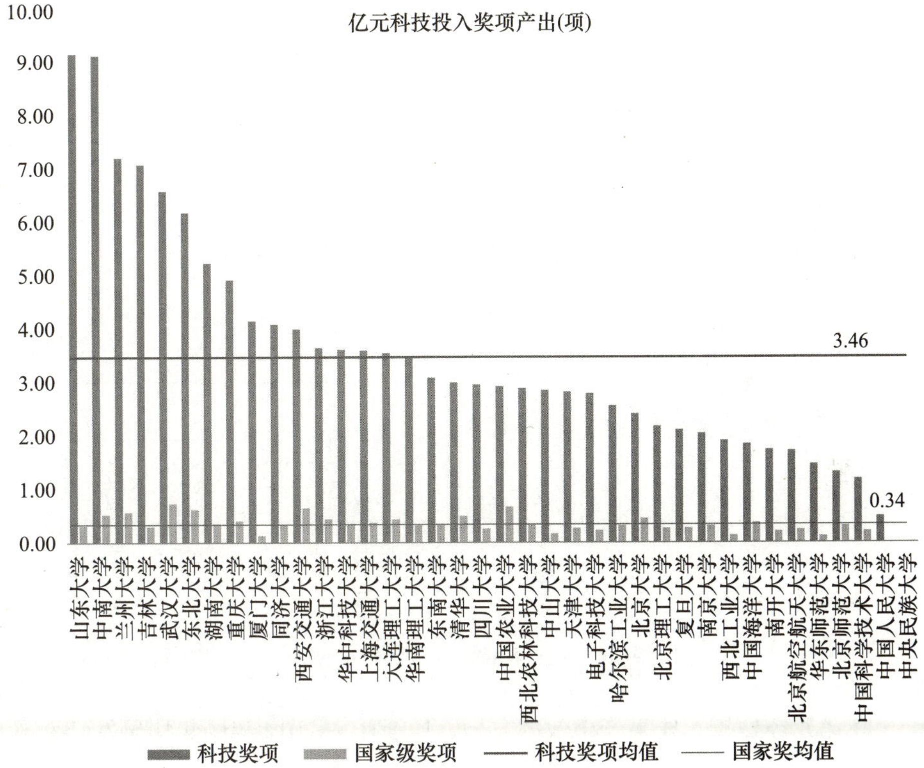

图 12 亿元科技投入奖项产出

亿元科技投入技术转让收入差距显著。清华大学（1 257 万元）和东南大学（1 029 万元）位列前 2 位，也是仅有的 2 所超过 1 000 万元的院校。亿元技术转让收入超过平均值 185 万元的只有 10 所院校，北京大学以 127 万元位列第 13 位（图 13）。

从亿元科技经费投入产出排名来看，各高校投入与产出相关性比较发散，经费投入最多的清华大学，只有技术转让收入排名第 1，而学术论文和高水平学术论文均处后 3 位。经费投入排名倒数第 3 的兰州大学，却有 4 项产出排名前 5，包括学术论文（排名第 5）、高水平论文（排名第 2）、成果授奖（排名第 3）和国家级奖（排名第 5）。经费投入最少的中央民族大学却在学术论文和高水平论文排名中位列第一，且远高于其他院校。

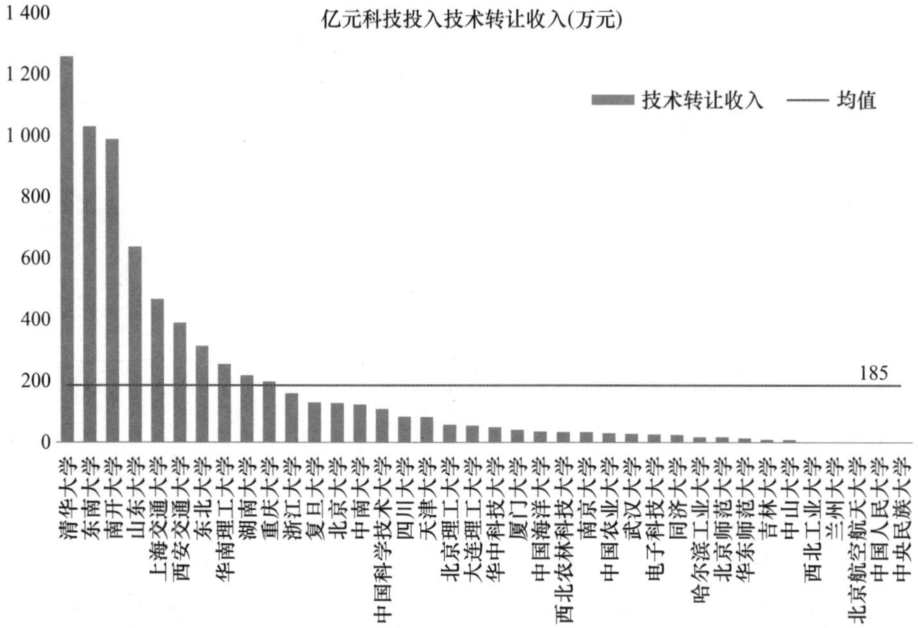

图 13　亿元科技投入技术转让收入

在亿元经费投入成果产出效率方面，以 2010—2014 年的年均研发经费投入和年均研发人员的投入为输入项，以年均亿元投入产出学术论文、高水平论文、成果授奖、国家级奖和技术转让收入为输出项。利用数据包络分析，计算结果发现：东北大学、东南大学、兰州大学、南开大学、厦门大学、中国农业大学和中央民族大学等 7 所高校的效率较高。其他 30 所高校的投入冗余和产出不足情况见表 7。

表 7　“985”高校亿元科研投入产出效率投入冗余与产出不足比较

被评高校	效率值	参考高校	投入冗余主要因素	产出不足主要因素
湖南大学	91.74%	东北大学；兰州大学；南开大学	科技经费和科技人员冗余	学术论文、高水平论文和国家奖项不足
中国海洋大学	85.61%	东北大学；兰州大学；中国农业大学；中央民族大学	科技经费和科技人员冗余	学术论文和成果授奖不足
中国人民大学	75.72%	兰州大学；厦门大学；中央民族大学	科技经费和科技人员冗余	学术论文不足

续表 7

被评高校	效率值	参考高校	投入冗余主要因素	产出不足主要因素
重庆大学	73.84%	东北大学；兰州大学；南开大学；中央民族大学	科技经费和科技人员冗余	高水平论文和国家奖项不足
山东大学	69.06%	兰州大学；南开大学	科技经费和科技人员冗余	学术论文、高水平论文和国家奖项不足
西安交通大学	65.73%	东北大学；兰州大学；南开大学	科技经费和科技人员冗余	学术论文、高水平论文和成果授奖不足
北京师范大学	61.88%	东北大学；兰州大学；中国农业大学；中央民族大学	科技经费和科技人员冗余	学术论文和成果授奖不足
大连理工大学	55.05%	东北大学；兰州大学；中国农业大学；中央民族大学	科技经费和科技人员冗余	高水平论文和成果授奖不足
武汉大学	51.12%	东北大学；兰州大学；中国农业大学	科技经费和科技人员冗余	学术论文、高水平论文和成果授奖不足
清华大学	49.34%	东北大学；东南大学	科技经费和科技人员冗余	学术论文、高水平论文和成果授奖不足
中南大学	47.99%	东北大学；兰州大学；南开大学	科技经费和科技人员冗余	学术论文、高水平论文和国家奖项不足
西北农林科技大学	44.78%	东北大学；兰州大学；中国农业大学；中央民族大学	科技经费和科技人员冗余	高水平论文和成果授奖不足
华南理工大学	40.47%	东北大学；兰州大学；南开大学；中央民族大学	科技经费和科技人员冗余	高水平论文和国家奖项不足
南京大学	39.47%	东北大学；兰州大学；中国农业大学；中央民族大学	科技经费和科技人员冗余	学术论文和成果授奖不足
北京航空航天大学	38.01%	兰州大学；中国农业大学	科技经费和科技人员冗余	学术论文、高水平论文和技术转让收入不足
同济大学	27.29%	东北大学；兰州大学；中国农业大学；中央民族大学	科技经费和科技人员冗余	高水平论文不足

续表 7

被评高校	效率值	参考高校	投入冗余主要因素	产出不足主要因素
北京理工大学	26.85%	东北大学；兰州大学；中国农业大学；中央民族大学	科技经费和科技人员冗余	高水平论文不足
天津大学	26.45%	东北大学；兰州大学；中国农业大学；中央民族大学	科技经费和科技人员冗余	学术论文不足
华东师范大学	25.86%	东北大学；兰州大学；厦门大学；中央民族大学	科技经费和科技人员冗余	学术论文不足
电子科技大学	25.38%	东北大学；兰州大学；厦门大学；中央民族大学	科技经费和科技人员冗余	学术论文不足
中国科学技术大学	25.31%	东北大学；南开大学；中央民族大学	科技经费和科技人员冗余	学术论文和成果授奖不足
吉林大学	23.26%	兰州大学；南开大学	科技经费和科技人员冗余	学术论文、高水平论文和国家奖项不足
哈尔滨工业大学	21.48%	东北大学；兰州大学；中国农业大学；中央民族大学	科技经费和科技人员冗余	学术论文不足
浙江大学	19.36%	东北大学；兰州大学；中国农业大学；中央民族大学	科技经费和科技人员冗余	学术论文不足
华中科技大学	17.02%	东北大学；兰州大学；中国农业大学；中央民族大学	科技经费和科技人员冗余	高水平论文和成果授奖不足
北京大学	15.68%	东北大学；兰州大学；南开大学	科技经费和科技人员冗余	学术论文、高水平论文和成果授奖不足
西北工业大学	15.19%	兰州大学；厦门大学；中央民族大学	科技经费和科技人员冗余	高水平论文和技术转让收入不足
上海交通大学	14.46%	东北大学；兰州大学；南开大学；中央民族大学	科技经费和科技人员冗余	高水平论文和成果授奖不足
复旦大学	11.72%	东北大学；兰州大学；南开大学；中央民族大学	科技经费和科技人员冗余	学术论文和成果授奖不足
四川大学	10.90%	东北大学；兰州大学；南开大学；中央民族大学	科技经费和科技人员冗余	高水平论文和成果授奖不足

续表 7

被评高校	效率值	参考高校	投入冗余主要因素	产出不足主要因素
中山大学	9.33%	兰州大学；南开大学；中央民族大学	科技经费和科技人员冗余	高水平论文和国家奖项不足

6 总结

科研评价是科研管理中的一项重要工作，对一个机构的科研绩效作出全面、公正和客观的评价，是一件很不容易的事情。长期以来，经费、论文和各级奖励是对科研机构进行科研评价的三大重要指标。教育部编辑的年度《汇编》也主要是这 3 个方面的内容。

通过对近 5 年《汇编》中科研投入的经费、人员要素以及科研产出的论文、奖项和技术转让收入等要素的数据统计分析，发现“985”高校作为一个整体，相对于其他“211”高校和省部共建高校，在科研投入方面，无论是财力（科技经费）还是人力（研发人员），都具有绝对的优势（差距显著）；在科研产出方面，校均科研产出差距显著，且科研水平越高的产出（国外学术期刊论文相对于其他学术论文、国家级奖相对于省部级以上成果奖），差距越显著；但在人均和单位科技经费（以亿元为单位）的产出方面，“985”高校不仅没有优势，在很多方面还处于劣势。

在科研效率方面，分别以年均研发经费和年均研发人员的投入为输入项，以校均、人均和亿元投入产出学术论文、高水平论文、成果授奖、国家级奖和技术转让收入为输出项，利用数据包络分析所得出的结果中，3 项的平均科研效率为 61.73%，其中校均科研效率为 82.70%，人均科研效率为 52.36%，亿元单位经费投入产出的科研效率为 50.14%。东北大学、东南大学、兰州大学、厦门大学、中国农业大学和中央民族大学等 6 所高校的 3 项科研效率均为 100%；西北工业大学、复旦大学和中山大学 3 所高校的 3 项平均科研效率位于后 3 位（表 8）。高校科研效率不足的主要原因，首先是经费和人员的投入冗余，其次是有些高校在高水平论文产出、国家级奖、技术转让收入等 5 类科研成果中的某些类型方面产出不足，也导致科研效率低下。

表 8 “985”高校科研效率比较

序号	被评学校	平均效率	校均效率	人均效率	单位经费效率
1	东北大学	100.00%	100.00%	100.00%	100.00%
	东南大学	100.00%	100.00%	100.00%	100.00%
	兰州大学	100.00%	100.00%	100.00%	100.00%
	厦门大学	100.00%	100.00%	100.00%	100.00%
	中国农业大学	100.00%	100.00%	100.00%	100.00%
	中央民族大学	100.00%	100.00%	100.00%	100.00%
2	南开大学	99.45%	98.35%	100.00%	100.00%
3	重庆大学	88.41%	100.00%	91.39%	73.84%
4	湖南大学	88.40%	81.47%	91.98%	91.74%
5	中国海洋大学	87.13%	95.88%	79.90%	85.61%
6	中国人民大学	73.97%	46.18%	100.00%	75.72%
7	北京航空航天大学	71.24%	96.25%	79.47%	38.01%
8	西安交通大学	71.02%	90.27%	57.05%	65.73%
9	山东大学	68.64%	100.00%	36.86%	69.06%
10	武汉大学	68.53%	100.00%	54.47%	51.12%
11	清华大学	67.52%	100.00%	53.24%	49.34%
12	中南大学	64.96%	100.00%	46.89%	47.99%
13	大连理工大学	64.91%	78.45%	61.23%	55.05%
14	北京师范大学	63.88%	72.57%	57.19%	61.88%
15	南京大学	60.25%	100.00%	41.29%	39.47%
16	西北农林科技大学	51.95%	61.73%	49.35%	44.78%
17	华南理工大学	50.80%	74.56%	37.38%	40.47%
18	哈尔滨工业大学	49.14%	99.91%	26.04%	21.48%

续表 8

序号	被评学校	平均效率	校均效率	人均效率	单位经费效率
19	天津大学	46.98%	78.66%	35.81%	26.45%
20	同济大学	44.78%	74.13%	32.91%	27.29%
21	浙江大学	44.62%	92.00%	22.49%	19.36%
22	电子科技大学	43.06%	73.32%	30.48%	25.38%
23	北京理工大学	42.06%	66.26%	33.06%	26.85%
24	华东师范大学	39.95%	62.55%	31.45%	25.86%
25	中国科学技术大学	39.40%	61.68%	31.21%	25.31%
26	华中科技大学	37.08%	75.36%	18.86%	17.02%
27	吉林大学	36.75%	74.75%	12.25%	23.26%
28	上海交通大学	36.62%	83.57%	11.83%	14.46%
29	北京大学	31.40%	64.38%	14.13%	15.68%
30	四川大学	30.54%	69.55%	11.17%	10.90%
31	西北工业大学	30.42%	54.06%	22.01%	15.19%
32	复旦大学	28.41%	63.43%	10.07%	11.72%
33	中山大学	23.59%	53.31%	8.14%	9.33%
	平均	61.73%	82.70%	52.36%	50.14%

在这里必须特别指出的是：本研究仅以《汇编》中的数据为基础进行了比较分析，因此评价结果会有一定的局限性，因为我们无法严格检查和甄别《汇编》中的各项统计数据，比如各校上报数据是否在同一统计理解上，以及同类指标数据的性质差异性。尽管本研究可能存在种种不足，但是也发现我国需要进一步在科研投入方面进行优化管理，科研投入产出效率应该作为考核指标之一，这样不仅能避免个别机构或人员只重视争取经费、人员的投入，而忽略产出的效率问题，并且能更加有效地利用科研经费，让有限的资金发挥最高的效率。

科学家对科研经费的支配权有多大
——各省市财政科研项目资金管理新政

王　群　李晨英
（中国农业大学图书馆）

摘要：为了展示当前科研经费管理政策中给予科学家的经费支配权状况，本研究收集了2014年3月后出台的国家自然基金委和17个省市出台的23项财政科研项目资金管理新政策，从预算调整，劳务费支出，科研人员绩效补偿，结余资金管理等4个方面，考察了改进后的项目资金管理办法给予科研人员的科研经费支配权。研究发现：①绝大多数新政扩大了科学家对项目经费预算调整的支配权，上海市科委给予科学家的调整权限最大；②仅有一半的省市新政扩大了劳务支出比例和对象范围，上海市科委明确规定了劳务费支出标准，不仅可以有效规范劳务费支出行为，而且为科学家预算编制提供指导；③不到一半的省市明确了对科研人员的绩效补偿比例，但一般都纳入单位绩效工资总额，仅有浙江省和福建省明确可不纳入单位绩效工资总额；④项目结题验收通过后结余资金主要由依托单位支配。

关键词：科学家；科研经费；支配权；预算调整；劳务费支出；绩效支出；结余资金

科学技术是第一生产力，是先进生产力的集中体现和主要标志，2006年国务院发布了《国家中长期科学和技术发展规划纲要（2006—2020年）》，将科技创新摆在全部科技工作的突出位置。在新的历史时期，为实现我国建设创新性国家、向世界科技强国跨进的总目标，习近平在2016年5月30日的全国科技创新大会上发表《为建设世界科技强国而奋斗》讲话，提出了“要尊重科学研究灵感瞬间性、方式随意性、路径不确定性的特点，允许科学家自由畅想、大胆假设、认真求证。……要让领衔科技专家有职有权，有更大的技术路线决策权、更大的经费支配权、更大的资源调动权”。将科技资源配置方式的重要性单独提出，强调要着力改革和创新科研经费使用和管理方式。

我国的科研经费管理政策问题广受科研人员和科研管理人员的关注。仅中国知网文献数据库中收录的、主题中含有“(科研经费或研究经费或科技经费)和问题”的论文就有 56 923 篇(20160606 检索)，特别是 2011 年以来每年都有 5 000 篇左右的论文针对科研经费管理问题进行了研究探讨。2014 年 3 月国务院针对我国财政科技投入存在的项目安排分散重复、管理不够科学透明和资金使用效益亟待提高等突出问题，发布了**《关于改进中央财政科研项目和资金管理的若干意见》(国发〔2014〕11 号，以下简称《改进意见》)**，提出了提升财政资金使用效益的明确目标。随后各级掌管科研项目的政府机构也逐步出台了新的科研经费管理政策。那么新政策中给予科学家对经费的支配权有多大？本研究希望通过对各级政府出台的相关政策解读，来回答此问题。

1　2014 年 3 月后至少 17 个省市已出台科研经费管理新政

2014 年出台的《改进意见》是一个国家科研项目经费管理重要的分水岭，是近期国家与地方政府出台新政策的主要依据。

利用百度搜索引擎、中国政府网和各省市政府网站，检索到 2014 年 3 月之后各级政府发布的与“科技项目资金管理”相关实施意见与管理办法等政府文件 26 份，剔除 3 份 2014 年 3 月之后发布，但科研经费支出范围仍然按照《改进意见》出台之前的某些旧政策制订的文件，实际调研样本为 23 份文件(表 1)。

表 1　2014 年 3 月后各省市政府出台的科研经费管理办法与意见等政府文件

发文时间	发文部门	文件名称	发文编号
2015.4.15	财政部 自然科学基金委	国家自然科学基金资助项目资金管理办法	财教 (2015)15 号
2014.10.15	福建省人民政府	关于改进加强省级财政科研项目和资金管理的若干意见	闽政〔2014〕53 号
2015.8.6	福建省科技厅 福建省财政厅	福建省级科技计划项目经费管理办法	闽财教〔2015〕56 号
2014.12.16	浙江省人民政府	关于改进加强省级财政科研项目和资金管理若干意见的通知	浙政办发 (2014)148 号
2016.5.4	浙江省财政厅 / 社会科学界联合会	关于明确省级社科经费管理有关事项的通知	浙财教 (2016)38 号
2014.6.10	吉林省财政厅 吉林省科技厅	省级科技创新专项资金管理办法	吉财教 (2014)401 号
2014.6.4	广东省人民政府	关于加强广东省省级财政科研项目和资金管理的实施意见	粤府〔2014〕31 号
2014.8.27	广东省财政厅 广东省科技厅	广东省基础与应用基础研究专项资金（省自然科学基金）管理办法	粤财教 (2014)274 号
2016.2.2	广东省财政厅	关于进一步加强省级财政科研项目（课题）资金结转结余管理的暂行规定	粤财教 (2016)27 号
2015.1.15	河南省人民政府	关于深化省级财政科技计划和资金管理改革的意见	豫政 (2015)2 号
2015.1.4	海南省科技厅 海南省财政厅	关于改进和加强省级财政科研项目和资金管理的意见	琼科〔2015〕1 号
2015.6.24	湖北省人民政府	关于加强省级财政科技项目和资金管理的实施意见	鄂政发 (2015)40 号
2015.10.27	湖北省科技厅	湖北省自然科学基金管理办法	鄂科技规 (2015)6 号
2015.12.29	上海市财政局 上海市科委	上海市科研计划专项经费管理办法	沪财教 (2015)95 号
2015.12.30	重庆市财政局 重庆市科委	重庆市科技计划项目资金管理办法	渝财教 (2015)275 号

续表 1

发文时间	发文部门	文件名称	发文编号
2015.2.6	江苏省人民政府	关于深化省级财政科研项目和资金管理改革的意见	苏政发〔2015〕15 号
2015.3.19	江西省人民政府	关于改进加强省级财政科研项目和资金管理的实施意见	赣府发 (2015)16 号
2015.5.21	北京市财政局 北京市科委	北京市科技计划项目（课题）经费管理办法	京财文 (2015)865 号
2015.8.10	四川省人民政府	关于改进加强省级财政科研项目和资金管理的实施意见的通知	川办函 (2015)145 号
2015.8.26	甘肃省人民政府	关于印发改进加强省级财政科研项目和资金管理的办法的通知	甘政发 (2015)78 号
2015.9.30	河北省教育厅 河北省财政厅	河北省省属高校科研经费管理办法	冀教财 (2015)33 号
2015.9.30	内蒙古自治区人民政府	关于深化科技计划管理改革　加强科技项目和资金管理的意见	内政发电 (2015)23 号
2015.9.8	青海省人民政府	关于改革省级财政科技计划和资金管理的实施意见	青政［2015］80 号

这 23 份文件出自国家自然基金委和 17 个省市，同一省市的多个文件内容具有互补性，本研究将根据国务院《改进意见》中提出的“改进项目资金管理”部分与科研人员个人支配权相关的科研项目预算、直接费用支出、间接费用和管理费、结余资金管理等 4 个方面对各地政策进行解读，比较国家自然基金委以及 17 个省市科研项目资金管理政策中规定的科研人员对经费支配权的差异。

2　绝大多数省市扩大了调整预算的自由度

众所周知，探索性和不确定性是科研工作的重要特征，科学家很难完全根据立项初期的实施方案完成全部研究计划，而是需要根据每一阶段的研究结果及时调整具体的研究内容和方法。因此相应的项目经费执行也很难按编制的预算方案完全实施。在国务院发布的《改进意见》出台之前，科研项目执行前编制的预算方案基本是不允许调整的。例如：国家自然科学基金委在2002年发布的经费管理办法中，明确提出“项目负责人必须严格按照批准的项目资助经费预算核定的用途、范围和开支标准使用项目资助经费，经批准的项目资助预算一般不做调整”。这种规定严重违背了科研活动规律，不仅束缚了科学家的自由畅想和认真求证的科研工作欲望，而且降低了科研经费的使用效率。

《改进意见》出台之后，国家基金委和17个省市推出的新政中，绝大多数都放宽了预算调整权限，仅有青海省未明确说明，吉林省需要按原程序报批。其中，国家自然基金委和15个省市都允许调整直接费用预算，科研人员是主要决策者，所属机构和主管部门负责审批；多数省市都未对间接费用的预算调整给予明确说明，仅有上海市、重庆市、内蒙古自治区和吉林省等明确间接费用预算可调整，但决策权尚未全部下放到科研人员及其所属机构（表2）。

表2　各省市出台新政中允许调整的预算项目类别及其决策者

国家/省市	直接费用预算		间接费用预算	
	是否可调整	决策者	是否可调整	决策者
国家自然基金委	是	科学家/所属机构	否	
北京市	是	科学家/所属机构	否	
上海市	是	科学家/所属机构/主管部门	是	机构
重庆市	是	主管部门	是	主管部门
内蒙古自治区	是	科学家	是	未说明
福建省	是	科学家/所属机构	未说明	
甘肃省	是	科学家	未说明	
广东省	是	科学家	未说明	

续表 2

国家 / 省市	直接费用预算		间接费用预算	
	是否可调整	决策者	是否可调整	决策者
海南省	是	科学家	未说明	
河北省	是	科学家 / 所属机构	未说明	
河南省	是	科学家	未说明	
湖北省	是	科学家 / 主管部门	未说明	
江苏省	是	科学家	未说明	
江西省	是	科学家	未说明	
四川省	是	科学家	未说明	
浙江省	是	科学家	未说明	
吉林省	一般不予调整，调整时按原程序报批	主管部门	一般不予调整，调整时按原程序报批	主管部门
青海省	未说明		未说明	

在允许调整直接费用预算的国家自然基金委和 15 个省市中，科研人员权限最大的是“会议费、差旅费、国际合作与交流费” 3 项的调整，全部允许在不突破 3 项预算总额的前提下调剂使用。其中，北京市与河北省还允许 3 项总额调减部分用于其他方面的支出，但需要科研人员所属机构审批（表 3）。

表 3　各省市新政中允许直接费用预算调整的具体规定

<table>
<tr><th>国家 / 省市</th><th>会议费 / 差旅费 / 国际合作与交流费</th><th>设备费</th><th>材料费等</th></tr>
<tr><td>国家自然基金委</td><td>在不突破三项支出预算总额的前提下可调剂使用</td><td rowspan="2">不调增，调减由项目负责人申请，单位审批后，用于项目其他方面支出</td><td rowspan="3">项目负责人申请，单位审批</td></tr>
<tr><td>北京市</td><td rowspan="2">在不突破三项支出预算总额的前提下可调剂使用；总额调减由项目负责人申请，单位审批，用于项目其他方面的支出</td></tr>
<tr><td>河北省</td><td>不调增，调减由单位审批，主管部门中期检查或项目验收时确认</td></tr>
</table>

续表 3

<table>
<tr><th>国家 / 省市</th><th>会议费 / 差旅费 / 国际合作与交流费</th><th>设备费</th><th>材料费等</th></tr>
<tr><td>福建省</td><td rowspan="12">在不突破三项支出预算总额的前提下可调剂使用</td><td colspan="2">预算调整由项目承担单位审批</td></tr>
<tr><td>内蒙古自治区</td><td colspan="2">可调增也可调减</td></tr>
<tr><td>上海市</td><td>50 万元内调整由单位审批；50 万元以上由市科委审批</td><td>项目负责人申请，单位审批</td></tr>
<tr><td>甘肃省</td><td rowspan="9">未说明</td><td rowspan="9">未说明</td></tr>
<tr><td>广东省</td></tr>
<tr><td>海南省</td></tr>
<tr><td>河南省</td></tr>
<tr><td>湖北省</td></tr>
<tr><td>江苏省</td></tr>
<tr><td>江西省</td></tr>
<tr><td>四川省</td></tr>
<tr><td>浙江省</td></tr>
<tr><td>重庆市</td><td colspan="3">重大调整时报市科委审批</td></tr>
<tr><td>吉林省</td><td colspan="3">不调整，调整按原程序报批</td></tr>
<tr><td>青海省</td><td colspan="3">未说明</td></tr>
</table>

在 7 家允许直接费用中调整设备费预算的，有国家自然基金委、北京市与河北省 3 家只允许调减，不允许调增，只要科研人员提出申请所属机构审批即可；内蒙古自治区明确说明既可调增也可调减；上海市规定 50 万元以内设备费预算调整由所属机构审批，超过 50 万元还是需要市科委审批；重庆市规定“重大调整”要报市科委审批，但未说明什么样的调整属于重大调整。

与设备费相比，直接费用中的材料费、测试化验加工费、出版 / 文献 / 信息传播 / 知识产权事务费等列支项目的预算调整自由度就更大一些。允许调整的 7 家中，都是由科研人员提出申请，所属机构审批即可。

允许间接费用调整的有上海市、内蒙古自治区、重庆市和吉林省。前 2 家明确规定间接费用不能调增，只能调减，并且上海市还明确只要科研人员申请、所属机构审批即可；但重庆市依然规定“重大调整”要报市科委审批；吉林省规定间接费用调整需按原程序，上报主管部门审批。

总体而言，新政大幅度扩大了科学家对经费预算科目调整的自主权，各地政府不再为科研经费预算的合理调整设置阻碍。

3 部分省市扩大了劳务费支出比例和对象范围

研读与科研经费管理问题相关的学术期刊论文发现，对科研经费中的劳务费支出问题主要集中在人力补偿不足[①]、劳务费比例过低，且在职人员不能支取劳务报酬，智力劳动成果的创造性溢价未得到相应体现，即长期被诟病的科研经费“见物不见人”现象。

国家自然基金委和 17 个省市出台的新办法中，有 10 家都不同程度地提高了劳务费占项目经费的比例。例如：国家自然基金委、北京市、河北省、吉林省、浙江省和福建省等 5 家出台的办法中，都取消了劳务费比例限制，以当地实际和相关人员参与项目的全时工作时间等因素确定劳务补偿；上海市和广东省都将劳务费占资助总额的比例由原来的 20% 提高至 30%，并加大对基础类项目的经费支持力度，将这类项目的劳务费资助比例由 20% 提高至 50%；特别是重庆市科委出台的办法中对以脑力投入为主的软科学项目的劳务费占比提高到总额的 60%，更加重视科学家智力投入的价值（表 4）。但是，仍有 8 个省市的新政中未涉及提高劳务费比例问题。

---

① 张东海．我国科研经费预算制度的问题与改革——与美国比较的视角 [J]. 复旦教育论坛，2015, 03: 60-65.

表 4　科研经费管理新政中的劳务费支出政策

<table>
<tr><th>国家 / 省市</th><th>劳务费占比限制</th><th>支出对象</th><th>支出标准</th></tr>
<tr><td>国家自然基金委</td><td rowspan="6">无比例限制</td><td rowspan="6">无工资性收入成员
临时聘用人员</td><td rowspan="6">无具体说明</td></tr>
<tr><td>北京市</td></tr>
<tr><td>河北省</td></tr>
<tr><td>吉林省</td></tr>
<tr><td>浙江省</td></tr>
<tr><td>福建省</td></tr>
<tr><td rowspan="2">上海市</td><td>一般项目控制总额 30% 以内</td><td>一般人员（含项目组成员）</td><td>8 000 元 /（人·月）以内</td></tr>
<tr><td>基础研究 / 软科学 / 软件开发类项目控制总额 50% 以内</td><td>引进人才 / 临时聘用人员</td><td>不突破总额的前提下由项目承担单位确定</td></tr>
<tr><td>广东省</td><td>一般项目控制总额 30% 以内软科学 / 软件开发类项目控制总额 50% 以内</td><td>项目组成员
临时聘用人员</td><td>无具体说明</td></tr>
<tr><td>重庆市</td><td>劳务费、专家咨询费、绩效支出总额不超过资助资金总额扣除设备费后的 30% 决策咨询 / 管理创新 / 软件开发类项目控制总额 60% 以内</td><td>无工资性收入成员
临时聘用人员</td><td>无具体说明</td></tr>
<tr><td>湖北省</td><td>人力资源费支出比例最高可达 30%</td><td>无具体说明</td><td>无具体说明</td></tr>
<tr><td>四川省</td><td rowspan="8">无具体说明</td><td>无工资性收入成员
临时聘用人员</td><td rowspan="8">无具体说明</td></tr>
<tr><td>内蒙古自治区</td><td rowspan="7">无具体说明</td></tr>
<tr><td>甘肃省</td></tr>
<tr><td>海南省</td></tr>
<tr><td>河南省</td></tr>
<tr><td>江苏省</td></tr>
<tr><td>江西省</td></tr>
<tr><td>青海省</td></tr>
</table>

在科研人员的劳务补偿问题上，广东省和上海市率先做出了调整。《上海市科研计划专项经费管理办法》明确规定“劳务费是指在项目实施过程中支付给项目组成员、因科研项目需要引进的人才以及临时聘用人员的劳务性费用”。广东

省的《广东省基础与应用基础研究专项资金（省自然科学基金）管理办法》也将列支人员费的适用主体扩大到项目组成员及项目组临时聘用人员，给予了科研人员对劳务费支出的充分自主支配权。有 8 家出台的新政中明确规定只能向无工资性收入人员和临时聘用人员支付劳务费，还有 8 家新政中未给予明确说明。

在劳务费支出标准方面，早在 2013 年《上海市科研计划专项经费管理办法》（沪财教〔2013〕67 号）就规定："劳务费应按实填报。其中申请专项经费资助数按项目责任人控制在 5 000 元 /（人・月）以内、项目高级研究人员控制在 3 000 元 /（人・月）以内、项目参与人员控制在 2 000 元 /（人・月）以内填列。" 2015 年出台的新办法取消了职称限制，并参照上海市社保公布的职工月平均工资水平增长幅度，制定了统一标准，将劳务费资助标准较之前提高 60%，统一规定为"劳务费支出标准应控制在 8 000 元 /（人・月）以内"，且引进人才、临时聘用人员的支出标准在不突破总额的前提下，可由项目承担单位根据科技创新工作实际需要编制确定。上海市科委明确提出劳务费支出标准，不仅规范了劳务费支出行为，同时对科学家的经费预算编制具有指导作用，值得科研经费管理部门借鉴参考。

可见，随着国家对科研人员付出的劳动成本的重视逐渐加强，各级政府也在逐步认可科研人员的智力投入，科研人员在劳务支出的范围、比例和标准等方面的自主权也在不断提高。

4 部分省市增加了对科研人员的绩效补偿

2011 年 9 月 4 日财政部和科技部联合发布了"关于调整国家科技计划和公益性行业科研专项经费管理办法若干规定的通知（财教【2011】434 号）"，将科研项目经费分为直接费用和间接费用，建立了间接成本补偿机制，并且明确规定间接费用可用于科研人员的绩效支出，支出额度不超过直接费用扣除设备购置费后的 5%。绩效支出的实行改变了"十二五"以前科研经费不得开支项目承担机构编制内有工资收入的科研人员的人员性费用的作法，科技投入从传统的“以物为本”转向人与物同时兼顾，开始注重体现科研人员的智力劳动价值（表 5）。

表 5　科研经费管理新政中的绩效支出政策

<table>
<tr><th>国家 / 省市</th><th>绩效支出占比限制</th><th>绩效支出要求</th></tr>
<tr><td>国家自然基金委</td><td rowspan="4">不超过直接费用扣除设备费后的 5%</td><td rowspan="4">无具体说明</td></tr>
<tr><td>北京市</td></tr>
<tr><td>河北省</td></tr>
<tr><td>吉林省</td></tr>
<tr><td>浙江省</td><td>不超过项目经费总额的 15%</td><td rowspan="2">不计入单位绩效工资总额</td></tr>
<tr><td>福建省</td><td>不超过直接费用扣除设备费后的 5%</td></tr>
<tr><td>上海市</td><td>不超过项目经费总额的 5%</td><td>无具体说明</td></tr>
<tr><td>重庆市</td><td>绩效支出、劳务费、专家咨询费支出总额不超过项目经费总额扣除设备费后的 30%；决策咨询、管理创新和软件开发类项目不超过 60%</td><td>纳入单位绩效工资总额</td></tr>
<tr><td>甘肃省</td><td rowspan="10">无具体说明</td><td rowspan="10">无具体说明</td></tr>
<tr><td>广东省</td></tr>
<tr><td>海南省</td></tr>
<tr><td>河南省</td></tr>
<tr><td>湖北省</td></tr>
<tr><td>江苏省</td></tr>
<tr><td>江西省</td></tr>
<tr><td>内蒙古</td></tr>
<tr><td>青海省</td></tr>
<tr><td>四川省</td></tr>
</table>

《改进意见》强调要“结合一线科研人员实际贡献公开公正安排绩效支出，体现科研人员价值，充分发挥绩效支出的激励作用”，但未对财教【2011】434 号文件中的绩效支出比例（不超过直接费用扣除设备购置费后的 5%）的具体规定进行改进。之后出台的各级政府新政中，浙江省省级社科经

费的绩效支出比例最高可达总额的15%；重庆市科技计划项目经费的绩效支出未设具体比例，但绩效支出与劳务费、专家咨询费的总和按照项目类别不同最高可达到资助资金总额扣除设备费后的60%。但是，超过一半以上的10个省市新政中都未提及绩效支出的具体问题。

随着间接费用补偿机制的建立，绩效补偿作为对在编人员的激励支出被普遍纳入各级科研机构出台的管理办法中。2011年，国务院《关于深化事业单位工作人员收入分配制度改革的意见》出台，提出要“合理确定绩效工资总量和水平”，要求“事业单位发放绩效工资不得突破核定的总量”。就科研经费绩效支出是否纳入绩效工资总量的问题，各省市政策不同。《浙江省财政厅浙江省社会科学界联合会关于明确省级社科经费管理有关事项的通知》和《福建省级科技计划项目经费管理办法》明确规定绩效支出不计入单位绩效工资总额，从政策上解决了因单位绩效工资总额固定，科研人员绩效收入水平提高对科研人员教学、管理绩效工资、专业技术人员绩效收入造成的影响，确保科研人员通过正规渠道获取合理的绩效补偿，提高了科研人员的积极性和创造性。

5 项目结余资金主要由所属机构支配

在《改进意见》出台之前，项目验收合格结束后，结余经费基本是上缴项目经费发放部门、或由依托单位根据项目管理规定使用。新政中全部规定项目通过验收后，方能留用结余资金；未通过结题验收或终止实施的项目要收回结余资金。国家自然基金委、福建省和重庆市都要求只要项目通过结题验收即可留用结余资金；海南省要求获得省财政厅批准后才能留用；北京市等12个省市在项目通过验收的基础上，还要求项目承担机构具有较好的信用评价，但未对机构的信用评价方法给予明确说明；四川省和广东省还提出了只能留用不超过经费总额一定比例的结余经费（表6）。

表 6　科研经费管理新政中的结余资金相关管理政策

<table>
<tr><th>国家 / 省市</th><th>处理方式</th><th>支配权</th><th>时间要求</th></tr>
<tr><td>国家自然基金委</td><td rowspan="3">通过验收后留用</td><td>所属机构（用于直接支出）项目负责人可向单位申请</td><td>2 年</td></tr>
<tr><td>福建省</td><td>所属机构（用于直接支出）</td><td>2 年</td></tr>
<tr><td>重庆市</td><td>所属机构</td><td>无</td></tr>
<tr><td>吉林省</td><td rowspan="4">通过验收且承担机构信用评价好留用</td><td rowspan="4">所属机构</td><td rowspan="2">一定期限</td></tr>
<tr><td>浙江省</td></tr>
<tr><td>甘肃省</td><td rowspan="2">无</td></tr>
<tr><td>江西省</td></tr>
<tr><td>北京市</td><td rowspan="7">通过验收且承担机构信用评价好留用</td><td rowspan="7">所属机构（用于直接支出）</td><td rowspan="5">一定期限</td></tr>
<tr><td>河南省</td></tr>
<tr><td>湖北省</td></tr>
<tr><td>内蒙古自治区</td></tr>
<tr><td>青海省</td></tr>
<tr><td>河北省</td><td rowspan="2">无</td></tr>
<tr><td>江苏省</td></tr>
<tr><td>上海市</td><td>通过验收且承担机构信用评价好留用</td><td>所属机构（用于直接支出，不得用于有工资收入人员的劳务费）</td><td>一定期限</td></tr>
<tr><td>海南省</td><td>通过验收报省财政厅批准后留用</td><td>未说明</td><td>2 年</td></tr>
<tr><td>四川省</td><td>通过验收且承担机构信用评价好总额 50% 以内的结余经费留用</td><td>所属机构（用于直接支出）</td><td>1 年</td></tr>
<tr><td>广东省</td><td>通过验收后总额 15% 以内的结余经费留用</td><td>所属机构（用于直接支出、绩效支出）项目负责人可向单位申请</td><td>当年</td></tr>
</table>

结余资金的支出范围也有限定。5 个省市的新政规定结余资金由项目依托单位用于相关科研支出；12 个省市规定结余资金由项目依托单位用于科研项目的直接支出，其中上海市明确规定不得用于有工资性收入人员的劳务费支

出；广东省规定结余资金可用于项目依托单位的绩效支出；只有国家自然基金委和广东省规定项目主持人可向所属机构申请使用留用的结余资金。

部分省市给出了结余资金的使用时间限制。国家自然基金委和福建省等4个省市对结余资金的使用期限给出了当年或1年、2年的明确规定；有8个省市只要求“一定期限”，未作具体规定；重庆市等5个省市未给出结余资金的使用期限限制。

6 结语

本研究从预算调整，劳务费支出，对科研人员的绩效补偿，结余资金支配等四个方面，考察了2014年3月《改进意见》出台后，国家自然基金委和17个省市推出的科研项目资金管理新政策给予科研人员的科研经费支配权问题，发现：①绝大多数省市扩大了科研人员对项目经费预算调整的权限，预算调整的审批权下放至项目承担单位，科研人员可自行调整特定支出科目预算；②部分省市扩大了劳务费支出的比例和对象范围，有的省市规定可以给项目组成员发放劳务费，有的省市取消了劳务费占经费比例的标准限制；③不足半数的省市新政中对科研人员的绩效补偿给予了明确的规定，其中浙江省和福建省规定可不纳入单位绩效工资总额；④绝大多数省市规定项目通过验收后的结余资金由项目依托单位支配，仅有国家自然基金委和广东省规定科研人员可向所属单位提出使用申请。

通过本研究，对我国科研经费管理政策有以下几点认识：

（1）政府出台的政策文本获取难。目前，在“中华人民共和国中央人民政府”网站可以获取国务院发布的各种文件、公报，但这些文件通过各种搜索引擎检索就很难出现在检索结果的前几页；各级政府发布的文件虽然也在其网站上公开，但是要想找到需要的文件就得花费大量时间逐页查找，网站的检索功能多数都是摆设。

（2）政策内容缺乏严谨性。大多数政策内容都比较宏观，缺乏对重要名词术语的概念界定，不仅科研人员难于理解和掌握，即使是科研管理人员也需要在熟悉其他相关政策的基础上来理解和执行。例如：重庆市对预算调整的规定是“有重大调整时应当报市科委审批”，但未对“重大调整”给予明确定义；所有省市出台的新政中未对结余资金留用条件“项目通过结题验收且承担机构信用评价好”的“信用评价”主体、方法等给予解释。

（3）虽然这些新政不同程度地扩大了科研人员对科研经费的支配权，但这些政策文本难找，内容冗长，把握要点花费时间。科研人员要想充分利用好政策，必须熟知各种科研项目的经费管理政策。显然让科研人员成为政策达人是不现实的，那么科研人员所属机构的科研管理部门中就需要有熟知政策和财务的管理人员，为科研人员争取最大的经费支配权、为项目的顺利实施保驾护航。

国内外科研诚信的内涵演进及其研究热点分析

陈　雨　李晨英　赵　勇
（中国农业大学图书馆情报研究中心）

摘要：当今学术不端恶性事件的频频曝光引起了世界对科研诚信的高度关注，并成了政府和科学界的一个焦点话题。本文从政策文本内容分析和文献计量分析的角度，对科研诚信相关概念进行了历史溯源，将科研诚信相关政策和里程碑性的事件进行了系统的梳理，并通过对学术论文关键词的特点分析来揭示国内外科研诚信研究热点的演进特征。结果发现，2007 年以来国际上对科研诚信的研究广度和深度逐渐加大，广到道德层面的人文精神，深到科研诚信教育、防范的具体技术问题。但国内的相关研究明显滞后于国外，尤其在科研诚信教育内容研究方面，主要以借鉴国外研究成果为主。近几年国内相关研究越来越深入，成果也越来越多。国家自然科学基金委员会对科研诚信尤为关注。

关键词：科研诚信；文献计量；政策文本分析；研究热点；演进路径

1　科研诚信解读

当今学术不端恶性事件的频频曝光引起了世界对科研诚信的高度关注，严重损毁了公众对科学界的信任。通过百度搜索关于科研诚信的相关新闻就有 5 902 条，并且都是 2006 年以来的新闻，可见科研诚信已是媒体上关注讨论的公共话题。科技部在 2006 年成立了科研诚信建设办公室，专门负责科研诚信问题，可见政府管理部门也开始重视科研诚信环境的建设问题。学术界自1952年有人匿名在*NATURE*期刊上发表了《The Integrity of Science》以来，科研诚信就一直被世界学术界广泛关注。

官方较早关注科研诚信的是美国。美国学术诚信研究中心（简称CAI）关于科研诚信的定义是："即使在逆境中仍坚持诚实、信任、公正、尊重和责任这五项根本的价值观。"我国官方对于科研诚信的定义是："科研诚信也称为科学诚信或学术诚信，是指科研工作者应实事求是、不欺骗、不弄虚作假，必须恪守科学价值准则、科学精神以及科学活动的行为规范[1]。"国际上，学术不端行为一般用来指捏造、窜改数据和剽窃3种行为，但是一稿多投、侵占学术成果、伪造学术履历等行为也可包括进去。根据以上官方的界定，科研诚信主要涉及如下四个层面的问题：一是防治科研不端行为；二是制订和落实一般科研活动的行为规范准则；三是规避和控制来自政治、经济利益等方面压力对科研的影响；四是强调与科研人员道德品质和伦理责任相关的个人自律。在上述意义上，"科研诚信"与"科研道德"两个概念是等价的。科研诚信最初是以科研道德为名进行研究的，随着研究方向的转变开始出现科研不端、科研失范、科研腐败，最终各国政府在制定政策时把以上统称为科研诚信。

以CNKI、CSSCI、万方和维普4个学术期刊数据库为信息源，检索主题含有"科研诚信"的文献，总共获得5 161篇相关文献，通过对5 156篇文献的关键词词频统计并对科研诚信概念的内涵与外延进行界定，从整体来看，科研诚信是一个很大的范畴，在这个范畴里包含了科研或学术的诚信、不端、道德、失范、腐败、造假、抄袭和剽窃等现象，并且各个概念之间存在着许多相似性。

本研究从科技史发展的角度，在追溯科研诚信相关概念发展演进的基础上，采用文献计量、政策文本分析和内容分析方法，量化分析了国内外科研诚信相关学术研究的发展概况，以及研究热点的变化趋势，旨在为了解我国科研诚信相关研究的演进脉络提供参考，以期展现科研诚信的现状和为其未来的发展提供可参考的科学依据。

2 数据来源及研究方法

科研诚信相关研究文献数据来源于1992—2016年的国外Web of Science核心合集数据库（以下简称WOS）和国内CNKI数据库，政策文本数据来源于各国政府相关部门的官方网站，运用文献计量软件绘制科研诚信发展趋势图，分析国内外科研诚信研究热点及发展趋势，以期展现科研诚信的现状和为其未来的发展提供可参考的科学依据。

2.1 数据来源

通过对科研诚信相关概念和外延的梳理，本文利用科研诚信相关的一系列检索词进行了检索，提高了检全率，并且中英文的检索词完全对应，提升了国内外研究的可对比性。本文将获取的数据利用课题组自主研发的文献题录数据整理工具BibStats对数据进行整理和去重，剔除掉会议通知、撤稿声明、期刊征文和学术规范声明等非学术性论文，最终获取数据情况由表1所示，这部分文献作为研究热点的计量分析和内容分析的样本。

表1　国内外“科研诚信”相关学术论文的检索策略及结果

检索数据库	CNKI（核心期刊或CSSCI收录）	WOS（SCI-EXPANDED/SSCI/CPCI-S/CPCI-SSH）
检索式	TI=科研诚信或学术诚信或科研不端或学术不端或科研道德或学术道德或科研失范或学术失范或科研腐败或学术腐败或科研造假或学术造假或学术抄袭或学术剽窃	TI=(“research integrity”) or (“scien* integrity”) or (“academic* integrity”) or (“research misconduct*”) or (“scien* misconduct*”) or (“academic* dishonest*”) or (“academic* anomie”) or (“research morality”) or (“academic* fraud”) or (“academic* plagiarism”)

续表 1

检索数据库	CNKI（核心期刊或 CSSCI 收录）	WOS（SCI-EXPANDED/SSCI/ CPCI-S/CPCI-SSH）
文献类型	期刊论文或学位论文或会议论文	Article or letter or review or proceedings paper
发表年代	1992—2016 年	1966—2016 年
检索结果	1 723（篇）	1 973（篇）
清洗后结果	1 070（篇）	1 019（篇）

注：2016.11.28 日检索。

本研究还在国内外官方网站上搜集了 12 个国家的 19 个政府部门或科研管理相关机构发布的关于科研诚信以及同行评议的 37 份政策文本（表 2）。这部分政策文件内容作为政策文本分析的样本，用于梳理科研诚信相关政策和里程碑性事件的大事记。

表 2　国内外科研诚信相关政策文件

调研国家	政策发布机构	文本数量
中国	科技部科研诚信建设办公室 国家自然科学基金委员会 国家社科基金委员会 全国哲学社会科学规划办公室 北京市科学技术委员会 教育部	13
美国	美国国家科学基金会（NSF） 美国国家卫生研究院（NIH）	6

续表 2

调研国家	政策发布机构	文本数量
瑞典	瑞典研究理事会（VR） 科学欧洲组织（SE）	5
英国	英国研究理事会（RCUK）	5
澳大利亚	澳大利亚研究理事会（ARC）	1
丹麦	丹麦学术不端委员会	1
波兰	科学伦理指导委员会	1
加拿大	资助科研的研究理事会、基金会	1
芬兰	国家研究道德委员会	1
日本	资助科研的研究理事会、基金会	1
德国	德意志研究联合会	1
韩国	资助科研的研究理事会、基金会	1

2.2 分析方法

研究中对于学术论文的分析部分主要采用文献题录数据的规范化处理技术，对拟统计的关键词字段进行了规范化处理，然后进行这些字段的计量分析，获取频次或共现频次的统计数据，再利用 Ucinet 社会网络分析工具进行关键词共现分析和关键词中心度分析，最后采用 Netdraw 进行可视化展示；对于政策文本的分析部分主要采取内容分析法，对获取的政策文本内容归纳解读，最后利用 visio 工具对科研诚信发展的大事件进行了梳理展示。具体的研究热点分析过程如图 1 所示。

（1）本文使用中国农业大学图书馆科学数据挖掘研究小组自主开发的学术论文元数据分析工具（Bibstats）分别对 1 070 篇中文论文数据和 1 019 篇英文论文数据进行处理、分析。首先，笔者对以上文献数据的关键词进行了整理，一是删除明显有错误、不相关的关键词；二是统一关键词的字母大小写、单复数形式；三是合并同义关键词。其次，构建共词矩阵，笔者选取以上文献数据中出现频次较高的关键词作为分析对象，统计一组关键词在同一篇论文中出现的次数，这些关键词构成了共词矩阵。最后，降低数据维度，笔者应用二维空间网络对关键词间的关联关系进行含义映射，即以网络中的节点（Vertices）表示关键词，用节点间的连线（Edges）表示关联。

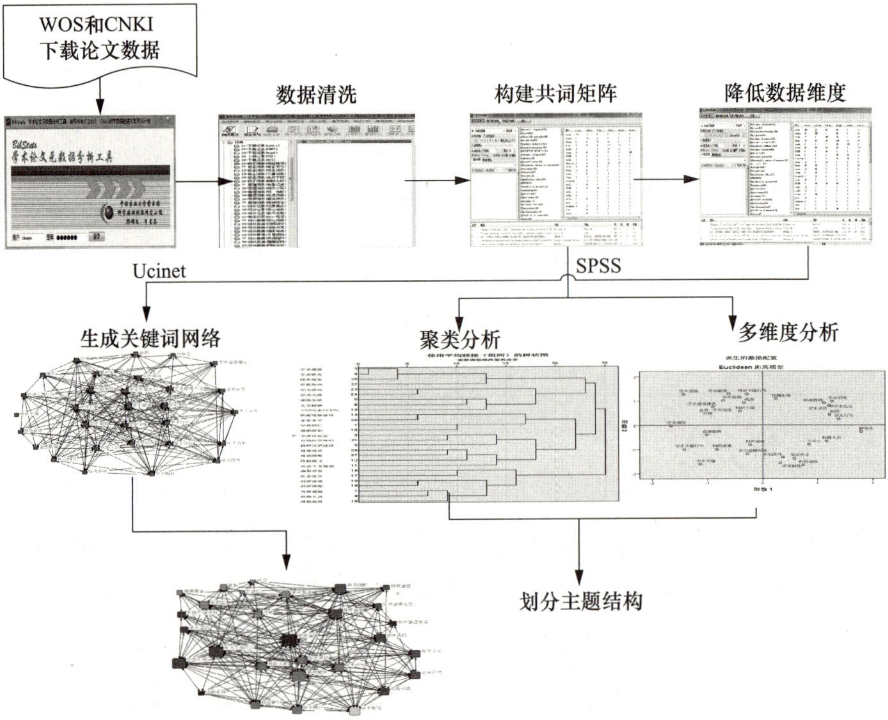

图 1　科研诚信研究热点分析过程

（2）本文利用社会网络分析工具 Ucinet 生成主题网络图谱，进行关键词共现分析和关键词中心度分析，采用 Netdraw 进行可视化展示。

（3）本文还利用 SPSS（Statistical Product and Service Solutions，统计产品与服务解决方案）软件聚类分析的结果，对主题网络图中的各个节点赋予类团属性。对共词矩阵进行多维度分析。

3 政策及概念术语的发展演化

正确地把握科研诚信的概念，是进一步研究科研诚信的表现形式、原因以及提出相关政策措施的重要基石。

3.1 相关政策大事件梳理

自第二次工业革命以来，科学活动对我们的生活产生了越来越大的影响，而种种不端行为也随之产生。1942 年美国社会学家 R · K · 默顿在《论科学与民主》中提出了现代科学的精神特质概念和基本科学规范。20 世纪 80 年代开始从学术问题演变为社会和政府公共政策。20 世纪 80 年代末以来，美国“舍恩案”、韩国“黄禹锡论文造假案”等重大的国际性科研不端行为事件频发，科研诚信问题升级为国际社会关注的焦点。欧洲科学基金会和美国研究诚信办公室联合发起召开首届世界性会议，尝试通过学术与政府联合、国家与国家协作的行动方式，积极应对科研不端行为国际化。这体现了科研诚信从萌芽、起步到发展并走向国际化的演变脉络。

我国真正开始关注科研诚信问题是 20 世纪 90 年代。2002—2006 年，教育部、科技部等部门先后出台学术道德、科研诚信的制度文件。2006 年科研诚信办公室的成立标志着科研诚信问题正式被政府部门列入管理范畴，特别是 2011 年，中国科协、教育部联合发起研究生科学道德与学风建设宣讲教育活动，将高校学术道德和科研诚信教育工作推向新的高度。科研诚信大事件的梳理如图 2 所示。

3.2 相关概念术语的演化

文献数量的年代分布一定程度上可以反映出某一研究主题的学术研究关注度 [2]、发展速度，揭示研究的纵向规律 [3]。国内外科研诚信研究领域文献的年发文量见图 3。

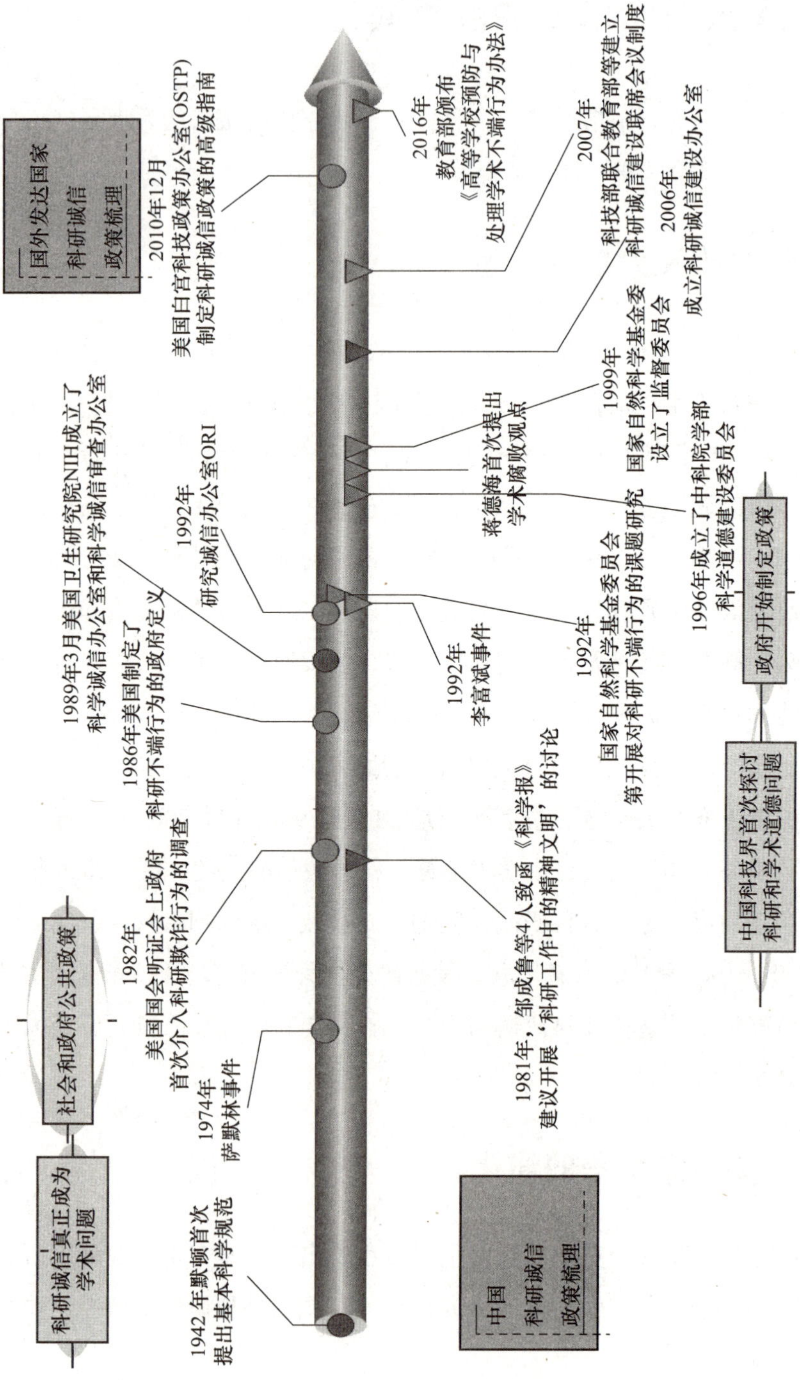

图2　科研诚信政策发展大事记

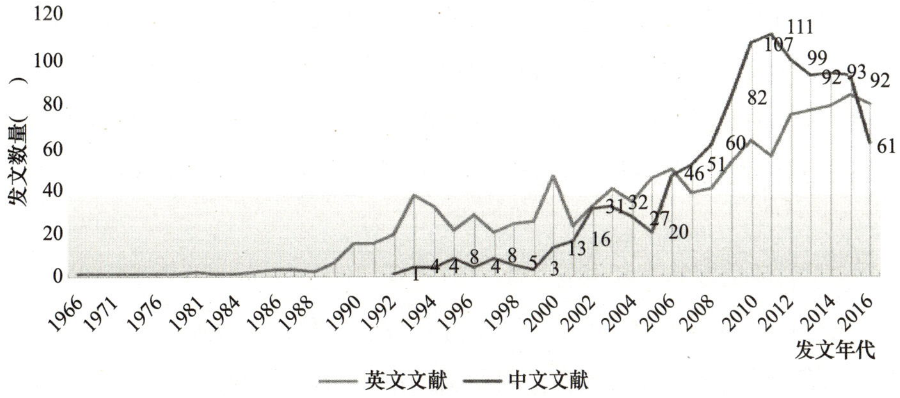

图 3　科研诚信相关学术论文发文年代分布

自 20 世纪 80 年代开始，国内外渐起以学术道德和科研道德为主题的研究，到了 21 世纪，学术腐败、学术道德、学术失范和学术造假为关键词的研究变得比较广泛，2007 年之后科研诚信、学术不端和学术腐败词汇出现频率较高。

（1）科研道德和学术道德

Nicholas H. Steneck 认为，科研道德是一种研究品质，是研究中遵循的一种共同的价值观，如诚实、高效、准确、客观等品质特点，这是一种自律的机制，是建立在道德修养的基础上的 [4]。1981 年，邹成鲁等 4 位中国科学院学部委员致函《科学报》，建议开展科研工作中的精神文明的讨论 [5]。这次讨论成为中国科技界第一次自发地探讨科研和学术道德问题的活动。学术道德可理解为：学术主体在从事学术研究活动中所特有的，由经济和学术关系决定的，并以善恶进行评价的原则规范、心理意识和行为活动的总和 [6]。

（2）科研不端和学术不端

欧美国家研究学术不端行为的时间较早，研究成果比较成熟。我国学者在界定学术不端行为概念时借鉴了国外的研究成果。1989 年美国公共卫生局颁布第一个正式定义 [7]。2000 年美国科学技术政策办公室颁布了定义 [8]，并在美国得到了普遍认可，我国学者对其认可度也较高，另有部分研究者在研究中借鉴、比较了美国其他机构给出的定义。1992 年，国家自然科学基金委员会第一次资助开展对科研不端行为的课题研究[9]，2006 年我国科技部颁布的《国家科技计划实施中科研不端行为处理办法（试行）》定义了 6 种学术不端行为[10]。

（3）科研失范和学术失范

失范行为本是社会学术语，1992 年国家自然科学基金委员会委托中科院科技政策与管理科学研究所对“科研活动中作伪行为的辨识与防范”进行研究，在其研究报告中，科学界失范行为被表述为在科学研究与评价过程中，为骗取科学共同体和社会的承认而出现的伪造和剽窃行为[11]。

（4）科研腐败和学术腐败

学术腐败是 20 世纪 90 年代之后风靡中国大陆的一种社会现象。我国较早提出“学术腐败”一词的是蒋德海，1997 年在《武警工程大学学报》上发表了《反腐败不应该忽视学术领域》[12]。自此之后，我国政府也开始关注并治理科研腐败现象，科技部从管理制度、评价体系和评价方法等多个角度出台了一系列政策性文件，但科研腐败的势头有增无减[13]。

（5）科研诚信和学术诚信

国际学术诚信研究中心对科研诚信的定义是：作为一种共识，即使在面对逆境，也要坚持诚实、信任、公正、尊重和责任这 5 项基本价值观[14]。科研诚信，也可称为科学诚信或学术诚信，指科研工作者要实事求是、不欺骗、不弄虚作假，还要恪守科学价值准则、科学精神以及科学活动的行为规范。

科研诚信最初是以科研道德为名进行研究的，随着研究方向的转变开始出现科研不端、科研失范和科研腐败，最终各国政府在制定政策时把以上统称为科研诚信，学术界也将这些词汇包含在科研诚信之中。当然科研诚信概念的发展是相互贯穿，循序渐进的。科研诚信概念的发展演进如图 4 所示。

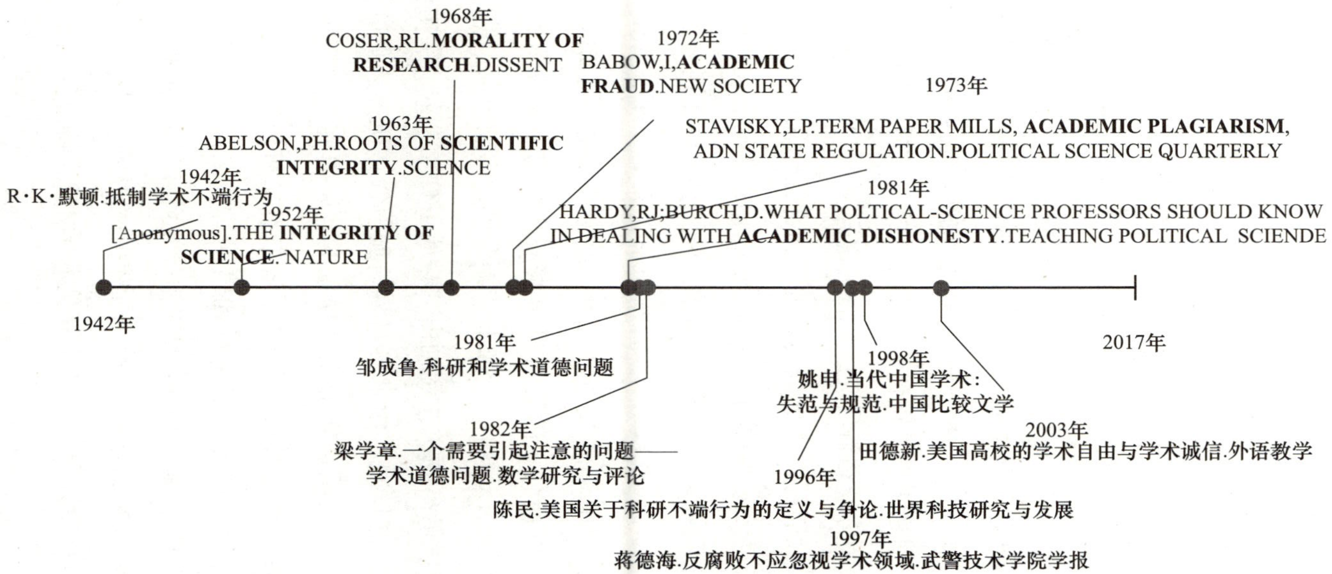

图 4　学术论文中科研诚信相关概念首次出现情况

4 研究热点的发展演化

关键词能够集中概括论文的核心内容，是反映论文内容最主要的术语，因而关键词能够集中反映某一研究领域的主题分布与特点。对关键词进行共词分析，寻找科研诚信相关论文关键词的分布频次与特征，能显示科研诚信的总体内容特征，研究内容之间的内在联系，学术研究的发展脉络与发展方向，学术研究的重点与热点等[15]。通过对国内外科研诚信相关论文关键词的词条年表进行统计分析，对一些不规范的关键词进行简单处理（如将英文表达转换成中文、剔除明显不符合的词汇），按顺序进行排列，得到表 3 所列出的各年代的高频关键词和新出现的重点关键词。

从表 3 中，我们可以看到国内研究明显滞后于国外研究，尤其对于科研欺骗、抄袭等不端行为的检测管理以及关于科研诚信教育的学术环境建设等方面的研究，国外前一阶段研究的情况，国内往往在之后几年才开始广泛关注，并且主要以引进、借鉴国外的研究为主要研究方式。在每个年代频次最高的关键词中，在国内研究中，道德相关的词汇最多，学术道德一直处于词频分布的前列。随着对科研诚信研究的不断深入，学术界不断有新词的涌现，如“学术腐败”“学术不端”的爆发式增长，还有新旧词的交替更换，3 个年段最高频次关键词由“科研道德”变为“学术腐败”最终变为“学术不端”，这反映了学术界对科研诚信领域研究热点的转变，由最初从道德层面研究人文精神转变到从现象案例中研究腐败原因，最终从技术层面研究防范的对策。国外自 1992 年之后着重对科研诚信、科研伦理等进行研究。分别统计上述各年段关键词出现的频次，利用课题组自主研发的文献题录数据整理工具 BibStats 得到相异矩阵，导入 SPSS 中进行聚类，可以发现，1992 年以来，25 年里科研诚信有 3 大研究热点交替出现，它们是：学术道德精神建设研究，学术评价和学术管理研究，高校科研诚信教育研究。

表 3　1992—2016 年间“科研诚信”相关学术论文的高频关键词年表

年代	CNKI 收录论文关键词	WOS 收录论文关键词
1992	科研 / 学术道德	research ethics
1993		methods or issues
1994		research ethics
1995		scientific integrity
1996	伦理道德	Scientific misconduct
1997	精神文明建设	Ethics/Scientific misconduct/clinical trials
1998	学术研究 / 学风	research integrity/Scientific misconduct
1999	科研道德	Scientific misconduct
2000	学术道德 / 学术失范 / 学术腐败	Scientific misconduct/scientific integrity
2001	学术道德 / 学术腐败 / 学术风气	academic dishonesty/cheating
2002	学术腐败 / 学术风气	research ethics/plagiarism
2003	学术腐败 / 优良学风建设	research integrity/ /higher education
2004	学术腐败 / 学术失范 / 学术道德	academic dishonesty/cheating/data and safety
2005	学术失范 / 学术环境 / 教育内容	research ethics
2006	学术腐败 / 学术道德 / 学术不端 / 学术造假	research integrity/research misconduct
2007	学术道德 / 学术腐败 / 学术不端行为	research integrity/cheating
2008	学术不端行为 / 学术期刊 / 学术管理部门	Plagiarism/academic dishonesty
2009	检测系统 / 学术道德 / 学术不端 / 抄袭剽窃	research integrity/peer review
2010	学术不端 / 科技期刊 / 检测系统 / 抄袭剽窃	Plagiarism/education
2011	学术诚信 / 学术不端 / 科技期刊 / 检测系统	research integrity/plagiarism/higher education

续表 3

年代	CNKI 收录论文关键词	WOS 收录论文关键词
2012	学术诚信 / 学术不端 / 检测系统	research integrity/plagiarism/peer review
2013		research integrity/plagiarism/education
2014		research integrity/data fabrication
2015		research integrity/plagiarism/education
2016	学术环境 / 学术不端 / 检测系统 / 检测系统	research integrity

4.1 学术道德精神建设研究

自第二次工业革命以来，科学活动对我们的生活产生了越来越大的影响。然而“天下熙熙，皆为利来，天下攘攘，皆为利往”，因而种种学术不端行为也随之产生。国外对学术道德精神建设的研究主要集中于 1992 年以前。国外对于科研诚信的正式研究最早可以追溯到 1942 年，英国社会学家 M・波兰尼探讨了科学共同体的某些问题，1962 年，美国科学哲学家 T.S. 库恩出版了《科学革命的结构》，其中定义了科学共同体。到科学社会学创立的初期，创始人默顿就意识到了科学活动中可能存在背离诚信科研活动准则的研究行为，并称之为“欺骗行为”[16]。20 世纪 80 年代科研不端问题已进入美国科学界和政府部门的视域，1974 年的萨默林事件是让公众最早意识到存在科研不端行为的关键事件，1974—1981 年，美国有 12 项科学不端行为被曝光，1981 年国会听证会上政府首次介入科研欺诈行为的调查。国内对学术道德精神建设的研究主要集中于 1992—1999 年。1992 年，中国自然科学基金委员会受理对李富斌事件的调查，并且将调查结果刊于《中国科学基金》，这是中国科技界第一个被公开披露的作伪事件。我国从 1992 年开始就进行了道德规范[17]、人文精神、科研人员的精神文明建设[18]等方面的基础性研究；还有社会环境对学术道德的影响研究，包括政治运动对学术研究的影响[19]，参考文献时学术道德的界限[20]等。

国内和国外在科研诚信相关研究的萌芽阶段，都从道德层面进行了探讨。国内文章主要发表在《道德与文明》等社科类期刊中，发文机构较多分布在研究机构中。研究内容主要是倡导学者遵守科学共同体规则，维护学术道德环境，这一阶段主要是对科研诚信现象的解释。

4.2 学术评价和学术管理研究

随着科研不端事件的频频曝光，科研诚信的研究转变为从现象案例中研究腐败原因，并深入探讨解决对策，进而形成了对于学术评价与学术管理的研究。西方发达国家对学术评价与学术管理的研究集中于 1990—2000 年。随着美国科研不端事件的持续曝光以及对科研活动中不端行为认识的深入，政府和科学界逐渐意识到，不断变化和日趋复杂的科研环境已经成为科研不端行为发生的重要原因，而科研机构有必要通过教育活动增强科研人员的科研诚信意识和在复杂情境下的决策能力，从而创造良好的科研环境。20 世纪 30 年代，美国最早将同行评议应用于科研项目评价和科研诚信行为规范领域之中。美国的 COSEPUP（国家科学、工程和公共政策委员会）在 1999 年发表的报告《评估联邦研究项目：研究和政府绩效管理法案》中提出了“专家评议”的概念。美国人把专家评议分成“质量评议”“相关评议”和“领先评议”。

国内最初的研究方向是对教师评价存在问题的研究 [21]，2007 年之后的研究方向偏向于对科研诚信评价机制的研究 [22]，具体包括同行评议公正性的影响因素分析 [23] 以及同行评议专家选择的研究 [24]。在科研项目管理过程中，专家诚信直接影响着科研评价结果的质量，因此同行评议专家的信用评价与管理成为科研信用管理的重要组成部分。从国内学术期刊出版单位角度出发，探讨了改善目前国内期刊同行评议现状的建议和措施 [25]；同行评议模式设计与研究 [26]；针对高校科研项目设计了从评价主体、评价指标体系、评价方法和评价环境等四个方面，运用灰色关联分析模型对高校科研项目专家评审过程科学性进行评价，并进行了实证分析 [27]。主要对不同学科的期刊评价研究，探讨期刊和高校学报如何防范科研不端行为，并研究了抄袭、一稿多投等在论文发表过程中常见的学术不端行为，具体到对学术不端文献检测系统的研究、学术期刊编辑自身职业道德的培养等方面。尤其是2016年开始，对该主题的研究倾向于深入到期刊同行评议过程的研究，对同行评议的现状及评审专家的遴选等各个环节存在的问题提出建议。对各种学术期刊同行评议的特点、存在的问题、检测方法[28]和平台构建的研究[29]越来越丰富。研究发现，我国期刊同行评议及科研诚信规范化的研究从原来纯理论的综述性研究，变得偏向于检测方式的研究和同行评议平台的构建。

这一时期文章主要发表在教育类期刊中，还有部分发表于医学和生物学领域期刊中，可能由于医学和生物学领域学术论文数据造假的披露较多，这一阶段科研诚信相关的研究则从技术和管理的层面进行了探讨，结合国内外典型的科研不端案例分析成因，从中探索出一套完备的学术评价体系和公平的学术管理方案。

4.3 高校科研诚信教育研究

随着信息技术的发展，人们获取信息越来越便利，科研诚信问题影响范围也随之扩大，为了从源头治理，科研诚信的研究开始从教育角度着手，针对科研不端行为高发群体进行科研诚信的相关教育。西方发达国家高校科研诚信教育研究阶段为2000年至今。2007年6月30日由美国众议院科学技术委员会通过，总统签署“美国创造机会提升技术、教育和科技法”；2009年，NIH和NSF的RCR教育新政策：强制教育应奥巴马要求；2010年12月17日美国白宫科技政策办公室（OSTP），发布了关于联邦机构如何制定科研诚信政策的高级指南；2011年1月28日，美国内务部出台了科研诚信政策，颁布相应的指导法规和调查程序，并指定相关负责人。我国高校科研诚信教育研究阶段为2007年至今。2007年，科技部联合教育部等五个部门，建立科研诚信建设联席会议制度，与此同时成立了科学技术部科研诚信建设办公室，推进科研诚信建设和加强科研诚信的教育。国内的相关研究专注于对大学生、研究生和科研人员等科研不端事件高发群体的学术道德失范现象的原因讨论和教育机制的思考[30][31]。对国外科研诚信建设进行的研究，包括对国外的文献检测平台进行研究[32]，对国外科研不端的治理模式[33]、政府监管机制[34]以及研究生教育模式进行借鉴式研究，还有对国外科研诚信建设的经验与启示的研究[35]，具体还包括了对美国国家科学基金会（NSF）与中国国家自然科学基金委员会（NSFC）的同行评议公正性政策的比较并提出改进意见[36]。研究发现，我国科研诚信教育课程和教育内容的研究相对比较薄弱，对国外科研诚信教育的借鉴主要以美国科研诚信管理体系为主，并且在科研诚信研究基本理论方面的关键词较少，缺少理论支撑，仍然以借鉴国外研究成果为主。

这一时期国内外的相关文献大多数发表于教育类的期刊中，发文机构分散在研究机构和高校。我国高校科研诚信教育研究应结合国外先进的研究经验，探索适合我国国情的高校科研诚信教育方式。

5 结论与启示

通过上述分析发现，我国科研诚信研究的进展明显滞后于西方发达国家。科研诚信的研究发展至今，研究日益深入，带给了我们深刻的启示。近年来关于科研诚信概念的研究成果如下：从研究视角看，伦理学最多，社会学次之，另外还有哲学、经济学和法学等视角；从科研诚信行为的主体看，科研诚信既是科学工作者道德素质的重要内容，也是管理工作者和政府监督部门共同遵守的行为准则。正确地把握科研诚信的概念，是进一步研究科研诚信的表现形式、原因以及提出相关措施的重要基石。科研诚信建设工作既是一项艰巨而紧迫的任务，又是一项长期而连续的工作，对科技事业的持续快速发展尤为重要。初期的科研诚信研究主要是对学术道德的解释性研究，研究论文数量少并且内容局限于学术道德不端的批判或培养学术道德的重要性等表面层次。2000 年之后的中期科研诚信研究更加倾向于描述性研究，开始基于案例进行探讨，逐渐深入、系统的对科研诚信这一主题进行研究，对出现的问题以及治理进行有条理的探讨，从科研不端的各个环节的治理进行研究。2008年至今的论文更加倾向于探索性研究，研究的方向更加深入，关注对政策建立的指导性研究，更加专注对学术管理的研究，对科研诚信的管理由“出现问题再治理”转变为预见性的“防患于未然”，尤其近两年出现了对同行评议管理平台构建的研究，从现实和理论视角开展科研诚信领域的研究。

由于早期信息技术不发达，学术不端事件较少也难以发现，所以早期对科研诚信的研究较少，研究深度也较浅。随着网络的普及和数字化资源建设的发展，科研诚信问题暴露得越来越明显，问题造成的影响越来越恶劣。1992年中国科技界第一次公开披露了一起作伪事件，学术界开始了对科研诚信问题的审视，直到2006年，科技部对科技计划实施过程中的不端行为接受举报和开展调查，开始逐渐出现惩戒科研不端行为的研究。

21世纪国内开始关注学术规范和学术管理的研究，希望从源头上防止科研不端现象的出现。也开始了对高校进行科研诚信教育的研究，最近科研诚信的研究扩展到了学术规范的研究，不断地研究国外先进模式，改进和完善国内现有管理模式，可见研究深度和广度不断加强。

未来我国科研诚信的研究重点应该从学术评价、教育和基础理论方向进行研究。从关键词共现网络分析可以看出，与科研诚信教育相关的研究发展较晚、内容较少，科研诚信教育课程和教育内容的研究相对比较薄弱，缺少理论支撑，对国外科研诚信教育的借鉴主要以美国科研诚信管理体系为主。学术评价不能够单单依靠定量的指标，必须加入同行评议中专家定性的评价，但是我国科研项目同行评议专家的信用还未形成完善的评价指标体系，未来的研究更应该注重学术评价的研究，从源头深入治理科研诚信。

参考文献

[1] 科学技术部科研诚信建设办公室组织编写．科研诚信知识读本 [M]．北京：科学技术

文献出版社, 2009.
[2] 孙雨生, 陈卫. 我国网格服务研究进展——基于 CNKI (2003-2012) 的文献计量与知识图谱分析 [J]. 现代情报, 2013(7): 102-111.
[3] 刘桂锋. Web3.0 及其在图书馆应用的文献综合分析 [J]. 图书情报研究, 2011(4): 43-48.
[4] Steneck N. H. Fostering integrity in research: Definitions, current knowledge, and future direction[J]. Science and Engineering Ethics, 2006, 12(1): 53-74.
[5] 刘铁博, 张磊, 雷二庆. 学术不端行为研究 [J]. 广东省社会主义学院学报, 2007, 02: 70-73.
[6] 李姗姗. 当代中国高校学术道德问题研究 [D]. 西南财经大学, 2014.
[7] Office of research integrity. Formerscientificmisconductregulations-42CFRPart50, Sub part A: May1989-May2005. [2009-01-10]. http://ori.dhhs.gov/misconduct/reg-subpart-a.shtml.
[8] Office of science and technology policy. Federal research miscon-ductpolicy. [2009-01-12]. http://ori.dhhs.gov/policies/fed-research-misconduct.shtml.
[9] 李真真. 转型中的中国科学：科研不端行为及其诱因分析 [J]. 科研管理, 2004, 03: 137-144.
[10] 科学技术部. 国家科技计划实施中科研不端行为处理办法 (试行) [Z]. 2006-11-7.
[11] 刘青. 科学界失范行为的成因分析及对策研究 [D]. 武汉理工大学, 2007.
[12] 蒋德海. 反腐败不应忽视学术领域 [J]. 武警技术学院学报, 1997, 03: 40.
[13] 李雄平. 科研腐败浅析 [J]. 经济师, 2015, 03: 49-50.
[14] ICAI[EB/OL]. http://www.academicintegrity.org/icai/resources-2.php,2016-10-27.
[15] 马费成, 张勤. 国内外知识管理研究热点——基于词频的统计分析 [J]. 情报学报, 2006(2): 163-171.
[16] [美]R・K・默顿. 科学社会学 [M]. 北京：商务印书馆, 2003.
[17] 江用文, 白坤元. 科研道德规范探析 [J]. 农业科技管理, 1994, 03: 35-39.
[18] 蒋国保. 我所理解的学术道德 [J]. 安徽史学, 1995, 04: 75.
[19] 蒯大申. 学术道德与社会文化环境 [J]. 安徽史学, 1995, 04: 77.
[20] 宋登汉. 参考文献与学术道德 [J]. 图书馆杂志, 1994, 01: 53-54.
[21] 张济顺. 教师评价与学术道德建设 [J]. 中国大学教学, 2002, 09: 8-10.
[22] 夏文莉. 基于因子分析法的科研诚信评价机制研究 [J]. 科研管理, 2013, 10: 118-121, 137.
[23] 龚旭. 同行评议公正性的影响因素分析 [J]. 科学学研究, 2004, 06: 613-618.
[24] 刘丹. 国内同行评议专家库研究综述 [J]. 重庆大学学报 (社会科学版), 2012, 05: 87-91.
[25] 陈培颖, 陈倩, 李娜, 等. 国内学术期刊同行评议现状的调研——基于国内自动化领

域作者群和评审专家群 [J]. 中国科技期刊研究 , 2016, 01: 3-9.

[26] 王凌峰 , 孙英潮 . E-prints 预印本数据库的自组织同行评议模式设计 [J]. 现代情报 , 2016, 05: 9-15.

[27] 孟徽 , 王永祥 . 高校科研项目专家评审过程科学性评价指标体系及模型 [J]. 教育研究与实验 , 2015, 01: 77-80.

[28] 杨晓秋 , 李旭彦 . 同行评议中的异常数据检测方法研究——以科研项目评审为例 [J]. 中国软科学 , 2016, 05: 133-142.

[29] 李东 , 郝艳妮 , 何贤芒 . 同行评议专家信息库的动态管理机制研究及初步实现 [J]. 中国科学基金 , 2016, 01: 76-79.

[30] 江新华 . 研究生学术道德失范 : 行为表现、教育根源与治理对策 [J]. 学位与研究生教育 , 2003, 03: 25-29.

[31] 戴雪飞 . 研究生学术失范的根源和学术道德教育机制建设的再思考 [J]. 中国高教研究 , 2009, 11: 50-52.

[32] 张旻浩 , 高国龙 , 钱俊龙 . 国内外学术不端文献检测系统平台的比较研究 [J]. 中国科技期刊研究 , 2011, 04: 514-521.

[33] 胡剑 , 史玉民 . 欧美科研不端行为的治理模式及特点 [J]. 科学学研究 , 2013, 04: 481-486.

[34] 宇文彩 . 国外科研不端行为的政府监管机制研究 [D]. 河北师范大学 , 2016.

[35] 董建龙 , 任洪波 . 国外加强科研诚信建设的经验与启示 [J]. 中国科学基金 , 2007, 04: 223-228.

[36] 龚旭 . 中美同行评议公正性政策比较研究 [J]. 科研管理 , 2005, 03: 1-7.